JN043609

法と経済学の基礎と展開

――民事法を中心に――

細江守紀
編著

勁草書房

はしがき

法と経済学は法学と経済学の共同作業として法および法政策の研究を行う学際分野です．法と経済学は1960年代アメリカで始まったということができます．とくに，60年代から70年代にかけてG. カラブレイジやR. ポズナーを中心に精力的に展開されていきました．それらの流れは，経済学の法への直接的な適用に端を発して，さまざまな分析ツールを生み出していきました．ポズナーの *Economic Analysis of Law* やR. D. クーター＝T. S. ユーレンの *Law and Economics* は法と経済学の標準テキストということができます．とくに，R. コースは『社会的負担の問題』のなかで「取引費用が十分小さいときには，外部性や経済的非効率性は法律や法ルールがいかなるものであれ当事者間の交渉によって正される」とする，いわゆるコースの定理を見いだし，法の役割を分析する際の基本的な視点を導入しました．

同時に重要なことは法と経済学の提唱者はしばしば法曹実務界に携わっていることが多いということです．実際，ポズナーは連邦控訴裁判所首席判事であったし，また，カラブレイジは連邦控訴裁判所裁判官でした．また，多くのロースクールには経済学関連のいくつかの科目が設置され，とりわけ法と経済学はその中心的科目として位置しています．こうして，経済学的な思考訓練をへた卒業生が法曹界に輩出されていき，また，ロースクール教授陣も実務界との交流のなかで研究をすすめています．

また，80年代に入ると経済理論における大きな革新として「情報とゲームの経済学」「不完備契約論」が登場し，経済主体のもつ情報と経済活動におけるインセンティブの重要性，市場と組織のガバナンス問題が強調されるようになりました．これらの理論的な革新を背景に第2世代の法と経済学が展開されてきました．著名な研究者としては不法行為法，契約法分野ではS. シャベル，A. シュバルツ，財産法ではT. ミセリ，会社法ではL. ベブチャックが挙げられます．

最近は，経済学のトレンドとして実証分析が盛んになってきましたが，同様に，法分析，法と経済学の分野も実証分析が急速に進んできました．これは行動経済学や実験経済学の進展に合わせて拡張しています．本書の第 8 章佐藤論文は救済ルールの理論分析ですが，行動経済学の成果を取り込んでおり，第 9 章森・高橋論文は実験経済学から不法行為の責任について検討しています．

日本においても 1970 年代から損害賠償・製造物責任の研究を端緒に法と経済学は注目されるようになり，その後，法と経済学会の設立を経て，民法，民事訴訟法，労働法，会社法，行政法などの分野で法と経済学による研究や政策提言などが進められています．

現在，わが国は未曾有の少子高齢化社会を迎え，また，グローバル化，AI 化の大きな波に直面しており，法と経済学の観点から取り組むべき課題は多くあります．民事法分野においても，民法改正と相まって，消費者問題などの現代的課題や災害の多発を踏まえた民事訴訟の課題，公共政策また国際取引での対応などが問われています．本書は，この間，学会などをとおしてさまざまな研究交流を踏まえて，法と経済学の基礎分野と展開・応用分野の研究の成果を世に問うものです．

本書は基礎編と展開編からなっています．基礎編では契約法と不法行為法の課題を基本からトピックスまで日本法を参照しながら法と経済学のスタンダードな手法を使って明らかにしています．展開編ではまず第 4 章から第 8 章まで契約法と消費者契約法にかかわるさまざまな問題を扱い，また，第 9 章から第 11 章まで不法行為法と民事訴訟の現代的課題を取り上げています．さらに，第 12 章から第 15 章までは競争政策，行政訴訟，そして国際法を法と経済学の観点から検討しています．とくに第 14 章浪本論文と第 15 章加賀見論文は今後ますます注目される国際経済法と国際私法の分野の研究論文です．

本書を学部の法と経済学の授業テキストとして使用する場合はまず基礎編の 3 章が中心となります．そこを理解したうえで，第 5 章のチケット転売に関する座主論文，第 6 章の不実表示に関する後藤剛史論文，第 10 章の環境法の後藤大策論文は，コースの定理の応用分野を学ぶうえで有意義であると思われます．さらに，第 9 章の森・高橋論文は不法行為法の拡張であり，また，第 11 章の熊谷論文は民事訴訟の基礎を踏まえた議論がなされていますので法と経済学のエッセンスを理解していくには望ましいと思われます．

日本において経済学者が法と経済学を研究するにあたっては，日本法の学術的研究動向を学ぶことは言うまでもなく，さらに，アメリカ法についても学ぶ必要があり，かなりハードな作業になります．同様に，法学者が法と経済学を研究する場合も経済学的手法を学ぶというハードルがあります．現在，若手の研究者たちが，それを乗り越えて共同作業としての学際研究の成果を生みだしつつあります．第7章の境論文は情報開示の新たな意欲的研究です．法と経済学はその学際的性質から，経済学側からの分析と法学からの分析があり，共同の仕方の濃淡があることはやむえないことと思われます．最近，"The Future of Law and Economics: Essays by Ten Law School Scholars", October 11, 2011がシカゴ大学ロースクールHPに掲載され，また，カラブレイジの *Future of Law and Economics*（2017）が刊行され，その問題に関連した議論をして話題になっています．できるだけ相互のロジックを受け止め，取り込んだ形で法と経済学の研究を進めていくことが肝要だと思います．この点，第4章の山本論文は法学側からの経済学のエッセンスをかなり取り込んだ野心的な論文と思われます．また，第12章と第13章の荒井論文と福井論文はそれぞれ競争政策と行政法のエクスパートによる法と経済学的研究であり注目論文です．

最後になりますが，勁草書房の宮本詳三氏には大変お世話になりました．忍耐強く本企画の実現を待っていただき，適切なアドバイスをいただいたことに感謝します．

令和2年1月10日

細江　守紀

目　次

基礎編

第1章　契約法の法と経済学（I）

細江守紀

1.1　法と経済学

法と経済学は法学と経済学の共同作業として法の研究を行うことである．経済学は効率性の概念をもとに社会の取引を評価していく．まず，つぎの簡単な契約 = 取引を見てみよう．

「太郎はある財を最低100円で提供したい．一方，花子はその財に対して150円までなら買いたいと思っている．いま，交渉の結果，120円で売ったとすると，太郎が余剰（surplus）20円（= 120−100）花子は余剰30円（150−120）となる．また，社会的余剰は50円（= 20 + 30）となる.」

この取引は簡単であり，子どもの頃そうした取引をしたことがあるかもしれない．しかし，その意味するところは市場取引の原型として大変重要である．これを経済学的に見るとつぎのように評価される．まず，太郎と花子は両者とも自分の自発的意志でこの取引を行っている．すなわち，いやなら取引をやめてよい状況にある．また，自分の利益だけを考えている．第三者の介入はない．この取引は100円の評価をした財をもつ太郎から150円の評価をした花子へ財が移っていった．逆ではない．高い評価をしている人に財が配分され，結果として各人が余剰を得ているのである．すなわち，自発的取引を通じて高い評価のあるところに財 = 資源は配分され，各自が余剰を獲得する．当事者たちの余剰の合計額は両者の財に対する評価の差額によって発生する．すなわち，社会的余剰の源泉は人々のもつ評価の差額，差異である．また，人々の財に対する評価は人々の嗜好，価値感に依存するが，人生経験，知識習得，そして経済環境の変化によって変わってくる．イノベーションやグローバリゼーションは既存の評価体系を一気に変える可能性をもつ．

以上のように，自発的取引は大変重要な含意をもっているが，この簡単な取引の例においても必ずしもスムーズに実現しない．法的問題にかかわるつぎのような事態を考えてみよう．

1）花子は購入するより，奪うことを考えるかもしれない．もし，奪うことにともなう付随費用（心理的，検挙確率，ペナルティ額など）が奪うことよって得られるメリットより低かったら，窃盗をするかもしれない．

2）太郎は偽物を提供するかもしれない．偽物を提供することで発生するリスクより偽物を提供することで得られるメリットが大きければ詐欺をするかもしれない．

3）花子は購入したあと思ったほどのものでないことがわかり，返品しようと申し出た（評価の間違い）．

4）太郎はいったん花子と取引をする約束をしたが，直前にもっと高い付け値の買い手が現れたので花子との取引のキャンセルを申し出た．

5）取引が終わったあとで，太郎は渡した財がとんでもない高価なものであることがわかり，取引の無効を申し出た．

このように，契約＝取引の基本型においてさえ，スムーズに実現しない障害があり，紛争が発生するかもしれない．法学は，法の理念としての正義と衡正の観点から，市民社会の紛争解決の法ルールの設計，解釈を行っていくものであるが，上の例でわかるように，そうした問題を総合的に解決するためには法学と経済学の協動が不可欠である．

法と経済学はこうした紛争の発生，取引の失敗の解決策を，一般的にいって市民社会のルールのあり方を法学と経済学のダイアローグによって考察し評価する学際の場である．

1.2　契約の自由とコミットメント

契約は自発的な合意に基づく取引であり，取引者それぞれが便益を受ける．人々は取引のモチベーションから見ると，お互いに利益を追求するために取引＝約束を行っていくのであり，多様な意図をもった人々の社会において多くのマッチングを繰り返しながらより高い価値を求めて取引＝契約はなされ，契約利益が実現する．そのためできるだけ契約の自由があるべきである．

しかし，契約のもとで進められる当事者の行動がタイムラグをもって行われる場合や契約の不備などで契約内容の履行が必ずしもされないことがある．すなわち，契約の履行に対する信頼をどのように獲得できるか．信頼を勝ち取らなければ契約は失敗し，人々の活発な取引は実現しない．契約履行への信頼のためにはコミットメントが必要である[1]．

コミットメント装置としては，(1) 評判の形成，(2) シグナリングの確立，(3) 当事者間の制裁，(4) 私的な第三者による制裁，(5) 慣習・道徳，(6) 法による強制力，などがある．

(1) 評判は，誠実さを持続して，逸脱する誘惑に負けずに，すなわち費用をかけて形成される．一方，形成された評判は1回の逸脱であっという間に落ちる．人々は評判を形成した人物や会社が短期的な利益を得るためにそう簡単に逸脱しないことを知っており，いったん形成された評判は自己実現的に持続することになる．(2) シグナリングとは費用をかけて直接的に，間接的に自分のタイプを知らせることで，学歴形成，担保設定などである．これに対して，(3) 当事者間の制裁はコミットメントとしてはかなり弱い．裏切ったあと，その損失を取り返すために制裁ができることを相手に確信させなければ

---

1)　コミットメント：将来の機会（選択肢）を排除する行為．つぎの例が有名である．
　ローマ帝国の将軍 J. シーザーは敵に向かって進撃するとき，しばしば後ろの橋を焼いて退路を断った．この行為は退却する機会を自ら排除することによって，自軍の兵隊に攻撃へのコミットメントとなった．ただし，これは自軍の兵隊に対するコミットメントであるのに対して，この機会の排除が他の当事者に見える場合，信頼できるコミットメントといわれる．（橋を焼いたことが敵に見えることによって信頼できるものとなる．）これは敵軍に対してのコミットメントということができる．

ならない．制裁できるはずがないとか，制裁が不可能な場合には相互制裁はコミットメントとはならない．「目には目を，歯には歯を」が信じられるかということである．この相互制裁を補強するために，(4) の私的な第三者が登場する．第三者による調停，仲介が考えられる．実際，歴史的にはこうした私的第三者はしばしば現れた．やくざによる喧嘩仲裁，リンチなどに見られる．しかしこれらの私的仲裁は安定性，中立性の維持がしにくい．また，(5) の慣習・道徳も社会的なコミットメント装置といってよい．人々の濃密な取引の繰り返しによって自然発生的に形成されたもので，慣習は法的ルールを補完するものである場合もあるが，また，代替するものである場合もある．たとえば入会権は山林などについての村落共同体の使用ルールを定めた自然発生的な慣習であり，これは一般的な所有権ルールを代替するものである．また，道徳は個人の内的な規律として (1) の誠実さを形成する手立てとなり道徳は法的な装置を補完するコミットメント装置ということができる．これらのコミットメント装置を補完する究極の装置として (6) の法による強制力という公的なコミットメントがある．公的なコミットメントがなされるためには，法的なルールの確立とそれを実行するエンフォースメント装置＝軍隊，警察，執行機関が必要である．

1.3　契約法

契約法は私的自治活動としての契約に対する公的コミットメント装置である．人々がお互いに利益を追求するために取引＝契約を行って契約利益を実現していくにあたってさまざまなリスクに対応する必要がある．国家はさまざまなリスクのなかで人々の活発な取引が促進されるように支援していく役割がある．

<強行法規と任意法規>　契約の自由は経済社会の重要な原理であるが，これを保証・拡大するために必要な社会秩序の維持や契約当事者間の実質的な自由や公正の確保を損なう行為によって社会的損失をこうむる場合，是正する必要がある．具体的には情報の非対称性，契約の不完備性などから，一方当事

者が相手から予期できない損失を与えられる行為をされる可能性があり，その場合，保護の必要がある．また，契約の外の第三者が被害をこうむれば保護する必要があり，これは外部性の問題である．その損害が深刻な場合，これらの保護規定は，一般的公の秩序の規定とともに，しばしば強行法規として規定され，それと異なる合意（特約）は無効となるもので，その法規は守らなければならない．

契約法のなかでどの項目が強行法規であるかは文脈から判断せざるをえないが，いくつか存在する．たとえば，担保責任についての特約も，契約自由の原則があるので，基本的には自由であり，したがって，「この契約については，売主は担保責任を負いません」というような特約でも有効である．しかし，572条では特約を結んでも売主が担保責任を免れることができない場合を示しており，強行法規と考えられる．また，買い戻しについての諸規定（579条），短期賃貸借の期間制限（602条，603条），賃貸借契約の長期存続期間（604条），期間の定めのある雇用契約の解除（626条），やむをえない事情のある解雇（628条），やむをえない事由のある場合の組合からの脱退（678条，679条）などが強行法規と考えられる[2]．

こうした個別の法律だけでなく，人々の行動の指針となり拘束する一般法規が民法にはある．民法1条2項の信義則がそれである．信義則（good faith）は，権利の行使や義務の履行は，互いに相手の信頼や期待を裏切らないように誠実に行わなければならないとする一般原則である．同様の役割をもつものに権利の濫用，公共の福祉の一般原則がある．信義則は明示的な法あるいは契約内容に優先すると考えられるが，強行法規に劣後する場合もあることがありうる（参考：椿（2013））．

一方，任意法規とは，その法規と異なる当事者の合意（特約）は有効となるもので，特段の合意がなければその法規が当事者間のルールとなる．いいかえれば合意できなかったらそのルールに従う必要があるものである．その意味で任意法規は初期設定ルール，すなわちデフォルトルールともいわれる．契約を締結するためにはさまざまな利害・駆け引きがあり，そうした取引費用のた

2）　加藤雅信『新民法体系 IV　契約法』，湯浅達也「契約法の中の強行規定―梅謙次郎の「持論」の今日的意義」『NBL』No.891～893参照．

め契約締結が困難になることが多い．デフォルトルールは，仮に取引費用がゼロであったなら，当事者が交渉して合意したであろう契約内容が標準書式として用意されたもの，すなわち，関係当事者が合理的に交渉したら合意するであろう内容を示していると考えられる[3)]．したがって，この場合，デフォルトルールとしての契約法は交渉費用・取引費用の節約をすることになる．契約法の多くの規定が任意法規であり，我妻榮は「債権法は任意法規であることが原則である．……債権は，物権と異なり，第三者に影響するところが少ないから，……」(『債権総論』）といっている．契約法は多くの取引契約においてもっともな契約の基本ルールを提示しているが，契約は当事者間の創意工夫による共同意思であり，契約の自由が保障される必要があるので特異な取引の場合にはそのルールを採用しないほうが望ましい場合もありうるのである[4)]．

なお，契約法にはこうして多くの任意規定は大多数の人々にとって同意できる規定（**マジョリタリアン・デフォルトルール**）となっているが，つぎの**ペナルティ・デフォルトルール**と呼ばれるものもある．これは，ある行動についてのルールにおいて，その行動をとる当事者を不利な立場に追い込み，そのルールの適用を回避する対応，たとえば情報開示などをとらせることによって望ましい行動を促進させるというものであり，ペナルティを回避して望ましい行動をとらせることを促進するルールがしばしばあることに注意しよう[5)]．たとえば心裡留保の法規，特別損害についての賠償ルールなどが挙げられる．

1.4 契約問題――情報の非対称性，契約の不完備性，取引費用

人々が社会的活動を行う場合，彼らの間での取引は契約によってなされることが多い．契約は基本的に合意によってなされるが，さまざまなコミットメント装置のもとに契約締結やその履行が図られる．しかし，前節で触れたように契約にまつわるトラブルが多い．想定していない事象の発生，当事者の思い違

3） Easterbrook and Fischel（1996）参照.

4） 任意法規の法学者からの性格づけについては河上（2018）参照．また松田（2013）は法と経済学を踏えた興味深い議論を行っている.

5） このペナルティ・デフォルトルールについては Ayres and Gertner（1989）を参照.

いや，契約の内容の不備など要因はさまざまである．より詳しく検討しよう．

1.4.1　非対称情報

世の中には財・サービスがありさまざまなタイプ・能力の人々が関わりあっている．そのため，さまざまな場面で情報の偏在などの非対称性が顕在化してトラブルが発生している．情報は大別してタイプ情報と行動情報に分けることができる．タイプ情報とは，人の性格からタイプ，製品の品質など短期的に変更しない情報である．これに対して行動情報は人々の行動，とくに勤勉ぶりとか投資行動など人の意志でコストをかけて変更できるものである．問題はこれらの情報は多様であり，人々の間に偏在しており，またその情報を処理能力も人々の間で非対称に分布している．タイプ情報の非対称性は人々の間で情報の売買を生み出すが，良い品質と悪い品質が混在し，しかもその区別が利用者につかないときには，虚偽情報を抑制できず，市場は悪い品質のものばかり出回ってしまうことが知られている．これを**逆選択**（Adverse selection）という．これを克服するために，品質保証や繰り返し取引を通じての評判形成などなされるが，消費者契約法に見られる政府による説明義務化なども有力である．

また，行動情報について情報の非対称性は顕著である．経営者は会社経営のために奮闘しているかもしれないし，私的利益を追求しているかもしれずその見分けがつきにくい．弁護士はクライアントのために全力で弁護しているのか，または，弁護士報酬を念頭に活動しているのかよくわからない．取引において行うべき行動と異なるし自己利益を追求することを**モラルハザード**という．行動情報が隠れていると取引においてモラルハザードがつきものであり，契約を結んでも，当事者が自分に都合の良い行動にでることはしばしばある．取引に支障をもたらす．契約を結ぶとき，このような逆選択やモラルハザードを克服するように必要がある．

1.4.2　不完備契約

この情報の非対称性と同様に契約のトラブルの発生の要因として契約の不完備性がある．契約の不完備性とは，契約の内容や枠組みについて契約後に起こる問題を契約時点で当事者が契約のなかにきちんと書き込まれていないことをいう．事後的に起こる事象（コンティンジェンシー）が契約事項に書き尽くされていればそのとおり履行すればよいのであるが，可能な出来事を網羅し尽くすためには多くの費用をかける必要があり困難であり，書かれた契約条項は起こりうる条項の一部にすぎないことが多い．また，書かれた契約事項が当事者同士の解釈の齟齬を起こさないように書かれていること，とくに，契約事項が立証可能な形で書かれているのかが重要である．契約条項が立証可能な形で書かれていれば，その契約条項をめぐって見解の相違などは起こらない．立証可能な形で書かれていない条項，きちんと契約事項にない内容については，その解釈そしてそれに対する対応で対立が発生しうる．このような契約を**不完備契約**（Incomplete contract）という．これに対して将来の可能な事象がすべて立証可能な形で書かれた契約が完備契約といわれる．立証可能でない事項があればそれは第三者とくに裁判所での証拠力を欠くことになる．現実の契約は単純な取引以外ほとんど不完備であるといってよい．

1.4.3 契約の不完備性を補完する契約法

不完備である理由は将来のあらゆる状況を想定した契約を作成することは膨大な情報収集費用，相互の合意へのコミュニケ―ションコスト，立証可能な文章化への費用（ドラフティングコスト）などが必要であることである．これらは契約にまつわる取引費用であり，取引費用の存在によって契約は不完備になる．また，取引における駆け引きのため契約はあえて不完備となっていることもある．

そのため，契約のあとの履行プロセスにおいて契約の解釈などをめぐって対立が生じうる．これを解決する方法はいくつかある．一つはその不完備性をできるだけ少なくしていくという当たり前の事前策を講じることである．とくにB to Bの取引では交渉・法務のプロが重要な役割をする．また，事後的に新たなコンティンジェンシーが起こり，契約履行ができなければ，交渉・協議がなされ，契約のギャップを読む作業が必要になる．契約の趣旨にそって，また契約交渉の経緯をチェックして当事者間，また，第三者，裁判所の仲介を通じて解決を図る方法がある．その際，契約の不完備性を補充するものとして契約法があり，契約法に沿った解決が図られる．契約の不完備性を補充するものとしての契約法はデフォルトルールとしての役割をもつ．

<日本の契約と不完備性>　ところで，日本の契約は大変曖昧な，その意味で不完備性が高い契約であり，欧米の契約はできるだけ詳細な条項まで詰めていく完備性の高い契約であると一般にいわれている．この不完備性の程度はどのようなファクターによって決定されるであろうか．まず，契約締結の事前費用としてはコンティンジェンシー把握費用，ドラフティングコストなどがあり，また，事後の取引費用としては，さまざまな事態に対応して協議するための再交渉費用および履行費用であり，訴訟費も含まれる．履行費用は，裁判所の契約解釈などに対するスタンスによっても影響される．したがって，こうした事前・事後の取引費用のバランスをとりながら，契約を作成していかなければならない．

欧米では法律事務所などの法務弁護士をとおしたドラフティングコストが相対的に安く，日本ではそうした取引条項の詰めを進める専門家が少なく，したがってドラフティングコストが相対的に高く，また，事後的な再交渉費用の観点では欧米はお互いに鋭く主張しあい，裁判にもち込むことがしばしばある．そのためにも事前のドラフトをより充実したものにすることになる．これに対して，日本では当事者間の再交渉の妥結への誠意を見せることを好ましいことだとする協力的態度がしばしば見られ，したがって，再交渉費用があまり高くない．そのため，事前に高い費用でドラフティングを詰めるより，事後的に誠意ある態度で協力的に交渉することが望ましいというスタンスになると考えられる（参照：内田（2000），棚瀬（1999），小林（2010））．

このように，契約の不完備性の程度は，事前から事後迄の契約の交渉・締結・再交渉・裁判に至る一連のプロセスのなかで費用対効果を考慮しながら決定される．

1.5　意思表示（I）――心裡留保

これまでは契約法の役割についてさまざまな観点から論じてきたが，ここからは，民法における契約法の規定を法と経済学の観点から検討してみよう．本節は民法総則での契約の成立から始まる．契約は簡単にいえば，申し込みと承諾という意思表示の合致によって成立する．意思表示の合致があれば問題もないように見えるがそうではない．この点に関して，意思表示に関する意思主義と表示主義を取り上げよう．広い意味では，どちらも契約の拘束性の根拠を，約束をしたことに求める立場（意思自治の思想）に属する．内田貴[6]は「意思表示をした本人の利益を考えると意思主義が望ましいが，取引の安全を考えると表示主義が望ましい．どちらか一方だけを採用するのは，結果的に妥当でないので，民法では両者の折衷的な立場を取っている」と述べている．しかし，人々は取引のモチベ—ションから見ると，高い価値を求めて取引＝契約を求め，契約利益が実現するのであり，国家はこのような人々の活発な取引が促進されるように支援していくのである．このため，人々の創意工夫に満ちた取引に関わる契約の自由を保障することになる．このように見ると，効率性の観点が大変重要であることがわかり，後に示すように，たんに意思表示をした本人の利益と取引の安全の折衷的立場をとるといっただけでは不十分である．ここでは心裡留保を取り上げる[7]．**心裡留保**とは意思と表示との不一致を表意者自身が知っていてこれを告げないことである．

たとえば，「A は売る気がないのに，B に対して 1 千万円でこの家を売ってよいといい，それに B が応じ，お金を借りてきて履行をせまった」（内田『民法 I』より）というような場合である．93 条 1 項によればこの契約は有効である．心裡留保は表意者が誤った情報をつくりだしているケースであり，情報の非対称性がもたらす契約の齟齬の例である．

この契約を無効とすると相手は申し込みに応じようとして関連して生じた費用（この例では借金を工面してもらったことに関連して）を無駄に負担することになり，それを回避するためには表意者の真意をさぐるための余計な情報探索費用をこうむらざるをえない．これに対して，表意者は真意を表示しなくても法によって守られるので情報を開示する意欲もないことになり，面白がってそうした事柄が増加することになり，結局，相手の情報探索費用が増加し，社会的な損失が増加していく．

6） 内田貴『民法 I　第 2 版』東京大学出版会，1999 年，pp. 46-47.
7） ここの議論は林田（2002）を参考にしている．

これに対して，有効とすると，表意者は損失をこうむることになり真意でないことをいうことを慎むことになり，表意者の情報開示について特段の費用はいらないので真の情報を開示することになる．したがって，この場合，契約を有効にすると，真意を探る費用を節約できることになり，社会的な費用を節約できることになる．心裡留保の法ルールは，情報の非開示が不利になるポジションに立たせることによって，結局，情報を開示させ，効率的な取引を促進していこうとする法ルールでありペナルティ・デフォルトルールの例である．

さて，法と経済学においてもっと重要な主張の一つはつぎのコースの定理といわれるものである．これはR. コース（R. Coase; 2015年ノーベル経済学賞授賞者で法と経済学の創始者の一人）によって主張されたものである．

コースの定理：「取引費用が十分少なければ，権利をどのように配分しようとも，交渉によって，効率的な取引が実現する．」

取引費用とは情報収集費用や紛争解決費用など取引にともなう付随的費用のことである．このコースの定理から心裡留保の権利配分を見てみよう．まず，買手のその財の評価は表意者の評価より低いと前提することができる．心裡留保を有効とすると，低い評価の買手に財が移転して，一見，非効率的取引となりそうであるが，改めて，買手から元の売手は買い戻すことができるし，そうしたいだろう．これに対して，心裡留保が無効であれば，高い評価の表意者に財はとどまる．したがって，買い戻しに関する再交渉の費用（取引費用）が少なければどちらに権利が配分されても，効率的な取引は実現するということができ，コースの定理が成り立つ．さらに，取引費用が大きいときについては

コースの定理の系：「取引費用が問題になるときには，各権利の配分のもとで取引費用を含んだ取引結果の費用がもっとも小さくなるように権利の配分をすべきである．」

が主張される．この系から見ると，心裡留保の場合，無効にすれば発生する情報探索費用の発生や真意と思って契約するためにかかった費用（借金など）

が，買い戻し交渉費用より大きいという判断がされたと考えることができる．なお，コースの定理については第 10 章で詳細されている．

1.6 意思表示（II）——錯誤

契約の成立を阻害する要因の重要なものの一つは錯誤（mistake）である．**錯誤**とは，表示行為から推測される意思と表示者の真実の意思との不一致があり，かつ，その不一致を表意者は知らないで意思表示をする．

民法 95 条 1 項「意思表示は，次に掲げる錯誤に基づくものであって，その錯誤が法律行為の目的及び取引上の社会通念に照らして重要なものであるときは，取り消すことができる．1．意思表示に対応する意思を欠く錯誤，2．表意者が法律行為の基礎とした事情についてのその認識が真実に反する錯誤．」

上記 1．が，①表示上の錯誤：誤記・誤談．10 ポンドと書こうとして 10 ドルと書くのが例，②内容の錯誤：ポンドとドルを同価値と誤解して 10 ドルのつもりで 10 ポンドと書く例に対応している．2．が，③動機の錯誤：鉄道敷設予定地と誤信してそうでない土地を高価で買う例に対応し，従来の判例にそって意思表示の内容となっていることが必要であるとしている（大判大正 6・2・24 民録 23・284 等）．

なお，これまでの民法では錯誤の効果は無効とされていた．しかし，錯誤が表意者保護の規定であること，「動機の錯誤」についても一定の場合に無効主張が認められることにより，錯誤が意思の欠缺だけではなく瑕疵ある意思表示の範疇にも含まれることなどから，無効の主張権者を表意者に限定するとともに，無効主張の対象者は相手方となり（民法 123 条），錯誤における無効を「取消」に近いものとして捉える考え方は「取消的無効」といわれてきた．このたびの民法改正においては錯誤の効果は取消となった．

さらに錯誤が表意者の重大な過失によるものであった場合には，つぎに掲げる場合を除き，第 1 項の規定による意思表示の取消をすることができないとしている．

1．相手方が表意者に錯誤があることを知り，または重大な過失によって知らなかったとき（民法 95 条 2 項）．

2. 相手方が表意者と同一の錯誤に陥っていたとき（民法95条3項）.

この重大な過失とは，表意者の職業，また，行為の種類・目的等に応じ普通にしなければならない注意を著しく欠くことで，株式売買を業とする者が会社の定款を調査しないのがその例（大判大正6・11・8民録23・1758）．そんな過失を犯すべきでないというペナルティを課しているのである．また，1. は表意者の判断が錯誤だと知っていていれば，その情報を表意者にいうべきだという暗黙の義務を想定して，そうしなかったので，取消ができるとしている．また，重大な過失によって知らなかったときは，過失相殺の観点で取消できるとしているといえる．

目的物の性状・来歴などについての錯誤は，裁判でも多く争われている．有名な例「単に太っている馬を妊娠中の馬であると誤信して買った場合」などは，要素の錯誤として，裁判でもこれまで錯誤無効（現在では取消）が認められている．この性質に関する錯誤については当然に備わっていることが予定される性質をもたなければ，錯誤とはいえないであろう．

以下ではつぎの事例を参考にしながら，錯誤について検討をしてみよう．

事例1：「金鉱鉱脈発見の専門家Aはある不動産屋Bを訪れると，販売価格10である区画が売りにだされていた．調べてみると1000すると思われる金脈のとおった土地区画であることがわかった．Aはこのことを告げず，その土地区画をBから買った．売主は錯誤による売買契約の無効を主張できるか．」

この場合，重要な視点はつぎの2点である．(1) 売主（不動産屋）は錯誤取消を主張できるか，(2) 買主（金鉱脈発見の専門家）に情報開示義務はあるか，である．

＜視点：錯誤取消と錯誤回避努力＞　錯誤がなければ，無駄な取引費用が発生しないのだから，適正な錯誤回避努力がされるべきである．法はそれを促進するようになっているか．錯誤回避努力はどれだけなされるかという問題と，錯誤での取消可かどうかという法ルールの違いはリンクしている．取消とすれば，取引の効率性から事後的な費用が発生するが，あきらかに回避努力する動機がなくなり，錯誤が増える．有効とすれば，事後的な費用の有無にかかわらず，できるだけの回避努力をしようとし，結果として錯誤が少なくなる．すなわち，有効とすることによって，錯誤回避のインセンティブが与えられる．現行法では但し書で重大な過失では有効となるので，少なくともある水準の回避努力は行う．

このとき，社会的に望ましい回避努力とは，錯誤による取引の再調整からくる費用を考慮して，社会的期待費用を最小にする回避努力水準と考えられる．

$$\text{Minimize } P(x)T + C(X)$$

ここで，x は回避努力水準で，$P(x)$ は錯誤発生確率，T は錯誤のときの取引調整費用，$C(x)$ は回避努力費用である．この視点から見ると，有効にすると，B は自分の損失をも考慮した錯誤回避を行うので，過大な努力となる．一方，取消であるとすると，重過失を避けるだけの過小努力となる．

以上の 2 つの視点（取引効率性と錯誤回避努力）を考慮したとき，有効であれば取引費用 T は大きく，また，錯誤者はある程度損失をこうむるから過大な回避努力 $C(X)$ をする，結果として錯誤 $P(x)$ が少なくなる．これに対して，取消可であれば，取引費用 T はやや少なく，B は損失をこうむらない．よって重過失とならない程度にのみ回避努力 $C(X)$ をする，よって錯誤 $P(x)$ が増える．したがって，これらの社会的期待費用がより少ないほうに法を設定することが望ましいことになる．

1.7 錯誤と情報開示

錯誤は錯誤者がより完全な知識をもっていたならばなされなかったであろう誤りや勘違いである．錯誤は取引におけるリスクであり，経済的費用である．これを防ぐために情報を完全にするためにはどうしたらよいか，まず，だれが情報を入手し，生産すべきか考える．

ハーシュライファー，シャベルなど[8]は，富を増加させる情報（有望な鉱区

8） Hirshleifer（1971），Shavell（1994）などで議論されている．また，Miceli（2009）参照．

の発見，発明など）として生産的情報と，それを知っている当事者に有利に富を再分配するために用いられる情報（新たな道路が開設されるという情報など）である分配的情報に分類し，生産的情報は，開示義務を認めるべきではないとし，一方，分配的情報においては，これを私的に利用することを認めると，相手は自分の富を奪われないように予防的手段をとらざるをえなくなり，それに資源（コスト）がかかることから社会的な浪費であるとし，開示させるほうが効率的であると主張している．事例１でこのことを示す．

＜分配的情報＞　いま，金鉱脈のとおっている土地区画とただの土地区画が見分けがつかないものとする[9)]．ただし金鉱脈のとおっている土地区画である確率は 10% で，その土地区画の市場価値は 1000，ただの土地区画である確率は 90% でその土地区画の市場価値は 10 とする．見分けがつかないのでその買手の期待収入は $0.1 \times 1000 + 0.9 \times 10 = 109$ である．いま，議論を簡単化するために，売手独占とすると，このときの土地区画の価格はその期待収入で決まり，買手の期待利潤は 0 となり，売手の期待利潤は 109 となる．したがって，社会的余剰は 109 である．まず，取引に錯誤があっても有効であれば，買手は $0.1(1000 - 109) + 0.9(10 - 109) = 0$ で期待利得はゼロ．これに対して売手は 109 で売るので，期待利得は 109．よって，社会的余剰は 109 となる．

これに対して，金鉱脈があることが判明した場合にはその土地区画は錯誤取消として売主に返還するというルールの場合，すなわち，情報開示義務が課せられている場合，土地区画はただの土地区画としてしか売れないので，買手の期待利潤は $0.1 \times 0 + 0.9(10 - 10) = 0$ となる．このとき，売手については，金鉱脈があるとわかれば錯誤取消で返還してもらい，あらためて 1000 ドルの価値で売ればいいし，金鉱脈でなければ 10 ドルで売れるので，売手の期待利潤は $0.1 \times 1000 + 0.9 \times 10 = 109$ である．したがって，このルールのもとでも，社会的余剰は $0 + 109 = 109$ となる．以上から錯誤取消であってもなくても，すなわち，誰が情報をもっても社会的余剰は変わらず，売手と買手にその余剰が移動するだけである．この場合，金鉱脈という情報は分配的情報という．

---

9)　以下の議論は Rasmusen and Ayres (1993)，Miceli (2009) によっている．

つぎに，このような分配的情報としての金鉱脈の情報を入手するための投資が考えられる場合を検討しよう．いま，買主が，ある費用 50 をかけると土地区画が金鉱脈である可能性をあらかじめ正確に判明できるとする．これを情報入手投資，その費用を情報入手費用という．いま，この情報を開示しないとすると 109 で売れる．そこで，錯誤取消とならない場合を考えよう．このとき，買手は，金鉱脈の土地区画だとわかったときには，そのまま 109 で購入する．しかし，ただの土地区画だとわかれば購入すると $10 - 109 = -99$ なので購入しない．したがって，この場合の買手の期待利潤は $0.1 \times (1000 - 109) + 0.9 \times 0 - 50 = 39.1$ となり，他方，売手の期待利得は $0.1 \times 109 + 0.9 \times 10 = 19.9$ となる．したがって，社会的余剰は $39.1 + 19.9 = 59$ である．

以上から，まず，錯誤取消とならないとき，投資によって情報を獲得する場合には社会的余剰は投資費用の分だけ減少する．すなわち，この場合，情報獲得は社会的に浪費していることになる．なお，買手の立場からは投資はメリットがあるであろうか．錯誤取消とならない場合，投資がなければ買手の期待利潤は 0 であり，このとき投資をすれば買手の期待利潤は 39.1 となり，投資をすることになる．

これに対して，錯誤取消で返還できるルールのもとでは，投資をしなければ買手の期待利潤はゼロであり，投資をすれば，金鉱脈の土地区画とわかって買っても，どのみち返還しなければならず，また，ただの土地区画とわかれば買う意味がないので，結局買わず，投資費用だけ損をするので投資はしない．

以上から，情報が分配的情報であった場合，情報獲得の投資は社会的な浪費となることがわかるが，買手にとっては投資のメリットがあり，投資は行われる．したがって，この場合は錯誤取消として事実上情報の公開を義務付けると，この場合，買手が投資して金鉱脈のとおっている土地区画であることがわかれば，その情報を公開しなければならず，そうすれば，その土地区画の販売価格は 190 ではなく，1000 となり，投資による利益はなくなるので，この投資をするインセンティブがなくなる．以上から，分配的情報は情報公開を義務付けることが望ましくなることがわかる．

<生産的情報>　これに対して，生産的情報の場合はどうであろう．ここでの

想定は買手が投資すれば確率10%で金鉱脈ということがわかるということは前と同じだが，買手も売手もあらかじめその土地区画は金鉱脈がないと思っているとしよう．したがって，その土地区画の値段は10である．錯誤取消にならない場合，買主が投資をして実は金鉱脈があることがわかれば，買主は940（$= 1000 - 10 - 50$）の利益を得る．また金鉱脈がないことがわかれば投資分だけ損失をこうむり，結局，投資による期待利得は40となり，投資を行う．このとき，投資は社会的な価値をもっているであろうか．この場合金鉱脈が発見されれば社会的余剰は$1000 - 50 = 950$であり，発見されなければ$10 - 50 = -40$となるので期待社会的余剰は$0.1 \times 950 + 0.9 \times (-40) = 59$となる．これに対して投資をしなければ10の社会的余剰であるから，この投資は社会的価値を生む．これは，この投資がなされなければただの土地として売られてしまうところ，投資によって，金鉱の利用が可能になり，資源配分の有効性が高まるからである．この場合，錯誤取消として情報開示を要求されたら，買手は投資のメリットはなくなり，永遠に金鉱脈は発見されず，社会的な損失を生むことになるので情報公開を要求すべきでないことがわかる．

◆参考文献

内田貴（2000），『契約の時代　日本社会と契約法』岩波書店.

内田貴（1999, 2007, 2004），『民法 I，II，III　第2版』東京大学出版会.

内田貴（2011），『民法改正：契約のルールが百年ぶりに変わる』筑摩書房.

加藤雅信（2002-2007），『新民法体系 I～V』有斐閣.

河上正二（2018），「任意法の指導形像機能について」『NBL』1128.

小林秀之・神田秀樹（2007），『法と経済学入門（第7版）』弘文堂.

小林一郎（2010），「日本の契約実務と契約法～関係的契約とドラフティング・コストの考察から（1)～(6)」『NBL』No.930～935.

棚瀬孝雄（1999），『契約法理と契約慣行』弘文堂.

椿寿夫編（2013），『強行法と任意法でみる民法』日本評論社.

林田清明（2002），『法と経済学—新しい知的テリトリー（第2版）』信山社.

樋口範雄（2008），『アメリカ契約法（第2版）』弘文堂.

松田貴文（2013），「契約法における任意法規の構造—厚生基底的任意法規の構想へ向けた一試論—」『神戸法学雑誌』63-1.

我妻榮（1964），『債権総論』岩波書店.

Ayres I. and R. Gertner（1989），“Filling Gaps in Incomplete Contracts: An Economic Theory of Default Rules”, *Yale Law Journal.*

Calabresi, G. and D. Melamed（1972），“Property Rule, Liability Rules and Inalienability: One View of the Cathedral", *Harvard Law Review*, 85.（松浦好治編訳『不法行為法の新世界』木鐸社，2001 年）

Calabrezi, G.（2016），*The Future of Law Economics*, Yale University Press.

Coase, R. H.（1988），*The Firm, the Market, and the Law*, University of Chicago Press.（宮沢健一・藤垣芳文・後藤晃訳『企業，市場，法』東洋経済新報社，1992 年）

Cooter R. and T. Ulen（2008），*Law & Economics*, fifth edition, Addison Wisley.（太田勝造訳『法と経済学 新版』商事法務，1997 年）

Easterbrook, F. H. and D. R. Fischel（1996），*The Economic Structure of Corporate Law*, Harvard University Press.

Eisenberg, M. A.（2018），*Foundational Principles of Contact Law*, Oxford University Press.

Hirshleifer, J.（1971），"The Private and Social Value of Information and the Reward to Inventive Activity", *American Economics Review*, 61.

Kronman, Anthony（1978），"Mistake, Disclosure, Information, and Law of Contracts", *Journal of Legal Studies*, 7.

Miceli, T.（1997），*Economics of the Law*, Oxford university Press.（細江守紀監訳『法の経済学』九州大学出版会，1999 年）

Miceli, T.（2009），*The Economic Approach to Law*, second version, Stanford University Press.

Polinsky, M.（2011），*An Introduction to Law and Economics*, fourth edition, Wolters Kluwer Law & Business.

Posner, R. A.（1972），*Economic Analysis of Law*, Wolters Kluwer Law & Business.

Rasmusen, E. and I. Ayres（1993），"Mutual and Unilateral Mistake in Contract Law", *Journal of Legal Studies*, 22.

Shavell, S.（1994），"Acquisition and Disclosure of Information Prior to Sale", *Rand Journal of Economics*, 25.

Shavell, S.（2004），*Foundation of Economic Analysis of Law,* Harvard University Press.（田中亘・飯田高訳『法と経済学』日本経済新聞社，2010 年）

第2章　契約法の法と経済学（II）

細江守紀

2.1　債務不履行

前章では契約・契約法の役割，契約の成立についての議論をしたが，契約義務を果たさなかったら，債務不履行となる．日本法では，債権者は債務を果たせと要求できる．強制履行である．

「第414条　債務者が任意に債務の履行をしないときは，債権者は，民事執行法その他強制執行の手続に関する法令の規定に従い，直接強制，代替執行，間接強制その他の方法による履行の強制を裁判所に請求することができる．ただし，債務の性質がこれを許さないときは，この限りでない．」

国家の力を借りてでも，相手に契約を守らせることができる．また品物の完成度が悪いなど不完全履行の場合，完成させる追完請求ができる．これに対して，契約違反によって実損害が発生すれば，相手に損害賠償を請求することができる．また，相手が債務不履行となった場合や，相手の信用状態が悪化しているケースなど，契約を継続させるのに支障が起きた場合は，契約を解除することができる．したがって，契約違反になったときは，債務不履行として債権者のとりうる救済手段はつぎの3つである．

(1) 履行請求権（414条）：現実的履行の強制（強制履行）
　（売買契約については，追完請求も（562条））

(2) 損害賠償

(3) 解除

民法414条には履行の強制の規定はあるが，従前，債務の履行が不能である場合，債権者は履行を請求することができないとされてきたが，改正前民法では，この点が明記されていなかったのであらためて新民法で規定されている．

「第412条の2　債務の履行が契約その他の債務の発生原因及び取引上の社会通念に照らして不能であるときは，債権者は，その債務の履行を請求することができない．」

履行が不能のときは，債務者の帰責性にかかわらず，履行請求権が否定されていることが注目される．そして，債務の履行が契約その他の債務の発生原因および取引上の社会通念に照らして不能であるときとは，当事者が締結した契約の内在的趣旨に照らしてという意味だけでなく，当該契約の性質，契約目的，締結に至る経緯などの客観的事情などの取引上の社会通念に照らしてとなる．この点，民法改正審議の中間試案ではつぎの3類型にまとめられていた．

「1. 履行が物理的に不可能である場合

2. 履行に要する費用が，債権者が履行により得る利益と比べて著しく過大なものである場合

3. その他，当該契約の趣旨に照らして，債務者に債務の履行を求めることが相当でないと認められる事由がある場合」

この類型で，のちに述べる効率的契約違反に関連して重要なのは2. である．これは取引の効率性に関する観点が導入されており，注目される．

日本法においては，契約締結，履行にあたっては信義則に従わなければならないという点が強調される．すなわち，契約は当事者相互の信頼の基礎の上に成り立っている．契約当事者は，相互に信頼しあい，その信頼に答えるような行動をしなければならないとして，このことを法的に義務付けたものが**信義誠実の原則**であるとしている（民法1条2項）．これを受けて，契約は守られなければならない，すなわち，契約を破れば，あらためて，履行せよと命じられることが原則となっている．今回の改正民法もそのような体制をとっている（対応条文415条2項，541条，563条など）．だが，履行不能以外で，いつでも強制履行を要求するわけではない．事情変更の原則がある．

2.2　事情変更の原則

これは信義則の一つの具体的な現れである．契約は結ばれた後，社会経済事情などに当事者の予想しなかった急激な変動が生じた場合には，契約内容を変更修正し，あるいは，解除することが認められる．ただし，これは民法に明記されたものでなく判例法理である．

どのような場合に，事情変更の原則を適用して契約の解除ができるか．この点は，まさしく契約破棄による効率的な取引の実現と契約に対する信頼保護との調和点をいかに見出すかという問題ともいいうる．

判例・通説はこの問題に対して，契約は守られるべきであることを原則としつつ，事情の変更，予見可能性の不存在，帰責事由の不存在，契約への拘束の著しい不当の４つの要件が満たされる場合に，契約の解除が許されると考えている．しかし，最高裁の判例には，いまだ，事情変更の原則を適用して契約の解除または改定を認めたものは存在しない（平成９年７月１日第３小法廷判決）．契約に対する信頼が保護されることを重視しているものといえよう．

具体的事情変更事例としては，ユニドロワ国際商事契約原則（PICC）の6.2.2では「ある出来事が生じたことにより，当事者の一方の履行費用が増大するか，または，当事者の一方の受け取る価値が減少することによって，契約の均衡に重大な変更がもたらされた場合」と限定している．これは，あとで検討するように不利益型の非効率な事態に対応する解除に相当する．

＜契約違反への実務対応＞　とはいえ，現実社会の契約実務は研究者の議論を超えて進むのが常である．宿泊契約，航空契約，通信機器利用契約など，消費者と企業の取引契約で，多くは約款規定としてキャンセルオプション権付き契約をしているのである．企業と企業（B to B）の取引においてはもっとキャンセルした場合の規定を導入した契約も一般的である．ただし，日本企業の契約慣行として，明確な契約条項を入れることを嫌い，想定外のことがあれば信義をもって協議するとなっている場合が多いかもしれない．また，伝統的な手付解約の慣行も同様である．継続的取引における関係解消の契約上の規定，および実態について検討することは興味のあるところである[1].

2.3 契約違反に対する救済

本来契約は守られるのが原則である．法学的観点からは，契約の拘束力に重点を置く．契約の拘束力を重視しなければ，契約を信頼したものが不利益をこうむるからである．当事者の契約に対する信頼を保護するべきという視点が働く．民法学者から見ると，かかる信頼を裏切った者に事後負担を与えること(信義則：民法１条２項)を認識させることにより，契約を履行させようとするのであり，この点，信頼に対する保護態様が事前と事後という点で法と経済学とは異なる．しかし，最近の契約責任論者には，債務不履行に対する救済手段として履行請求権，損害賠償責任・契約解除を救済（remedy）として一元的に考え，契約の拘束性からくる代替的救済手段であるとする考え方を主張するものが多くなってきている[2]．それによると，これらの手段は，当事者に権利として割り当てられ利益や価値を実現するための手段であるから，いずれを選択するかは権利者である当事者が決めればよい[3]．レメディーアプローチといわれるものである．このような方向での新しい契約責任論の展開は，アメリカの契約法，そして，効率的な契約違反への接近として大変興味あるところである．ただし，潮見[4]は損害賠償，解除などの救済手段のなかで，履行請求権の優位性を以下のような理由で肯定している．

1. 契約を締結することにより債務者が獲得しようとした利益そのものを受けることで，金銭賠償は等価値の満足を受けることと異質なものである．
2. 自己決定により引き受けた結果については，たとえ経済的に不合理であったとしても，その実現につき決定主体が負担すべきである（自己決定・自己責任の原理）．
3. 国家が債権を権利として認めた以上，契約利益そのものの保持へ向けて

1) 内田（1990），中田（1997），中田（2001）参照.
2) 潮見（2006）参照.
3) 山本（2006）参照.
4) 潮見（2017）pp.275-276.

の債権者の期待は，最大限保護すべきである．

しかし，目的物でなく金銭的等価を保証されること問題より不本意な履行による損失の発生の問題がより深刻であり，自己の引き受けた結果といっても，当事者の帰責性がない状況の変化は尊重すべきでなかろうか．デフォルトルールの選択の問題とはいえ，いったん約束したことは守るべしという原理主義に陥ってしまう懸念がある．

2.4　アメリカ契約法と効率的契約違反

一方，アメリカ法[5)]では契約責任は契約合意に違反したことそのものであり，違反の評価にあたっては債務者の履行の態様は考慮されない．したがって，過失責任主義の不法行為法と異なり，厳格責任（strict liability）である．また，アメリカではU.C.C.§2-716（1）にあるように損害賠償が原則であり，強制履行の命令が出される場合は，「売買の目的物が独特のものであるか，またはその他の適切な場合」に限られるとしている．これは，①アメリカがコモンローの裁判所が中心であり，コモンロー上の救済は金銭的損害であるということ，②いったん契約を結んだら必ず履行強制が行われるとするより，損害賠償すれば契約を解消できるほうが，契約締結の促進を促すことになり，それだけ，自発的な取引が実現していくということ，③契約強制履行は経済的な合理性に反する場合があるなどが挙げられる[6)]．

実際，アメリカの著名な裁判官であったホームズ（O. W. Holmes）は契約を結ぶということは，契約を履行するか損賠賠償を支払って契約をやめるかのオプション権をもつことだといっている[7)]．こうして，「契約を破る自由」が認められているといわれる．そして，その際の賠償ルールが期待契約の履行から得られる期待利益を賠償するもので，履行利益賠償あるいは期待利益賠償といわれる．日本法でも一般の債務不履行に関しては原則，履行利益である．

5）アメリカ契約法を現代的手法で包括的に分析したものに Eisenberg（2018）．

6）樋口（2008）三章2節参照．

7）Holmes（1897）．

<効率的契約違反>　ポズナー（Richard Posner）は『法の経済分析』[8]のなかで以下のように述べている．

「しばしば契約の一方当事者が契約違反から得られる利益がこの契約の履行から得られる期待利益を上回るなら，その契約を違反したい誘惑にかられるだろう．もし，その場合，違反からの利益が契約の履行から相手当事者にとっての期待利益を上回り，かつ，損害賠償がその期待利得の額に制限されるなら，違反をするインセンティブがあるだろう．そうあるべきだ．」

すなわち，効率的契約違反とは，以下のように表される．

「より高い価値を実現できるなら契約を破棄してもかまわない．ただし，契約相手を不利にしない条件のもとで．より高い価値を実現できるなら契約を破棄してもかまわない．**（取引の効率性：事後の効率性）**」

現在のところ，契約違反に対する救済ルールとして英米法では期待利益賠償，日本法では強制履行（英米法では特定履行）となっている．この救済ルールが取引の効率性に対してどのようなインプリケーションをもっているか以下で検討しよう[9]．

売買取引において，キャンセルの可能性はつぎの4つのパターンがある．(1) 売手の費用が高騰して採算があわなくなった場合，(2) 買手にとっての商品価値が履行までに急落してしまった場合，(3) より有利な条件を提示する新たな買手を売手が見つかった場合，(4) より有利な条件を提示する売手を買手が見つけた場合である．初めの2つは不利益対応キャンセルであり，これが事情変更の議論になるところである．後の2つは利益志向キャンセルである．ここでは紙面の都合で (3) のケースに限定して議論する．

事例1（利益志向キャンセル）：いま，売手Aがある商品を価格 P 円でその商品評価値が V 円である買手Bに販売する契約をし，さっそく買手は P 円を支払った．しかしその後，より高い価格 V'（$V' > V$）で買手Cが C 円で購入を申し出たので，売手Aは買手Bとの契約をキャンセルした．

8) Posner (1972).

9) Shavell (2006)，田中 (2011) 参照.

ここで，効率的な契約違反は高い価値をもつ買手との取引が効率的なので，効率性の観点から契約違反をすべきであることに注意しよう．まず，履行利益ルールのもとで，契約違反しようとすれば，賠償額は $V-P$ となり，新たな買手との取引で $V'-C$ が得られる．これが現在の取引相手との利益 $P-C$ より多ければ契約違反をする．すなわち，$V'-C-(V-P)>P-C$ で表される．これは $V'>V$ となる．こうして，履行利益ルールのもとでは効率的な相手が登場したら契約違反することになる．これが効率的契約違反である．

これに対して，特定履行ルールのもとでは買手Bとの取引をすることになるので，効率的な取引はできないことになる．しかし，その時点で再交渉することができれば話は変わってくる．というのは，特定履行は非効率なので，交渉で契約解除を提案し，解除費用は新たな買手Cとの契約で得られる利益からあてるものとする．すなわち，特定履行をデフォルトルールとして，買手に対して解除代金 S を売手は支払う交渉を考える．交渉は両者の交渉利益がイーブンになる場合を考えると，解除代金について $V'-C-S-(P-C)=S-(V-P)$ が成り立つ．左辺は売手が新たな取引から得られる利益から解除代金を引いたものが本来予定されていた利益との差，すなわち，再交渉による価値の増分を表し，右辺は買手Bの再交渉による価値の増分を表し，両者が等しいところで解除代金が決まることを示している．これを求めると $S=\dfrac{V'+V}{2}-P>0$ となる．また，交渉による価値の増分は $S-(V-P)=\dfrac{V'-V}{2}>0$ となる．したがって，再交渉が可能であれば履行利益ルールの場合と同様に効率的な契約違反が実現することがわかる．

こうして，両ルールは，再交渉可能であれば契約違反の効率性に関しては同値となることがわかった．しかし，取引費用や訴訟費用まで含めて効率的なデフォルトルールはなにかということを考えなければならない．

ところで損害賠償と特定履行の関係は不法行為における損害賠償と差し止めによる救済の関係に似ている．この点で Calabresi and Melamed（1972）は権源（エンタイトルメント）を保護するつぎの2つのルールが基本的あることを指摘している．

プロパティー・ルール（Property rule）：ある者に財産についての排他的な権

限を与え，合意なき侵害は認められず，侵害者はそのものを返さなければならない．
ライアビリティー・ルール（Liability rule）：第三者が許可なく侵害できるが，生じた損害を賠償しなければならない．

特定履行は契約違反において不履行者がその契約上の債務を履行することであり，この措置が採用される場合としては，英米法ではとくに非代替財の取引である．この場合，契約違反に対して対価を支払う場合，法外な主観的価値で評価されることになり，裁量性が大きく好ましくないからである．

カラブレイジの命題：「契約違反が生じたとき，不履行者と相手がこうむる交渉費用や取引費用が小さいならば，裁判所の命じる効率的な救済はプロパティー・ルールとしての特定履行である．」

すなわち，特定履行 ⇒ 当事者間交渉（交渉費用が小さい）⇒ 解決となり，これに対して，取引費用が大きいときはライアビリティー・ルールとしての損害賠償が解決策となるとしている．
そこで上のモデルにおける特定履行と履行利益の両ルールを比較すると，まず，再交渉はすでに契約に入っている当事者同士なので再交渉能力の面では高いかもしれないが，第三者（C）との取引も巻き込んで交渉するには多くの時間と労力がいるであろう．したがって，特定履行ルールは効率的取引を実現するためには再交渉が必要であるが，この再交渉費用が高ければ，現行の取引を行い，非効率な取引を実現してしまうかもしれない．再交渉費用はしたがって当事者の交渉能力はもちろん特定の案件の特性にも依存するが，当事者そのものの文化的背景，法的サポート体制などにも依存する．
一方，履行利益ルールのもとではフォーマルには裁判所によって履行利益の額を認定してもらう必要があるのでその裁判に関連する取引費用が高くなるかもしれない．また，主観的価値が重要な場合，裁判での履行価値の評価は過少評価される可能性が考えられるので，その場合，過大な契約違反が生じるかもしれない．また，利益配分の公平性を見てみると，履行利益ルールは契約違反からのすべての余剰を売手（債務者）に与えることになるが，特定履行は当事者の交渉力に依存するが（上の例ではイーブンとしている），余剰の少なくとも一部を買手が得ることが可能になっている．これらの観点をより深く検討する必要がある．

2.5　履行利益ルールと信頼支出の効率性

上の事例では，商品の費用や価値が決まったあとの取引，すなわち，事後の取引についての効率性を検討した．ここでは，商品の費用や価値に影響を与えるものとしての信頼投資（Reliance）の効率性を検討しよう．事前の効率性の問題である．たとえば，取引による便益を高めるために当事者はさまざまな投資支出を行う．商品の利用価値を高めるために買手は知識を獲得しようとする．また，その商品の生産費用を低下させるために技術の習得をする．コミュニケーション費用を節約するために工場近くに移転するかもしれない．これらの支出の多くは取引特殊的であり，相手との取引を信頼して実行される支出といえる．こうした支出を信頼支出（Reliance Expenditure）という．これらは，契約が実行されなければ無価値になり，また，投資したものは回収できない性質をもつ．このような投資は**取引特殊的投資**といわれる．

ここで，買手が契約後，信頼支出 R を行い，購入する商品の価値 V を高めるとする．これについては，区間 $[0, V^*]$ 上の限界収益逓減の関数 $V(R)$ で表されるものとする（$V' > 0, V'' < 0$）．いま，外部に代替商品があって，その価値の出現が区間 $[0, V^*]$ 上の一様分布に従うものとする．このとき，信頼支出の社会的効率水準を求めよう．いま $V(R)$ 以下の V が発生すれば，$V(R)$ が効率的で，$V(R)$ 以上の利用価値 V が発生すれば V が効率的なので，それを踏まえた投資の社会的余剰の最適投資は $\mathrm{Max}_{\{R\}} V(R)\dfrac{V(R)}{V^*} + \dfrac{V(R)+V^*}{2}\dfrac{V^*-V(R)}{V^*}$ で表される．したがって，最適投資水準 R^f は $V'(R^f) = \dfrac{V^*}{V(R^f)} > 1$ となる．

これに対して期待利益賠償ルールのもとで買手の投資水準はどうなるであろうか．このときは買手は常に $V(R) - P - R$ の利益が実現するので，これを最大にする投資は $V'(R) = 1$ となり，社会的最適投資水準と比べると明らかに過大となる．これは，簡単にいうと，社会的にはもっと優れた価値水準を実現できるが，そのときでも自分の投資価値は回収できるのでリスクのない投資となり，社会的な投資水準より過大になってしまうからである．

こうして期待利益賠償ルールは事後の取引については効率性が実現するが，事前の効率性からすると過大投資を実現してしまうことは重要なことであり，期待利益ルールに過剰な期待をもつことは慎まなければならない．なお，この社会的最適投資水準 R^f に対応する $V(R^f) - P$ を期待利益とするときに，買手の最適投資を求めるとその投資水準は社会的最適投資になり，したがって，そのとき，特定の期待利益の賠償ルールでは事前にも効率的になることがわかり，2つの効率性が実現する賠償ルールを求めることができる．しかし，実際にはこの水準を算出することは難しいであろう．これはある種の制限された期待利益ルールと考えると興味深い議論が展開されうる．この点についてはMiceli (1996) が参考になる．また，特定履行における信頼支出の問題も同様な設定で検討できるが，Miceli (1996) で議論されているように，一般には過大投資を導き，交渉力が買手に偏っているときにのみ効率的な投資が実現することがわかっている[10)]．ここでは紙面の都合で割愛する．

2.6 損害賠償の範囲と特別損害

民法416条では債務不履行に対する損害賠償の範囲をつぎのように規定している．

1. 債務の不履行に対する損害賠償の請求は，これによって通常生ずべき損害の賠償をさせることをその目的とする．

2. 特別の事情によって生じた損害であっても，当事者がその事情を予見すべきであったときは，債権者は，その賠償を請求することができる．

今般の民法改正によって第2項が「特別の事情によって生じた損害であっても，当事者がその事情を予見すべきであったときは，債権者は，その賠償を

10) これらの問題はChe and Chung (1999), Bebchuk anb Ben-Shahar (2001), 後藤 (2001) などで検討されているところであるが，効率的契約違反論の進展に対応する投資の効率性をめぐる議論が今後必要であろう．

請求することができる.」となっており，予見できる場合に限り（立証責任は債権者にある）損害の範囲にあるとしている（2項）．この予見性の役割について考察してみよう．ここでは英米契約法においてしばしば取り上げられるハドリー対バクセンドール事件を取り上げよう.

事例２（ハドリー対バクセンドール事件）[11)]：「グロスターの製粉業者が，ある運送業者との間で，破損した車軸１本をグリニッジまで運ばせる契約を結んだ．しかし，配送が遅延したため，この製粉業者は製粉機を稼働させることができず大きな損失をこうむった．製粉業者はこの損害の賠償をもとめて運送業者を訴えた.」

この場合，運送業者は，製粉業者の全損害を賠償するべきか．あるいは遅延した日数に応じた算定された通常の損害賠償に限られるべきかということになる．この問題を考察するためにはそれぞれのケースを考えればよい.

まず，無条件で特別損害も賠償する場合となると製粉業者のほうは安心して事故の予防注意を行わないであろう．また，運送業者はいろいろな注文ごとにどんな特別損害の可能性があるかチェックし算定しなければならず，費用がかかりすぎて，通常損害だけには応じるとする特約をつけるかもしれないし，それができなければ，注文を断るかのどちらかになるであろう．特約を付けられれば予防注意が払われなくなり，予防の効率性が損なわれるであろう.

これに対して特別損害を賠償しない場合には製粉業者は注意を払う．この場合，運送業者にその旨の情報を伝えて，しかるべき対価を払って，注意してもらうことになるであろう.

このように，特別損害に賠償はしないというデフォルトルールを設定すると，特別損害のありうる人はその情報を相手に提供し，その場合の最適な保険を試みるであろう．特別損害を賠償しないということで特別損害のありうる人が不利益に追い込まれ，そのため，情報を相手に伝えるように仕向けられることになる．これは，情報の公開を促進するルールである．このようなルールは

11）　この事件については樋口（2008），Eisenberg（2018）に詳しい.

ペナルティ・デフォルトルールと呼ばれることはすでに説明した.

この点，直接損害と間接損害の区別は，わが国の通説とされる相当因果関係説によれば，民法416条1項にいう「通常損害」と民法416条を越えた損害としての「特別損害」の区別に相応するものと考えられる．わが国の相当因果関係説においては，「通常損害」とは，民法416条1項にいう狭義の「通常損害」と，同条2項にいう「特別事情に基づく通常損害」とを含めたものであると考えられており，「特別損害」とは，相当因果関係の及ばない，したがって，損害賠償を請求できない損害であると考えられているからである．しかし，相当因果関係説における通常損害と特別損害との区別もあいまいであって，損害の区別基準としてあまり有用でないと思われる.

2.7　約定損害賠償

契約時点で，当事者のいずれかが契約違反をしたときにどうするかを規定しておくことがある．その場合，契約違反者が相手に一定の金額を支払う場合，これを約定損害賠償という．これは，債権者にとって損害額の算定，損害立証の困難を回避し，債務者にとって債務不履行に基づく損害賠償額が予見できる安心感というメリットが存在する．したがって，公序良俗違反（民法90条）とならない限り，過少約定損害賠償は，とくに問題とならない．一般に，当事者間での合意に基づいて取り決められる約定損害賠償額は，契約の自由の観点から容認すべきであろう．しかし裁判所は約定損害賠償に対して制約を課している．とくに，約定が合理的に予測される補償額を超え，制裁的な要素が見受けられる場合，あるいは交渉力の著しい違いを反映している場合には，約定賠償額を適用しない．ただ，そのような場合，現実に発生した損害以下である場合にはそのまま適用される.

ここで，注意すべき点として2つ指摘される．(1) 制裁的要素と見える場合でも，一方の当事者の取引への主観的価値の損失に対する保険金の役割をもつかもしれないという点である．また，(2) この約定が契約履行の能力に関する情報を相手方に伝えるシグナルとなるかもしれないという点である．たとえば，建築契約において，注文者は施工主の建築完了期日について不安をもっているとする．このとき，施工主は期日をすぎた場合には一見制裁的とも見える高い賠償額を支払うことを約束することによって施工主に対する信頼を得ることになるかもしれない．そこで，つぎの事例について検討してみよう．

事例3（過小約定損害）：「A氏が建設業者Bに対してオフィスビルの建設を依頼し，ある期日までに完成しなければ1週間の遅延に対して損害賠償としてBがAに20万円を支払う旨の契約を結んだとする．完成の1ヶ月前にこのままでは期日に完成させるためは追加費用が30万円必要なことが判明した．また，A氏の遅延による実際の損害額を50万円であることがわかった．」

この事例において，Bにとっては，完成を1週間遅らせて，損害賠償として20万円を支払うほうが，追加費用30万円を支払うより得であるため，Bは完成を遅らせるという決定をなすと考えられる．しかし，効率的な決定は，追加費用30万円をかけて期日までに完成させることである．では，いかなる再交渉によって効率的な決定がなされるだろうか．たとえばBはAに対して，「このままでは期日までに完成しないが，期日までに完成させるには，追加費用が30万円かかるため，期日までに完成させることはしない．しかし，AがM万円支払ってくれるなら期日までに完成させるが，いかがでしょう」という提案をすることが考えられる．

この場合Aは，新たな契約によりM万円，既存の契約により $50-20=30$ 万円の損失があることから，新たな契約により $30-M$ 万円の利益を得ることになる．一方Bは，新たな契約により $30-M$ 万円，既存の契約により20万円の支払いがあることから，新たな契約により，$20-(30-M)=M-10$ 万円の利益を得ることになる．ここで，新たな契約が成立する条件を考えると，①パレート改善的であること，つまり，新たな契約による利益が両者に正の利益をもたらさなければならないことから，$30-M>0$，$M-10>0$ という条件が与えられる．また，②両当事者の受け入れ可能条件として利益配分，つまり新たな契約の提示によって生じる互いの利益が等分であるとすると，$30-M=M-10$ という条件が与えられる．

これら2つの条件から，$M=20$ 万円となり，BはAに対して，「20万円を支払ってくれるなら，期日までに間に合わせる」という提案を行い，これをAが受け入れることになる．この新たな契約のもとで効率的な決定がなされることになり，Aの利益は $30-20=10$ 万円，Bの利益は $20-10=10$ 万円となる．

この事案ではオフィスビルの完成が1週間遅れることによってAがこうむる損害50万円は，本件契約締結前に算定することが可能であったはずである．にもかかわらず，予定賠償額を50万円よりも少ない20万円としてしまっては，Bに債務不履行の契機を与えてしまい，契約の拘束力を弱めてしまった．これは，過少約定損害賠償の短所であろう．もっとも，法律や判例法理が契約の拘束力を重要視する根拠は，当事者意思の合致とそれに対する信頼を保護する点にある．とすれば，当事者（債権者）が，自由な意思のもと，「過少約定損害賠償であってもかまわない」と意思決定したのであれば，そうした当事者意思の合致にこそ法的拘束力を与えるべきである．すなわち，裁判所が，当該契約に損害賠償額の予定条項が存在するにもかかわらず，債権者が実際にこうむった損害を塡補するために賠償額を増額することは，市民法（契約自由の原則）への国家的介入にほかならない．

2.8　継続的取引と契約解消

<継続的取引>　短期的な契約に関する契約の解消はそれほど解決が難しいものではない．しかし，2.5節で信頼支出について議論したように，長期的な観点では契約の解消問題はなかなか解決しにくい．長期的な観点というのは継続的取引ということである．継続的取引は業者間の固有の情報がシェアされ，また，取引特殊的な投資がなされていくことによって，業者間の取引の効率性が高まっていく．取引特殊的投資はつぎの事例で説明される．

事例4：「完成品メーカーA社はある製品の生産のためにそれに特化した部品を必要であり，部品メーカーB社はその部品の生産のために特化した生産設備および生産技術（**取引特殊的投資**）が必要とする．このため，この設備・技術は他のメーカーの部品生産には役に立たないものとする．数量，価格などの取引契約が結ばれた後，B社はその特殊な生産技術のための投資を行う.」

すなわち，取引特殊的投資とは投下した投資，実現した技術が特定の取引相手にしか価値を生まず，ほかの企業との取引ではほとんど無意味になるようなものである．汎用性のある投資とは対称的である．このような投資は各取引において他者との違いをもつ付加価値の高い取引となるという意味で大変社会的重要な投資であるが，いったん投資してしまうと，A社は，B社の後戻りできない状況を考慮して契約の再交渉を行い，自分に有利なものにしてしまうかもしれない．このような状況が予想されれば部品メーカーはこの取引をあらかじめ受け入れない．このような問題は**ホールドアップ問題**と呼ばれる．

これは，投資計画について事前に精緻な契約書をつくることが難しく，あまり詳細な状況を設定できない**不完備契約**となるからである．そのため事前に行ったコミットメント（投資）によって，事後の交渉力が低くなり，その結果，事前の取り決め（事前の資源配分）が非効率となるということが発生するのである．継続的契約をすれば，そうした取引特殊的投資によって，お互いの共同価値を高めるメリットをもっているが，こうしたホールドアップ問題がその効率的投資を阻害する要因ともなり，契約設計に注意しなければならない．

＜契約解消＞　とくに，業者間継続的取引における契約解消についてはこのホールドアップ問題を勘案して特別の法的な配慮がなされている．継続的取引の解消については民法上明記されていないため，従来は617条などの類推適用でいつでも告知できると考えられていたが，現在では契約解消のためには相当の予知期間とやむをえない事情が要求される場合がしばしば見られる．やむをえない理由の要求とはたび重なる債務不履行や経営困難などである．こうした解消制限をする理由は，(1) 人的物的投資の回収・保護，(2) 経営への打撃の回避が挙げられる．この背景としては弱者保護があり，解消者側の不当な意図を抑えること，また被解消者の継続への期待の保護があるであろう．

とくに，取引特殊的投資などをするためには一定規模，技術習得に時間が必要など継続が必要であり，そのためには当事者同士の相互信頼・協力関係を築くべきである．契約法は本来単発の契約を想定した枠組みになっているとして，こうした継続的契約に対応する契約観の必要性がこれまで主張されてきた．これはマクニール（Macneil（1978））によって提唱された**関係的契約理論**と呼ばれ，持続的な関係のなかで関係者を規律付ける行動規範は書面に書かれたフォーマルな契約のみならず，必ずしも契約に書かれていなくても，長期の信頼関係のなかで互いの行動を予測することで保たれる一定の行動パターンを関係的契約（relational contract）として捉え，この関係的契約こそ現代の社会の重要な行動規範＝契約であり，その解明を進めていこうとするものであると主張する[12]．こうした観点からわが国では「継続性原理」（内田貴（1990））が提唱され，『信頼関係破壊法理』判例が確立している．これは一方的な契約の解約を当事者間の信頼関係が破壊された場合にのみ解消を認める判例・学説法理である．

まず，契約期間の定めのある継続的売買についての判例を挙げよう．東京地方裁判所平成20年9月18日判決（判例時報2042号20頁）は「期間の定めのある継続的契約の契約期間内の解約は原則として認められず，債務不履行や信頼関係の破壊等，契約期間内において契約関係が一方的に解消されてもやむを得ないと認められる特段の事情を必要とすると解される．」としている．また，つぎに，期間の定めのある継続的契約の更新拒絶については，「相当の予告期間をおき，かつ更新拒絶に合理的な理由がある場合に限り認められるというべきである（合理的な理由の有無は，更新拒絶に係る双方の状況を総合して判断される．）．」とされている．これに対して，期間の定めのない継続的売買については，期間の定めのない継続的取引を解約するには一定の予告期間か損失補償が必要であり，それを欠いた解約は債務不履行を構成し，損害賠償責任を負うとした事案（東京地裁平成22年7月30日判決）があるが，「やむをえない事由」などが必要とした事案もある．

ただ，あまり継続性の原理を強調しすぎると，いったん契約に入ったら抜け出すことができないことになり，閉鎖社会的取引文化を醸成し，正当化しかねない．また，逆にそうした危険を回避するために継続的な関係を嫌う社会的な土壌が生み出されるとすれば，それも問題である．さまざまなイノベーショ

12） ゲーム理論から見た関係的契約理論については多くの研究成果があるが，紙面の都合で割愛する．Malcomson（2012）が参考になる．

ン・経済発展が生じる産業・社会では閉鎖的な信頼関係保持以上に，効率性をもとめて契約解消・新規契約が促進される必要がある．したがって，継続的な契約の解消の救済方法は継続の強制にあまりウエイトを置くことなく，金銭的補償で解決する方向を模索すべきだろう．

◆参考文献

内田貴（1990），『契約の再生』弘文堂．
内田貴（2011），『民法改正：契約のルールが百年ぶりに変わる』筑摩書房．
小林一郎（2010）．「日本の契約実務と契約法〜関係的契約とドラフティング・コストの考察から（1）〜（6）」『NBL』No. 930〜935.
小林秀之・神田秀樹（2007），『法と経済学入門 第７版』弘文堂．
後藤剛史（2001），「契約法の経済分析」（第４章），細江守紀・太田勝造編『法の経済分析』勁草書房．
潮見佳男（2006），「契約責任論の現状と課題」『ジュリスト』No. 1318.
潮見佳男（2017），『新債権法 I』信山社．
田中亘（2011），「契約違反に関する法の経済分析―強制履行を認める法体系の意義―」『社会科学研究』62巻２号．
棚瀬孝雄（1999），『契約法理と契約慣行』弘文堂．
椿寿夫編（2013），『強行法と任意法でみる民法』日本評論社．
中田裕康（1997），『継続的売買の解消』有斐閣．
中田裕康（2001），『継続的取引の研究』有斐閣．
林田清明（2002），『法と経済学―新しい知的テリトリー― 第２版』信山社．
細江守紀・太田勝造編（2001），『法の経済分析』勁草書房．
樋口範雄（2008），『アメリカ契約法 第２版』弘文堂．
細江守紀（2003），「契約法と取引不履行の経済学」九州大学『経済学研究』第66巻第５・６号．
山本敬三（2006），「契約の拘束力と契約責任論の展開」『ジュリスト』No.1318.
山本顕示（2016），「契約改訂合意の拘束力と公正感覚書」西田英一・山本顯治編『振舞いとしての法知と臨床の法社会学』法律文化社．
Bebchuk, L. A. and O. Ben-Shahar（2001），“Precontractual Reliance”, *Journal of Legal Studies*, 30.
Che, Yeon-Koo and Tai-Yeong Chung（1999），“Contract Damages and Cooperative Investments”, *Rand Journal of Economics*, 30.
Calabresi, G. and D. Melamed（1972），“Property Rule, Liability Rules and Inalienability: One View of the Cathedral”, 85 *Harvard Law Review*（松浦好治編訳『不法行為法の新世界』木鐸社，2001年）
Cohen, N. and E. McKendrick（2005），*Comparative Remedies for Breach of Contract*, Hart Publishing.

Cooter, R. and T. Ulen (2008), *Law & Economics*, fifth edition, Addison Wisley. (太田勝造訳『法と経済学 新版』商事法務, 1997 年)

Eisenberg, M. A. (2018), *Foundational Principles of Contact Law*, Oxford Uniersity Press.

Holmes, W. (1897), "The Path of the Law", 10 *Harvard Law Review*.

Macneil, I. (1978), "Contract: Adjustment of Long-term Economic Relations under Classical", *Neoclassical, and Relational Contract Law*, 72 Northwestern University Law Review.

Malcomson, J. M. (2012), "Relational incentive contracts," in R. Gibbons and J. Roberts, eds., *The Handbook of Organizational Economics*, chapter 22, Princeton University Press.

Miceli, T. (1997), *Economics of the Law*, Oxford University Press. (細江守紀監訳『法の経済学』九州大学出版会, 1999 年)

Miceli, T. (2009), *The Economic Approach to Law*, second version, Stanford University Press.

Polinsky, M. (2011), *An Introduction to Law and Economics*, fourth edition, Wolters Kluwer Law & Business

Posner R. A. (1972), *Economic Analysis of Law*, Wolters Kluwer Law & Business.

Shavell, S. (2006), "A Specific Performance Versus Damages for Breach of Contract: An Economics Analysis", *Texas Law Review*, Vol.84.

第３章　不法行為法の法と経済学

池田康弘・細江守紀

3.1　不法行為法とは

不法行為法（民法 709 条）は「故意又は過失によって他人の権利又は法律上保護される利益を侵害した者は，これによって生じた損害を賠償する責任を負う.」とされている.

現代社会では，個人の自由意思が尊重され，個人の自由な活動が保障されている．しかし，個人の自由な活動の結果，それが他人に損失を与えることがありうる．経済学でいう外部不経済である．とくに，現代のような数々の技術革新が起こっている社会，また巨大なインフラが整備されている社会，そして，人々が高密度で接触する社会では，他人に損害をまったく与えずにさまざまな活動をすることは難しい．したがって，やむをえない範囲で，損害の容認が必要になる．個人の活動が許された範囲を超えたときに，法は，はじめてそれを不法行為として，その結果生じた損害の賠償を命ずる．すなわち，その際，やむをえない範囲の設定は，社会の発展，個人の自由な活動の便益と，それにともなう損害を勘案してもっとも望ましい範囲に設定されなければならない.

そこで，**不法行為の要件**は，①加害者が被害者に対して負う義務の違反，②被害者に損害が発生したこと，③義務違反と損害との間に因果関係があること，とした．人は法の許す限界を守って行動すれば，不測の損害賠償責任を負うことはないのであり，その意味で，不法行為制度は，個人の自由な活動に対して，侵害された権利の保護を勘案して一定の制限を課し，社会的厚生の増進を図る制度であり，私的自治の原則を背後から支える制度ということができる[1)]．

契約法も一方の当事者が他方の当事者へ与える損害について問題にしているが，不法行為が契約と異なるのは事前において当事者が相互に損害の発生に関わる契約を行っていないことである．この点，カラブレイジはつぎのように説明している．

「事前の交渉費用が安価で，契約のなかで損害に関する取り決めが行われる場合，契約法の世界になる．これに対して，損害についての事前の交渉費用が高価で，契約関係に入らない人々の間の損害をめぐるルールが不法行為法の世界である．」(Cooter and Ulen (2008))

たとえば，自動車事故はすべてのドライバー間であらかじめリスクの配分を設定しておくことができないし，またすべての歩行者との間でリスク配分をしておくには交渉費用（取引費用）が高すぎる．したがって，典型的な不法行為は任意の当事者同士における損害の発生である．しかし，製造物責任の場合には，業者は特定されているが，利用者は非特定的である．これは不法行為の特殊法となっている．

不法行為法と契約責任法の関係についてわが国では，不法行為による損害賠償責任と債務不履行による損害賠償責任（契約責任）は，同じく違法な行為による責任として共通点がある．しかし，さきほど述べたように債務不履行責任（契約責任）は，当事者間に契約関係が存在していることが必要であるが，不法行為責任では，通常は，赤の他人であった者同士が不法行為により債権者（被害者），債務者（加害者）の関係に入るのであって，典型的な事例においては，別々の分野を担当することになる．ところが，たとえば，借家人が失火で賃借家屋を焼失させた場合や賃貸借終了後の不法占拠の場合のように，不法行為責任を生じさせる行為が同時に債務不履行責任（契約責任）の要件をも満たす場合があり，その場合に，賃貸借契約上の責任の追及すなわち債務不履行に基づく損害賠償請求権と，所有権の侵害として不法行為に基づく損害賠償請求権との競合を認めるかどうかが問題となる場合がある．本章では，その問題は

---

1)　不法行為法の役割についてはさまざまな見解がある．侵害される側の権利の保護を第一義においた権利論的不法行為論が有力である．潮見（2009），山本（2006）を参照．

触れないで，典型的な不法行為法の世界とその特別法として製造物責任法について議論することとする．

3.2　不法行為法の目的

3.1 節で述べたように，不法行為の制度は，個人の活動の自由に対して最小限度の限界を画する制度であり，私的自治の原則を背後から支える制度ということができる．しかし，わが国の不法行為法の目的は被害者に生じた損害額を金銭的に評価し，これを加害者に賠償させることを目的としており，加害者の制裁や，将来における同様な行為の抑止を目的とするものではないとされる．わが国では不法行為法の目的は損害賠償であり，加害者の制裁や加害行為の抑止を反射的な機能と位置づけている（最判平成 9・7・11 民集 51 巻 6 号 2573 頁）．

しかし，不法行為制度を損害賠償を目的としたものとして位置付けるのは問題である．森田・小塚（2008）は上記の疑問を提示し積極的な議論を展開している．実際，過失責任原則や過失相殺過失相殺の原則は，損害額の減額，被害者への負担を強いることになり，不法行為法が損害賠償を主目的としていることと整合的であるとは必ずしもいえない．また，不法行為法が，被害者の救済や損害の塡補のみを目的としているとすれば，なぜ，加害者に故意過失が認められる場合にだけ，被害者を救済することにしているのか，十分な理由でもって説明できない．被害者の救済が，被害者自身とはかかわりのない事情，すなわち，加害者の責任の有無によって，左右されることになっているからである（窪田（2007））．やはり，不法行為法には，不法行為の抑止という観点が含まれていると解さざるをえない．アメリカでは不法行為法の目的としては矯正的正義，加害行為の抑止，そして損失塡補の順に挙げられることが多い．その象徴が懲罰的損害賠償である．これについては第 9 章で検討する．

＜損害塡補の側面＞　被害者は，加害者の過失が認定されない場合，また加害者の賠償能力が欠如すると，実際には被害の塡補を受けられない事態が生ずる．そこで，現代社会では被害者救済制度がさまざまなレベルで設定されている．被害者救済の要請が社会的に強い事故については，加害者の賠償能力を強化するため，潜在的被害者のリスク回避の制度で不法行為の要件を不要とする損害保険，また，不法行為が成立するとき，加害者の資力を担保する責任保険，そして，不法行為の成立を前提とせず，損害を補塡し，潜在的加害者またはそれに準じる集団を負担する公的救済制度ができている．そして，社会保障は民事責任とのつながりを断った国からの一般財源で運営されている．したがって，不法行為法が損害塡補を主要目的としていれば，むしろ社会保障制度の強化をすればよいことになる．加藤雅信は『新民法体系V』などのなかで総合救済システムの提言をしている．これは不法行為法が損害塡補を主目的とした場合の行きつく先だと思われる．

＜抑止を目的とした不法行為法＞　不法行為の抑止という観点は，不法行為法は外部性（第三者による負の外部性）の内部化ということに対応している．すなわち，不法行為法は被害者の損害を内部化することによって，加害者による不法行為を抑止する効果をもっている．本来の不法行為法の趣旨からしても不法行為の抑止と自由活動の促進をもたらすものとして不法行為制度を見直す必要があるのではないであろうか．すなわち，不法行為の抑止と自由活動の促進を支援していく必要があるのではないか．不法行為法の目的が抑止であるというと，それは刑法の抑止と両立しないとする議論がある．森田・小塚は不法行為法と刑法による不法行為の抑止機能の比較において，(1) 刑法は検察官（＝国家）が訴追を担当するのに対し，不法行為法は被害者が加害者を訴える，(2) 提訴するインセンティブが違う，(3) 私人による証拠収集能力などは国家のそれに比べて一般に低い，(4) 刑事罰は故意犯処罰が原則であるのに対して不法行為法は過失犯を対象とする，さらに (5) 賠償額が訴訟費用より高ければ，訴訟を行うインセンティブがある，などとして両者の抑止の分業的側面を指摘している．

3.3　過失責任ルール

かつては，過失とは，不注意のため前記の事実を認識しないで行為する心理状態であるとして，心理状態（意思）を損害賠償責任の根拠としていたが，現在では，過失については，一定の状況のもとで，一定の行為（作為・不作為）をすべきなのに，それをしなかったという一種の行為義務違反として把握されている．すなわち「予見可能であるのにそれを回避する行為義務を怠った」「合理的な人間がとるであろう注意義務をとらなかった」ものとして認識されている．

これは法と経済学で議論される不法行為違反の問題に対応している．実際，法と経済学はあるリスキーな活動にどのような注意水準が要求されるべきかという問いに対して，

「不法行為の責任ルールは予防費用，事故費用，そしてエンフォースメントコストの合計という社会的費用を最小にするようにするべきである．」(Calabresi (1970))

と答えている．ここで，エンフォースメントコストとは事故後の紛争解決をめぐっての費用であり，裁判などの費用，交渉費用などが挙げられ，不法行為法のルール如何によってはこの事後費用が膨大になることもある[2)]．いずれにしても，この社会的費用の観点から法的注意義務水準を設定していく．ところで，この場合，だれに注意義務が課されるべきかがまず問われる必要があろう．これはカラブレイジの「**最安価損害回避者**」に責任を課すべきだという主張の問題である．ここでは，まず，一方注意の状況を取り上げるので，それが加害者であるとしている．そこで，注意義務について以下の設定で検討してみよう．

設定

(1) 潜在的加害者が注意水準を行使することによって被害者に損害を与える可能性が低下するものとする $(P(x))$（図 3-1 を見よ）．

(2) より高い注意水準を行使するためには加害者はより多くのコストがかかるものとする $(C(x) = wx)$．

(3) 損害額を簡単化のために一定額 A とする．

このとき，ある注意水準のもとで潜在的被害者期待損害は $P(x)A + (1 - P(x))0$

2) エンフォースメントコストについては Shavell (2004) Ch. 12 など参照.

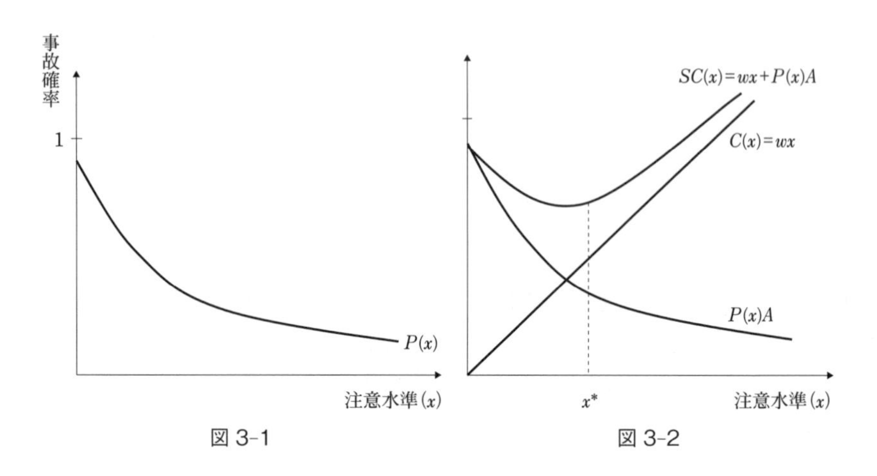

図 3-1　　図 3-2

$= P(x)A$ となる．一方，その注意水準の行使による加害者の費用は $C(x) = wx$ である．したがって，社会的期待費用は $SC(x) = wx + P(x)A$ となる（図 3-2）．このとき，社会的に望ましい注意水準はこの社会的期待費用を最小にする水準である．この条件は $w + AdP(x)/dx = 0$ で表される．第 1 項は限界損害額，第 2 項は限界注意費用である．すなわち，注意の追加による注意費用の増加額が注意の追加による期待損害額の減少額に一致するところで最適注意水準（x^*）が決まる（すなわち，限界費用＝限界期待利益となる注意水準）．

ハンド・ルール：アメリカで定式化されたルールで法的注意基準を設定するにあたり，予防費用・便益分析を明示で行っている判例：**合衆国対キャロル曳船会社事件**（Cooter and Ulen（2008））艀の沈没とその積荷の滅失の責任は，タグボートの所有者にあるのか？　それとも艀の所有者にあるのか？　L. ハンド裁判官「責任の有無は，適切な予防の費用負担 B が，艀が係留から離脱する確率 P と離脱した場合に与える損失の大きさ L の積よりも小さいか否か，すなわち $\boldsymbol{B < PL}$ か否かで決まる」と言う．

このハンド・ルールは限界概念で見ると，注意増加による限界期待利益＞限界費用なら過少注意であるので責任ありとし，限界期待利益＜限界費用なら注意過大で免責されるということになる．そこで，この最適水準を法的注意水準とするつぎのような不法行為法（過失責任ルール）を考える．

$$x \geq x^* \quad \text{ならば責任なし，}$$
$$x < x^* \quad \text{ならば責任あり．}$$

また，責任がある場合には賠償額は損害額 A と一致するとしよう（**完全補償**）．

このような責任ルールのもとで潜在的加害者はどのような注意行動をするであろうか．これはある法設計を考えて，そのもとで人々がどのように行動するかを推論していく話である．簡単に証明しよう．

(1) まず，$x < x^*$ の注意水準を選択するとしよう．そうすると，発生確率 $P(x)$ で事故が発生し，そのとき責任があるので，完全補償のもとで A を支払うことになるので，期待賠償額が $P(x)A$ となり，結局，加害者の総費用は $wx + P(x)A$ となる．

(2) これに対して，$x \geq x^*$ となる注意水準を選択するとしよう．この場合，たとえ事故が発生しても責任はなく，注意費用 wx のみ負担する．したがって，あきらかに加害者は x^*，すなわち，法的注意義務水準を行使することになる．すなわち，社会的な最適注意水準を法的注意義務水準とする過失責任ルールのもとでは加害者は社会的な最適注意水準を行使する．なお，賠償額そのものは効率的注意水準を導くためには完全補償である必要はない．効率的注意水準を導くに十分な賠償額であればよいことに注意しよう．こうして，一方注意の場合は，不法行為法の最適注意水準とのぞましい賠償水準という２つの目的をデカップリングすることができることがわかる．

＜社会的な有用性＞　以上では，ある活動において，事故の発生にかかわる費用をどのように分担するのが望ましいかを議論したが，そもそもその活動が社会的に有用かどうかを考える必要がある．企業による活動を考えると，その活動による社会的利益＝消費者利益＋生産者利益であるので，この社会的利益からカラブレイジの社会的費用（期待事故費用，事故削減費用，およびエンフォースメントコストの和）を引いたものがプラスであれば，この事故の可能性をもった活動は社会的に有用であるといえる．マイナスであれば活動の差し止め，認可取り消しなどが要請されることになろう．個人の場合も同様である．なお，注意の義務水準を社会的費用最小化で考えるということは注意水準そのものはその活動による社会的利益には直接影響しないという前提で議論していることに注意しよう[3]．

3.4 双方注意のもとでの過失責任ルール

これまでは加害者の注意水準だけが事故の発生原因であったが，現実には被害者のほうも注意をすることによって事故があるいは期待事故費用が減少することもある（自動車事故など）．したがって，最安価損害回避者の候補者は2人いることになる．いま，事故発生確率を $P(x,y)$ とし，被害者の注意水準 y で，y が増加すれば事故確率は減少する．このとき社会的費用は

$$SC(x,y) = P(x,y)A + wx + hy$$

これを最小にする各人の最適注意水準を (x^*, y^*) とする．これは，各人の限界注意費用がそれぞれの限界期待損害に等しいところで決まる．このとき，この水準を法的義務水準としたつぎのような責任ルールを検討してみよう．

（A）**単純過失ルール**：これは加害者のみに法的注意義務水準を設定するルールで被害者には注意義務水準を設定しない．このときどのような行動を人々はとるか．被害者の行動を $y = y^*$ だと予想した場合には，加害者はどのような行動をとるか．逆に，加害者の行動を $x = x^*$ だと予想した場合には，被害者はどのような行動をとるか．この場合，加害者責任がないので，被害者のコストは $P(x^*, y)A + hy$ となり，$y = y^*$ をとる．したがって，このルールのもとで効率的な注意義務が実現される．

（B）**寄与過失ルール**：これは被害者にも過失があるときにはまったく損害

3） ハンドルールに関する解釈で，たとえば平井（1992）は「危険かつ重大な利益侵害をもたらす行為であっても，その社会的有用性のゆえに，それが大である場合には，過失を否定せねばならない．」と言っている．山本（2006）参照．

賠償は認めないもの．すなわち，

$$x < x^* \text{ かつ } y \geq y^* \text{ ならば加害者に責任あり，}$$
$$x \geq x^* \text{ または } y < y^* \text{ ならば加害者に責任なし．}$$

この場合，以下のように効率的な注意水準が実現されることがわかる．

（1）加害者が x^* の注意水準をとるとき，寄与過失ルールのもとでは加害者には責任がないので，被害者は自分で被害をさけなければならない．したがって，総費用 $P(x^*, y)A + hy$ を最小にすることになる．このとき，被害者の注意水準は y^* となる．

（2）また，被害者が y^* の注意水準をとるとき，

(a) 加害者が $x < x^*$ とすれば，加害者に責任があることになるので，$P(x, y^*)A + wx$ をできるだけ小さくするので x^* に近い注意水準をとる．

(b) $x \geq x^*$ とすれば，加害者に責任はないので，x^* をとり，費用は wx^* となる．

以上から，あきらかに加害者は x^* をとる．したがって，お互いに法的な注意水準を遵守すると思えば，自分も法的な注意水準を遵守することになり，寄与過失ルールのもとでは効率的注意水準が遵守される．

（C）**過失相殺ルール**：これは，一方当事者にのみ過失があれば寄与過失と一致するが，両者に過失があれば，事故に寄与した程度に応じて事故の費用を分担するルールである．この場合も若干複雑な議論を経て効率的な注意水準が実現する（Cooter and Ulen（2008）参照）．以上から，つぎのことがわかる．

「法的義務水準が効率的水準であれば，上のすべての過失責任ルールは両当事者に効率的注意水準を遵守させるインセンティブを与える．」

3.5　厳格責任ルール

つぎに厳格責任ルールを考える．これは，注意の程度にかかわらず，加害者にその損害賠償を負担させるものである．

なお，不法行為法のテキストで厳格責任（無過失責任）の根拠に挙げられる

ものはつぎの2つのものである．

（A）**危険責任**：危険物をつくった者はそれによって損害を与えた場合に責任を負う．使用者責任にあっては，他人を使わなければ本人だけの活動にともなう危険だけしか社会にもたらさなかったはずであるが，他人を多数使うことによりそれにともなう危険を社会に拡大することになり，危険の原因をつくった者ないし危険を支配している者がその危険の責任を負担すべきであるとする．

（B）**報償責任**：ある活動から利益を得ている者がその結果，損害を与える場合は負担すべきである．使用者責任においては，会社は従業員を多数雇ってその活動により利益をあげておきながら，他人を使用すれば，利益だけでなく第三者に損失を生じさせる可能性があるのに，当の被用者個人が責任を負い自分は他人の行為であるから責任を負わないというのは，正義・公平の観点から適切ではない．

この議論が法学者の間では広く受け入れられているようであるが，本人が行った活動の利益は本人が受け取るというなら，自分の損失も引き受けるという理屈になり，外部への損害を負担せよとは直ちにつながらない．しかし，危険があるとしても他方で社会的利益はある．また，そのような原理によってどのような抑止効果が実現するのかの視点がない．すなわち，この原理は危険物をつくった者に対する総体的視点，社会的評価が欠けている．したがって，抑止水準への影響，社会厚生全体への影響を考えてだれにどのように負担させるのが最も望ましいのかという視点が欠けている．ちょうど，地球温暖化の環境政策で，排出権市場の評価のとき排出者の負担のあり方に不満がでた議論と同じである．

人々の外部不経済に関わる活動の社会的メリットとその活動のデメリットを評価する必要がある．これは社会厚生を考慮した議論になる．すなわち，社会的純利益＝社会的利益－社会的損失＝私的利益＋外部利益－私的費用－外部費用を勘案したうえでどのような負担ルールが望ましいのか考えていくべきである．外部費用のウエイトが大きくなれば，無過失責任，活動禁止へいくこともある．したがって，上記の報償責任や危険責任などは，それ自身を目的として生み出されたものであり，ややアドホックであろう．注意の程度にかかわらず，加害者にその損害賠償を負担させるこの責任ルールのもとで効率的な注意水準を引き出すことができるかが問題である．

さて，厳格責任ルールについてはつぎのことがわかっている．

「完全補償であり，かつ 加害者のみ注意がある場合には，厳格責任ルールは効率的注意水準を導く．」

理由は簡単である．加害者の直面する問題は期待費用 $P(x)A + wx$ を最小にすることであり，これは社会的期待費用の最小化と一致するからである．

それでは，製造物責任において加害者（企業）に厳格責任ルールが適用されている場合どのような問題があるか．これは双方向注意の問題であることを認識することが重要である．すなわち加害者の行動が被害者（消費者）の行動に影響を及ぼす可能性に注意しなければならない．すなわち，被害者の注意水準のあり方が事故を起こす可能性に影響する．したがって，被害者にリスクがなければ過小な注意水準を実現させる可能性がある．

それでは厳格責任ルールのもとで完全補償をはずしたら双方の注意水準はどうなるか．完全補償より低い補償にすると被害者は事故が起これぱある程度の損害をこうむることになるので，被害者は注意水準を上げていく．しかし，加害者はこのことをうけて逆に注意水準を下げていくことになる．

したがって，厳格責任ルールのもとでは双方に効率的な注意水準を実現させることはできない．過失責任ルールと厳格責任ルールのその他の比較についてはつぎのことを留意する必要があろう．

①損害賠償額の評価が不完全であれぱ，厳格責任ルールは非効率な注意を誘導する．

②厳格責任ルールのもとでは事故の損失を軽減する新技術を開発するインセンティブが生じるが，過失責任ルールではそれがない．

③過失の証明が困難で，高いコストがかかることがある．厳格責任ルールでは法的な因果関係のみ証明すればよい．

さまざまな不法行為の類型があるが，その責任ルールを考えていくためには，以上の特徴を踏まえたうえたうえで，カラブレイジの社会厚生のもとで判断する必要がある．

3.6　使用者責任

被用者が職務の執行において不法に他人の権利を侵害した場合，**使用者**は行為者と連帯して損害賠償**責任**を負う．これが使用者責任であり，すなわち**使用者責任**とは，「ある事業のために他人を使用する者（使用者）は，被用者がその事業の執行について第三者に加えた損害を賠償する責任を負う．ただし，使用者が被用者の選任及びその事業の監督について相当の注意をしたとき，又は相当の注意をしても損害が生ずべきであったときは，この限りでない．」(民法715条1項本文)と記された使用者の不法行為責任のことをいう．

この際，通説では被用者の不法行為責任（民法709条）の成立を前提としたものであると解されている．使用者責任の位置づけについての歴史的変遷が見られる．まず，(1) 民法典の起草の初期の段階では使用者に選任・監督上の過失があることが前提とされていた．これについては，(2) 715条の責任を，被用者の責任を代わって負担する（**代位責任**）として理解し，同時にその責任を負う根拠に報償責任や危険責任に求める説が主張された．しかし，実際には (3) 使用者の選任・監督上の無過失による免責を容易に認めないいわゆる無過失責任としての運用があり，これに対応して被用者の故意・過失をその要件とされた．これに対して，高度成長時代に広がった公害問題に対応して，(4) 企業自体の活動によって損害が生じたと見るべきことが多いとして，715条の責任を企業自体の責任と解する説や企業自体について709条の責任を認める考えが強まっている．なお，フランス法やイギリス法では被用者について不法行為の要件が満たされることを前提としており，ドイツ法では被用者自身の故意・過失を要件とせず，むしろ使用者自身の選任・監督上の過失を根拠に責任を認めている．

それでは，使用者責任の問題をどのように考えたらよいか，つぎの例を使って考えていく．この議論も社会厚生（この場合は社会的費用）を念頭に置いてなされる．

> **事例**：いま，被用者が車の運転に従事し，その労働費用が100とする．追加注意をして運転すれば事故の期待値は10で，とくに追加注意をしなければ，事故の期待値を40とする．なお追加注意には追加的費用15を必要とする．

このとき，追加注意をしなければ，通常労働費用100が発生し，追加注意をさせるとき，追加費用15と通常労働費用を合わせて115の費用が発生する．したがって，環境ダメージを含めた社会的費用は，追加注意をさせなければ，$40 + 100 = 140$，追加注意をさせれば，$10 + 100 + 15 = 125$となり，追加注意は効率的であることに注意をしよう．

(A) ここで**使用者のみに厳格責任ルール**が課せられているとしよう．

使用者が追加注意を要求しなければ，使用者の総費用は，事故費用を負担して$100 + 40 = 140$となる．これに対して，使用者が追加注意を要求すれば，使用者の総費用は$115 + 10 = 125$となる．したがって，使用者に厳格責任が課せられていれば，使用者は追加注意を要求し，効率的となる．

(B) つぎに**被用者に厳格責任ルール**が課せられているとしよう．

このとき，被用者が追加注意をしなければ，40の事故費用を負担する．したがって，この被用者を雇用するためには$40 + 100 = 140$が支払われなければならない．また，被用者が追加注意をするならば，被用者は10の事故費用を負担しなければならない．そのとき，この被用者を雇用するためには$10 + 15 + 100 = 125$が支払われなければならない．以上から，使用者は，被用者に追加注意をさせることを望むことになる．

(A) と (B) から，「厳格責任をどちらに課すかは効率性に影響しない」ということができる．なお，責任のシェアリングも影響しないこともわかる．しかし，使用者―被用者の関係を見てみると賃金調整を含めたさまざまな取引費用が発生し，そのことによって責任のあり方が被用者の行動に影響することがわかり，法ルールの重要性が理解できる．被用者に対してモニタリングの必要がある場合と資力不足の可能性がある場合を考えてみよう．

(1) 被用者のモニタリング

追加注意努力が使用者に観察できない場合には，被用者に責任がないと，115支払っても追加注意努力をさせることが困難である．モニタリングコストを必要とする．もしその費用が高ければ，その場合，モニタリングを望まないかもしれない．これに対して，被用者に責任がある場合には，あらかじめ125支払うことによって，被使用者に追加注意を誘導させることができる．

(2) 資力不足問題

被用者に責任があるとした場合，被用者が支払い能力で限りがあれば，それ以上支払わないでよいことから被用者にモラルハザードが生じるかもしれない．これが資力不足問題という．このとき，被用者に責任があるとき，125受け取って，追加注意をしないで消費してしまい，払えないと開き直ってしまうかもしれない．

紙面の都合により，モニタリングに問題を絞って，あらためて使用者責任のあり方が使用者・被用者にどのような影響を与えるか検討してみよう．なお，事故費用に関する情報は公開情報とする．

(A-1) さて，使用者厳格責任のもとで，事故費用の情報に依存して賃金を決められないが，モニタリングが可能な場合を考えよう．事故費用の確定が賃金の支払い時期よりかなり先であったり，実際上，事故費用の確定に誤差がある場合であろう．

そこで，使用者によるモニタリングによって被用者の追加注意をしているかどうかをチェックし，追加注意を仕向けるとしよう．このモニタリングコストを A とする．

(1) モニタリングをすれば，このとき，使用者の負担する費用は $A + 15 + 100 + 10$ となる．

(2) モニタリングをしなければ，追加注意をさせることができないでそのときの使用者の費用は $100 + 40$ となる．被用者のネット賃金は100となる．また，進んで追加注意すれば，使用者の費用は $100 + 10$ となるが，被用者のネット賃金は $100 - 15 = 85$ であり，進んで追加注意をすることはない．

したがって，$A+15+10<40$（すなわち $A<15$）ならば使用者は追加注意を実行させせることができる．逆に，$A>15$ なら実行できない．

この場合，つぎの条件によって効率的な追加注意ができるかどうかが決まる．

$$\text{モニタリングコスト}+\text{追加注意費用}<\text{事故削減額}$$

(B) つぎに被用者過失責任＋使用者責任の場合を考えよう．

これは，日本の使用者責任の基本的枠組みであり，被用者の過失責任があって，使用者責任が問われるものである．この場合，初めに述べたように追加注意をすることが効率的なので，被用者が追加注意をすることが過失か否かの法的義務基準となる．

(1) 使用者が被用者に追加注意を要求するときにはモニタリングコスト A がいる．このとき，使用者責任なしでの使用者の費用は $A+100+15$ となる．

(2) これに対して追加注意を要求しなければ，まず，被用者が進んで追加注意をすれば，被用者は過失なしなので，使用者の費用は 100 となり，被用者のネット賃金は $100-15=85$ となる．これに対して被用者が追加注意をしなければ，被用者が過失ありであり，かつ，使用者責任となるので，使用者の費用は $100+40=140$ であるが，被用者のネット賃金は 100 である．したがって，被用者は追加注意が要求されなければ追加注意を進んですることはなく，その結果，使用者の費用は 140 となる．

したがって，(1) と (2) から，$A+15<40$，すなわち，$A<25$ ならば追加注意，すなわち，効率的注意がされる．社会的費用は $A+15+100$，$A+15>40$ なら $A+40+100$ となる．

以上から，使用者厳格責任と比べ，使用者責任＋被用者過失責任のほうがモニタリングコストがより高くても効率的な注意がされる．ただし，モニタリングコストが十分高ければ（$A>25$）なら，いずれの責任ルールでも追加注意をさせることに失敗する．

さて，これまでは追加注意を実現させるためにモニタリング装置を考えてきたが，モニタリングしなくても，事故費用情報という事後の情報を使うことができれば効率的な処理をさせることができるかものしれない．そこで，

(A-2) 使用者厳格責任の場合で事故に応じた賃金支払い，すなわち，インセンティブ報酬を考えよう．事故が40のときの賃金をW_1，事故が10のときの賃金をW_2とする．

(1) 処理をさせる条件は

$$W_2 - 15 \geq W_1 \quad \text{（誘因両立条件）}$$

W_2は$W_1 + 15$以上であれば被用者が追加注意をさせることができる．W_1は100までおさえられるのでW_2は115とすることができる．したがって，使用者は被用者に追加注意をさせるためには最低$W_2 + 10$の費用を支払う必要がある．よって$115 + 10 = 125$の費用となる．

(2) これに対して，追加注意をさせない条件は$W_2 - 15 \leqq W_1$となる．W_2を適当に低くおさえれば，W_1=100として，処理をさせないことになる．したがって，使用者は，追加注意をさせる場合には最低$W_1 + 40$の費用を負担することになる．すなわち，140の費用となる

よって，(1) と (2) から，使用者に厳格責任があるとき，被用者をモニタリングできなくても，事後的な情報によって効率的な注意をさせることができる[4)]．また，この議論は，

(B-1) 過失責任＋使用者責任で，このインセンティブ報酬が可能なときも同様に成り立つ．すなわち，インセンティブ報酬が可能であれば責任ルールの如何にかかわらず効率的な追加注意が実現する．

したがって，インセンティブ報酬がコストレスに可能な場合には，モニタリングコストが高ければ (10以上)，より効率的な責任ルールとなる．モニタリングコストが低ければ (10以下)，モニタリングのある過失責任＋使用者責任ルールのほうが効率的になることがわかる (図3-3参照)．

こうして，使用者に対して厳格責任を課すべきかどうかなど，望ましい使用者責任ルールはモニタリングコストの程度，インセンティブ報酬の可能性，したがって，インセンティブ報酬の限界，さらに，ここでは議論を残していたが被用者の資力不足問題などを総合的に検討することによって設計される必要が

---

4) 被用者に厳格責任があり，かつ，事後情報が観察できれば，どうであろうか．

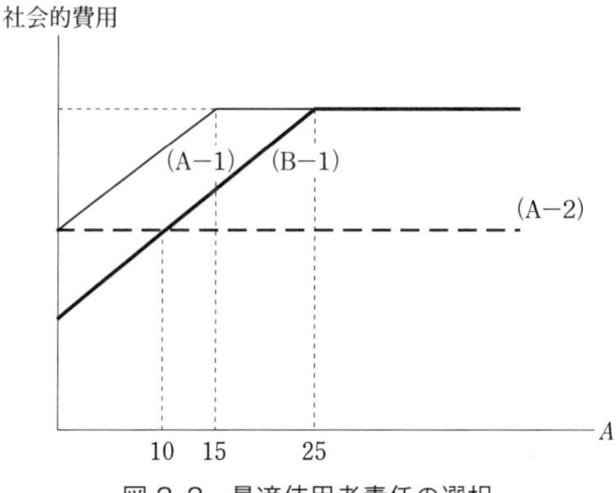

図3-3　最適使用者責任の選択

ある．

3.7　製造物責任

アメリカで2017年，家具大手イケア（IKEA）製のたんすの下敷きとなって男児が死亡した事故で，同社は遺族への4600万ドル（約50億円）の支払いに2020年1月に同意したというセンセーショナルな出来事があった．

本来，製造物の欠陥のため消費者に被害が生じた場合，製造業者に責任を課すものについては製造物責任法（PL法：Product Liability）の施行前には不法行為法と契約責任のいずれかで対応するしかなかったが，いずれも使い勝手が悪かった．民法の不法行為法における一般原則では，損害賠償責任を追及する際の要件の一つとして，加害者に故意・過失があったことについて被害者側に証明責任が課されている．しかしながら，一般的な被害者（消費者）にとって，注意義務違反という加害者（製造業者）の主観的事情である過失を証明することは非常に困難であり，よって，損害賠償を得ることが不可能になる場合があるという問題意識から，製造業者の過失を要件とせず，製造物に欠陥があったことを要件とすることにより損害賠償責任を追及しやすくした点が製造物責任法の最大の特徴といえる．

ここでいう欠陥とは安全性の欠如をさす．すなわち，欠陥概念（製造物責任法2条2項）は「通常有すべき安全性を欠いていること」と定義されている．

これは欧米ですでに導入されている「消費者期待基準」と同様の考え方であり，「通常の消費者（使用者）が期待する安全性」を基準にして製品の欠陥が判断されることになる．製造上の欠陥のみならず，設計時における安全上の配慮不足，取扱説明書や警告表示の不備に関しても，それらが製品の欠陥とみなされ，製造者等の責任が問われることが多くなると考えられる．

また，製造物責任は事故発生時に被害者が製造業者に責任を追及しやすくなったというだけでなく，事後の責任を製造業者が意識することで安全性の高い製品を製造するインセンティブを製造業者に与え事故の発生を抑制する効果も期待できる．すなわち，製造物責任には事後の被害者救済効果と事前の事故抑止効果が期待できるということである．

製造物責任は，アメリカにおいて1960年代初頭に判例として確立された．アメリカは「訴訟社会」といわれるほど訴訟が多発しており（第10章参照），日本への製造物責任法導入にあたっても警戒感が強かった．

＜開発危険の抗弁＞　製造業者等が，引き渡したときの科学的または技術に関する知見によっては当該製造物にその欠陥があることを認識することができなかったことを製造業者が証明したとき，免責される（同法4条1号）．したがって，危険の存在を示唆するような研究レポートが公表された段階以降は，免責されえないということを意味する．立法当初，開発危険の抗弁の採用に対して企業側の抜け道になるのではないかという危惧があったが，これまでのデータでは裁判で開発危険の抗弁が争われたケースはあったがそのほとんどが退けられており，厳格な運用がされているようである．

製造物責任法の施行を受けて，製造物責任訴訟によって企業がこうむる損害は，損害賠償による金銭的なものだけではなく（これも場合によっては企業の存続を危うくするほど巨額になりうるが），「欠陥」が裁判所で認定されることや，自社製品の「欠陥」を認めず迅速な対応をしなかったことによる企業イメージの悪化等，直接金銭で量れないものもある．このような金銭で量れない損害の発生を最小限にするための努力が求められた．日本において，製造物責任訴訟は実際どの程度起こっているかについて，消費者庁が公開している「製造物責任」法による訴訟情報を見てみると，施行以来2018年までの累計で訴訟数は408件，うち和解に至ったケースは94件となっていて，決して多い数字ではない．その理由の一つには製造物責任訴訟にもち込む前に，製造業者との直接の話し合いで決着するケースが多いことが考えられる．

実際，事実，国民生活センターおよび全国の消費生活センター等には2017年で12,690件の製品関連事故にかかわる相談がよせられている．そのなかで身体に拡大損害が生じたものは5,395件にのぼり，製品別に2007年の相談件数を上位から見てみると，化粧品が647件，健康食品が505件，調理食品が385件，家具・寝具が308件，そして医療器具が239件とつづいていく．施行以来2018年までの累計で訴訟数は408件，うち和解に至ったケースは94件となっていて，決して多い数字ではない．これは製造物責任訴訟にもち込む前に，製造業者との直接の話し合いで決着するケースが多いことが考えられる．実際，独立行政法人国民生活センターは「2018年度のPIO-NETにみる危害・危険情報の概要」にて，13,685件の「危害・危険情報」にかかわる相談がよせられていると報告している．商品分類別に上位から見てみると，「食料品」（健康食品や調理食品など）が2,739件（25.0%），「保健・福祉サービス」（医療サービスや歯科治療など）が2,557件（23.4%），「保健衛生品」（化粧品や医薬品類など）が2,423件（22.2%），「住居品」（家具類や洗濯用洗浄剤など）749件（6.8%）とつづく[5]．すなわち，日本では消費者が製品事故に巻き込まれた場合，そのほんの一部が訴訟に流れ，多くは消費者センター，国民生活センターといった代替的紛争処理法（ADR）によって解決が図られているのが現状である．消費者保護の風潮の高まりもあり，企業が自発的に消費者窓口を設けている場合も多く，企業と消費者との相対交渉で処理されている場合も多い．

<製造物責任と情報>　いま，不法行為法のもとで，新たな厳格責任ルールを導入することの是非を情報の観点から見てみる．表3-1の数値例を使って考えてみよう．

5）商品・役務別の上位件数は，「化粧品」が1,819件（16.6%），「健康食品」が1,793件（16.4%），「医療サービス」が843件（7.7%）となる．

表 3-1 企業の製品（Polinsky（2011）より）

	単位費用	事故発生確率	事故による損失	事故の期待損失
A 製品	40	10 万分の 1	100 万	10
B 製品	45	20 万分の 1	40 万	2

この市場は多くの A 社と B 社が存在して，完全競争とする．すなわち，製品の価格はその費用と一致する．また，注意義務水準はいずれの企業も満たしているとする．したがって，過失責任は免れる．まず，この表から，効率的な製品は B であることに注意しよう．そこで，完全情報のときから考える．

（1）完全情報のもとで追加的責任ルールを導入しない場合．

市場での製品の価格は A，B それぞれ 40，45 となる．この場合には消費者は事故の負担をしなければならない．したがって，自分の負担まで考慮して A，B に対して 50，47 の負担をもつ．よって，B 製品を購入する．

（2）完全情報のもと厳格責任が導入された場合．

企業の製品の費用はそれぞれ 50，47（賠償コストが製品価格に転嫁される）となり，消費者は事故の負担がないので B を選択する．

以上から，いずれのルールのもとでも，完全情報であれば効率的な製品が選択される．

それでは**不完全情報**のときにはどのような選択がなされるであろうか．

（3）不完全情報のもとで追加的責任ルールなしの場合．

消費者が事故の期待費用を正確には知らないとすれば，見かけの安さだけで A を選択するかどうかわからない．逆に，見かけの高さで B を選ばないとはいえない．

（4）不完全情報のもとで厳格責任を課す場合．

A，B の製品価格は厳格責任と完全競争の結果，それぞれ 50，47 となり，不完全情報であっても，安心して買えるので，B を選択する．すなわち，不完全情報のもとでは厳格責任にすることによって効率的な製品選択を行う．

以上より，不完全情報のもとでは製造物責任を導入することによって効率的な製品選択が確実に行われることとなり，完全情報の場合と異なり，製造物責任導入の意義が存在することが示された．これは，製品が多様化・複雑化する現代において，製品に関する専門知識を完璧にはもち合わせないであろう消費者を保護する効果が製造物責任には期待できることを表している．

最近，Polinsky and Shavell (2010) は，アメリカ製造物責任法を検討し，大量購入財に関して市場の力や規制が製造物責任法の効果を減じていると指摘し，さらに訴訟費用や非金銭的な損害に対する多くの賠償が製造物責任法の想定していた価格上昇を通じて危険な商品の回避を促す効果を相殺し，かつ，本来の補償額を逸脱していると指摘し，製造物責任法の見直しを主張している．

◆参考文献

内田貴（1999, 2007, 2004），『民法 I，II，III　第2版』東京大学出版会．
加藤雅信（2002-2007），『新民法体系 I～V』有斐閣．
窪田充見（2007），『不法行為法』有斐閣．
小林秀之・神田秀樹（2007），『法と経済学入門 第7版』弘文堂．
小林秀之（1990），『製造物責訴訟』弘文堂．
小林秀之（1995），『製造物責任法』新世社．
佐藤智晶（2011），『アメリカ製造物責任法』弘文堂．
潮見佳男（2009），『不法行為法 I』信山社．
浜田宏一（1977），『損害賠償の経済分析』東京大学出版会．
畠中薫里（1996），「製造物責任法の貿易に及ぼす影響」『世界経済評論』9月号．
樋口範雄（2009），『アメリカ不法行為法』弘文堂．
平井宜雄（1992），『債権各論 II 不法行為』弘文堂．
細江守紀・太田勝造編（2001）『法の経済分析』勁草書房．
森島昭夫（1987），『不法行為法講義』有斐閣．
森田果・小塚壮一郎（2008），「不法行為法の目的：「損害塡補」は主要な制度目的か」『NBL』No. 874．
山本顯治（2006），「現代不法行為法学における『厚生』と『権利』—不法行為法の目的論のために—」『民商法雑誌』133巻6号．
Calabresi, G.（1970），*The Cost of Accidents: A Legal and Economic Analysis*, Yale University Press.
Calabresi, G. and D. Melamed（1972），“Property Rule, Liability Rules and Inalienability: One View of the Cathedral”, 85 *Harvard Law Review*.（松浦好治編訳『不法行為法の新世界』木鐸社，2001年）
Cooter, R. and T. Ulen（2008），*Law & Economics*, fifth edition, Addison Wisley.（太田勝造訳『法と経済学 新版』商事法務，1997年）
Gerhart, P. M.（2010），*Tort Law and Social Morality*, Cambridge University Press.
Landes, W. M. and R. A. Posner（1987），*The Economic Structure of Tort Law*, Cambridge（MA），Harvard University Press.
Miceli, T.（1997），*Economics of the Law*, Oxford University Press.（細江守紀監訳『法の経済学』九州大学出版会，1999年）

Miceli, T.（2009）, *The Economic Approach to Law*, second edition, Stanford University Press.

Polinsky, M.（2011）, *An Introduction to Law and Economics*, fourth edition, Wolters Kluwer Law & Business.

Polinsky, M. and S. Shavell（2010）, "The Uneasy Case for Product Liability", *Harvard Law Review*, Vol. 123.

Shavell, S.（2004）, *Foundation of Economic Analysis of Law*, Harvard University Press.（田中亘・飯田高訳『法と経済学』日本経済新聞社，2010 年）

展開編

第4章　消費者撤回権の経済的合理性 *

山本顯治

4.1　はじめに

消費者撤回権の正当化根拠については，契約法学・消費者法学において国内外を問わず大きな関心が寄せられてきた[1]．本章は，消費者撤回権の新たな正当化根拠を探り，これを消費者契約の一般的ルールとして位置付けるための手掛かりとして，ベンシャハール（Ben-Shahar, O.）とポズナー（Posner, E.）が2011年に公表した“The Right to Withdraw in Contract Law”と題する論稿を紹介・検討する[2]．

消費者撤回権とは，契約締結後に消費者が無理由で意思表示の申込みを撤回し，または，契約解除をなす権利を指し，特定商取引に関する法律（以下「特商法」と呼ぶ）や割賦販売法等に設けられているクーリング・オフおよび返品ルールを包括する概念である[3]．これまで，消費者撤回権は消費者保護を実現

＊　本章は，平成30年～令和3年度科学研究費補助金・基盤研究（C）「契約の経済学に基づく契約責任論の構築」（研究課題/領域番号 18K01339）に基づく研究成果の一部である．

1)　わが国においては，2012年消費者法学会において消費者撤回権の正当化根拠が取り上げられ検討された．日本消費者法学会（2012），日本消費者法学会編（2013）参照．

2)　Ben-Shahar and Posner（2011）参照．本章の以下の叙述は，同論文に基づき，説明の便宜に応じてこれを適宜改変・補充したものである．

3)　特商法上の消費者撤回権は，9条（訪問販売），15条の3（通信販売：任意規定であるため，他の規定と区別して「返品ルール」と呼ばれる），24条（電話勧誘販売），40条（連鎖販売取引），48条（特定継続的役務提供），58条（業務提供誘引販売取引），58条の14（訪問購入）参照．割

するための橋頭堡として実務上また学説上重視されてきた．消費者被害の現場における消費者撤回権の重要性については疑問の余地はないが，本章は消費者撤回権についてこれまで唱えられてきた権利保護の思想とは異なった正当化理由，すなわち，消費者撤回権の経済的合理性に着眼する．このことにより，消費者撤回権の対市場効果について考察することができ，消費者法領域に限定的に適用されるにすぎないルールとして位置付けられてきた消費者撤回権を，より広く契約に一般的に妥当するルールとして理解する途が開かれる．

4.2 節では，契約締結時点において買主は商品価値を確定できず，引渡し後相当期間を経て初めて実際の商品価値を確定できるという取引に広く見られる状況を基本条件の形に写し取り，消費者撤回権の最適行使条件および契約締結の最適条件を検討する．4.3 節では，買主が社会合理的に撤回権を行使し，また，両当事者が最適水準で契約を締結するように契約当事者にインセンティブを与える最適契約の条件を考える．そこでは，撤回権行使により発生する商品価値の減価分を買主が負担すること，すなわち，有償撤回権を認めるならば，契約の拘束力を強調して撤回権を認めず商品の保持を買主に強制する場合に比べ社会厚生が改善されることを見る．4.4 節では，わが国の消費者法制においても導入されている無償撤回権を有償撤回権と比較し，無償撤回権は社会厚生を阻害することを明らかにし，また，その理由はどこにあるのかを検討する．4.5 節では，消費者撤回権の経済的合理性を検討することから導かれる法的含意を概観する．

4.2 消費者撤回権の社会合理性条件

4.2.1 基本条件

いま，売主から買主が分割不能な商品 1 単位を購入するとする．商品価値の高低には不確実性があり，引渡し当初は買主の使用期間が短いため商品価値

賦販売法上の消費者撤回権は，35 条の 3 の 10（訪問販売・電話勧誘販売の場合の与信契約），35 条の 3 の 11（連鎖販売取引・特定継続的役務提供・業務提供誘引販売の与信契約）参照．さらに，保険業法 309 条，金融商品取引法 37 条の 6，宅地建物取引業法 37 条の 2，特定商品等の預託等取引契約に関する法律 8 条，ゴルフ場等に係る会員契約の適正化に関する法律 12 条にも同様の規定が設けられている．

にいまだ不確実性が残っているが，さらに相当期間使用すると商品価値が明らかになるとする．買主は，引渡し後商品を一定期間使用し，そのうえで撤回権を行使するか否かを決定する．取引の時間軸および基本条件は以下のとおりである[4)]．

(1) $t=0$ は，契約締結時点を表す．この時点では商品価値に不確実性があり，商品価値の高低を確定できないとする．高価値商品であれば買主が得る効用を v_H と表し，低価値商品であれば買主が得る効用を v_L と表す．また，本質を失わず論述を簡略化するために買主の効用 v は貨幣額で表されるものとし，買主の効用を利得と互換的に扱う．さらに，買主にとって商品価値が v_H である確率を q, v_L である確率を $1-q$ とする $(0<q<1)$.

(2) $t=1$ は，買主が商品の引渡しを受けた後，短期間使用した時点を表す．使用期間が短いため，この時点で買主は商品価値を確定できず，商品価値を推測させるシグナル s（商品が高価値か低価値かを推測させる手掛かり）を得ることができるにすぎないとする．商品価値が v_H であれば，この時点で買主が得るシグナルは必ず $s=v_H$ となるが，商品価値が実際は v_L であれば，シグナルは確率 θ で $s=v_H$ となり，確率 $1-\theta$ で $s=v_L$ となるとする $(0<\theta<1)$．つまり，高価値の商品が低価値に見えることはないが，低価値の商品が誤って高価値に見えることがあると仮定する．

(3) $t=2$ は，買主が商品の引渡しを受けた後，相当期間使用した時点を表す．相当期間の使用により追加的情報を得ることができるため，この時点で買主にとっての実際の商品価値（v_H または v_L）が判明する．

(4) 売主の履行費用を c とし，$v_L<c<v_H$ とする[5)]．よって，買主にとっての商品価値が v_H ならば $0<v_H-c$ となるので，引渡しがなされた後撤回権を行使せず，買主が商品を保持することが効率的である．商品価値が v_L ならば，後に見るように，引渡後の商品の減価の大きさに応じて撤回権行使が効率的であるか否かが決まる．

---

4)　以下の論述については，Ben-Shahar and Posner（2011）p. 123 以下参照.

5)　履行費用 c は，売主が外部市場で商品を売却できる価格とも解釈でき，よって c は売主にとっての商品価値でもある．以下文脈に応じて，c を「履行費用」あるいは「売主にとっての商品価値」として言及する.

(5) $t = 1, 2$ のいずれの時点においても買主は撤回権を行使し，返品できるとする．返品された場合，使用期間の長さに応じて商品は減価するとし，減価分を d_t と表す $(t = 1, 2)$．また $0 < d_1 < d_2$ とする．さらに，引渡しを受けてから返品までの使用により買主が得る効用を 0 と仮定する．

(6) 商品の価格を P とし，P は返品がなされない場合にのみ支払われるとする[6]．また，撤回権を行使した場合に買主が売主に対して負担する手数料（以下「撤回補償金」と呼ぶ）を R_t (< 0) とする $(t = 1, 2)$[7]．

(7) 両当事者はリスク・ニュートラルとし，将来価値の割引率を 0 と仮定する．

(8) 売主・買主間の対称情報を仮定し，また，再交渉はなされないと仮定する[8]．

4.2.2 社会合理的な契約締結および撤回権行使の条件

最適契約は，$t = 0$ で効率的な契約の締結に向けたインセンティブを与え，$t = 1$ と $t = 2$ で効率的な撤回権行使に向けたインセンティブを与えるものでなければならない．そこで，バックワード・インダクション（backward induction）により社会合理的な契約の条件（社会的に見た当事者の効率的行動を導く最適契約の条件）を考える[9]．

6）ここで後払いを仮定したのは，論旨を明確にするためのものであり，この仮定を外しても以下の論述の本質は変わらない．

7）R_t が負になっているのは，たとえば，$t = 1$ で買主が撤回権を行使した場合，買主は売主に対して $R_1 = -10$ の撤回補償金を課せられるという意味である．

8）以上の基本条件を具体例で考えてみる．いま，買主が売主から商品を 1 単位購入するとする．また，仮に $t = 2$ で撤回権を買主が行使した場合の撤回補償金を $R_2 = -20$，$t = 2$ で返品された場合の商品減価を $d_2 = 20$ とする．商品が低価値であった場合に，買主が引渡し後短期間使用した時点 $(t = 1)$ で，商品が高価値であるとの印象 $(s = v_H)$ を得たならば，買主はこの時点では撤回しない（理由は後出）．買主が使用を続け相当期間が経過 $(t = 2)$ すると，実際の商品価値 (v_L) が判明する．ここで買主は撤回補償金 $R_2 = -20$ を負担し撤回権を行使して，商品を返品する．売主は減価により商品価値 $c - d_2 = c - 20$ となった商品を受け取るが，撤回補償金 $R_2 = -20$ を買主が負担するので，売主の利得は $c - d_2 - R_2 = c - 20 + 20 = c$ となり，契約締結前の利得である c が維持される．

9）以下の論述については，Ben-Shahar and Posner（2011）p. 124 以下参照．

1. $t = 2$ における撤回権行使の社会合理性条件

$t = 2$ では，買主にとっての商品価値（履行価値）が判明する．この時点で撤回権が行使され返品された場合，売主にとっての商品価値は減価分を差し引いた $c - d_2$ となる．撤回権を行使して商品を返品することが効率的となる条件は，買主にとっての商品価値 v が売主にとっての商品価値を下回ることであるから，以下のように表される．

$$v < c - d_2$$

基本条件より，上記条件が満たされる可能性があるのは商品価値が v_L の場合のみである[10]．よって，$t = 2$ の時点で，買主が撤回権を行使することが効率的である条件は以下のように表される．

$$v_L < c - d_2 \tag{1}$$

2. $t = 1$ における撤回権行使の社会合理性条件

$t = 1$ では，買主は商品価値を推測させるシグナルを得るにすぎない．$s = v_H$ であれば商品価値にいまだ不確実性が残るため，買主が商品を保持することで得られる期待効用を考えねばならず，これが売主にとっての商品価値を下回るならば撤回権行使は効率的となる．他方，$s = v_L$ であれば，買主にとって商品価値が v_L であることが確定し，確定した商品価値 v_L が売主にとっての商品価値を下回るときにのみ撤回権行使は効率的となる．

(1) $s = v_H$ のとき

$t = 1$ において商品価値を示すシグナルが $s = v_H$ であったとしても，なお確率 $1 - \theta$ で低価値 v_L となる可能性がある．このとき，$t = 0$ で商品価値が v_H である確率 $P(v_H)$ と，$t = 1$ で $s = v_H$ というシグナルを買主が受け取ったという条件下で商品価値が v_H である確率 $P(v_H|s = v_H)$ を比較すると，基本条件より $0 < q < 1$ かつ $0 < \theta < 1$ であるから，以下のようになる．

---

10)　$c < v_H$ の仮定より，必ず $c - d_2 < v_H$ となるから，商品の価値が v_H ならば上記条件は満たされない．

$$P(v_H|s=v_H)-P(v_H)=\frac{q}{q+(1-q)\theta}-q=\frac{q(1-\theta)(1-q)}{q+(1-q)\theta}>0$$

よって，$t=0$ で契約を締結することが効率的であるならば，$t=1$ で $s=v_H$ というシグナルを得た場合には商品価値が高価値 v_H となる確率は契約締結時点よりも大きくなるから，撤回権は行使されないことが効率的となる．

(2) $s=v_L$ のとき

$t=1$ の時点で，買主が $s=v_L$ というシグナルを受け取った場合，商品価値は v_L であることが確定する．$c-d_2<c-d_1$ であるから，v_L の値に応じて3つの領域が区分される（図参照）[11)]．

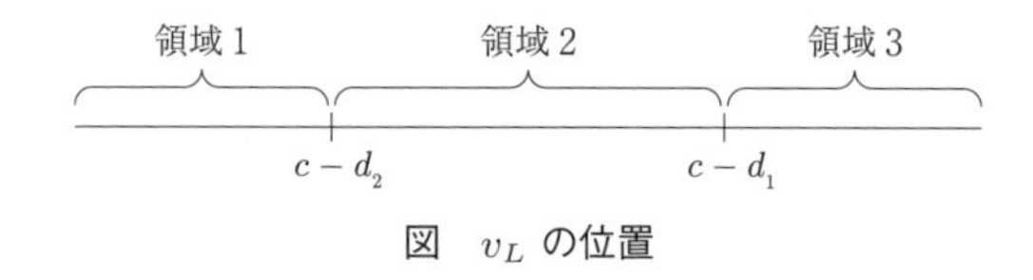

図　v_L の位置

① $v_L<c-d_2$ の場合（領域 1）

この領域に属する商品は履行後の減価が小さい種類のものであり，衣服，耐久消費財がその例である．商品価値がこの領域に位置する場合，買主にとっての商品価値 v_L が $t=1,2$ 時点での売主にとっての減価した商品価値 $c-d_1, c-d_2$ のいずれをも下回るため，買主が商品を保持することは非効率である．よって，領域1に属する商品に関しては $t=1,2$ いずれの時点でも撤回権行使は効率的となる．

このように，減価の小さい商品については，引渡し後買主に商品を検品・使用させ，その結果に基づき時点を問わず撤回権行使の有無を買主に選択させることが社会厚生を増大させる．

② $c-d_2\leq v_L<c-d_1$ の場合（領域 2）

この領域に属する商品は引渡し当初の減価は小さいが，期間の経過により減価が大きくなる種類のものである．$t=1$ では，商品の減価を考慮すると売主にとっての商品価値は $c-d_1$ となるが，これを買主にとっての商品価値 v_L は

11） Ben-Shahar and Posner（2011）p. 125 以下参照.

下回る．このため，買主が商品を保持すると社会的非効率が惹起される．よって，$t=1$における撤回権行使は効率的である．他方，$t=2$における撤回権行使は非効率である．商品の減価が大きく，$t=2$では買主にとっての商品価値v_Lは減価した商品価値$c-d_2$を上回るから，買主が商品を保持することが効率的だからである．

このように，領域2に属する商品に関しては$t=1$における撤回権行使は効率的であるが，$t=2$においては商品減価が大きいために非効率である．つまり，引渡し後短期間は減価が小さいが，その後時間の経過とともに大きな減価が生ずる商品については，引渡し当初時点に限定して撤回権行使を認めることが社会厚生を増大させる．

③ $c-d_1 \leq v_L$の場合（領域3）

この領域に属する商品は履行後の減価が大きい種類のものであり，生鮮食品がその典型である．領域3においては，商品価値v_Lが引渡し後減価した商品価値$c-d_1, c-d_2$のいずれをも上回るため，買主が商品を保持することが効率的であり，$t=1,2$の時点における撤回権行使はいずれも非効率である．

このように，引渡し後短期間で大きく減価する商品については，撤回権行使を認めないとすることが社会厚生の最大化という目的に照らし正当化される．

3．$t=0$における契約締結の社会合理性条件

ここでは，$t=0$において契約が成立することが社会合理的となる条件を見る．バックワード・インダクションに基づくと，$t=1,2$において当事者が選択する行動を前提に$t=0$における合理的選択を考えることができる．なお，ここでも契約締結によって買主の得る期待効用はv_Lの値により異なり社会厚生に相違が生ずるから，3つの領域が区分されねばならない[12]．

(1) $v_L < c-d_2$の場合（領域1）

領域1では，商品価値がv_Lとなる場合$t=1,2$のいずれの時点においても撤回権が行使されることが効率的であった．これを前提とすると，領域1における社会合理的な契約締結条件は以下の式(2)のように表される[13]．さら

12）Ben-Shahar and Posner（2011）p. 125以下参照．

13）確率qで履行価値はv_Hとなる．確率$1-q$でv_Lとなると，確率$1-\theta$で$s=v_L$となり

に，式 (2) の右辺と左辺の差は，領域 1 において撤回権が効率的に行使される場合に契約から生み出される期待余剰の値を表すから[14]，これが非負であることが社会合理的な契約締結条件であることがここに示されている．

$$c \leq q \cdot v_H + (1-q)[(1-\theta)(c-d_1) + \theta(c-d_2)] \tag{2}$$

(2) $c - d_2 \leq v_L < c - d_1$ の場合（領域 2）

領域 2 では，$t = 1$ で $s = v_L$ というシグナルを得たとき撤回権行使は効率的であったが，$s = v_H$ というシグナルを得たときは，期間の経過による減価が大きいため，$t = 2$ で撤回権を行使することは効率的ではなかった．これを前提とした社会合理的な契約締結条件は以下のように表される[15]．

$$c \leq q \cdot v_H + (1-q)[(1-\theta)(c-d_1) + \theta v_L] \tag{3}$$

式 (3) の右辺と左辺の差は，領域 2 において撤回権が効率的に行使される場合に契約から生み出される期待余剰を表すから，これが非負であることが社会合理的な契約締結条件であることがここに示されている．

$t = 1$ の時点で撤回権が行使されるから返品された商品に減価が生じ，その価値は $c - d_1$ となる．$t = 1$ の時点で確率 θ で $s = v_H$ となると，$t = 2$ の時点で撤回権が行使され，返品された商品価値は $c - d_2$ となる．これを合算したものが契約不成立のときの社会厚生 c を上回っていることが効率的な契約締結条件となる．

14）式 (2) の導出の仕方にも示されているが，各当事者の期待利得から確認することもできる．撤回権が効率的に行使される場合，売主の期待利潤は，確率 q で v_H となるとき $P - c$ である．確率 $1 - q$ で v_L となる場合，$t = 1$ で確率 $1 - \theta$ で $s = v_L$ となり，直ちに撤回され返品された商品に $-d_1$ の減価が発生するが $-R_1$ の撤回補償金を得る．確率 θ で $s = v_H$ となるとき，$t = 2$ で撤回され $-d_2$ の減価損失をこうむるが $-R_2$ の撤回補償金を得る．よって，売主の期待利潤は $q(P-c) + (1-q)[(1-\theta)(-d_1 - R_1) + \theta(-d_2 - R_2)]$ となる．同様に，買主の期待効用は $q(v_H - P) + (1-q)[(1-\theta)R_1 + \theta R_2]$ となる．この契約から得られる売主の期待利潤と買主の期待効用を足し合わせたものが契約が生み出す期待余剰であり，式 (2) の右辺と左辺の差と一致することが確認できる．さらに，領域 2，3 についても同様の手順で契約が生み出す期待余剰の値を確認することができる．

15）右辺第 1 項は，契約が成立した場合，商品は確率 q で高価値であるから買主により保持され，その場合の商品価値は v_H であることを表す．右辺第 2 項は，確率 $1 - q$ で商品が低価値であったときの商品価値（期待値）を表す．$t = 1$ において，確率 $1 - \theta$ で $s = v_L$ というシグナルを得ると，撤回権行使が効率的となるが，減価が発生するため商品価値は $c - d_1$ である．他方，確率 θ で $s = v_H$ というシグナルを得たならば，$t = 1$ で撤回権は行使されず，その後 $t = 2$ において v_L が判明した場合も撤回権は行使されないことが効率的であるため，商品は買主に保持され，その価値は v_L である．

(3) $c - d_1 \leq v_L$ の場合（領域 3）

領域 3 では，商品価値が v_L であったとしても，$t = 1, 2$ いずれの時点でも撤回権が行使されないことが効率的であった．撤回権行使を考えなくともよいので，契約成立後の社会厚生は確率 q で v_H，確率 $1-q$ で v_L となり，これが契約不成立のときの社会厚生 c を上回っていることが効率的な契約締結条件となる．よって，領域 3 における社会合理的な契約締結条件は以下のように表すことができる．

$$c \leq q \cdot v_H + (1-q)v_L \tag{4}$$

式 (4) の右辺と左辺の差も，撤回権が効率的に行使される場合に契約から生み出される期待余剰を表すから，これが非負であることが社会合理的な契約締結条件となることは領域 1，2 の場合と同じである．

4.3　有償撤回権の合理性

4.2 節においては社会合理的な契約締結の条件，および，撤回権行使の条件を見た．本節では，$t = 1, 2$ において社会合理的な撤回権行使のインセンティブを買主に与える契約条件，$t = 0$ において社会合理的な契約締結のインセンティブを両当事者に与える契約条件を考える[16)]．

4.3.1　$t = 2$ における効率的撤回権行使を選択させる契約条件

まず，撤回権行使に関する買主の個人合理性を考えると，$t = 2$ で商品価値が v_L であることが確定したとき，買主が商品を保持すると得られる効用は $v_L - P\ (<0)$ である．他方，撤回権行使すると補償金 $R_2\ (<0)$ を負担せねばならない．買主はこの大小を比較して撤回権行使の有無を決定する．よって，買主は以下が成立するときに撤回権を行使する．

$$v_L - P < R_2$$

16)　以下の論述については，Ben-Shahar and Posner（2011）p. 126 以下参照．

他方，$t = 2$における社会合理的な撤回権行使の条件は式(1)で表された．そこで，撤回権行使の社会合理性と個人合理性が一致するように撤回権行使の条件を設定するには，買主の個人合理的な撤回権行使の条件を表す上記の式を，社会合理的な撤回権行使の条件を表す式(1)と一致させればよい．よって，

$$P = c, \quad R_2 = -d_2$$

と設定することが効率的撤回権行使のインセンティブを買主に与える契約条件となる．

4.3.2 $t = 1$における効率的撤回権行使を選択させる契約条件

(1) $s = v_H$ の場合

$t = 1$におけるシグナルが$s = v_H$の場合には，撤回権は行使されないことが効率的であった．そしてシグナルが$s = v_H$であれば，実際の価値がv_Lである可能性があるとしても買主は$t = 1$において撤回権を行使しない．4.2.2項2に見たように，$t = 0$において契約を締結することが買主にとり合理的であるならば，$t = 1$において$s = v_H$という新たな情報が得られた場合には，商品の価値がv_Hである確率が契約締結時点より大きくなるため，買主が撤回権を行使することはないからである．よって，シグナルが$s = v_H$である場合には撤回権行使の社会合理性と個人合理性は乖離しない．

(2) $s = v_L$ の場合

シグナルがv_Lの場合，$v_L < c - d_2$（領域1）のときには撤回権行使はいずれの時点でも効率的となり，$c - d_2 \leq v_L < c - d_1$（領域2）のときには$t = 1$においてのみ撤回権行使は効率的であった．さらに，$c - d_1 \leq v_L$（領域3）のときには時点を問わず撤回権行使は非効率であった．

このとき，$P = c, R_1 = -d_1, R_2 = -d_2$と設定すれば，$v_L < c - d_2$ $(< c - d_1)$のときには$v_L < P + R_2$ $(< P + R_1)$となり，$c - d_2 \leq v_L < c - d_1$のときには$P + R_2 \leq v_L < P + R_1$となるから，いずれの領域でも買主は社会合理性に沿った撤回権行使を選択するインセンティブをもつ．さらに，

$c - d_1 \leq v_L$ のときには $(P + R_2 <)P + R_1 \leq v_L$ となるから，買主は領域 3 において社会合理性に反し撤回権を行使するインセンティブをもたない．

4.3.3　$t = 0$ における効率的契約締結を促す契約条件

(1) 領域 1 ($v_L < c - d_2$) の場合の効率的契約締結を促す契約条件

$t = 0$ の時点では，社会厚生を増大させる契約の締結を両当事者に促す契約条件が問題となる[17]．まず領域 1 における社会合理的な契約締結条件は，上記式 (2) に表された．これに対して，各契約当事者の個人合理的な契約締結条件を見ると，買主は契約を締結したときの期待効用が契約を締結しないときの効用 $(= 0)$ を上回るときに契約を締結し，売主も期待利潤が非負のときに契約を締結する．

このとき，契約条件を $P = c$, $R_1 = -d_1$, $R_2 = -d_2$ と設定すると，この契約条件は社会合理的な撤回権行使をなすインセンティブを買主に与えたから，この条件下では商品価値が v_L となる場合，買主は $t = 1, 2$ いずれの時点でも撤回権を行使する．バックワード・インダクションに基づくと，両当事者はこれを予想して契約を締結するか否かを決定すると考えてよいから，買主の個人合理的な契約締結条件は以下の式で表される[18]．

$$0 \leq q(v_H - P) + (1 - q)[(1 - \theta)R_1 + \theta R_2] \tag{5}$$

他方，売主の個人合理的な契約締結条件も，契約締結による期待利潤が非負となることであるから，以下の式で表される[19]．

$$0 \leq q(P - c) + (1 - q)[(1 - \theta)(-d_1 - R_1) + \theta(-d_2 - R_2)] \tag{6}$$

---

17) 基本条件において両当事者間に対称情報が仮定されているために，以下では v_L がいずれの領域に属するかについて両当事者とも知っていると扱うことができる．

18) 確率 q で v_H となる場合，買主は商品を保持し代金 P を支払う．確率 $1 - q$ で v_L となる場合，確率 $1 - \theta$ で $s = v_L$ のシグナルを得ると買主は直ちに撤回権を行使し，撤回補償金 R_1 を負担する．または，確率 θ で $s = v_H$ のシグナルを得ると，買主は $t = 2$ で撤回権を行使し R_2 を負担する．

19) 確率 q で商品価値が v_H となるとき，買主は商品を保持するから売主は代金 P を得，商品の引渡しにより c を失う．確率 $1 - q$ で v_L となるとき，買主は撤回権を行使するから売主に減価損失 $-d_t$ が発生するが，売主は確率 $1 - \theta$ で撤回補償金 $-R_1$ を得，または，確率 θ で $-R_2$ を得る．

式 (5) と式 (6) に契約条件 $P = c$, $R_1 = -d_1$, $R_2 = -d_2$ を代入し，両式を加えて変形すると以下の式が得られ，式 (2) と一致することがわかる．

$$c \leq q \cdot v_H + (1-q)[(1-\theta)(c-d_1) + \theta(c-d_2)]$$

よって，契約条件 $P = c$, $R_1 = -d_1$, $R_2 = -d_2$ は，社会合理的な撤回権行使を選択するインセンティブを買主に与えると同時に，領域 1 において社会合理的な契約締結をなすインセンティブを両当事者に与える．

(2) 領域 2 ($c - d_2 \leq v_L < c - d_1$) の場合の効率的契約締結を促す契約条件

領域 2 における社会合理的な契約締結条件は，上記式 (3) に表された．これに対して，買主の個人合理的な契約締結条件は，契約から得られる期待効用が非負となることである．このとき，契約条件を $P = c$, $R_1 = -d_1$, $R_2 = -d_2$ とすると社会合理的な撤回権行使をなすインセンティブを買主はもつから，この条件下では買主は $t = 1$ においてシグナルが $s = v_L$ であるときにのみ撤回権を行使する．両当事者はこれを予想して契約を締結するか否かを決定すると考えてよいから，買主の個人合理的な契約締結条件は以下の式で表される[20]．

$$0 \leq q(v_H - P) + (1-q)[(1-\theta)R_1 + \theta(v_L - P)] \tag{7}$$

他方，売主は期待利潤が非負であれば契約を締結するから，売主の個人合理的契約締結条件は以下のように表される[21]．

---

20) 確率 q で v_H となる場合，買主は商品を保持し代金 P を支払う．確率 $1-q$ で v_L となる場合，確率 $1-\theta$ で $t = 1$ の時点で $s = v_L$ のシグナルを得ると，直ちに撤回権を行使するから，買主は撤回補償金 R_1 を負担する．確率 θ で $s = v_H$ のシグナルを得ると，その時点では撤回権を行使せず，$t = 2$ でも撤回権は行使されない．このとき，買主は商品 v_L を保持し代金 P を支払う．

21) 確率 q で v_H となる場合，買主は商品を保持し代金 P を支払う．確率 $1-q$ で v_L となる場合，確率 $1-\theta$ で $s = v_L$ のシグナルが得られ，直ちに撤回権が行使されるから，売主は返品により減価をこうむるが撤回補償金を得るので，$-d_1 - R_1$ を得る．確率 θ で $s = v_H$ のシグナルを得ると撤回権は行使されず，$t = 2$ でも撤回権は行使されない．よって，売主は $P - c$ を得る．

$$0 \leq q(P-c)+(1-q)[(1-\theta)(-d_1-R_1)+\theta(P-c)] \tag{8}$$

式 (7) と式 (8) に契約条件 $P=c$, $R_1=-d_1$, $R_2=-d_2$ を代入し，両式を加えて変形すると以下の式が得られ，式 (3) と一致することがわかる．

$$c \leq q \cdot v_H+(1-q)[(1-\theta)(c-d_1)+\theta v_L]$$

以上より，契約条件 $P=c$, $R_1=-d_1$, $R_2=-d_2$ は，領域 2 において社会合理的な契約締結をなすインセンティブを両当事者に与える契約条件でもある．

(3) 領域 3 ($c-d_1 \leq v_L$) の場合の効率的契約締結を促す契約条件

領域 3 における社会合理的な契約締結条件は，上記式 (4) に表された．これに対して，買主は契約から得られる期待効用が非負の場合に契約を締結する．ここでも，契約条件を $P=c$, $R_1=-d_1$, $R_2=-d_2$ と設定すると，この契約条件は社会合理的な撤回権行使をなすインセンティブを買主に与えるから，この条件のもとでは領域 3 において買主は撤回権を行使しない．両当事者はこれを予想して契約を締結するか否かを決定すると考えてよいから，買主の期待効用は以下の式で表される．

$$0 \leq q(v_H-P)+(1-q)(v_L-P) \tag{9}$$

他方，買主が撤回権を行使しないとき売主は確実に代金 P を得るから，売主の個人合理的な契約締結条件は以下のようになる．

$$0 \leq P-c \tag{10}$$

式 (9) と式 (10) に契約条件 $P=c$, $R_1=-d_1$, $R_2=-d_2$ を代入して加えると以下のようになり，式 (4) と一致することがわかる．

$$c \leq q \cdot v_H+(1-q)v_L$$

よって，契約条件 $P=c$, $R_1=-d_1$, $R_2=-d_2$ は，領域 3 においても社会合理的な契約締結のインセンティブを与える契約条件であることが確認できる．

4.3.4 小括：pacta sunt servanda 原則に対する消費者撤回権の優位性

以上をまとめると，個人合理的な契約締結・撤回権行使の条件を社会合理的な契約締結・撤回権行使の条件に一致させ，効率的な契約締結および撤回権行使をなすインセンティブを両当事者に与える契約条件は，以下のとおりである．

$$P = c,\ R_1 = -d_1,\ R_2 = -d_2 \tag{11}$$

すなわち，価格を売主の履行費用に一致させ，かつ，引渡し後の使用期間に応じた商品価値の減価分を撤回補償金として買主に負担させるならば，効率的な契約締結のインセンティブを両当事者に与え，かつ，契約が成立した後は効率的な撤回権行使のインセンティブを買主に与えることが判明する．

この場合，撤回権行使を認めると減価分 $-d_t\ (<0)$ の厚生損失が発生する．他方，「契約は守らねばならない」との原則（pacta sunt servanda 原則）に基づき撤回権行使を認めず，買主に商品の保持と代金支払を強制するならば，領域 1，2 においては $v_L - c\ (<0)$ という厚生損失が発生する．基本条件より，領域 1 においては $v_L < c - d_2$ であるから $v_L - c < -d_2$ となり，撤回権行使を認めず買主に商品を保持させるほうが厚生損失は大きい．領域 2 においても $v_L < c - d_1$ であるから $v_L - c < -d_1$ となり，同じく商品を保持させるほうが厚生損失はより大きい．このように，撤回権が行使されると減価分の厚生損失が発生するが，撤回権を認めずに買主に商品の保持を強制するならばより大きな厚生損失が発生する[22)]．

このように，pacta sunt servanda 原則は契約締結時に存在する不確実性と

22） 4.4 節に見る無償撤回権との比較の前提として，最適契約条件のもとでの売主の期待利潤，および，売主にとっての最低合意価格をここで確認しておく．式 (11) に示された最適契約条件 $-d_t = R_t$ を，領域 1，2，3 のそれぞれにおける売主の契約締結条件を表す式 (6)，(8)，(10) に代入すると，以下のようになる．

まず，領域 1 における売主の契約締結条件は，式 (6) より以下のようになる．

$$0 \leq q(P - c) \tag{12}$$

つぎに，領域 2 における売主の契約締結条件は，式 (8) より以下のようになる．

いう厚生阻害要因に対応できず，同原則を強調して買主を契約に拘束し，商品の保持と代金の支払いを買主に強制するならば社会厚生が阻害される．有償撤回権は商品減価相当額の撤回補償金を支払うことを条件として，商品保持と代金の支払義務から買主を解放するものであり，不確実性に起因する厚生阻害に対処するための有効な救済方法である[23]．

さらに，これまでの検討は，不確実性という厚生阻害要因への対応策として有償撤回権を設けるならば，買主を契約に拘束する場合に比べて社会厚生が改善することを明らかにしており，このことは有償撤回権を任意規定として設けることを正当化する．それは，リスク・テイカーの買主が撤回権を放棄し安価に商品を取得することのできるディスカウント市場の効率性を阻害しない．「返品不可」と引き換えに代金を安価とする例は，「バーゲンセール」を典型として現実の取引において数多く見られる．また，買主のなかには豊富な商品情報をもち，撤回権の必要性がない者もいる．このように，撤回権を任意規定とすると，撤回権に対して異なった選好を有する買主に対してそれぞれが望む契約条件を提供することができる．これに対し，撤回権を強行規定とすると，撤

$$0 \leq q(P-c)+(1-q)\theta(P-c)=[q+(1-q)\theta](P-c) \tag{13}$$

さらに，領域3における売主の契約締結条件は，式(10)より以下のようになる．

$$0 \leq q(P-c)+(1-q)(P-c)=P-c \tag{14}$$

上記の式は，売主が利潤 $P-c$ を得るのは，買主が撤回権を行使せず代金を支払った場合であることを示し，$P-c$ の係数はいずれも利潤 $P-c$ が得られる確率を表す．式(12)は，領域1では商品価値が v_L となると常に撤回されるために，v_H となる場合にのみ利潤 $P-c$ が得られ，その確率は q である．式(13)は，領域2では，確率 q で v_H となる場合，また，確率 $1-q$ で v_L となるが，確率 θ で $t=1$ において $s=v_H$ となる場合には撤回権が行使されず $P-c$ の利潤を売主が得ることを表す．さらに，式(14)は，領域3では撤回権が行使されることがないため，売主は確率1で $P-c$ の利潤を得ることを表す．このように，社会合理的な契約締結を促す有償撤回権のもとでは，売主の期待利潤は，買主が商品を保持する確率（＝撤回権不行使の確率）を $P-c$ にかけたものとして算出されることがわかる．また，このことから，いずれの領域においても，社会合理的な契約締結がなされる場合には，売主にとり合意可能な最低価格は c であることも確認できる．

23）買主を契約に拘束し，商品保持と代金支払を強制する救済方法は，特定履行を内容とするものでありプロパティー・ルールに属する．他方，有償撤回権は撤回補償金という名前の信頼利益賠償を支払って商品保持と代金支払義務からの解放を認める救済方法であって，ライアビリティー・ルールに属する．プロパティー・ルールとライアビリティー・ルールについては，Calabresi and Melamed（1972）参照．

回権を必要とせず安価で購入したいと考える買主に対して撤回権を前提とした代価を課すことになり，これは撤回権を欲しない買主から撤回権を欲する買主への「内部補助」(cross-subsidization) を強制する結果となる．撤回権を強行規定とすることは，効率性のみならず公平性の観点からも疑義ある結果を惹起するのである[24]．

4.4 無償撤回権との比較

前節までは，有償撤回権を一般的に認めることが社会厚生を改善することを見た．しかし，わが国において，特商法 9 条 8 項や割賦販売法 35 条の 3 の 10 等は無償撤回権を法定している．本節では，無償撤回権を認めた場合にそれが消費者取引市場に及ぼす影響を検討し，有償撤回権と無償撤回権の優劣を比較する[25]．

4.4.1 無償撤回権の過剰行使

無償撤回権のもとでは買主は撤回補償金を負担しないため，買主は商品価値 v と価格 P を比較して撤回権行使を決定する．そのため，確率 $1-q$ で商品価値が v_L となるとき買主は常に撤回権を行使する．撤回権を行使せずに商品を保持すると買主の利得は $v_L - P$ となるが，基本条件より $v_L < c$，かつ，$c \leq P$ なので（さもなければ売主は契約を締結しない)，$v_L - P < 0$ となるからである．よって，$t = 1$ で $s = v_L$ であれば直ちに撤回権は行使され，$s = v_H$ であったとしても $t = 2$ で v_L であることが判明すると撤回権は行使される．

そのため，買主が商品を保持すると社会厚生が増大するにもかかわらず，撤回権が過剰に行使され社会厚生が阻害される場合が生ずる．たとえば，$c - d_2 < v_L < c - d_1$（領域 2）のときには $t = 2$ における撤回権行使は非効率であった．しかし，$c - d_2 < P$ であるから，$c - d_2 < v_L$ であるにもかかわらず $c - d_2 < v_L < P$ となる場合には，$t = 2$ においても撤回権が行使され

24) 以上の点につき，Ben-Shahar and Posner (2011) p. 144 以下参照.
25) 以下の論述については，Ben-Shahar and Posner (2011) p. 127 以下参照.

るという過剰行使が発生し非効率が惹起される．さらに，同様の論理により $c - d_1 < v_L$（領域 3）においても過剰行使が発生しうる[26]．

無償撤回権の過剰行使を抑止するためには，履行価値 v が減価後の商品価値 $c - d_t$ を下回る場合にのみ撤回権行使を認めるという制限を付す方策も考えられ，これが奏功すれば有償撤回権と同様の帰結を得ることができる．しかし，そのためには事後的に裁判所等の第三者が履行価値と履行費用，減価分を確定する作業を負担することになり，事前に撤回補償金を約定すれば自動的に合理的な結果が導かれる有償撤回権に比較して取引費用の点で著しく劣る[27]．また，第三者の判断に過誤が存することから生ずる過剰規制・過少規制の可能性を排除することもできない．

4.4.2　契約締結水準の過少性

つぎに，無償撤回権が契約締結水準に与える影響を見る．結論を先取りすると，無償撤回権のもとでは撤回権行使による減価損失を買主は負担しないため，買主は過剰に撤回権を行使する．そのため，これを見越した売主は期待減価を価格に転嫁する．その結果，合意可能な価格範囲が縮減して社会合理的な水準に比べ契約締結水準が過少となり，社会厚生の損失が惹起される[28]．

(1) 個人合理的な契約締結条件と社会合理的な契約締結条件との乖離

まず，無償撤回権のもとでの両当事者の個人合理的な契約締結条件は以下の式で表される[29]．

26）他方，領域 1 については，商品価値が v_L の場合には，$t = 1, 2$ いずれの時点においても撤回権行使は社会合理的であった．このとき，$v_L < c - d_2$ なので，$c - d_2 < P$ より，常に $v_L < P$ となるため，商品価値が v_L ならば $t = 1, 2$ を問わず買主は撤回権を行使する．つまり領域 1 においては撤回権の過剰行使の問題は発生しない．

27）Ben-Shahar and Posner（2011）p. 127 参照.

28）以下の論述については，Ben-Shahar and Posner（2011）p. 128 以下参照.

29）買主の期待効用について見ると，確率 q で v_H となる場合，買主は商品を保持し代金 P を支払う．この場合の買主の期待効用は $q(v_H - P)$ となる．確率 $1 - q$ で v_L となる場合，$t = 1$ で $s = v_L$ というシグナルを得ると本節冒頭に見たように $v_L < P$ であるから買主は直ちに撤回権を行使し，$s = v_H$ というシグナルを得ると $t = 2$ で撤回権を行使する．撤回権行使はいずれの場合も無償であるからこの場合の買主の期待効用は 0 である．買主はそれぞれの場合を合わせて期待効用が非負であれば契約を締結するから本文の式が導かれる．

$0 \leq q(v_H - P)$ （買主の契約締結条件）

$0 \leq q(P - c) + (1 - q)[(1 - \theta)(-d_1) + \theta(-d_2)]$ （売主の契約締結条件）

それぞれの条件を足し合わせると以下の式が導かれる．

$$0 \leq q(v_H - c) - (1 - q)[(1 - \theta)d_1 + \theta d_2] \quad (15)$$

買主の契約締結条件は契約から得られる買主の期待効用を表し，売主の契約締結条件は契約から得られる売主の期待利潤を表すから，これを足し合わせた式 (15) の右辺は，無償撤回権のもとで契約が生み出す期待余剰の値を表す．さらに，式 (15) を変形すると，以下が得られる．

$$c + \frac{1 - q}{q}[(1 - \theta)d_1 + \theta d_2] \leq v_H \quad (16)$$

式 (16) の左辺は無償撤回権のもとで売主が契約締結に合意するための最低価格であり（左辺に示される価格を上回らなければ売主は契約を締結しない），右辺は買主が契約締結に合意できる上限価格である（右辺に示される価格を下回らなければ買主は契約を締結しない）[30]．

ここで，無償撤回権のもとでの期待余剰を表す式 (15)，および，これを変形して得られた式 (16) を 4.2 節に見た社会合理的な契約締結条件と比較する．

まず，領域 1 における社会合理的な契約締結条件を表す式 (2) を変形する

売主の期待利潤について見ると，確率 q で商品価値が v_H となり，このとき商品は買主により保持され代金が支払われる．確率 $1 - q$ で商品は v_L となる場合，$t = 1$ の時点で確率 $1 - \theta$ で $s = v_L$ とのシグナルを買主が得ると直ちに無償撤回権が行使され，売主は減価 $-d_1$ を負担する．他方，$t = 1$ の時点で確率 θ で $s = v_H$ とのシグナルを買主が得ると $t = 2$ で v_L であることが判明して初めて無償撤回権は行使され，減価 $-d_2$ を売主は負担する．売主はこれらを合わせた期待利潤が非負であれば契約を締結するから本文の式が導かれる．

30） 売主の契約締結条件を変形すると $c + \frac{1 - q}{q}[(1 - \theta)d_1 + \theta d_2] \leq P$ となり，売主が合意できる最低価格が導かれる．他方，買主については期待効用が非負でなければならないから $P \leq v_H$ が成立する．両者を足し合わせると，以下のようになり式 (16) が導かれる．

$$c + \frac{1 - q}{q}[(1 - \theta)d_1 + \theta d_2] \leq P \leq v_H$$

また，式 (16) は式 (15) の両辺を $\frac{1}{q}$ 倍して導かれているため，式 (16) の右辺から左辺を引いた値は，式 (15) に表される期待余剰の値を $\frac{1}{q}$ 倍したものとなる．

と，以下が得られる[31]．

$$c + \frac{1-q}{q}[(1-\theta)d_1 + \theta d_2)] \leq v_H \tag{17}$$

つぎに，領域2における社会合理的な契約締結条件を表す式(3)を変形すると以下が得られる[32]．

$$\frac{1}{q}\{c - (1-q)[(1-\theta)(c-d_1) + \theta v_L]\} \leq v_H \tag{18}$$

さらに，領域3における社会合理的な契約締結条件を表す式(4)を変形すると以下が得られる[33]．

$$\frac{1}{q}[c - (1-q)v_L] \leq v_H \tag{19}$$

それぞれの式を比較すると，無償撤回権のもとでの契約締結条件を表す式(16)は，領域1における社会合理的な契約締結条件を表す式(17)と等しく，領域2や3における社会合理的な契約締結条件を表す式(18)，式(19)からは乖離することがわかる．式(16)が式(17)と一致する理由は，無償撤回権のもとでは商品価値がv_Lとなる場合$t = 1, 2$において撤回権が行使され，商品の減価分の厚生損失$-d_1, -d_2$が発生するところ，商品価値がv_Lとなる場合に，撤回権行使による減価分の厚生損失が発生してもなお撤回権が$t = 1, 2$において行使されることが社会合理的となるのはv_Lが領域1に位置する場合のみだからである．

このように無償撤回権のもとでの個人合理的な契約締結条件は，領域1における社会合理的な契約締結条件と一致するが，領域2，3における社会合理

31）式(17)は式(2)の両辺を$\frac{1}{q}$倍して変形したものであるから，式(17)における右辺と左辺の差は，式(2)の右辺と左辺の差として表された社会合理的な撤回権行使がなされる場合に契約が生み出す期待余剰の値を$\frac{1}{q}$倍したものとなる．この点につき，前掲注14，30を参照．

32）前掲注31と同じく，式(18)は式(3)の両辺を$\frac{1}{q}$倍して変形したものであるから，式(18)における右辺と左辺の差は，社会合理的な撤回権行使がなされる場合に契約が生み出す期待余剰の値を$\frac{1}{q}$倍したものとなる．この点につき，前掲注30，31も参照．

33）前掲注31と同じく，式(19)は式(4)の両辺を$\frac{1}{q}$倍して変形したものであるから，ここでも式(19)における右辺と左辺の差は，社会合理的な撤回権行使がなされる場合に契約が生み出す期待余剰の値を$\frac{1}{q}$倍したものとなる．

的な契約締結条件とは乖離する．そこで，この乖離が市場にいかなる影響を及ぼすのかをつぎに検討する．

(2) 領域 2 と領域 3 における社会合理的契約締結水準からの乖離

まず，v_L が領域 2 $(c-d_2 \leq v_L < c-d_1)$ に位置する場合，社会合理的な契約締結条件は式 (18) に表された．無償撤回権のもとでの個人合理的な契約締結条件を表す式 (16) の左辺と式 (18) の左辺を比較すると，以下のように式 (18) の左辺は式 (16) の左辺よりも小さいことがわかる．

$$c+\frac{1-q}{q}[(1-\theta)d_1+\theta d_2]-\frac{1}{q}\{c-(1-q)[(1-\theta)(c-d_1)+\theta v_L]\}$$
$$=\frac{1-q}{q}\theta[v_L-(c-d_2)]>0 \quad (\because c-d_2<v_L) \tag{20}$$

式 (20) は，式 (18) に示される社会合理的な契約締結条件よりも，式 (16) に示される無償撤回権のもとでの契約締結条件の範囲のほうが狭いことを表す．そのため，社会合理的な契約締結条件が満たされており，社会的に見ると契約締結がなされるべきであるのに，契約締結の個人合理性条件が満たされず契約が締結されない場合が生ずる．撤回権行使を無償とすると締結されるべき契約が締結されず，その分市場が縮小し社会厚生が阻害されるのである．さらに，式 (16) と式 (18) における右辺と左辺の差は，それぞれの場合において契約から生み出される期待余剰を $\frac{1}{q}$ 倍したものであった[34]．よって，式 (20) に示される $(1-q)\theta[v_L-(c-d_2)]$ の値は，撤回権の過剰行使を原因として領域 2 において発生する期待余剰の減少分を表すと解釈できる[35]．

つぎに，v_L が領域 3 $(c-d_1 \leq v_L)$ に位置する場合，社会合理的な契約締結条件は式 (19) に表された．式 (16) の左辺と式 (19) の左辺を比較すると以下のようになる．

34） 前掲注 30，32 参照．

35） 領域 2 における過剰行使は $t=2$ において発生する．$t=2$ において撤回権が行使されなければ，買主が商品を保持し，その価値は v_L となる．撤回権が過剰行使されると商品は返品され，その価値は $c-d_2$ となる．両者の差が余剰損失を表し，それは $t=2$ で撤回権が過剰行使される確率 $(1-q)\theta$ で発生することを $(1-q)\theta[v_L-(c-d_2)]$ は表す．Ben-Shahar and Posner (2011) p. 129 参照．

$$
\begin{aligned}
& c+\frac{1-q}{q}[(1-\theta)d_1+\theta d_2]-\frac{1}{q}[c-(1-q)v_L] \\
& \quad =\frac{1-q}{q}\{v_L-[(1-\theta)(c-d_1)+\theta(c-d_2)]\} \\
& \quad \geq \frac{1-q}{q}[\theta(c-d_1)-\theta(c-d_2)] \quad (\because c-d_1 \leq v_L) \\
& \quad =\frac{1-q}{q}\theta(d_2-d_1)>0
\end{aligned}
\tag{21}
$$

これは，式(19)に示される社会合理的な契約締結条件よりも，式(16)に示される無償撤回権のもとでの個人合理的な契約締結条件の範囲のほうが狭いことを表す．領域2の場合と同じく，領域3においても社会的に見ると契約が締結されるべきであるのに，個人合理性条件が満たされないために契約が締結されない場合が生じ，その分市場が縮小して社会厚生が阻害される．さらに，式(16)と式(19)における右辺と左辺の差はそれぞれの場合において契約から生み出される期待余剰を $\frac{1}{q}$ 倍したものであったから[36]，ここでも，式(21)に示される $(1-q)\{v_L-[(1-\theta)(c-d_1)+\theta(c-d_2)]\}$ の値は，撤回権の過剰行使を原因として領域3において発生する期待余剰の減少分を表すと解釈できる．

(3) 領域2と領域3における厚生損失の比較

以上のように，v_L が領域1に位置する場合には，無償撤回権のもとでも合理的な契約締結水準が達成されるが，領域2，3に位置する場合には，社会合理的な水準に比べ締結される契約が過少となり，また，契約が生み出す期待余剰が減少する．この場合，v_L が領域2に位置する場合よりも領域3に位置する場合のほうが乖離は大きくなり，締結条件の範囲がより縮減するために，社会厚生が阻害される度合いはより大きくなる[37]．このことは以下のように示される．

式(20)より，領域2の場合の社会合理的な契約締結条件と個人合理性条件の乖離の大きさは以下のとおりであった．

36）前掲注30，33参照．
37）Ben-Shahar and Posner（2011）p. 129以下参照．

$$\frac{1-q}{q}\theta[v_L-(c-d_2)] \tag{22}$$

他方，式 (21) より，領域 3 の場合の乖離の大きさは以下のとおりであった．

$$\frac{1-q}{q}\{v_L-[(1-\theta)(c-d_1)+\theta(c-d_2)]\} \tag{23}$$

式 (22) と式 (23) の両式で v_L の値が異なることに注意し，式 (22) の v_L を v^* $(c-d_2 \leq v^* < c-d_1)$，式 (23) の v_L を v^{**} $(c-d_1 \leq v^{**})$ とおいて，領域 3 における乖離を表す式 (23) から領域 2 における乖離を表す式 (22) を差し引くと，以下のようになり，v_L が領域 3 に位置する場合のほうが乖離が大きいことが判明する．

$$\begin{aligned}
&\frac{1-q}{q}\{v^{**}-[(1-\theta)(c-d_1)+\theta(c-d_2)]\}-\frac{1-q}{q}\theta[v^*-(c-d_2)] \\
&\geq \frac{1-q}{q}\theta(d_2-d_1)-\frac{1-q}{q}\theta[v^*-(c-d_2)] \quad (\because c-d_1 \leq v^{**}) \\
&= \frac{1-q}{q}\theta(c-d_1-v^*)>0 \quad (\because v^* < c-d_1)
\end{aligned}$$

無償撤回権を認めると，契約が成立することが社会的に望ましいにもかかわらず，不成立となる範囲が領域 3 の場合により広くなり市場が縮小する度合いがより大きくなること，領域 3 の場合のほうが契約から生み出される期待余剰がより大きく減少することがここに示されている．このように，領域 3 のほうが領域 2 よりも社会厚生の損失が大きくなるが，その理由は，撤回権行使を無償としたことによる過剰行使は，領域 2 においては $t=2$ についてのみ発生するところ，領域 3 においては $t=1,2$ いずれの場合にも発生するところにある．

4.4.3 価格転嫁と消費者の厚生損失

4.3 節に見たように，有償撤回権のもとでは撤回権行使により売主に発生する減価損失 d_t は撤回補償金 R_t により填補されるため，撤回権が行使されても売主の利得は契約締結の前後で無差別となる．よって，有償撤回権のもとでの売主の行動については撤回権行使に基づく減価損失を考える必要はなく，撤回権が行使されない場合の利得のみを考えればよい．その結果，売主にとって

の履行費用 c を代金 P が上回るならば $(c \leq P)$，売主は契約に合意する．つまり，領域1，2，3を問わず，有償撤回権のもとでは売主が契約締結に合意する最低価格は c となる[38]．

他方，無償撤回権のもとでも撤回権行使が社会合理的水準でなされるのであれば，減価損失を売主が一旦負担するか（無償撤回権），買主が負担するか（有償撤回権）は，社会厚生の点では無差別である．無償撤回権が厚生損失を惹起するのは，撤回権の過剰行使による減価損失を発生させるためである．売主は過剰に発生する減価損失を含めて価格に転嫁するために，社会合理的な撤回権行使がなされる場合に比べて最低価格が上昇し，これにより成立すべき契約が過少となり社会厚生が阻害される．無償撤回権の過剰行使を見越し売主がなす価格転嫁は，社会合理的に撤回権行使がなされる場合の最低合意価格 c に式 (16) の左辺第2項が加算されていることに現れる[39]．

また，無償撤回権が認められるならば，商品が低価値 (v_L) であることが判明した場合に，買主は撤回権を行使して損失を回避できるように一見思われるため，消費者保護の観点から無償撤回権が正当化されるとする見解もあるかもしれない．しかし，詳しく見ると，売主による価格転嫁が撤回権行使により回避したはずの損失を上回るため，買主の厚生は確実に悪化することが判明する．たとえば，領域3において，有償撤回権のもとでは買主は確率 $1-q$ で v_L の価値の商品を保持することになり，これにより買主がこうむる期待損失は式 (9) の右辺第2項に表されたとおり $(1-q)(v_L - P)$ (< 0) である．買主は無償撤回権を行使することでこの損失を回避できるように見える．しかし，式 (16) に表されるように，撤回権の過剰行使を見越した売主は減価損失を価格に転嫁し，その転嫁分 $\frac{1-q}{q}[(1-\theta)d_1 + \theta d_2]$ を買主は代金の支払いを通じて負担する．そこで，有償撤回権のもとで買主が支払う価格は価格転嫁前の価格であり，無償撤回権のもとで買主が支払う価格転嫁後の価格とは相違することに注意して，有償撤回権のもとでの価格を P^* $(= c)$，価格転嫁後の価格

38）有償撤回権のもとでは，売主にとり合意可能な最低価格が c となることについては，前掲注22も参照．

39）無償撤回権のもとで売主が価格転嫁をなすことは，式 (16) を導く前提となった売主の契約締結条件に有償撤回権のもとでの売主の最低合意価格である $P = c$ を代入してみると，売主の期待利潤が負となるために，売主は $P > c$ でなければ合意しないことからも簡便に確認できる．

を P^{**} $\left(= c + \frac{1-q}{q}[(1-\theta)d_1 + \theta d_2]\right)$ とおき，無償撤回権の行使により買主が免れる期待損失と価格転嫁分を比較すると，以下のように，買主は免れたはずの期待損失を上回る価格転嫁を負担する結果となる．

$$\begin{aligned}
&\frac{1-q}{q}[(1-\theta)d_1 + \theta d_2] - |(1-q)(v_L - P^*)| \\
&\quad = \frac{1-q}{q}[(1-\theta)d_1 + \theta d_2 + q(v_L - P^*)] \\
&\quad > \frac{1-q}{q}[(1-\theta)d_1 + \theta d_2 + q(v_L - P^{**})] \\
&\quad = \frac{1-q}{q}[q(1-\theta)d_1 + q\theta d_2 + q(v_L - c)] \\
&\quad = (1-q)[(1-\theta)d_1 + \theta d_2 + v_L - c\,] \\
&\quad = (1-q)[(1-\theta)(v_L - c + d_1) + \theta(v_L - c + d_2)] > 0 \quad (\because c - d_t < v_L)
\end{aligned}$$

これは無償撤回権行使によって買主は不利益を免れたように見えるところ，価格転嫁を通じてより大きな不利益をこうむっていることを意味する[40]．この点を捉えて，ベンシャハールとポズナーは，「撤回権行使により生ずるコストを相殺するために売主が価格を上昇させる結果，買主は無償撤回権により厚生が改善することはなく，むしろ厳密に悪化する．買主は事後的に商品価値が v_L であった場合に商品を保持することで負担せねばならないコスト以上に，無償撤回権が売主に課す期待減価に対する事前の支払額が多くなる．買主は商品が低価値であった場合に対する保険を強制的に購入させられるのであり，この『保険料』は『保険金』よりもコストがかかる．ここでは，再分配の効果のない死重損失が発生する」と指摘するのである[41]．

4.5　法的含意

前節まで，商品価値の不確実性という取引に広く見出すことのできる厚生阻害要因に対する制度的対応として有償撤回権を位置付けるベンシャハールとポ

40）領域 2 についても，売主による転嫁分から買主の期待損失，つまり，式 (7) の右辺第 2 項に $R_1 = -d_1$ を代入したものを引くと同様の結果が導かれる．

41）Ben-Shahar and Posner（2011）p. 129 参照．

ズナーの見解を検討した．対市場効果を比較すると，pacta sunt servanda 原則に基づき買主に商品の保持と代金支払を強制する場合に比べ，有償撤回権は社会厚生を改善する．他方，撤回権行使を無償とすると過剰行使が発生し，これにより増大した費用が価格に転嫁されるため，買主は撤回権行使により免れたように見えた損失以上の不利益をこうむり，また一部の買主が市場から退出することから死重損失が発生することが判明した．

この際，再交渉はなされないとの仮定が置かれていたが，商品価値の不確実性に由来する履行の非効率性という問題は，救済法を適切にデザインするならば再交渉により解決されることは効率的契約違反論の教えるところである[42]．再交渉を考えると，有償撤回権に関する法規定が設けられていなかったとしても，引渡し後履行価値が v_L であることが判明すると，合理的な買主であれば減価分と等しい金額をサイド・ペイメントとして支払い，撤回権を購入したい旨申し込み（合意解除の申し込み）をなすと考えられる．売主も減価分相当の代金を受け取ると損失が 0 となるため，申し込みを承諾することが合理的である．よって，有償撤回権を任意規定として設けるならば，合理的当事者の再交渉に基づく合意を先取りすることができる．このように，有償撤回権を法定すると再交渉にともなう取引費用を削減することができ，撤回権規定はいわゆるマジョリタリアン・デフォルトルール（majoritarian default rule）として機能する[43]．

また，契約締結時点において買主が商品価値を確定できないことに起因する厚生阻害に対する制度的対応としては，売主の契約不適合責任（民法 562 条以下．平成 29 年民法改正前は 570 条の瑕疵担保責任）も考えられる．契約不適合責任は，引渡し後一定期間の使用を買主に保障し，引渡し後に発見された商品の契約不適合性に対する救済を買主に与えることで，契約締結時に商品価値が

42）効率的契約違反論については，初期の研究（法学においては「契約を破る自由」論として知られている）と，不完備契約論と結びついた以後の研究があり，いずれについても多くの研究がある．不完備契約論以降の効率的契約違反論については，経済学者の手になるものとして，細江・太田編（2001），柳川（2006），経済学者と法学者の共同作業として，内野・山本（2010）を掲げておく．また，以下では，効率的契約違反論が教えるとおり，損害賠償を原則的救済方法と考え，買主に対する受領強制・支払い強制は二次的なものと仮定する．

43）マジョリタリアン・デフォルトルールも含め，法と経済学の知見に基づく任意規定論については，松田（2013）参照．

確定できないことに起因する厚生阻害に対処しようとする制度であると理解でき，消費者撤回権と類似した機能を果たす[44)]．もっとも，売主の契約不適合責任は引き渡された商品に契約不適合性が存することを要件としており，無理由で行使が認められる消費者撤回権に比べ適用範囲が限定される[45)]．

さらに，本章で紹介・検討した消費者撤回権モデルは，商品価値に不確実性があると仮定し，撤回による商品価値減価を考慮してもなお履行価値が履行費用を下回る $(v < c - d_t)$ ことが判明した場合には，履行の効率性の観点から買主に有償撤回権行使を認めることが正当化されるとするものであり，買主による効率的契約違反のモデルと見ることができる[46)]．また，撤回権行使にあたり買主が負担する撤回補償金は，契約締結前の利益状態に売主を戻すものであり，効率的契約違反論にいう「信頼利益賠償（reliance damages)」に等しい．売主による効率的契約違反は履行費用に不確実性の仮定を置き，履行費用が履行価値を上回ることによる厚生阻害に対処するものであるのに対して，消費者撤回権は履行価値に不確実性の仮定を置き，履行価値が履行費用を下回ることによる厚生阻害に対処するものであって，売主の効率的契約違反モデルと有償撤回権モデルはパラレルである．

そして，消費者撤回権が買主による効率的契約違反の問題であることを理解するならば，消費者撤回権は成立した契約の効力を解消するにあたっての民法上の諸原則からこれを説明することは困難であり，消費者法という特別法領域に例外的に妥当するルールにすぎないというこれまでの民法学・消費者法学の理解は再考を迫られる．消費者撤回権は消費者保護法特有のルールであるどこ

44）消費者撤回権とワランティー責任の関係については，Ben-Shahar and Posner（2011）p. 142 参照．また，契約不適合責任（瑕疵担保責任）が，リスク・シェアリング機能，シグナリング機能，ダブル・モラルハザードに対するインセンティブ付与機能という 3 つの機能を果たすことについては，山本（2013）参照．

45）不確実性という厚生阻害要因に対して契約法は売主の契約不適合責任以外にもさまざまな制度的対応を用意しており，手付け（民法 557 条）や損害賠償額の予定（民法 420 条）はその一例である．さらに，民法 415 条の債務不履行責任も，救済方法を適切にデザイン・解釈するならば，不確実性に対する制度的対応として有効に機能することは効率的契約違反論が明らかにしたところである．

46）Ben-Shahar and Posner（2011）pp. 118, 122 参照．ただし，本章で取り上げたベンシャハールとポズナーのモデルは，信頼投資の効率性を扱わないなど，理論モデルとしては不完備契約論と結びつくより前のモデルに属する．

ろか，効率的契約違反論という民法の一般的契約責任論の枠組みにおいて正当化されるルールだからである[47]．消費者撤回権の正当化根拠は，従来論じられてきた消費者の意思の弱さや広義の意思の瑕疵に限定されるものではなく，契約締結時に存する「不確実性」という取引に広く見られる厚生阻害要因への制度的対応に求められるのである．

このように，有償撤回権は契約責任論の一般的な枠組みのなかで正当化されるルールと考えられ，社会厚生の改善という目的に照らし，消費者契約法に任意規定としての消費者撤回権を設けることは検討に値する．反面，消費者契約法を超えて，より広く契約法の一般的ルールとして民法に消費者撤回権を規定することの可否については，現段階では謙抑的であることが望ましい．ベンシャハールとポズナーも述べるように，企業間取引において，サプライヤーから継続的に商品を購入する買い手企業にとって取引目的物は探索財（search goods）に分類されると考えられ，商品価値を確定するために期間を限定して引渡後の使用を保障する撤回権が必要であるとは考えられない．また，M&Aを例にとっても，買収した企業の価値を確定するためには長期間を要し，企業価値が低価値であったことが判明したとしても，撤回権行使による「企業の返品」は売り手企業に莫大な損害を与える．さらに，企業買収において無理由撤回権行使を認めるならば，トレード・シークレットを獲得するための手段として撤回権が濫用されかねないとの危惧もある．よって，この場合にはMAC（Material Adverse Change）条項を典型とする相応の対応策に委ねるべきとされるのである[48]．

4.6　おわりに

本章の検討から民法学・消費者法学が得ることのできる主な結論は，以下の3点である．第1に，不確実性という取引に広く存在する厚生阻害要因に対し

47）Ben-Shahar and Posner（2011）p. 145 が，「われわれが撤回権を支持するのは，商取引の一般的性質に基づいており，消費者保護という伝統的観念に基づいているのではない」とするのはこの趣旨である．

48）Ben-Shahar and Posner（2011）p. 145 以下参照．

て，有償撤回権は pacta sunt servanda 原則を強調して買主を契約に拘束する場合に比べ社会厚生を改善する．また，撤回権を無償とすると，過剰行使により増加する費用が価格に転嫁され，その結果，買主は撤回権行使により免れたと考えた不利益以上の損失をこうむり，さらに，一部の買主が市場から退出するという非効率が惹起される．このように，有償撤回権は効率性の観点から pacta sunt servanda 原則に優り，また，無償撤回権にも優る．

第2に，有償撤回権を消費者契約法に任意規定として法定するならば，取引費用の削減を通じて社会厚生を改善することができる．それはまた，撤回権に対して異なった選好をもつ消費者に対し，それぞれの選好に合致した契約を提供することも可能にする．他方，撤回権を強行規定とすると，ディスカウント市場の成立が阻害され非効率が惹起される．これはまた，撤回権を不要とする買主に撤回権を前提とした価格を課し，撤回権を不要とする買主から撤回権を必要とする買主への内部補助を強制することになるため，公平性の観点からも疑義ある結果を引き起こす．

第3に，不確実性という取引に広く見出される厚生阻害要因に対する制度的対応をもって正当化根拠とすることは，消費者撤回権を広く契約法一般に妥当するルールとして理解する途を開く．このことは民法総則の意思表示規定の不十分さを補うルールとして消費者撤回権を捉える従来の立場に縛られず，債権総論に規定される契約責任論の枠組み，契約法総論の枠組みにおいて撤回権を捉える立場へと展開することを促す．

もっとも，消費者撤回権の正当化根拠を考えるにあたっては，本章で取り上げることのできなかったものもある．それらを検討するためには，たとえば，不完備契約論や情報の非対称性論の知見を用いることが考えられる．また，近時の法と経済学研究においては，実験経済学に基づき公正感（フェアネス）という要因に着眼して消費者撤回権を正当化するものも現れている．さらに，わが国消費者法制に設けられている撤回権は，通信販売における返品ルールを除いて片面的強行規定であり，その点をどのように評価するかという問題も残る．これらの検討は別稿に委ねたい．

◆参考文献

Ben-Shahar, O. and E. Posner (2011), “The Right to Withdraw in Contract Law”, *The Journal of Legal Studies*, 40 (1), pp. 115-148.

Calabresi, G. and D. Melamed (1972), “Property Rules, Liability Rules, and Inalienability: One View of the Cathedral”, *Harvard Law Review*, 85 (6), pp. 1089-1128. (松浦以津子訳「所有権法ルール，損害賠償法ルール，不可譲な権原ルール：大聖堂の一考察」『不法行為法の新世界〈「法と経済学」叢書 II〉』木鐸社，1994 年，pp.111-172)

細江守紀・太田勝造編 (2001),『法の経済分析—契約，企業，政策』勁草書房.

松田貴文 (2013),「契約法における任意法規の構造：厚生基底的任意法規の構想に向けた一試論」『神戸法学雑誌』63 巻 1 号，pp.171-288.

日本消費者法学会 (2012),「特集・消費者撤回権をめぐる法と政策」『現代消費者法』第 16 号，民事法研究会.

日本消費者法学会編 (2013),「第 5 回大会シンポジウム：消費者撤回権をめぐる法と政策」『消費者法』第 5 号.

内野耕太郎・山本顯治 (2010),「契約の経済学と契約責任論（上）（下）」『NBL』942 号，pp.11-21，943 号，pp.28-35.

山本顯治 (2013),「市場法としての契約法と瑕疵担保責任」『神戸法学雑誌』63 巻 1 号，pp.1-69.

柳川範之 (2006),『法と企業行動の経済分析』日本経済新聞社.

第5章　チケット不正転売禁止法の経済分析

座主祥伸

5.1　はじめに

チケット不正転売禁止法（以下，禁止法）が2019年6月に施行された．この法律によって，コンサート等の興行チケットの「不正転売」が禁止された．ここで不正転売とは，繰り返して定価（当初の販売価格）より高く転売する行為を指している．禁止法に違反した場合の罰則として，1年以下の懲役，1000万円以下の罰金，またはその両方課せられる可能性がある．コンサート会場近くでチケットの売り買いを行ういわゆるダフ屋行為は以前から条例によって規制されていたが，2010年代以降のスマートフォンの普及により多くの人がインターネット空間でのチケットの転売が容易になった．インターネット空間は条例での規制が働かないため，禁止法によって転売行為が幅広く規制させることになった．法律施行後，2019年10月には，人気アイドルグループのコンサート・チケットを高額で転売したとして，禁止法が初適用され札幌市の女性は書類送検された[1)]．禁止法の対象はコンサートに限らないが，以下ではコンサートを主に例として扱う．

人気のある興行チケットは，購入したい人が多くいる．そのため抽選での販売になることが多く，なかなか手に入りにくい．抽選・販売後，オークショ

1)　たとえば，日本経済新聞（2019b）の記事を参照せよ．

ン・サイトやSNS等で定価を超える高額で転売されている状況を目にすると，抽選に漏れたファンとしては納得できないのも当然である．上記の禁止法適用例で溜飲が下がる思いをしたファンもいよう．たしかに高額な転売によって主催者でもない第三者が利益を得ることに不満や不公平感を感じる人もいるだろうが，転売行為自体はだれかに強制されたものではなく売り手と買い手双方による自発的な取引である．加えて，第三者に負の外部性を発生させるような取引でもない[2)]．このような自発的な取引は，いたって自然な経済行為である．本章では，転売行為と禁止法に関わる問題を初級ミクロ経済学レベルの道具を用い考察する．

本章では，標準的なミクロ経済学の考え方を使い，転売が生じるメカニズムについて考察し，転売行為とコースの定理について言及する．とくに，現代的な環境（SNSや転売サイトの存在）を前提とすると，禁止法以前では，コースの定理が成立している状況だった可能性が高い．加えて，禁止法の分析として，罰則が転売による供給側には影響を与えず需要側に負担が転嫁される可能性についても考察する．禁止法の施行後，消費者の利便性が改悪しているとともに，消費者余剰が減少している可能性は高い．転売を防止するという考え方は，消費者の余剰を高めることにはつながらず，健全な転売市場をつくることが詐欺的行為の防止に貢献し，消費者余剰を大きく改善する．

邦文での転売に関する経済学的考察の代表的なものとして，大竹（2017）や小川・家森（2016）などがある．小川・家森（2016）は，本章と同じく初級レベルのミクロ経済学を用い，なぜ転売が生じるのか，転売の望ましさについて標準的なミクロ経済学の応用として転売行為について考察している．大竹（2017）は，行動経済学の知見を用いて，主催者がなぜ低い販売価格を設定しているのか等を考察したうえで，主催者の価格設定方法についての提案を行っている．

本章の構成は以下のとおりである．次節では転売が生じるメカニズムについて，5.3節では転売の経済学的な評価について，5.4節では「不正転売」を防

2）　転売業者の参加によってファンの抽選確率は下がるという事前でのデメリットは存在する．ただし，熱心なファンであれば後述の考察のように事後的には転売によって購入することは可能である．

止する方策について考察する．5.5 節では健全な転売市場について議論し，5.6 節においてまとめを簡潔に行う．

5.2 転売が生じるメカニズム

本節では，チケット不正転売禁止法が施行される以前の環境においてなぜ転売が発生するのかについて，初級レベルのミクロ経済学を用いて考察する．まず，転売が生じるメカニズムを理解する前に，人気のあるコンサートのチケットがなぜ抽選で販売されるかについて確認しよう．チケットの販売量（市場における供給量）は $\bar{q}$ であるとする．一方，チケットを購入したいと考えているファン（消費者）は図 5-1 のように 3 つのグループ（A, B, C）が存在し，それぞれのグループが購入したいと考えているチケット枚数（グループ個別の需要量）は $\bar{q}$ であるとする．以下では，それぞれのグループの名称を単純に A さん，B さん，C さんと呼ぶことにする．消費者の購入したいチケット枚数の合計（市場全体での需要量）は $3\bar{q}$ である一方，市場全体で出回るチケットの枚数は $\bar{q}$ であるため，購入したくてもできない人が存在する（超過需要が発生している）．価格が伸縮的（価格が上昇したり下降したりするの）であれば，一時的に超過需要が発生していても価格が上昇することで超過需要はなくなる．これは，通常のミクロ経済学の価格メカニズムの議論である．少なくとも日本のコンサート・チケットの販売慣習では，超過需要が発生していても販売価格を上昇させることはなく，多くの場合，抽選を行い当選した人のみが購入できる仕組みになっている．つまり，チケット販売に際して抽選が行われる原因は，販売価格が低すぎるため超過需要が発生し，販売価格が硬直的なため（変化しないため）である．超過需要があるために，抽選によってチケットの割り当てが行われている[3]．

つぎに転売とはそもそもどのような行為であるかを見ていこう．読者はある非常に人気のあるアーティストを想像してみよう．そのアーティストのライブ・コンサートの興行チケットを販売業者（主催者）はある販売価格（定価）

3) 価格メカニズムがうまく働かず超過需要が発生し，諸々の問題が生じる例として福井（2007）は金利の上限規制とヤミ金融について考察している．

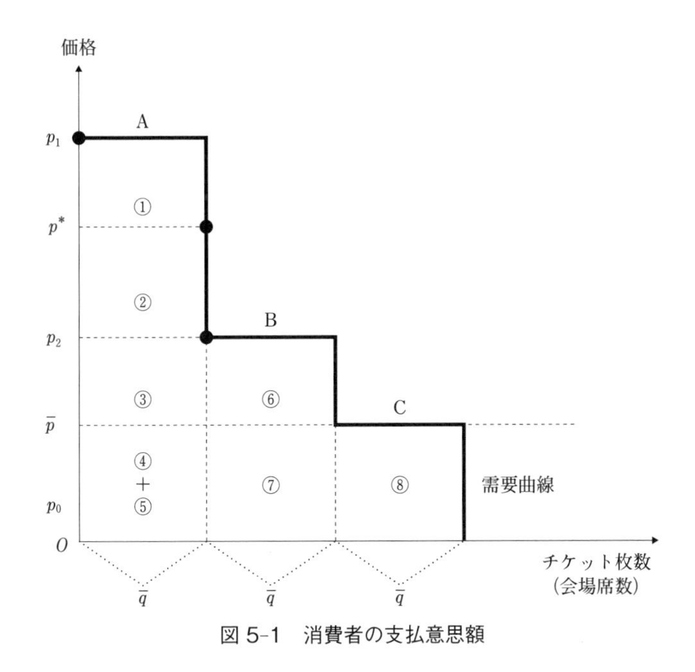

図 5-1　消費者の支払意思額

で売り出したとしよう．応募者が多数のため，（現実によくあるように）チケットは抽選で当選した人のみが購入可能である．抽選にはずれた場合，どうしてもコンサートに行きたい消費者は，オークション・サイトやフリーマーケット・サイト，SNS 等を利用してなんとかチケットを入手しようとするだろう．一方，運よく抽選に当たったファンのなかには，その後都合が悪くなったために転売する人や，当初はコンサートに行くつもりだったが転売サイト等でチケットが予想以上に高額で取引されていることを知り転売しようとする人もいるだろう．ファンでなくてもその後の高額転売を狙って抽選に申し込み，チケットを得る業者もいる．このように転売する人や業者の存在によってチケットを得る消費者もいる一方，主催者との関係では消費者だが，最終的にチケットを得る消費者との関係では供給者である者（転売業者や個人で転売を行う人）もいる．

このように転売する人や業者から高額でも買いたい消費者（ファン）と，当初はコンサートに行くつもりでチケットを購入したがその後高額なら売ってもよいと考える人の取引を理解するために，図 5-1 を用いよう．図 5-1 では，あるコンサートのチケット枚数 $\bar{q}$ に対する3人（Aさん，Bさん，Cさん）の支払意思額（willingness to pay，支払うことが可能な最大額）が表されている．この支払意思額は，本人が当該コンサートに行くために支払ってもよいと考える最大の金額であり，言い換えれば，このコンサートから得られるその人の便益である．支払意思額の大きさは，本人の行きたいと思う希望の強さや本人の予算等に影響される．たとえば，Aさんの支払意思額は①＋②＋③＋④＋⑤である．このなかでもっとも支払意思額が大きいのはAさんであり，言い換えれば，もっともコンサートに行きたいと強く望むのはAさんである．Aさんがもっとも熱心なファンであると解釈できる．ここで，もし販売価格が $\bar{p}$ であり，抽選の結果Bさんはチケットに当選したが，Aさんは落選したとしよう．Bさんがコンサートに行った場合の支払意思額は⑥＋⑦であり，これはCさんより大きいがAさんより小さい．Bさんはもともと自分でコンサートに行こうを思いチケットを購入したわけだが，自分よりコンサートに対して高い評価をしているAさんの存在を知ると，Aさんに売る（売ってもよいと思う）インセンティブが生まれる．Aさんにとって，たとえ販売価格 $\bar{p}$ より高い価格であっても自分が支払うことができる最大額 p_1 より低い価格であれば購入するつもりがある．このようなAさんとBさんが出会うこと（コミュニケーションをとること）ができれば，適当な交渉が行われる．その結果，たとえば価格 p^* でチケットの売買取引がなされるとしよう．この取引から得られる消費者余剰として，Aさんは①を得，Bさんは②＋③に該当する部分を得る．消費者余剰は，取引から得られる消費者にとっての「利益」と解釈することができる．すなわち，チケットの転売によって，AさんもBさんも取引の利益を得ている．当初コンサートに行くつもりだったBさんにとって，より高くコンサートを評価している（支払意思額が高い）Aさんが存在している場合，転売のインセンティブが存在することがわかる．コンサートに対して最も高い評価をしているAさんが最初の抽選に当選しない限り，このような消費者（ファン）の間での転売は生じる．別の見方をすると，抽選によってだれが最初にチケットを得ようと，転売をつうじて最終的にチケットを得るのはもっとも高く評価をしている人（もっとも支払意思額が高い人）となる．

これは，よく知られている「コースの定理」のメッセージそのものである．

コースの定理とは，取引費用が十分小さければ，関係当事者の交渉よって結果は効率的になるというものである．法と経済学のテキストだけではなくミクロ経済学・公共経済学・環境経済学のテキストでもでてくる重要な内容である[4]．取引費用とは取引に関する諸々の費用であるが，ここの例では，AさんとBさんが容易に交渉をし取引ができる環境であれば取引費用は十分に小さいといえる．コースの定理の記述に関して多くの教科書では，外部性が存在する場合を想定しており，外部性が存在する場合であっても当事者間の交渉が行われる結果，効率性が達成させることを議論している．ここでは，外部性は存在しないが価格設定に問題があるため，転売等の個人間の取引がない場合には非効率性が発生する．理想的な状況と比べて消費者余剰は小さくなるのである．さきの例で見たように，たとえ相対的に高く評価をしていないファンのBさん（やCさん）がチケットに当選し購入したとしても，もっとも高い評価をしているAさんが存在する場合，Bさん（やCさん）からAさんへ当事者が合意する価格でチケットが売り渡されることによって，効率的な結果が達成されているのである．この例では，転売はファンの間でのみ行われたが，ファンではない人（支払意思額がゼロの人）が最初にチケットを得てもやはり最終的にチケットを得るのはAさんである．このファンでもない人は，いわゆる「ダフ屋」や転売業者である．このように考えると，「ダフ屋行為」はコースの定理を実現するための経済行為であるともいえる．

消費者間であれ消費者と転売業者の間であれ転売が生じる原因は，超過需要が発生し抽選をしなければいけない程度に価格が低いことであることがわかる．転売行為が生まれる余地をつくっているは，チケット販売業者（主催者）ということになる．

5.3　転売の経済学的な評価

前節では，お互いに交渉が可能な場合（取引費用が十分に低い場合），もっとも高く評価をした人（Aさん）がチケットを得ることをみた．本節では，

---

4)　コースの定理に関して，本書の説明や，ミクロ経済学や公共経済学のテキストに加えて宍戸・常木（2004）やWittman（2006）の説明がわかりやすい．

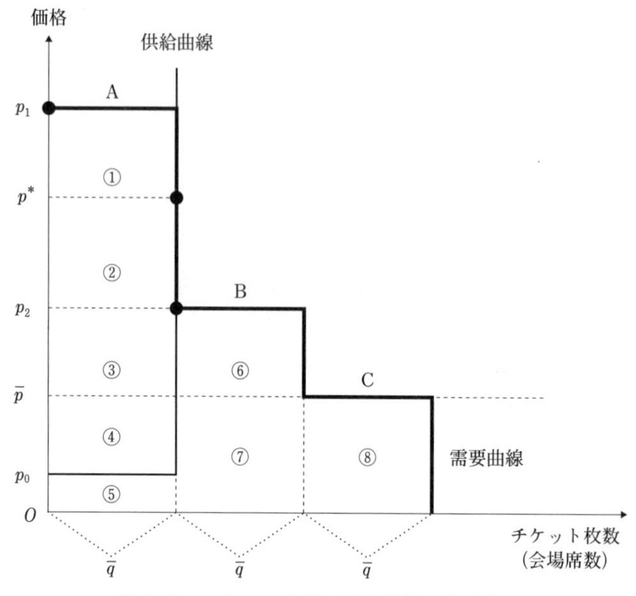

図 5-2　チケット市場の需要曲線と供給曲線

転売行為の経済学的な評価を行う．具体的には図 5-2 を用いて転売行為は余剰の観点からは望ましいこと（転売によって，総余剰が改善すること）を確認する．実は，図 5-1 における支払意思額（便益）をまとめたものを需要曲線とみなすことができる．図 5-2 では，この図 5-1 の需要曲線に加えて供給曲線が描かれている．コンサート・チケットは会場の制約があるため，供給量には上限 $\bar{q}$ があり，そのため供給曲線は垂直な部分が存在している．前節と同様に，チケット販売業者は価格を $\bar{p}$ で設定したとする．価格 $\bar{p}$ であるため，供給量は $\bar{q}$ であるが，市場における需要量は $3\bar{q}$ であるので超過需要が発生している[5]．

生産者余剰は「収入 − 可変費用」で計算することができるため，この例では図 5-2 において④＋⑤（または⑦や⑧）が生産者余剰の大きさに相当する[6]．販売価格が $\bar{p}$ である限り，消費者のだれがコンサートに行こうと生産者

5)　C さんにとってはチケットを購入することとしないことは無差別であるが，購入するものとする．C さんが購入しないとしても以下の本質的な分析に違いはない．

6)　生産者余剰・消費者余剰の考え方や求め方については，八田（2013）が参考になる．

余剰は変化しない．他方，消費者余剰は，「支払意思額（便益）− 支払額」で計算することができる．（合計での）消費者余剰の大きさは，最終的にだれがチケットを得てコンサートに行くかに依存する．C さんがコンサートに行った場合の消費者余剰はゼロであり，B さんがコンサートに行った場合は⑥であり，A さんが行った場合は①＋②＋③が市場全体での消費者余剰として実現する．生産者余剰と消費者余剰の合計が総余剰として定義される．このチケット市場において総余剰の大きさが最大になるのは A さんがコンサートに行った場合であり，C さんがコンサートに行った場合は総余剰が最小になる．言い換えれば，もし C さんがコンサートに行った場合は，①＋②＋③の死重の損失（デッド・ウェイト・ロス）が発生する．死重の損失は，効率的な市場取引と比べたときの無駄や取引当事者の損失だと解釈できる．

転売がまったくない場合には，消費者余剰は最初にだれがチケットを得たかによって最終的にコンサートに行く人も決まる．そのため，最初の抽選でだれがチケットを得るかによって総余剰の大きさは影響される．コースの定理の用語を使うと，取引費用が十分に小さく転売が可能な環境下では，前節の考察より最初に C さんがチケットを得たとしても最終的にチケットを得るのは A さんとなる．C さんがチケットを $\bar{p}$ で得たときの消費者余剰はゼロであるが，p_2 で転売すれば C さんの消費者余剰は③となり，A さんの消費者余剰は①＋②である．よって，消費者余剰の合計は①＋②＋③となる．同様のことは，B さんが最初にチケット購入した場合でも当てはまる[7]．支払意思額がゼロである（まったくファンではない）転売業者が最初にチケットを得た場合も p_2 で売却すると，A さんの消費者余剰は①＋②である．転売業者の余剰も消費者余剰とみなすならば，消費者余剰の合計はやはり①＋②＋③である．以上より，転売がないときと比べると，転売があることで総余剰は改善されることがわかる．すなわち，いわゆる「ダフ屋」行為は，効率性を改善している．

たとえ評価の低い人がチケットを得たとしてもお互いの合意によって評価の高い人にチケットが渡る行為である転売は，取引相手同士による容易なコミュニケーションが必要となる．容易に取引相手を見つけることができる，より条

7）ただし，この場合，B さんにとってコンサートに行くときの余剰と転売したときの余剰は同じゼロである．

件の良い相手を見つけることができる，ということは，取引費用が十分に小さいことを表している．オークション・サイトやSNS，スマートフォン上のフリマ・アプリの存在によって，売り手にとっても買い手にとっても容易にチケットの取引相手を見つけることが可能になっている．過去と比べて現代の環境は取引費用が非常に低い環境である．すなわち，現代は，禁止法施行以前においては，コースの定理が成立しやすく，効率的な結果が生まれやすい環境であったといえよう．禁止法の施行によって，当初販売後の消費者間や転売業者と消費者の間でのチケットの取引が難しくなった．

5.4 「不正転売」を防止する方策

前節では，禁止法の施行が取引費用を大きくさせ，転売を難しくさせていることを確認した.「不正転売」を防止するための禁止法・公式サイトでの定価による転売等が行われている．本節では，これら不正転売を防ぐための方策について考察する．まず，禁止法違反者に対して罰則を課すことができたとしても転売を防ぐことは難しいことを見る．つぎに,「定価」での転売は，不正転売を助長する可能性があることを見ていく．

5.4.1 罰則の抑止効果

禁止法の施行により「不正転売」への罰則として，支払意思額ゼロの転売業者Dに対して罰金や懲役が課せられる可能性に関して考えてみよう．Dにとって，罰金はお金を払わなければならない．懲役は収監されている間は働いて収入を得ることができないので機会費用が発生する．罰金にしても懲役にしても違反者にとっては費用である．警察の資源には限りがあるため不正転売を行ったとしても必ず捕まるとは限らない．不正転売を行う者がリスク中立的であれば，罰則の費用は期待値で計算される．たとえば，罰金が500万円という高額であったとしても，逮捕確率が1% であれば期待値で計算した罰金は5万円である．この罰則の費用を上回る余剰を得ることが可能である限り，たとえ法律で規制されていたとしても転売行為を行うインセンティブは依然として残る．加えて，図のAさんのように（どうしてもコンサートに行きたい）支払意思額が高い消費者が存在する場合，転売業者は不正転売による罰則費用をAさんに価格を通じて容易に転嫁することが可能である．このことをさきの図5-2を用いて確認しよう．禁止法施行以前において，転売業者DはAさんに対してp_2で売却することで③の余剰を得ていた．禁止法施行後に罰則の期待値として②に相当する費用の負担をすることになったとしよう．Dは転売価格をp_2からp^*に上げることで，依然としてDは③の余剰を得ることが可能である．これは罰則の効果が転売業者Dにはまったく働かないことを意味する．この例では罰則費用をすべて消費者Aに転嫁したが，一般的には転売価格を変更することで不正転売による罰則費用の少なくとも一部を消費者に転嫁することが可能である．罰則費用の一部でも転嫁されれば，罰則の抑止効果は小さくなるため，禁止法の罰則の効果は限定的となる．この例の消費者Aのように支払意思額が非常に高い消費者（熱心なファン）が存在する限り，罰則による転売抑止の効果はほとんどないといえる．

5.4.2　公式の転売サイトの効果

主催者によって当初の販売価格（定価）を超える高額な転売は禁止されている場合が多いが，定価での転売は興行主が認める公式のサイトを通じてであれば禁止法のもとでも売却や購入が可能である．当初はコンサートに行くつもりでチケットを購入したが，コンサート当日に別の大事な用事が入った，病気になった等で行くことができなくなったファンは，自分で転売相手を探すというより，このようなサイトを利用することがチケット販売業者からは推奨されている．公式サイトを通じての定価での売買は，消費者にとっては安心して安く購入でき，一見すると利便性が高いように思われる．

公式サイトでの定価での転売を考察するために，さきの図5-2の例を用いてみよう．まず運良く当初の販売でAさんは定価$\bar{p}$でチケットを購入したが，仕事等の予期せぬ理由からコンサートには行くことができなくなり，公式サイトで定価で販売したとする．この状況において，コンサートに行くことで正の余剰を得るのはBさんだけであるが，Cさんもチケットを購入するインセンティブをもつ．なぜなら，CさんはBさんに対して定価$\bar{p}$より高い価格で転売することで余剰を得ることができるためである．定価での再販売は，依然として超過需要を発生させ,「不正転売」のインセンティブを生まれさせる. 加えて, A さんにするとたとえば, 価格 p^* で直接 B さんに売ったほうが余剰は大きくなり, 公式サイトを利用するインセンティブは低い. 利便性は高そうであるが, 結局, 売り手からすると公式サイトを経由せずに直接にファンに売る（不正転売）のインセンティブが生まれる. これは, 当初の販売価格（定価）が超過需要が発生する程度に低い場合, 転売のインセンティブは必ず生まれるというもともとの問題点に帰着する. 定価での販売は, 需要に比べて価格が低い場合には「不正転売」を助長する一方, 需要に比べ価格が高い場合（人気があまりないコンサートを想像せよ）には売れ残る可能性もでてくる. いずれの場合でも定価に固執し, 価格に柔軟性や伸縮性に欠けた場合には, 超過需要や超過供給にうまく対応できない.

この考察を応用すると, 実は競争価格であっても（いまの例のように供給量に上限がある場合に）転売を防ぐことは難しいことを確認できる. 当初の販売価格が競争均衡価格（需要量と供給量が一致する価格）に対応する p^* であったとしよう. この価格のもとでコンサートに行って消費者余剰を得ることができるのは A さんのみである. しかし, A さん以外も当初の販売に申し込む可能性は存在する. 価格 p^* より高い価格で A さんに転売することができれば, 余剰を得ることができる. 自分でコンサートに行っても余剰が生まれないような B さん・C さん・転売業者 D も転売目的のため当初の販売に申し込むインセンティブが存在する. すなわち, 転売のインセンティブは存在する. この理由は, 市場での供給量に上限があるためである. 供給量に上限がなければ, 消費者が当初の販売価格より高い転売価格が提示された場合には, 転売業者からではなくもともとの生産者から購入すればよい. したがって, 供給量に上限がない市場では（少なくとも当初の販売価格より高い価格での）転売は生じない. ただし, 供給量に上限あるようなさきの例において, 価格が $\bar{p}$ のときより p^* での当初販売では, 転売による「うまみ」は小さくなるため, 当初の販売価格（定価）が高い場合には転売のインセンティブは小さくなるといえる. 以上より, 供給量に上限がある市場では, 価格が市場での支払意思額が最も高い p_1 でない限り, 転売のインセンティブは存在するといえる. ここでの議論は, 供給量に上限があるコンサート・チケットや限定のスニーカーなどが典型的に高額で転売されていることと整合的である．

5.4.3　厳格な本人確認

不正転売を防止する方法として，一部の主催者は，チケットを購入した本人ではない第三者の入場を拒むため（転売業者から得たチケットでの入場を認めないため）に購入した本人と実際にコンサートに来る人が同一人物であるかの本人確認を行っている．チケットに印字されている名前と身分証，顔写真が一致していない場合は，たとえチケットをもっていても入場できない場合もある．このように本人確認を徹底させることで，転売で得たチケットでは入場できない可能性があり，消費者の立場からは転売の利用をためらうことにつながる．本人確認の徹底によって，消費者の転売利用は少なくなり，転売抑止としては一定の効果がありそうである．しかし，コンサート運営業者が厳格に本人確認を行うことは，人海戦術による確認であれ顔認証システムによる確認であれ，追加で多額の費用を要することになる．費用の増加は，直接的には生産者余剰を減少させるが，価格の上昇を通じて間接的には消費者余剰も減少させる．加えて，いままでどおり単にチケットの確認でも入場には時間がかかるのが，本人確認の徹底によって入場や手続きに一層時間がかかることになることで，消費者にも追加負担がかかる．さきの議論から，転売によってもっとも支払意思額の高い消費者（もっともコンサートに行きたいと思っているファン）がチケットを得る可能性の高いことを考慮すると，主催者によって転売で得たチケットでの入場をできなくすることは，そのようなファンがコンサートに行くことができない可能性が高まることを意味している．実際に，2019年日本で開催されたラグビー・ワールドカップのときに，チケットが「不正」だ（正規の販売ルートを経ていない）として転売によってチケットを得た多くの人が会場に入ることができなかった[8)]．このような本人確認の徹底は，消費者に転売利用をためらわせることにはつながるが，消費者の利便性向上にはほとんどならない．

8）日本経済新聞（2019a）によると，ニュージーランドと南アフリカの試合において，約200名が正当に譲渡されたチケットとは認められず入場ができなかった．

5.5　本当の不正防止のためには柔軟な価格設定を

ここまで議論から，「定価」を超える高額転売が問題ではないことがわかった．加えて，熱心なファン（高い支払意思額をもつ消費者）が存在する限り，たとえ法による罰則が存在しても転売のインセンティブは売り手・買い手ともになくなることはない．本人確認が完全に徹底されれば，たしかに熱心なファンは転売業者からチケットを購入しなくなるかもしれない．しかし，そのようなファンをコンサートに来させないことがアーティストやコンサート主催者の望むこととは思えない．転売行為自体は，それを望む買い手と売り手の自然な経済行為であり，実際，そのような取引は双方の取引の利益（余剰）を増大させる．定価より高い価格での取引は問題ではない．

一方で，個人的な取引や業者・転売サイトを通じて購入したことで，チケットが偽物だった，チケットを受け取ることができず現金をだましとられた，などはチケット転売に関する本当の不正問題であり，犯罪行為である．この真に不正な取引は，事後的には消費者が被害を受け，事前には他の取引（まっとうに転売を行いたい売り手と買い手による取引）が阻害される意味においてきわめて問題がある．このような犯罪行為への対策には，そのような行為への罰則を徹底するとともに，転売をシステマティックに運用する必要がある．具体的には，公式サイトでチケットの転売を行うか，あるいは主催者が信頼できるサイトでの転売を認める，等である．その際，価格設定を「定価」にとらわれることなく柔軟に設定できることが重要である．柔軟な価格設定の方式として，オークションやユニバーサル・スタジオ・ジャパン（USJ，大阪市）が取り入れているような需要に応じて価格を変更するダイナミック・プライシングなどが参考になる[9)]．このような健全な転売市場を整備することによって，チケットに関連する詐欺等の犯罪行為の防止につながる．当初購入したが都合が悪くなり行くことができなくなったファンは，適切な値段が売却することができ

9)　日本経済新聞（2018）では，USJ の入場チケットや J リーグ・名古屋グランパスの試合の一部座席にダイナミック・プライシングを導入し，収益の増加や転売の防止に役立っていることが報告されている．

ることで満足し，抽選に外れたがそれでも行きたいファンは少々高くても購入し，安心してコンサートに行くことができる．健全な転売市場は，多くの関係当事者に利便性をもたらすだろう．

現在の日本では，世間一般において定価を超える高額な転売は望ましくないという考え方が多数であるように思われる．「正規のルート」以外からの入場は認めないことからも多くのコンサートの主催者側も転売を容認していないように見える．いままでの議論からわかるように，もし転売のインセンティブを下げたいのであれば，オークション等によって消費者の支払意思額に合わせたチケットの価格を設定すればよい．しかし，現実ではチケットの値段は低めに設定する一方で，（なぜか）転売は認めないという矛盾した行動をとっている．新規のファンを増やしたい，会場で多くのグッズを購入してもらいたい，（相対的に所得の低い）若いファンにも来てもらいたい等の理由があり，主催者が需要に比べ低めの価格設定を行うのであれば，ファンが騙されないためにも，熱心なファンにセカンド・チャンスを与えるためにも健全な転売市場が求められる．主催者に求められるのは，転売行為を敵視するのではなく，健全な転売を促す仕組みづくりである．

5.6　おわりに

本章では，転売行為とチケット不正転売禁止法についてミクロ経済学の考え方を用い考察した．転売の発生原因と転売の効率性についても分析した．本章で得られた結果はつぎのとおりである．主催者によるチケット価格が低いために超過需要が発生する．抽選に外れ購入できなかった消費者のなかには転売によって購入したいと考える人がいる一方，購入した消費者のなかには転売したほうが自身の余剰を高めることができるため転売によって売却したいと考える人がいる．超過需要がある限り，転売のインセンティブは存在する．転売行為は，売り手・買い手ともに余剰を高めるため，市場の効率性を高める行為である．転売は罰せられるべき行為ではない．転売を規制するチケット不正転売禁止法による罰則は，支払意思額の高い消費者が存在する限り，転売業者が罰則の費用を消費者に転嫁することができ，「不正転売」の抑止は限定である．もし罰則費用の転嫁が完全に起こるのであれば，この法律によって負担をするのは，転売業者ではなく支払意思額の高い消費者（熱狂的なファン）である．一方で，転売行為にともなう詐欺等の犯罪行為こそ，厳しく罰せられるべきである．その犯罪行為の機会を少なくするためには，柔軟な価格設定や健全な転売市場が必要となる．当初販売時における柔軟な価格設定や健全な転売市場の存在は，主催者や転売業者等の供給側の余剰を高めるだけでない．本当に行きたい消費者が結果的にコンサートに行けるようになることで消費者余剰を高めることができる．コンサート等の興行の主催者に求められていることは，転売行為の敵視ではなく，健全な転売市場の整備である．多くの国と同様，日本においても興行チケットの健全な転売市場や柔軟な価格設定が消費者の利便性向上につながる．

◆参考文献

大竹文雄（2017），『競争社会の歩き方』中央公論新社.
小川光・家森信善（2016），『ミクロ経済学の基礎』中央経済社.
宍戸善一・常木淳（2004），『法と経済学』有斐閣.
常木淳（2015），『法律家をめざす人のための経済学』岩波書店.
常木淳（2004），『公共経済学（第 2 版）』新世社.
八田達夫（2013），『ミクロ経済学 Expressway』東洋経済新報社.
福井秀夫（2007），『ケースからはじめよう法と経済学』日本評論社.
日本経済新聞（2018），「変動チケット，スポーツで拡大」11 月 30 日，朝刊，11 ページ.
日本経済新聞（2019a），「不正転売チケットご用心，NZ 戦 200 人入場不可，ダフ屋絶えず，組織委「公式サイトで購入を」（ラグビー W 杯 2019）」10 月 8 日，朝刊，39 ページ.
日本経済新聞（2019b），「「嵐」チケット 禁止法初適用」10 月 25 日，西部朝刊，社会面.
Wittman, Donald (2006), *Economic Foundations of Law and Organization,* Cambridge University Press.

第6章　不実表示，詐欺，および消費者保護＊

後藤剛史

6.1　はじめに

売り手が買い手に財を販売する際に，その財を実際よりも優れたものとして表示することは，時代や場所を問わず，よく行われている．一般に，売り手にとってそれは，取引価格の上昇を通じて自らの利潤を増加させる．一方でそれは，買い手が取引から得る余剰を減少させ，ひいては社会厚生をも（場合によっては）減少させる．それゆえこうした行為を規制する諸制度が，ほとんどの国で用意されている[1]．

アメリカでは，この表示が売り手の故意によって行われた場合には詐欺（fraud）として，あるいは過失によるものであるがそれが重大なものである場合は不実表示（misrepresentation）として取り扱われている．

一方，日本法では，民法には詐欺についての条文しか存在せず，アメリカ法上の不実表示に対応する法概念は存在しない．詐欺の要件には売り手の故意の存在の立証が求められるため，民法上の規定のみではとくに被害者が消費者である場合には彼らが救済を受けづらいという法政策上の問題意識が古くから

＊ 本章の内容の一部について，2019 年度日本応用経済学会秋季大会（於東京経済大学）にて報告した．その際，討論者の佐藤茂春氏（中京大学総合政策学部）をはじめとして，参加者の方々から貴重なコメントをいただいた．記して感謝したい．本章に現れうる誤謬は当然にすべて筆者の責任である．

1）本城（2010）は，アメリカ，EU および韓国の消費者法制を詳細に検討している．

あった．そこで，消費者契約法[2]が2000（平成12）年に制定され，被害者が消費者の場合にはそれが適用されることとなった．消費者契約法は，アメリカ法でいうところの不実表示に関する規定（不当表示に対する規定）を有している．また，不実表示は市場競争を阻害するおそれがある，との観点から1962（昭和37）年には景品表示法[3]も制定されており，企業による不実表示については，これも適用されることがある．

本章では，これら不実表示あるいは詐欺についての法制度に関する経済学的な議論を概観するとともに，今後期待されるの研究の方向性について考察する．

6.2 詐欺あるいは不当表示のデメリット

詐欺あるいは不実表示が社会にもたらすデメリットは，その存在については論を待たないものと思われるが，ここであらためて整理しておきたい．以下に述べるようなデメリットの存在ゆえに，詐欺や不実表示から買い手（とくに消費者）を保護すべきであるという判断については，多くの経済学者のコンセンサスが得られるはずだ，とされている[4]．

6.2.1 直接的デメリット：非効率的取引

詐欺あるいは不当表示は，直接には，取引の当事者間に以下に述べるような社会厚生上の損失をもたらす．ある財Bを費用cで生産することのできる売り手とその財について主観的価値v_Bをもつ買い手との間の取引を考える．不実表示がなければ，$v_B > c$なら当事者の合意のもとに取引が行われ，$v_B < c$ならそのような合意はなされない．つまり，取引が社会厚生を増加させるとき，そしてそのときのみ，取引はなされる．不実表示がなければ常に合意は効率的であり，このことが，合意のもとでなされた売買契約は尊重すべきであ

2）この法律（平成12年5月12日法律第61号）の他に，消費者保護政策の基本法として消費者基本法（昭和43年5月30日法律第78号）が制定されている（制定当時の名称は消費者保護基本法）．

3）不当景品類及び不当表示防止法（昭和37年5月15日法律第134号）．

4）松村（1998, p. 33）を参照のこと．

る，という法的判断の基礎となる．

いま，$v_B = 100$，$c = 50$ であるものとし，売り手と買い手の交渉力が等しいものとしよう．このとき，不実表示がなければ，価格 p_B は 75 と決まる．ここで，売り手がこの財を財 A であると偽って買い手に伝えたとしよう．財 A は財 B よりも買い手にとって魅力的な財で，その主観的価値は $v_A > v_B$ である[5]．まず，$v_A = 130$ であったものとしよう．このとき，価格 p_A は 90 と決まり，売り手の余剰は 25 から 40 へと増加する．一方で，買い手の余剰は 25 から 10 へと減少する．彼は，真の価値が 100 しかない財に対して，価格 90 を支払わされているからである．また，$v_A = 170$ であったならば，価格 p_A は 110 に決まり，買い手の余剰は負（-10）となってしまう．このように，このケースでは，買い手が結果的に得る余剰は取引価格 p_A の高低に応じて正負いずれにもなりうるが，いずれにせよ，売り手の不実表示は取引がもたらす社会厚生を減少させるわけではない．なぜなら，そもそも取引からの総余剰は正であって，不実表示の有無は，それらをどう分け合うかという点で違いをもたらすだけだからである．

つまり，不実表示が取引を通じて直接に社会厚生に悪影響をもたらすのは，$v_B < c$ のとき，そしてそのときのみに限られる．たとえば，$v_B = 10$，$c = 50$ であるとき，不実表示がなければこの財は取引されないが，v_A が 50 を上回る限り，売り手は財を B ではなく A と偽ることにより取引を成立させ，正の余剰を得ることができる[6]．また，買い手の取引からの余剰は，このケースでは必ず負となる[7]．ともあれ，取引からの総余剰が負であるにもかかわらず取引がなされたことになる．これが，詐欺あるいは不実表示が社会に直接的にもたらすデメリットであるが，このようなデメリットが生じるのは限られた場合のみであることには注意を要する．

5）日本における景品表示法制定のきっかけとなったニセ牛缶事件（1960（昭和 35）年）の例にならえば，製品 A は牛缶，製品 B は鯨肉缶である．

6）Ulen（1996）は $v_B = 0$ であるケースを完全詐欺（Complete Fraud），そうでないケースを不完全詐欺（Incomplete Fraud）と区別している．

7）売り手が財を手渡している限り取引価格は c 以上であり，$v_B < c$ でもあるから取引価格は必ず v_B を上回る．

6.2.2 間接的デメリット

そのほかにも，以下のような間接的なデメリットが存在する[8)]．

まず，不実表示は企業間の品質競争を減殺する．ある企業が品質を向上させたとしても，その利益の一部を他企業の不実表示により奪われてしまう恐れがあれば，企業の品質改善へのインセンティブはその分削がれてしまう．

つぎに，不実表示は企業間の価格競争の減殺をもたらす．同一の生産限界費用で同質財を生産し販売する2つの企業がベルトラン的に価格競争を行うなら，価格は限界費用にまで低下し，社会厚生は最大となる．ここで，一方の企業が不実表示を行えば，2企業の製品は垂直的に差別化された財であると消費者に認識され，それゆえ価格は限界費用を上回り，それぞれの企業は正の利潤を得てしまう．

さらに，不実表示は消費者の取引費用を増加させることで，本来なされるべき取引の成立を阻害する．市場に不実表示がなされている財とそうでない財が混在しているとき，それらの財を見分けるための費用が消費者にかかってしまうからである．極端な場合には，取引費用が高いために消費者は財の品質に無頓着になってしまい，逆選択の問題まで起こってしまうことにもなろう．

6.2.3 錯誤および情報開示との関連

6.2.1項で用いた例において，売り手のなんらかの行為によらず，買い手が勝手に財Bを財Aと誤認した場合，これは法律上，一方的錯誤とされる[9)]．一方的錯誤の場合，その定義より当然に，錯誤していないほうの取引当事者は財についての情報を有する．その当事者に対して情報獲得や情報開示のインセンティブをいかに与えるか，という観点から，Kronman (1977) 以降，Shavell (1994) やRasmusen and Ayres (1993)，Smith and Smith (1990) などをはじめとして，錯誤に関する経済学的な研究がなされてきている．それ

8) 本項の内容について，堀江 (1999) を参考にした．堀江 (1999) は景品付販売についての法律学的および経済学的な検討を整理しており，不実表示と景品付販売を別々に取り扱う必要性についても説明している．

9) 他方，売り手も買い手もともに取引対象の財の価値について誤認していた場合は，双方錯誤と呼ばれる．アメリカ法では，一方的錯誤と双方錯誤では取り扱いが異なる．また，不実表示はしばしば，売り手によるなんらかの行為によって惹起された錯誤，すなわち惹起型錯誤と呼ばれる．

らを踏まえてShavell (2004) は，不実表示や錯誤も結局は取引当事者間の情報の非対称性の克服の問題であるとし，不実表示や錯誤については，それ以外の情報の非対称性の問題とは異なり，情報開示を強制することが望ましい，と結論付けている[10)].

6.3　詐欺あるいは不当表示のメリット

詐欺あるいは不当表示には，メリットが存在するという経済学的議論も存在しうる．これは，Dixit and Norman (1978) に始まる説得的広告に関する先行研究にも密接に関連するものである．そのアイデアは，もし市場が不完全競争であるならば限界費用と価格が一致せずに死荷重が存在しているところ，不当表示による需要曲線の上へのシフトがその死荷重を減らすことに寄与するというものである．屋上屋を架すことになりそうではあるが，6.4節以降での議論でも用いるモデルをここで導入して，このことについて説明しておく．

6.3.1　モデル

ある財Bを生産する企業を考える．この財を生産する際に企業はcqの費用をこうむるものとする．ここで，$q\ (>0)$はこの財の生産量，$c\ (>0)$は一定の限界生産費用である．この財は最終生産物であり，消費者の財Bに対する需要は線形の需要関数$p_B(q)=a-bq$で与えられる．ここで，$a\ (>c)$および$b\ (>0)$は需要に関するパラメータである．この企業は，財Bについて不実表示を行い，より品質の高い財Aに見せかけることもできる．消費者の財Aに対する需要は線形の需要関数$p_A(q)=a+m-bq$となる．ここで，mは$m>(a-c)/2$を満たす正のパラメータで，不実表示の程度を，あるいは製品Aと製品Bの品質差を表す[11)]．$p_B(q)$および$p_A(q)$はそれぞれ消費者の支払意思額とみなすことができ，後述するように，損害賠償額の算定にも用いられる[12)]．また，不実表示の有無にかかわらず，この財を企業は独占的に供給で

10)　これらの問題は，藤田・松村 (2002) に詳しい．

11)　mの大きさについての仮定の必要性については，注20で説明される．

12)　消費者はこの財をたかだか1単位購入するものとする．需要曲線は各消費者の支払意思額を

きるものとする[13].

6.3.2 ファースト・ベスト

まず，ベンチマークとして，この財の市場におけるファースト・ベスト解を求めておこう．真の需要のもとで，市場価格と限界費用を一致させる生産量である $q^*=(a-c)/b$ が，社会的に最適な生産量である．実際，ある (p,q) のもとでの社会厚生は，

$$SW(q)=\left\{\int_0^q v(t)dt-pq\right\}+\{pq-cq\}=\int_0^q (a-bt)dt-cq$$
$$=(a-c)q-\frac{bq^2}{2} \tag{1}$$

で与えられるから，q^* で $SW(q)$ は最大化される．ここで，式（1）の第1項は消費者余剰，第2項は企業利潤である．このとき注意せねばならないことは，ある q に対する市場価格 p は，不実表示がなされなかった場合には $p_B(q)$ にしたがって，不実表示がなされた場合には $p_A(q)$ にしたがって決まるが，社会厚生の大きさが実現する価格水準に依存しない以上，不実表示の有無にかかわらず社会厚生は $SW(q)$ で与えられるということである．このモデルのもとでは，不実表示の有無は，そのことが q の大きさを変化させることを通じてのみ，SW の大きさを変化させる[14].

6.3.3 不実表示が行われない場合の社会厚生

企業は，不実表示を行わない場合，需要曲線 $p_B(q)$ のもとで自らの利潤を最大化するよう q を決定する．この企業は独占企業であるから，この場合の企業利潤は

高い順に並べたものとなる．以下では，それぞれの消費者の財 B に対する支払意思額を $v(t)=a-bt$ で表すことがある．

13） このモデルは，Dixit and Norman（1978）における説得的広告モデルとほぼ同一のものとなっている．この点につき，奥村（2008, p. 17）を参照のこと．

14） このモデルでは，不実表示の費用や法執行費用は（議論の性質に影響を与えないので）考慮していない．

$$\pi_N(q) = (p_B(q) - c)q = (a - bq - c)q \tag{2}$$

で与えられる[15)]．したがって，この場合の企業の生産量 q^N，市場価格 p^N，企業利潤 $\pi_N(q^N)$，消費者余剰 CS^N，および社会厚生 $SW(q^N)$ はつぎで与えられる．

$$q^N = \frac{a-c}{2b}, \quad p^N = p_B(q^N) = \frac{a+c}{2}, \quad \pi_N(q^N) = \frac{(a-c)^2}{4b},$$

$$CS^N = \int_0^{q^N} (a - bt)dt - p^N q^N = \frac{(a-c)^2}{8b}, \quad SW(q^N) = \frac{3(a-c)^2}{8b}. \tag{3}$$

6.3.4　不実表示が行われた場合の社会厚生

不実表示を行っても企業になんらのペナルティも課されないものとして，その際の企業行動を考えよう．このとき，不実表示のもとでの企業利潤は

$$\pi_{NL}(q) = (p_A(q) - c)q = (a + m - bq - c)q \tag{4}$$

で与えられる[16)]．したがって，企業の生産量 q^{NL}，市場価格 p^{NL}，企業利潤 $\pi_{NL}(q^{NL})$，消費者余剰 CS^{NL}，および社会厚生 $SW(q^{NL})$ はつぎで与えられる．

$$q^{NL} = \frac{a-c+m}{2b}, \quad p^{NL} = p_A(q^{NL}) = \frac{a+m+c}{2},$$
$$\pi_{NL}(q^{NL}) = \frac{(a-c+m)^2}{4b},$$
$$CS^{NL} = \int_0^{q^{NL}} (a - bt)dt - p^{NL} q^{NL} = \frac{(a-c-3m)(a-c+m)}{8b},$$
$$SW(q^{NL}) = \frac{(3(a-c)-m)(a-c+m)}{8b}. \tag{5}$$

式 (3) と式 (5) を比較することによって，以下のようなことがわかる．まず，不実表示がなされた場合は，不実表示がなされないときよりも供給量が増加する．不実表示により，企業の限界収入が増加するからである．市場価格については，不実表示のもとでは需要曲線が上方にシフトしていることによ

15)　添え字 N は不実表示が行われていないこと（No Misrepresentation）を示す．

16)　添え字 NL は無責任ルール（No Liability）のケースであることを示す．

り，供給量が増加しているにもかかわらず上昇する．需要曲線の上方シフトは同時に企業利潤をも増加させる．これらのことについては，直観的にも明らかであろう．

一方，消費者余剰については，

$$CS^N - CS^{NL} = \frac{m(2(a-c)+3m)}{8b} > 0 \tag{6}$$

が任意の $m > 0$ について成り立つから，不実表示がなされない場合よりも減少する．不実表示がなされた場合の消費者は全体で q^{NL} だけおり，このうち q^N は不実表示がなされなかった場合にも財を購入していた消費者である．彼らは，不実表示がなされたことによって，$p^{NL} - p^N$ だけ高い価格を支払わされることになる．このことは，彼らの消費者余剰を減らす．一方，q^{NL} のうち残りの消費者は，不実表示がなされずにそれが財 B であるとして販売されていたならば，財を購入しなかった消費者である．彼らは彼らにとっての真の支払意思額を超えた価格を支払わされているので，彼らの消費者余剰は負となる．以上により，全体として消費者余剰は減少することになる．

また，社会厚生については，

$$SW(q^{NL}) - SW(q^N) = \frac{m(2(a-c)-m)}{8b} \tag{7}$$

が成り立つ．したがって，不実表示のもとでの社会厚生は，$m < 2(a-c)$ のときに不実表示がないときの社会厚生より大きく，$m > 2(a-c)$ のときにはそれより小さい．このことは，つぎのように説明できる．不実表示がないときの生産量 q^N は q^* より小さく，社会厚生はファースト・ベストにおけるそれより小さい．これは，独占による厚生損失である．不実表示がなされると生産量が q^N より大きくなるため，独占による厚生損失が小さくなる．実際，$m = a - c$ のときには，生産量は q^* に一致し，ファースト・ベストが実現する．しかし，あまりに m が大きい場合には，社会的に過大な生産がなされ，そのことにより社会厚生は，不実表示がないときのそれよりも小さくなる．

6.3.5 不実表示と不完全競争

以上は独占モデルでの説明であるが，その他の不完全競争を前提としたモデルにおいても，不実表示が消費者余剰を減少させ，企業利潤を増加させ，そして不完全競争での生産量不足を緩和することを通じて経済厚生を高めうるという結論が導かれている[17)].

6.4　詐欺あるいは不実表示の抑止

6.2節で見た詐欺あるいは不実表示のデメリットが，6.3節で見たそれのメリットを上回り，かつ，当事者たちの間で自発的に生成されたなんらかの手段ではそれを抑止できないとき，法的ルールによって抑止を図る必要性が生じる.

日本法では，前述したように，民法において，詐欺については同96条が，錯誤については同95条が用意されている．しかしながら，アメリカ法の不実表示に対応する規定は民法には存在しない[18)]．企業と消費者の間での契約に適用される消費者契約法には同4条があり，これが不実表示に関する規定となっている．これによれば，不実表示をともなうことで成立した契約は，取り消すことができる.

アメリカ法では，第2次契約法リステイトメントの§164に不実表示に関する規定があり，それによれば，不実表示によって成立した契約は取り消すことができる[19)]．また，不実表示によって成立した契約により生じた損害について，被害者はそれの賠償を求めることもできる（第2次不法行為法リステイトメント§525）[20)]．さらに，契約にアメリカ統一商法典が適用される場合には，被害者は契約の取り消しや損害賠償請求などの，同法典第2章（売買）所定の

---

17)　近年の研究として，Hattori and Higashida（2012）や Rhodes and Wilson（2018）を参照されたい．これらの文献では，不実表示ではなく虚偽広告という言葉が使われている．多数の消費者に対する同時的な不実表示は，虚偽広告によってなされることが多いからである.

18)　とはいえ，近年の民法改正作業においては，錯誤の一類型（惹起型錯誤）としての不実表示について，議論がなされた．この点につき，鹿野（2015）を参照のこと.

19)　アメリカ法における錯誤および不実表示の位置付けについて，古谷（2015）が参考になる．また，アメリカ契約法，アメリカ不法行為法およびアメリカ統一商法典について，Stone（1989），樋口（2008），樋口（2014），椚（2019）を参照した.

20)　ただし，損害賠償が認められるのは，不実表示が詐欺的でありかつ重大である場合に限られる，とされている（樋口 2008，p. 192）.

すべての救済方法を選ぶことができる（同 §2-711）．また，ヨーロッパ契約法原則にも，不実表示にもとづく契約について，取り消し（同第 4 章 104 条）や損害賠償（同第 4 章 106 条）の規定がある[21]．

以上はいずれも，被害者による被害の訴えの提起を前提とした私的エンフォースメントであるが，それを前提としない公的エンフォースメントも存在する．

日本においては景品表示法 5 条が，企業による，本章でいうところの不実表示にあたる行為を，「不当な表示」として禁止している（優良誤認表示とも呼ばれる）．これに違反したことを行政機関（公正取引委員会，消費者庁，および都道府県知事）により摘発された企業は，これによって得た売上金額の 3% を課徴金として徴収される（同第 8 条）[22]．また，同 30 条に基づき，消費者契約法 2 条 4 項に規定された適格消費者団体は，上記違反行為に対して差止請求を裁判所に求めることができる．また，アメリカ法では，連邦取引委員会法（FTC 法）13 条（b）に基づき，連邦取引委員会は欺瞞的広告等の手段によって企業が不当に得た利益を企業から徴収し，国庫に納めることができる[23]．

6.4.1 私的エンフォースメントの経済学的検討

（1）契約の取り消し

上で見たように，どの国の法ルールにおいても，不実表示の被害者は，契約の取り消しを求めることができる[24]．このことについて以下で検討しよう．

企業が不実表示により消費者より価格 $p_A (> p_B)$ を得たとしても，不実表示が明るみになり，消費者が契約の取り消しを求めれば p_A を返金しなければならない[25]．その一方で，財は返品されるので，その財を再度販売することで

21） ヨーロッパ契約法原則について，Lando and Beale（2000）を参照した．

22） 景品表示法について，大元（2017）を参照した．

23） いわゆる利益吐き出し（disgorgement）である．このほか，諸外国の公的エンフォースメントについて，本城（2010）を参照されたい．

24） 契約の取り消しは，救済ルールの分類でいえば原状回復（restitution）ルールにあたる（樋口 2008, pp. 63-64）．

25） どのような被害者が契約の取り消しを求めるかについては，6.4.1 項の（4）で触れる．

いくらかの収入を得ることができる[26]．その金額を p_R としたとき，$p_R > p_B$ であれば不実表示を抑止できないことになる[27]．不実表示を行えば，不実表示を行わないときの財1単位当たりの収入 p_B は少なくとも確保されているからである．被害者の一部からしか契約の取り消しを求められなかった場合はなおさらそうである．したがって，契約の取り消しだけでは，p_R が十分に低いときを除いて，不実表示の抑止には不十分であることがわかる[28]．

(2) 損害賠償

損害賠償の場合は，なにをもって「不実表示により消費者に生じた損害」とするのか，ということがまず，問題となる．この問題は，不実表示がなされなかったときの被害者の利得をどう定めるのか，ということとも密接に関連する．

不実表示がなされなかった場合には，6.3.3項での市場均衡が実現し，価格 p_N で q_N 人の消費者に販売されていたものとしよう．このときに消費者が得ていたであろう利益と，不実表示のもとで消費者が得たそれとの差額を損害として賠償させるのが，信頼利益（reliance）ルールである．Klement, Neeman and Procaccia（2018）はこのルールに基づく損害賠償が，社会厚生を最大化する生産量 q^* を実現することを明らかにした[29]．

企業が不実表示を行ったうえで生産量を図6-1の $q'(\leq q^N)$ に設定すると，価格は $p_A(q')$ に決まる．このときの消費者はすべて，不実表示がなされずとも財を購入していたのであるから，信頼利益ルールに基づく彼らに対する賠償額は，不実表示によって生じた価格差 $p_A(q') - p_B(q^N)$ となる[30]．一方，企業

26) 財が役務（サービス）である場合などの，現物返品が不可能である場合には，返品にかえて消費者にその客観的価値（本章のモデルでいえば p_B に等しい額）を支払わせるという法ルールが見られる．たとえば，日本の消費者契約法などはそうである（消費者庁消費者制度課 2019, p. 150）．

27) もちろん，不実表示にかかる直接的費用が十分に大きければこの場合でも抑止できる．

28) とはいえ，契約の取り消しを求めた被害者は救済されている．いわゆるクーリング・オフ制度についても同様のことがいえる．

29) 以下，この文献をKNPと略記する．KNPでは一般的な関数形で説明されておりわかりづらいきらいがあるので，ここでは関数を特定化したモデルを用いている．

30) 不実表示がなされなかったときの彼らの利益は $v - p_B(q_N)$，不実表示がなされたときの（真の）それは $v - p_A(q')$ であるから，前者と後者の差は価格差となる．

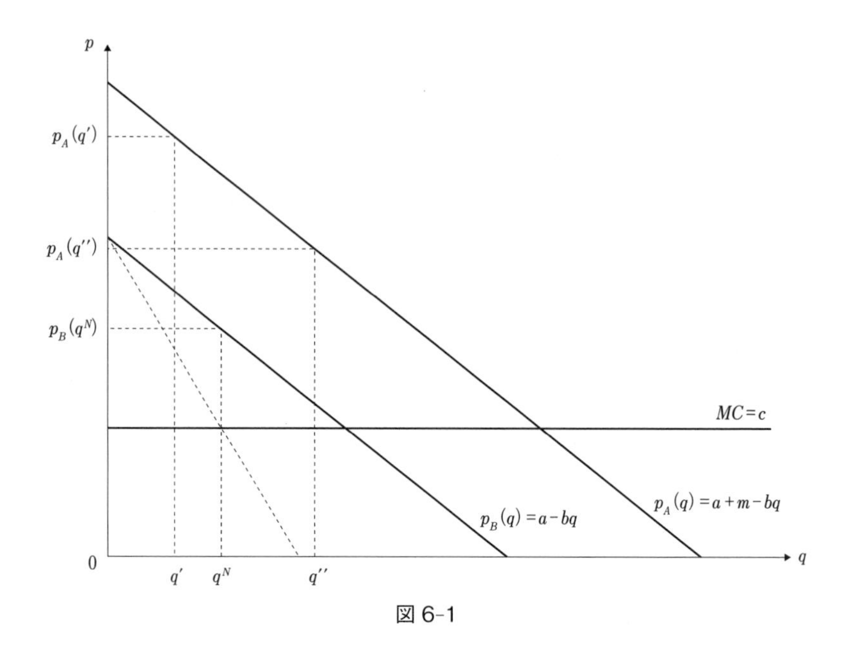

図 6-1

が不実表示を行ったうえで生産量を $q''(> q^N)$ に設定すると，価格は $p_A(q'')$ に決まる．全体で q'' 人いる消費者のうち，q^N 人に対してはさきほどと同様に信頼利益が与えられる．一方，残りの消費者は不実表示がなされなければ財を購入していなかったのであるから，彼らの信頼利益ルールに基づく損害額は $p_A(q'') - v$ となる[31)]．このルールのもとでの企業の生産量の決定を，2 つのケースに場合分けして以下で考察する．

ケース 1：$q \leq q^N$ の場合

このケースにおける企業の利潤は，

31） 不実表示がなされなかったときの彼らの利益は 0，不実表示がなされたときの（真の）それは $v - p_A(q'')$ であるから，前者と後者の差は $p_A(q'') - v$ となる．このとき，彼らが受け取る損害額は v の大きさに応じてひとりひとり異なることとなる．

$$\pi^1_{FL}(q) = (p_A(q) - c)q - \int_0^q (p_A(q) - p_B(q^N))dt$$
$$= (a + m - bq - c)q - \int_0^q \left(a + m - bq - \frac{a+c}{2}\right)dt = \frac{(a-c)q}{2} \tag{8}$$

で与えられる[32]．企業が消費者から受け取る価格は企業の設定する生産量によって異なるが，どのような価格が実現しようと，企業には $p_B(q^N)$ だけが残されるように賠償額が決定されるため，企業にとってのマージンは彼らの生産量にかかわらず $(a-c)/2$ で一定となる．したがって，このサブケースにおける企業の最適生産量は $q = q^N$ となり，このときの企業利潤は

$$\pi^1_{FL}(q^N) = \frac{(a-c)^2}{4b} \tag{9}$$

で与えられる．つまり，ケース1における企業利潤の大きさは，不実表示を行わないときの利潤に等しい．

ケース2：$q > q^N$ の場合

このケースにおける企業の利潤は，

$$\pi^2_{FL}(q) = (p_A(q) - c)q - \int_0^{q^N} (p_A(q) - p_B(q^N))dt - \int_{q^N}^q (p_A(q) - v(t))dt$$
$$= (a + m - bq - c)q - \int_0^{q^N} \left(a + m - bq - \frac{a+c}{2}\right)dt$$
$$- \int_{q^N}^q (a + m - bq - (a - bt))dt$$
$$= (a-c)q - \frac{bq^2}{2} - \frac{(a-c)^2}{8b} \tag{10}$$

で与えられる[33]．したがって，企業は生産量を q^* と設定する．つまり，完

32）添え字 FL は完全責任ルール（Full Liability）のケースであることを，添え字1はケース1であることを，それぞれ示す．被害者全員が救済の対象であるという意味で，完全責任と呼んでいる．

33）添え字2はケース2であることを示す．ここで，この式は $p_M(q) > p_T(q^N)$ なる q，すなわち $q < (a-c+2m)/2b$ に対してのみ定義されることに注意されたい．それより大きい q に対しては $p_M(q) < p_T(q^N)$ となり，不実表示がなされなかった場合の購入者には損害が発生していないため，企業利潤はこの式のように定義されない．

全責任ルールのもとでは，ファースト・ベストな生産量が実現することになる[34)]．

この結論については，以下のように説明できる．企業が q を q_N から少し増やしても，q_N より左側に位置する消費者から得られる利潤は式 (9) で与えられる大きさのまま保持できる．なぜなら，生産量の増加は実現する価格 $p_M(q)$ の低下を招くものの，企業が彼らに対して $p_A(q) - p_B(q^N)$ の賠償額を支払う以上，彼らひとりひとりから企業が受け取るマージンの大きさは $p_B(q^N) - c$ で変わらないからである．一方で，企業が生産量を q_N より大きくすることで，彼ら以外の新たな消費者から $p_A(q)$ だけの価格を受け取ることができ，その代わりにそれら新たな消費者に対して $p_A(q) - v(t)$ だけの損害額を賠償することになる．つまり，ひとりひとりの新たな消費者に対する販売から企業は $v(t)$ だけの収入を得ることになるから，企業にとって $v(t) = c$ となるまで q を増やすことが合理的であることになる．したがって，q^* という生産量が実現することになる．

なお，以上の議論から企業がケース1よりケース2を選ぶことは自明であるが，式 (9) および式 (10) よりつぎが確認できる：

$$\pi^2_{FL}(q^*) - \pi^1_{FL}(q^N) = \frac{3(a-c)^2}{8b} - \frac{(a-c)^2}{4b} = \frac{(a-c)^2}{8b} > 0. \tag{11}$$

実現する社会厚生の大きさは当然ながら $SW(q^*)$ で与えられる．また，消費者余剰は CS^N に等しい．信頼利益ルールの性質上，不実表示がなされないときの消費者余剰が当然に実現する[35)]．なお，価格水準は，$p_A(q^*) = c + m$ である．

(3) 損害賠償にともなう困難

KNP の結論は，信頼利益ルールのもとでの賠償額が，q_N より右側に位置する消費者に対して $p_A(q) - v(t)$ となる，という性質に決定的に依存している．この性質により，それら消費者に対して，企業による完全価格差別が可能

---

34) 前注の議論をふまえれば，この結論は，$q^* < (a - c + 2m)/2b$，すなわち $m > (a - c)/2$ であることを仮定として必要とすることがわかる．

35) この点につき，6.3.4 項の消費者余剰に関する議論を参照されたい．

になるという興味深い事実を提示したのはたしかにKNPの貢献ではあるが，このメカニズムが機能するためには，消費者の$v(t)$を計測せねばならないという困難な作業が必要となる．Ulen（1996）やZhou（2009）も指摘しているように，不実表示による被害者の損害は，被害者が消費者の場合，彼らの主観的価値を含むことになり，それが主観的である以上，裁判において特定することは難しい．どの被害者も，自らのvを低く申告することで，自らの賠償額を高めようとするインセンティブをもつからである．上述のKNPが展開した議論においては，q_Nより右側の消費者は当然にそのインセンティブをもつであろうし，q_Nより左側の消費者が$p_A(q)-p_B(q^N)$の賠償額で満足するのも，正しいvの計測のもとでは$p_A(q)-p_B(q^N)\geq p_A(q)-v$が成り立つからであって[36)]，$v$を低く偽ることができるのであればこれが成り立つ保証はどこにもないのである．

また，KNPでは，$p_B(q^N)$の計測はできるものとしているが，この仮定も，不実表示があろうとなかろうと企業は独占的に供給できるという想定のもとでは，それほど簡単なことではない．

(4) 不実表示の要件としての信頼

KNPが行ったもう一つの興味深い議論は，アメリカ契約法における，不実表示の要件としての信頼（reliance）である．この要件は，不実表示の被害者に対して「不実表示がなければ契約を結ばなかった」こと，言い換えれば，「不実表示の際になされた言明を信頼したからこそ契約を結んだ」ことの立証を求めるものである[37)]．

たとえば，甲が乙に甲の土地を非常に肥沃な土地だと言明して10,000ドルで売ったものとしよう．甲は，実はそうではないことを知っており，この言明

36）これは，彼らが不実表示がなされていない均衡のもとでの購入者である以上，$v\geq p_B(q^N)$が成り立っているからである．

37）第2次契約法リステイトメント$164（1）および（2）の条文における“in relying”がそれにあたる．なお，損害賠償額の算定を信頼利益とすることと，救済の要件として信頼を求めることは別々の概念であることに注意する必要がある．たとえば，KNPにおける完全賠償ルールは，「要件としての信頼を求めない信頼利益ルール」であり，制限賠償ルールは，「要件としての信頼を求める信頼利益ルール」である．

はその意味で不実表示となりうる．乙はその土地をワインのためのぶどう栽培に用いるつもりで買い，甲の言明からその利益を 30,000 ドルと見積もっていた．実際に栽培を始めてみると，数多ある凡庸な土地にすぎず，利益はたかだか 12,000 ドルであった．もし，凡庸な土地であっても，ぶどう栽培を行えば 12,000 ドル程度の利益なら出るものだということが（よほどのことがない限り）だれにでも予想できるとき，乙を不実表示の被害者とはみなさない，というのが要因としての信頼である．乙は，不実表示がなされていなくても（それが正しく凡庸な土地だと知らされていても），10,000 ドルならその土地を買っていたであろうから，彼の土地の購入は言明に対する要因を必要とするものではなかったとみなされるのである．

つまり，信頼の要因が求められる場合には，6.2.1 項の例でいえば，$v > p_A$ であったならば被害者は救済されない．取引が成立した以上 $p_A > c$ であったはずであるから，当然に $v > c$ が成り立つ．したがって，信頼要因によって不実表示が認められない契約は，正の取引余剰をもたらすもののみである．この逆も成り立つのであれば，アメリカ契約法の信頼に関する法理が，取引からの余剰が正であるか負であるか，という基準に一致することになるが，逆はいえない．不実表示が信頼の要因をともなうものであっても，$v < p_A$ かつ $p_A > c$ であることしかいえず，この場合には $v - c$ は正にも負にもなりうる．

また，この要因は，被害者が契約の取り消しを求めるかどうかということと同値である．乙は，現状でも 2,000 ドルの純利益が土地から生まれており，それを失わせる契約の取り消しを，決して選ばないはずである．

いずれにせよ，この要因がある以上，それにより，不実表示の被害者の一部が損害賠償を受けない可能性が生じよう．このような制限賠償ルールは，さきの完全賠償ルールとは違い，どの被害者も救済されるわけではないのだから，q^* の実現を導くことに失敗する，と KNP は述べている．

しかしながら，上述の議論からわかるように，制限賠償ルールのもとで「賠償されない被害者」（non-relying な被害者）が発生するためには，加害者が不実表示のもとでの価格を十分に低く設定する必要がある．いま，企業が不実表示を行い，生産量を q と設定したとしよう．このとき，市場価格は $p_A(q)$ に決まる．購買した消費者は q 人いるが，このうち，$v > p_A(q)$ であるような消費

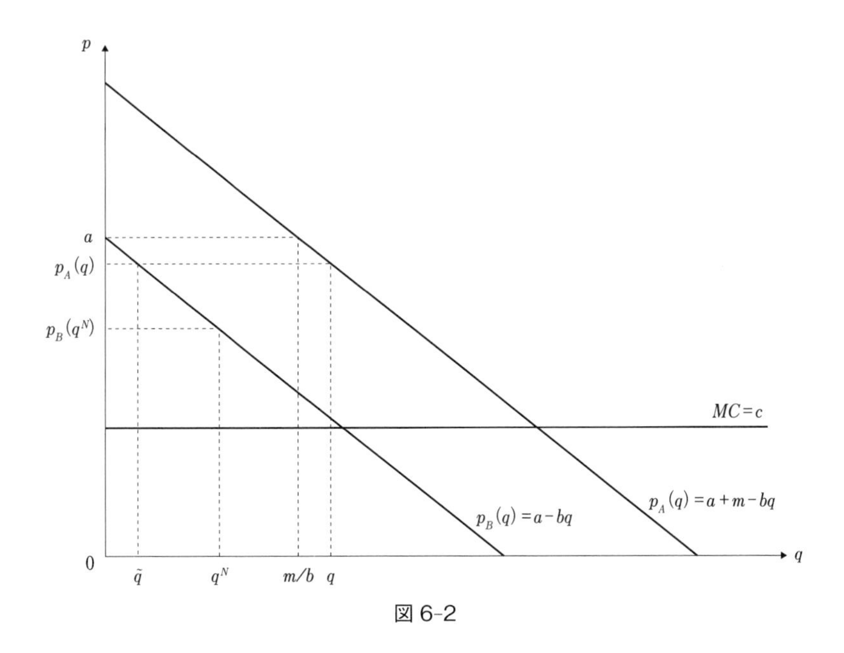

図 6-2

者は（信頼の要件を満たさない）非信頼消費者とされる．というのは，v は彼らの真の支払意思額であるから，彼らは，企業は不実表示を行ったことを知っていたとしても（つまり，それが実は財Bであり，真の価値が v しかないことを知っていたとしても），$p_A(q)$ を支払う用意があったことになるからである．

一方，$v \leq p_A(q)$ であるような消費者は信頼消費者とされる．彼らは，それが実は財Bであり真の価値が v しかないことを知っていたならば，価格 $p_A(q)$ を支払って購入することを選ばなかったはずであり，その意味で，不実表示を信頼したがゆえに購入してしまった消費者であるからである．

以上のような定義のもとで，図6-2をあらためて参照されたい．需要曲線 $p_B(q)$ の高さが消費者にとっての真の価値 v を表すのであるから，それは最大でも a である．したがって，$a \leq p_A(q)$ なる q，すなわち $q \leq m/b$ を企業が生産量として選んだ場合，どの消費者にとっても $v \leq p_A(q)$ となるから，すべての消費者が信頼消費者であることになる[38)]．一方，$a > p_A(q)$ なる q，す

38）仮定 $m > (a-c)/2$ のもとでは $q_N < m/b$ である．

なわち $q > m/b$ を企業が生産量として選んだ場合，$p_A(q) = p_B(\tilde{q})$ なる $\tilde{q}$，すなわち $\tilde{q}(q) = q - m/b$ が存在して，q のうち $\tilde{q}(q)$ より左側に位置する消費者については $v > p_A(q)$，右側に位置する消費者については $v \leq p_A(q)$ となる．つまりこの場合，購入者には非信頼消費者（前者）と信頼消費者（後者）が混在することとなる．完全賠償ルールのもとでは消費者の信頼の有無にかかわらず企業に賠償責任が生じるから，企業はいかなる q を選んだとしても賠償責任を免れることはできないが，制限責任ルールのもとでは信頼消費者に対してのみ企業は賠償責任を負うので，選択する q によっては賠償責任の一部を免れることができる．

なお，消費者が信頼消費者か否かということと彼らが受け取ることとなる賠償金額が 1 対 1 に対応していないことにも注意を要する．たとえば，$q \leq m/b$ を企業が生産量として選んだ場合，すべての消費者が信頼消費者となり，いずれの責任ルールのもとでも彼らは企業に損害を賠償してもらうことができるが，q_N の左側に位置する消費者と右側の消費者とでは，受け取る賠償額は異なる[39]．以上の準備的考察のもとで，後藤（2019）では，制限責任ルールが完全責任ルールに劣るのは，非常に限られた場合のみであることを明らかにしている[40]．

6.4.2 公的エンフォースメントの経済学的検討

6.4.1 項で確認したように，私的エンフォースメントのみでは，不実表示の抑止は難しい．それゆえにどの国の法制度でも，公的エンフォースメントも用意されている．ここでは，日本の景品表示法に基づく課徴金と，アメリカの FTC 法に基づく利益吐き出しについて考察する．

まず，景品表示法上の課徴金については，100% の確率で不実表示が摘発されたとしても，課徴金は売上高の 3% でしかないのだから，それが式 (4) の $p_A(q)$ の係数を 1 から 0.97 にするだけのものであることを考えれば，抑止の手段としてはまったく不十分であることがわかる．しかしながら，景品表示法

39） 6.4.1 項の（2）の議論を参照のこと．

40） KNP では，制限賠償ルールは賠償額が完全賠償ルールよりも少ないから q^* を誘導しない，としか述べられていない．

5条において，消費者を「著しく誤認させる」不当表示のみが規制の対象となっていることは，本章の6.3節の議論に基づけば，合理性があるといえる[41]．

一方，FTC法上の利益吐き出しのもとでは，不実表示が摘発されれば，企業は式(4)の利潤をすべて没収されるのであるから，摘発確率をβとすれば，企業の期待利潤は$(1-\beta)\cdot\pi_{NL}(q)$となり，$\beta$を十分に高くすれば不当表示を抑止できることがわかる．$\pi_{NL}(q)$の計測は，これまでに触れたどの計測よりも容易であろうから，その意味でもこのエンフォースメントは優れているといえよう．もっとも，どのような不実表示についてもこれを適用してしまうと，メリットが存在するようなものまで抑止してしまうことになるが，FTC法13条（b）に基づく利益吐き出しは，裁判手続を経てなされるので，程度の低い不実表示はいい意味で見逃されていることであろう．

6.5　おわりに

成立した契約はパレート改善であるという経済学的な原理や，法律学における契約自由の法理は，それにおいては$v > c$である，ということが担保されてはじめて成り立つものである．不実表示の存在を許せば，実はそうでない場合もあるということになり，われわれが生きる私的財産権に基づく自由な社会の存立基盤が揺らいでしまう．したがって，不実表示およびそれについての法執行は，これまでも，そしてこれからも一つの重要な考察対象であり続けると思われる．

本章では，不実表示のメリットやデメリットを概観したうえで，そのエンフォースメントに関する経済学的議論を整理した．最後に，今後期待される研究の方向性について触れておく．

消費者政策は，消費者の限定合理性を前提として議論されることが多いが，その前提はときに過剰なパターナリズムをもたらす恐れがある．近年，産業組織論と行動経済学の融合分野である行動産業組織論で得られた知見を消費者契約について応用した研究がなされてきているが，分析対象としてはいわゆる

41）　この点につき，植村（2018，p. 34）を参照されたい．

約款論が中心となっており，錯誤，詐欺，不実表示についても行動経済学的な観点からの研究が望まれるところである[42]．とくに，財の品質について，政府や法がいくら情報を開示させたところで，消費者は目立つことがら（セイリアンス）にしか関心をもたないのであれば，そういった政策はうまく機能しない．こうした問題についても，理論的および実証的な研究が待たれる．

また，これまで契約法の経済分析は，どちらかといえば契約違反の救済ルールに関するものが多かった．それゆえ，消費者の限定合理性を前提としない従来の枠組みでの理論的な分析についても，本章でのKNPの紹介からもわかるように，残されている課題は多いと思われる．

◆参考文献

Bar-Gill, O.（2012）, *Seduction by Contract: Law, Economics, and Psychology in Consumer Markets*, Oxford University Press.（太田勝造監訳『消費者契約の法と行動経済学』木鐸社，2017年）

Dixit, A. and V. Norman（1978）, "Advertising and Welfare", *Bell Journal of Economics*, 9, pp. 1-17.

Hattori, K. and K. Higashida（2012）, "Misleading Advertising in Duopoly", *Canadian Journal of Economics*, 45（3）, pp. 1154-1187.

Klement, A., Z. Neeman and Y. Procaccia（2018）, "Consumer Fraud, Misrepresentation and Reliance", *International Review of Law and Economics*, 54, pp. 95-105.

Kronman, A. T.（1978）, "Mistake, Disclosure, Information, and the Law of Contracts", *Journal of Legal Studies*, 7（1）, pp. 1-34.

Lando, O. and H. Beale（2000）, *Principles of European Contract Law, Part I and Part II*, Kluwer Law International.（塩見佳男・中田邦博・松岡久和監訳『ヨーロッパ契約法原則I・II』法律文化社，2006年）

Rasmusen, E. and I. Ayres（1993）, "Mutual and Unilateral Mistake in Contract Law", *Journal of Legal Studies*, 22（2）, pp. 309-343.

Rhodes, A. and C. M. Wilson（2018）, "False Advertising", *RAND Journal of Economics*, 49（2）, pp. 348-369.

Shavell, S.（1994）, "Acquisition and Disclosure of Information Prior to Sale", *RAND Journal of Economics*, 25（1）, pp. 20-36.

Shavell, S.（2004）, *Foundation of Economic Analysis of Law*, Harvard University Press.（田中亘・飯田高訳『法と経済学』日本経済新聞出版社，2010年）

Smith, J. K. and R. L. Smith（1990）, "Contract Law, Mutual Mistake, and Incen-

42）この方向での研究についてのサーベイと今後の展望については，Bar-Gill（2012），西内（2016），広瀬・田中・清水（2017）を参照されたい．

tives to Produce and Disclose Information", *Journal of Legal Studies*, 19 (2), pp. 467-488.

Stone, B. (1989), *Uniform Commercial Code in a Nutshell*, 3rd. ed., West Publishing Co.（渋谷年史訳『アメリカ統一商法典』木鐸社，1994 年）

Ulen, T. S. (1996), "The Economics of Corporate Criminal Liability", *Managerial and Decision Economics*, 17 (4) (Special Issue: Corporate Crime), pp. 351-362.

Zhou, Q. (2009), "Contractual Mistake and Misrepresentation", in Gerrit de Geest, ed., *Encyclopedia of Law and Economics*, Edward Elgar, pp. 31-56.

植村幸也（2018），『景品表示法ガイドブック』第一法規.

大元慎二（2017），『景品表示法（第 5 版）』商事法務.

奥村保規（2008），『広告の経済分析―ミクロ経済学アプローチ―』三菱経済研究所.

鹿野菜穂子（2015），「民法改正と消費者契約―惹起型錯誤（不実表示）を中心に―」『法學研究：法律・政治・社会』（慶應義塾大学法学研究会）第 88 巻第 1 号，pp.89-121.

後藤剛史（2019），「不実表示の経済分析」2019 年度日本応用経済学会秋季大会報告論文.

消費者庁消費者制度課（2019），『逐条解説 消費者契約法（第 4 版）』商事法務.

西内康人（2016），『消費者契約の経済分析』有斐閣.

樋口範雄（2008），『アメリカ契約法（第 2 版）』弘文堂.

樋口範雄（2014），『アメリカ不法行為法（第 2 版）』弘文堂.

広瀬久和・田中亘・清水剛（2017），「「定型約款」規定への民法への導入を考える：法と経済学からの問題提起」『法と経済学研究』（法と経済学会）第 12 巻第 1 号，pp. 41-65.

藤田友敬・松村敏弘（2002），「取引前の情報開示と法的ルール」『北大法学論集』（北海道大学大学院法学研究科）第 52 巻第 6 号，pp. 187-218.

古谷英恵（2012），「アメリカ契約法における錯誤と不実表示の適用領域」『武蔵野大学政治経済研究所年報』（武蔵野大学政治経済研究所）第 6 号，pp. 67-98.

堀江明子（1999），「景品・広告による不当な顧客誘引」後藤晃・鈴村興太郎編『日本の競争政策』東京大学出版会，pp. 163-197.

本城昇（2010），『不公正な消費者取引の規制 米国・EU・韓国の法制を中心に』日本評論社.

松村敏弘（1998），「経済効率性と消費者法制」『ジュリスト』No. 1139，pp. 32-38.

樑博行（2019），『アメリカ民事法入門（第 2 版）』勁草書房.

第７章　情報開示政策と最適責任ルール

境　和彦

7.1　はじめに

財の取引をする際，買い手にとって財の品質のようなものは外見だけでは判断ができない場合も多々存在する．一方，その財の売り手は自分で生産した財の品質を把握できている可能性は高く，その場合には財の売り手と買い手の間に「情報の非対称性」が存在するという問題が発生する．この問題により，良品を模倣した悪質な商品を販売してくるような業者が市場に参入し，そのため買い手が被害を受けるような事態が発生することも考えられる．このような問題を解決する一つの手段としては，財の情報を事前に売り手に強制的に開示させるという「強制開示政策」の導入が考えられる．

しかしながら，この強制開示政策が必ずしも必要となるとは限らない．良質な商品を販売している業者には，自分が悪質な業者と間違われないように商品が良質であるという情報を自ら開示するインセンティブが存在するためである．そのような場合には強制開示政策を導入する必要はなく，売り手の自発的な情報開示行動に任せるほうが効率的になるかもしれない．

また，買い手に損害が発生した場合，売り手は買い手に損害を賠償するべきであるのかという問題も重要であろう．事実，製造物責任法のようにその財の欠陥により買い手に損害が発生した場合，売り手（製造者）は買い手に損害賠償することが義務付けられているようなケースも存在する．このように売り手に責任を課す場合，どのような責任ルールを導入するべきかという問題が出てくる．一般的に用いられる責任ルールとしては，売り手の行動に関係なく常に損害賠償の義務を負うという「厳格責任」と，売り手が注意義務水準を守っていなかった場合にのみ責任を負うという「過失責任」がある．強制開示政策の導入を検討する場合，このような責任ルールの違いが売り手の情報開示行動にどのような影響を与えるのかを考察しておくことも重要な問題と考えられる．

情報開示に関する研究は，Grossman（1981）や Milgrom（1981）等によって始められた．これらの研究ではコストレスに信憑性のある情報を開示することができる状況において私的情報が完全に開示されることが示されている．また，Jovanovic（1982）や Verrecchia（1983）等では情報開示費用が発生する状況を想定し完全開示が起こらない状況を導き出している．さらに，Farrell（1986）や Shavell（1994）では，非対称情報下において情報が自発的に開示されるかどうかに加え，政府により強制的に情報を開示させるという強制開示政策の効率性に関しても検証がなされている．また，これらの先行研究に関しては Dranove and Jin（2010）に丁寧にまとめられている．さらに，近年においても，Polinsky and Shavell（2012），Schweizer（2017）等に代表されるように情報開示に関する研究は盛んに行われており，強制開示政策の有効性に関して有益な知見が蓄積され続けている．

ただし，これらの先行研究では情報開示政策と責任ルールの望ましい関係に関して十分な分析がなされているとはいえない．すわなち，財の取引が買い手に損害を及ぼす可能性があるとき，そもそも責任を売り手に課す必要があるのか，また，売り手に責任を課す場合には責任ルールとしては厳格責任と過失責任のどちらのルールを採用するべきであるか，そして，そのルールの違いが情報開示政策の望ましいあり方にどのような影響をもたらすのか，このような問題が十分に分析されていない．

そこで本章では，売り手のタイプに応じて買い手に損害が発生する可能性がある状況を想定する．そして，売り手のタイプは売り手の私的情報とし，費用をかければ売り手は買い手に自身のタイプを開示することができる状況を考える．そのような状況のもとで，政府による強制開示政策が必要であるのか検討する．さらに，厳格責任，過失責任の２つのルールを損害賠償ルールとして導入することが，売り手の情報開示行動や社会全体の効率性にどのような影響を及ぼすのか検証する．

以下，基本モデルを導入し，ファースト・ベスト，自発的な売り手の情報開示政策，政府による強制開示政策を分析し，さらに，厳格責任と過失責任を導入することで最適な責任ルールのあり方を検討する．

7.2 モデル

ある財の取引を考える．売り手は生産費用 C をかけることで財を生産することができ，この財を購入した買い手には V の利益が発生する．売り手に発生する生産費用 C は財を売ると決め生産に入った時点で発生する費用であるため，たとえ財が売れなかったとしても売り手には C の費用が発生する．また，財の価格を P とし，ここでは P は外生的に決まったある定数とし，$P - C > 0$ および $V - P > 0$ を仮定する[1)]．また，売り手には2つのタイプがある．それは良質な売り手と悪質な売り手である．良質な売り手から財を購入した場合，買い手にはその財から損失が生じることはない．一方，悪質な売り手から財を購入した場合，買い手には H の損害が発生する．買い手は売り手のタイプに関しては，事前にはその存在確率のみ知るものとする．すなわち，悪質な売り手の存在確率が「ν」であり，よって，良質な売り手の存在確率が「$1 - \nu$」であることを買い手は事前に知っており，売り手もまたそのことを把握しているものとする．売り手は費用 D をかけることで自分のタイプを買い手に伝えることができる．ここでは虚偽のタイプを申告することはできないものとし，また，費用 D は両タイプ共通の値とする．このような状況において，政府は売り手の情報を事前に強制的に開示させるかどうかを決定する．ゲームの流れはつぎのようになる．

第1期：自然が売り手のタイプを決定し，また，政府が強制開示政策を導入

1）　$P - C < 0$ であれば売り手に財を販売する動機は存在しない．また，$V - P < 0$ であれば買い手に財を購入する動機は存在しない．よって，両者に取引によるメリットが存在するために価格が $P - C > 0$ および $V - P > 0$ を満たす範囲に焦点を当てる．

するかどうかを決定する．

第2期：売り手が財を売るか（生産するか）どうかを決定する．また，売る場合には情報を開示するかどうかも決定する．

第3期：買い手が財を購入するかどうかを決定する．

ゲームはバックワードインダクションで解くことになるが，ここでまずファースト・ベストを考えておく．買い手が良質な売り手と取引をした場合，全体（両者の利得の合計）として $V-C$ の利得が発生し，仮定より $V-C>0$ が成り立つ．すなわち，良質な売り手との取引は社会的に価値をもっている．一方，買い手が悪質な売り手と取引をした場合，全体（両者の利得の合計）として $V-C-H$ の利得が発生し，ここで $V-C-H<0$ を仮定する．すなわち，悪質な売り手との取引は社会的損失をもたらすことを仮定する．また，売り手が情報を開示することは社会的に見ても D という費用が発生することを意味しているため非効率といえる．したがって，「すべての売り手が情報を開示せず，かつ，買い手が良質な売り手とのみ取引をする」ことがファースト・ベストといえる．では，売り手に情報を開示するかどうかを自由に決めさせる場合（自発的開示），また，政府が取引をする際には売り手は必ず自身のタイプを買い手に伝えることを義務付ける場合（強制開示），それぞれでファースト・ベストを導くような状況が実現されるかゲームを解くことで検証していく．

7.3　自発的開示

ここでは政府による強制開示は導入されておらず，売り手が財を売る際に自ら情報（自分のタイプ）を開示するかどうかを自由に決定できる状況を考える．ただし，情報を開示するためには D という情報開示コストがかかる．この場合，売り手は2期において，(i) 自身のタイプを開示して売る，(ii) 自身のタイプを開示しないで売る，(iii) 売らない，という3つの選択肢をもつこととなる．また，情報が開示された場合には買い手は売り手のタイプはわかるが，情報が開示されなかった場合には買い手は売り手のタイプがわからない．よって，ゲームツリーは図7-1のようになる[2)]．

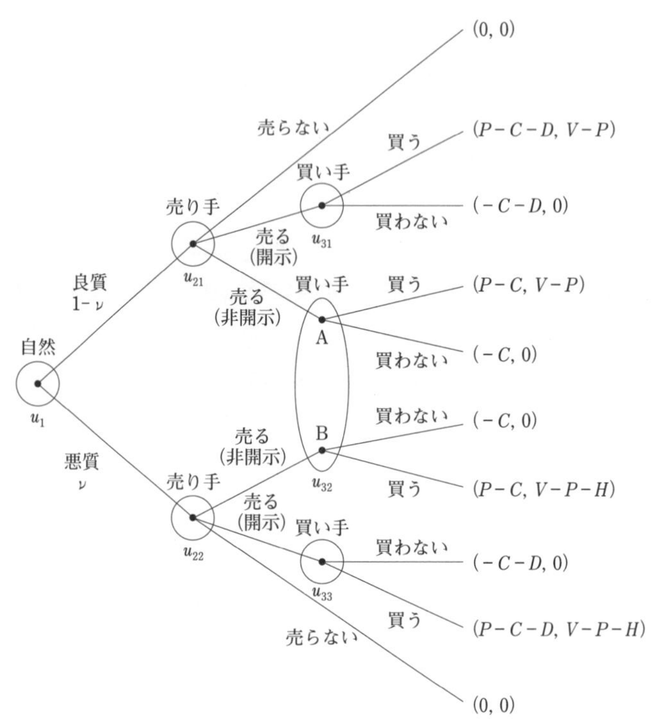

図 7-1　ゲームツリー（自発的開示）

[illegible]うして，このケースは情報不完備ゲームとなり，「完全ベイジアン均衡」とい[illegible]均衡概念を用いることとなる．すなわち，このケースにおける均衡は，(1) [illegible]情報集合における戦略の組，(2) 情報集合 u_{32} における信念 θ，で構成され[illegible]ととなる．ここで，「θ」は情報集合 u_{32} に到達した際の，買い手が[illegible]り手[illegible]質であると思う確率（図 7-1 の B にいると思う確率）である．よっ[illegible]が売り手が良質であると思う確率（図 7-1 の A にいると思う確率）は「1[illegible]で表される．そして，この信念は均衡においては整合的でなければならない[illegible]均衡における戦略の組のもとで到達する手番において，θ はベイズ・[illegible]ル[illegible]満たしていなければならない．

2）利得に関しては，左側が売り手の利得，右側が買い手の利得をそれぞれ表しており，これ以降のゲームツリーにおいてもすべて同様に表記している．

これより完全ベイジアン均衡を導出していく．まず，3期での買い手の行動を分析する．情報集合 u_{31} における買い手の行動から分析する．「買う」を選択した場合の買い手の利得は $V-P>0$ となる．一方，「買わない」を選択した場合の買い手の利得は0であるため，買い手は必ず「買う」を選択することとなる．同様に考えると情報集合 u_{33} における買い手の行動は，「買う」を選択した場合の買い手の利得が $V-P-H<0$ となるため必ず「買わない」を選択することとなる．また，情報集合 u_{32} における買い手の期待利得は，「買う」を選択した場合，

$$(1-\theta)(V-P)+\theta(V-P-H)=V-P-\theta H$$

となる．一方，「買わない」を選択した場合の利得は0であるため，「$V-P-\theta H=0$」を満たす θ を $\underline{\theta}$ とする，すなわち，

$$\underline{\theta}=(V-P)/H$$

とすると買い手の行動はつぎのようにまとめられる[3)]．

$$\begin{cases} \cdot\ 0\leq\theta\leq\underline{\theta}\ \text{のとき，「買う」を選択する．} \\ \cdot\ \underline{\theta}<\theta\leq 1\ \text{のとき，「買わない」を選択する．} \end{cases}$$

すなわち，情報集合 u_{32} において買い手は売り手が良質である確率が高いと思えば財を購入するが，売り手が悪質である可能性が高いと思えば財を購入しないという選択をすることとなる．

つぎに，2期での売り手の行動を分析する．まず，$0\leq\theta\leq\underline{\theta}$ を満たすケース，すなわち，3期における情報集合 u_{32} おいて買い手が「買う」を選択するケースを分析する．情報集合 u_{21} における良質な売り手の行動から分析する．まず，「情報を開示して売る」を選択した場合，買い手は3期で財を購入してくれるため売り手の利得は $P-C-D$ となる．一方，「情報を開示せずに売る」を選択した場合 $P-C>0$ の利得を得る．また，「売らない」を選択した場合の売り手の利得は0となるため，良質な売り手は「情報を開示せずに売

3)　仮定により $0<\underline{\theta}<1$ が成り立つことが確認できる．

る」を選択することとなる．

つぎに情報集合 u_{22} における悪質な売り手の行動を分析する．まず「情報を開示して売る」を選択した場合，買い手は 3 期で財を購入してくれないため売り手の利得は $-C-D$ となる．一方，「情報を開示せずに売る」を選択した場合には買い手が 3 期で財を購入してくれるため $P-C>0$ の利得を得る．また，「売らない」を選択した場合の売り手の利得は 0 となるため，悪質な売り手も「情報を開示せずに売る」を選択することとなる．

すなわち，このケースでは両タイプとも「情報を開示せずに売る」を選択することとなる．また，この場合，買い手は売り手の行動を見て信念を更新することができないため，信念は初期信念そのものとなる．すなわち $\theta=\nu$ となり，これはベイズ・ルールを満たす整合的な信念である．ただし，ここでは $0\leq\theta\leq\underline{\theta}$ を満たすケースを考えていたため，均衡が成立するためには $\theta=\nu\leq\underline{\theta}$ を満たす必要がある．

以上より，このケースにおける完全ベイジアン均衡は，

- **均衡 3–1**

・戦略の組：(情報を開示せずに売る，情報を開示せずに売る，買う，
　　　　　　買う，買わない)
・情報集合 u_{32} における信念：$\theta=\nu\leq\underline{\theta}$

となる[4]．すなわち，このケースでは売り手がタイプに依存せず同一の戦略をとるという一括均衡が導出される．このような均衡が生じる理由はつぎのように考えらえる．ここでは $0\leq\theta\leq\underline{\theta}$ を満たすケース，すなわち買い手は売り手が良質である確率が高いと考えているケースであるため，売り手が情報を開示しなくとも買い手は財を購入してくれる．そのような場合には良質な売り手はわざわざ費用のかかる情報開示を選ぶ動機はないし，また，それに便乗する形で悪質な売り手もまぎれて財を販売することになるということである．

4）均衡における戦略は左から順に，u_{21} における良質な売り手の戦略，u_{22} における悪質な売り手の戦略，u_{31} における買い手の戦略，u_{32} における買い手の戦略，u_{33} における買い手の戦略を示している．また，後述する「均衡 3-2」，「均衡 3-3」，「均衡 3-1′」，「均衡 3-2′」においても同様である．

つぎに，$\underline{\theta} < \theta \leq 1$ を満たすケースを分析する．このケースではさきに分析したように 3 期での買い手の行動は情報集合 u_{31} においては「買う」を選択し，情報集合 u_{33} においては「買わない」を選択し，情報集合 u_{32} においては「買わない」を選択することとなる．売り手は 3 期における買い手の行動を読み込んで 2 期での戦略を決定する．まず，情報集合 u_{21} における良質な売り手の行動から分析する．「情報を開示して売る」を選択した場合，買い手は 3 期で財を購入してくれるため売り手の利得は $P - C - D$ となる．一方，「情報を開示せずに売る」を選択した場合 3 期で買い手は財を購入してくれないため売り手は $-C$ の利得を得る．また，「売らない」を選択した場合の売り手の利得は 0 となるため，良質な売り手は $P - C - D \geq 0$ のとき，すなわち，$D \leq P - C$ のとき「情報を開示して売る」を選択し，$D > P - C$ のとき「売らない」を選択することとなる．

つぎに情報集合 u_{22} における悪質な売り手の行動を分析する．まず「情報を開示して売る」を選択した場合，買い手は 3 期で財を購入してくれないため売り手の利得は $-C - D$ となる．一方，「情報を開示せずに売る」を選択した場合にも買い手は財を購入してくれないため $-C$ の利得を得る．また，「売らない」を選択した場合の売り手の利得は 0 となるため，悪質な売り手は「売らない」を選択することとなる．

すなわち，このケースでは良質な売り手のみが情報を開示したうえで財を売るか，もしくは両タイプとも売らないかという 2 つのケースが存在することになる．また，いずれのケースにおいても情報集合 u_{32} に到達することはないため $\underline{\theta} < \theta \leq 1$ を満たすすべての信念が整合的となる．以上より，このケースにおける完全ベイジアン均衡は，

- **均衡 3-2**（$D \leq P - C$ を満たすとき）

  - ・戦略の組：(情報を開示して売る，売らない，買う，買わない，買わない)
  - ・情報集合 u_{32} における信念：$\underline{\theta} < \theta \leq 1$

- **均衡 3-3**（$D > P - C$ を満たすとき）

$$\begin{cases} \text{・戦略の組：（売らない，売らない，買う，買わない，買わない）} \\ \text{・情報集合 } u_{32} \text{ における信念：} \underline{\theta} < \theta \leq 1 \end{cases}$$

となり，それぞれ分離均衡と一括均衡が導出される．

このような均衡が生じる理由はつぎのように考えられる．$\underline{\theta} < \theta \leq 1$ を満たすケース，すなわち買い手は売り手が悪質である確率が高いと考えているケースであるため，情報が開示され安全だとわかった場合にしか買い手は財を購入してくれない．そのため情報開示費用がある程度低い場合には良質な売り手は買い手に財を購入してもらうために自身のタイプを開示する動機をもち，また，その場合には悪質な売り手が市場に参加するチャンスは存在しなくなる．よって，情報開示費用がある程度低い場合には良質な売り手のみが自ら情報を開示して財を販売することになる．一方，情報開示費用がある程度高くなると良質な売り手には情報を開示してまで財を販売する動機がなくなり，よって，すべての売り手が市場から退出してしまうということである．以上より，つぎの命題を得る．

命題 1：買い手が売り手が良質である可能性が高いと思っているような場合は情報を開示する売り手はなく悪質な売り手を市場から排除することはできない．また，買い手が売り手が悪質である可能性が高いと思っているような場合には，情報開示費用が低いときには良質な売り手が自ら情報を開示し悪質な売り手は市場から排除される．しかしながら，情報開示費用がある程度高くなるとすべての売り手が市場から退出してしまう．いずれにせよ，ファースト・ベストは達成できない．

7.4　強制開示

ここでは，政府が売り手に対して財を販売する際に自身のタイプに関する情報を強制的に開示させる場合を検討する．この場合，売り手は 2 期において「情報を開示して売る」か「売らない」という 2 つの選択肢のみをもつこととなる．また，買い手は売り手のタイプをわかったうえで財を購入することになる．よって，ゲームツリーは図 7-2 のようになる．

まず，3 期での買い手の行動は売り手のタイプが完全情報になるため買い手は情報集合 u_{31} においては「買う」を選択し，情報集合 u_{32} においては「買わない」を選択することとなる．つぎに，2 期での売り手の行動を分析する．情報集合 u_{21} における良質な売り手の利得は，「情報を開示して売る」を選択した場合 3 期で買い手がその財を購入してくれるため $P-C-D$ となる．一方「売らない」を選択した場合の売り手の利得は 0 となるため，売り手は $P-C-D \geq 0$ のとき，すなわち，$D \leq P-C$ のとき「情報を開示して売る」を選択し，$D > P-C$ のとき「売らない」を選択することとなる．つぎに情報集合 u_{22} における悪質な売り手の行動を分析する．まず「情報を開示して売る」を選択した場合，買い手は 3 期で財を購入してくれないため売り手の利得は $-C-D$ となる．一方「売らない」を選択した場合の売り手の利得は 0 となるため，悪質な売り手は「売らない」を選択することとなる．

以上より，このケースにおける部分ゲーム完全均衡は，

- **均衡 4-1**（$D \leq P-C$ を満たすとき）

  （情報を開示して売る，売らない，買う，買わない）

- **均衡 4-2**（$D > P-C$ を満たすとき）

  （売らない，売らない，買う，買わない）

となる[5)]．すなわち，悪質な売り手は買い手に財を購入してもらう機会は一切ないため，悪質な売り手が市場に参入することはない．一方，情報開示費用がある程度小さければ良質な売り手は買い手が財を購入してくれるため情報を開示して市場に参入する動機をもつが，情報開示費用がある程度高くなれば良質な売り手も市場から退出してしまうことになる．以上より，つぎの命題を得る．

5)　戦略は左から順に，u_{21} における良質な売り手の戦略，u_{22} における悪質な売り手の戦略，u_{31} における買い手の戦略，u_{32} における買い手の戦略を示している．また，後述する「均衡 4-1′」，「均衡 4-2′」においても同様である．

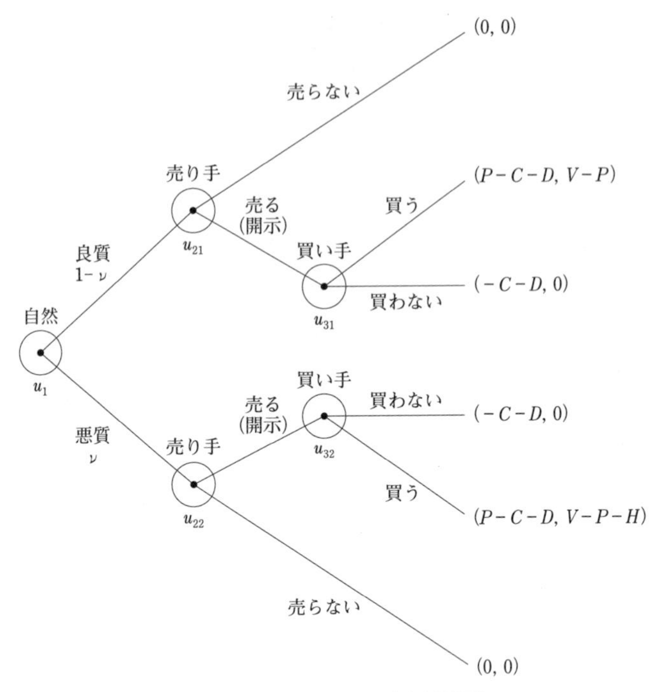

図 7-2　ゲームツリー（強制開示）

命題 2：強制開示政策を導入すると悪質な売り手を市場から完全に排除することができる．しかしながら，情報開示費用がある程度高い場合には強制開示政策の導入は良質な売り手も市場から排除してしまう．

ここで，命題 1 と命題 2 をふまえて強制開示政策の有効性について議論する．強制開示政策が導入されていない場合，均衡 3-1 が示すように，買い手が悪質な売り手の存在確率がある程度小さい（$0 \leq \nu \leq \underline{\theta}$）と思っている状況では両タイプとも情報を開示せずに財を販売することとなった．すなわち，買い手に損害を与える悪質な業者を市場から排除することはできなかった．よって，このような場合には強制開示政策を導入することで悪質な業者を排除することができ強制開示政策は有効になりうる．しかし，情報開示費用 D がある程度大きい状況（$D > P - C$）であれば均衡 4-2 が示すように強制開示政策の導入はすべての売り手を市場から退出させてしまうため強制開示政策は有効とはならない．また，買い手が悪質な売り手の存在確率がある程度大きい（$\underline{\theta} < \nu \leq 1$）と思っているような状況で，かつ，情報開示費用 D がある程度小さい状況（$D \leq P - C$）では強制開示政策が導入されていない場合でも良質な売り手は自ら情報を開示し悪質な売り手は市場から排除されることになるため，強制開示政策を導入する必要はない．以上より，つぎの命題を得る．

命題3：悪質な売り手の存在確率がある程度小さく（$0 \leq \nu \leq \underline{\theta}$），かつ，情報開示費用が低い場合（$D \leq P - C$）には強制開示政策は有効である．

7.5　最適責任ルール

これまでの分析では，損害が発生した場合にその費用（損害）を買い手が自分で負担している状況を想定してきた．しかし，製造物責任法のようにその財の欠陥により買い手に損害が発生した場合，売り手（製造者）は買い手に損害を賠償することが義務付けられる状況も想定できる．このように，損害が発生した場合に売り手に責任を課すことが情報開示効果に与える影響を考察しておくことも重要な問題といえる．そこで，本節では，まず買い手に損害が発生した場合には常に売り手が責任を負うという「厳格責任」を用いる場合を考察する．この場合，7.4節までとの変更点は，悪質な売り手が財を売ってそれを買い手が購入した際の利得が，それぞれ，つぎのようになることである．

・情報開示有：$(P-C-D,\ V-P-H) \Rightarrow (P-C-D-H,\ V-P)$
・情報開示無：$(P-C,\ V-P-H) \Rightarrow (P-C-H,\ V-P)$

また，売り手が情報を開示した場合に買い手がその財を購入して損害が発生した場合，情報が開示されているため買い手は損害が発生することをわかったうえでその財を購入していることになる．その場合にも売り手が責任を負うという状況は売り手に厳しすぎると考えることもできる．よって，その場合には買い手の自己責任とし，情報が開示されなかった場合に発生した損害に対してのみ売り手が責任を負うという「過失責任」の効率性も併せて検証していくこととする．その場合には情報開示時には売り手は責任を負う必要がないため

7.4 節までと同じ利得となる．7.4 節までとの変更点は悪質な売り手が情報を開示せずに財を売ってそれを買い手が購入した際の利得が，

・情報開示無：$(P-C,\ V-P-H)\ \Rightarrow\ (P-C-H,\ V-P)$

と変更されることのみである．これらの点を考慮して，これまでと同じ手順で均衡を導出していくとつぎのようになる．

7.5.1 自発的開示

<厳格責任>　このルールのもとでは損害が発生した場合には売り手がその責任をすべて負うことになるため買い手にリスクは存在しない．すなわち，図 7-1 の 3 期のすべての情報集合 u_{31}，u_{32}，u_{33} において買い手が「買う」を選択した場合の利得が $V-P>0$ となるため，買い手は必ず「買う」を選択することとなる．

つぎに，2 期での売り手の行動を分析する．図 7-1 の情報集合 u_{21} における良質な売り手の行動から分析する．まず，「情報を開示して売る」を選択した場合，買い手は 3 期で財を購入してくれるため売り手の利得は $P-C-D$ となる．一方，「情報を開示せずに売る」を選択した場合も買い手はその財を購入するため $P-C>0$ の利得を得る．また，「売らない」を選択した場合の売り手の利得は 0 となるため，良質な売り手は「情報を開示せずに売る」を選択することとなる．

つぎに情報集合 u_{22} における悪質な売り手の行動を分析する．まず「情報を開示して売る」を選択した場合，買い手は 3 期で財を購入してくるがその際には損害を賠償しなければならないため売り手の利得は $P-C-D-H<0$ となる．一方，「情報を開示せずに売る」を選択した場合にも買い手が 3 期で財を購入し損害を賠償することになるため $P-C-H<0$ の利得を得る．また，「売らない」を選択した場合の売り手の利得は 0 となるため，悪質な売り手は「売らない」を選択することとなる．すなわち，このケースでは良質な売り手のみが「情報を開示せずに売る」を選択し財の取引が行われることとなる．この場合，情報集合 u_{32} に到達するのは良質な売り手のみとなるため，買い手の信念は $\theta=0$ となる．以上より，このケースにおける完全ベイジアン均

衡は,

• 均衡 3-1′

$\begin{cases} \text{・戦略の組：(情報を開示せずに売る，売らない，買う，買う，買う)} \\ \text{・情報集合 } u_{32} \text{ における信念：} \theta = 0 \end{cases}$

となる．すなわち，このケースではファースト・ベストが達成される．

<過失責任>　このルールのもとでは損害が発生した場合，情報開示がなければ売り手が責任を負うことになるため買い手にリスクは存在しない．よって，3 期の情報集合 u_{31}，u_{32} において買い手が「買う」を選択した場合の利得が $V - P > 0$ となるため，買い手は「買う」を選択することとなる．一方，情報集合 u_{33} においては買い手が責任を負うことになるため「買う」を選択すると利得は $V - P - H < 0$ となるため，買い手は「買わない」を選択することとなる．

つぎに，2 期での売り手の行動を分析する．情報集合 u_{21} における良質な売り手の行動から分析する．まず，「情報を開示して売る」を選択した場合，買い手は 3 期で財を購入してくれるため売り手の利得は $P - C - D$ となる．一方，「情報を開示せずに売る」を選択した場合も買い手はその財を購入するため売り手は $P - C > 0$ の利得を得る．また，「売らない」を選択した場合の売り手の利得は 0 となるため，良質な売り手は「情報を開示せずに売る」を選択することとなる．

つぎに情報集合 u_{22} における悪質な売り手の行動を分析する．まず「情報を開示して売る」を選択した場合，買い手は 3 期で財を購入しないため売り手の利得は $-C - D < 0$ となる．一方，「情報を開示せずに売る」を選択した場合には買い手が 3 期で財を購入し損害を賠償しなければならなくなるため $P - C - H < 0$ の利得を得る．また，「売らない」を選択した場合の売り手の利得は 0 となるため，悪質な売り手は「売らない」を選択することとなる．すなわち，このケースでは良質な売り手のみが「情報を開示せずに売る」を選択し財の取引が行われることとなる．この場合，情報集合 u_{32} に到達するのは良質な売り手のみとなるため，買い手の信念は $\theta = 0$ となる．以上より，この

ケースにおける完全ベイジアン均衡は，

- **均衡 3-2′**

$$\begin{cases} \cdot\text{戦略の組：(情報を開示せずに売る，売らない，買う，買う，買わない)} \\ \cdot\text{情報集合 } u_{32} \text{ における信念：} \theta = 0 \end{cases}$$

となる．すなわち，このケースでもファースト・ベストが達成される．

以上より，つぎの命題を得る．

命題 4：情報を開示することを売り手の意志に任せる場合，悪質な売り手に責任を課すことでファースト・ベストが達成される．また，その際には厳格責任と過失責任のどちらのルールを採用しても効率性に変化はない．

7.5.2 強制開示

＜厳格責任＞ このルールのもとでは損害が発生した場合には売り手がその責任をすべて負うことになるため買い手にリスクは存在しない．すなわち，図 7-2 の 3 期のすべての情報集合 u_{31}，u_{32} において買い手が「買う」を選択した場合の利得が $V - P > 0$ となるため，買い手は必ず「買う」を選択することとなる．

つぎに，2 期での売り手の行動を分析する．情報集合 u_{21} における良質な売り手の利得は，「情報を開示して売る」を選択した場合 3 期で買い手がその財を購入してくれるため $P - C - D$ となる．一方「売らない」を選択した場合の売り手の利得は 0 となるため，売り手は $P - C - D \geq 0$ のとき，すなわち，$D \leq P - C$ のとき「情報を開示して売る」を選択し，$D > P - C$ のとき「売らない」を選択することとなる．つぎに情報集合 u_{22} における悪質な売り手の行動を分析する．まず「情報を開示して売る」を選択した場合，買い手が 3 期で財を購入し売り手は損害賠償することになるため売り手の利得は $P - C - D - H < 0$ となる．一方「売らない」を選択した場合の売り手の利得は 0 となるため，悪質な売り手は「売らない」を選択することとなる．

以上より，このケースにおける部分ゲーム完全均衡は，つぎのようになる．

- **均衡 4-1′**（$D \leqq P - C$ を満たすとき）

（情報を開示して売る，売らない，買う，買う）

- **均衡 4-2′**（$D > P - C$ を満たすとき）

（売らない，売らない，買う，買う）

<過失責任>　このルールのもとでは悪質な売り手は責任を負わなくてよい．よって，このケースは 7.4 節で分析したものと同じになるため，均衡は「均衡 4-1」と「均衡 4-2」となる．以上より，つぎの命題を得る．

命題 5：強制開示政策のもとでは責任ルールにかかわらず常に悪質な売り手を排除することはできる．また，情報開示費用が高い場合には強制開示政策の導入はすべての売り手を市場から退出させてしまうため非効率である．いずれにせよ，強制開示政策の導入は情報開示費用を発生させるためファースト・ベストは実現することは不可能である．

また，これまでの議論を総括するとつぎの命題を得る．

命題 6：強制開示政策のもとでは責任ルールにかかわらずファースト・ベストを実現することはできない．一方，売り手の自発的開示に任せる場合には売り手に責任を課すことでファースト・ベストを実現することができる．したがって，強制開示政策は導入せずに，売り手に責任を課すような法整備を整えることが望ましい．また，その際には厳格責任と過失責任のどちらを採用してもかまわない．

7.6　おわりに

本章では，買い手に損害を与えるような売り手が確率的に存在するような財の取引において，売り手が自身のタイプを買い手に開示する動機があるのか調査した．そのうえで，政府が強制的にその情報を売り手に開示させるという強制開示政策の有効性を検討した．さらに，買い手に損害が発生した場合に売り手に責任を課すことが売り手の情報開示行動にどのような影響を及ぼすかも分析し，強制開示政策の必要性を検証した．分析の結果，強制開示政策のもとでは責任ルールにかかわらずファースト・ベストを実現することはできないのに対し，売り手の自発的開示に任せる場合には売り手に責任を課すことでファースト・ベストを実現することができることが示された．したがって，強制開示政策は導入せずに，売り手に責任を課すような法整備を整えることが望ましいことを本章の分析は主張している．

本章が残した課題として，買い手による情報獲得行動を分析することが挙げられるであろう．売り手が情報を開示しなかった場合には買い手が調査して損失を回避するような行動をとることも考えられ，その場合には強制開示政策を導入することが有効になるかもしれない．また，ここでは財の価格を外生的に扱ったが，当事者間で価格が内生的に決定されるようなモデルへの拡張も考えられる．このような問題を今後の課題として分析していきたい．

◆参考文献

Dranove, David and Ginger Zhe Jin (2010), "Quality Disclosure and Certication: Theory and Practice", *Journal of Economic Literature*, 48, pp. 935-963.

Farrell, J. (1986), "Voluntary Disclosure: Robustness of the Unraveling Result, and Comments on its Importance", in R. E. Grieson, ed., *Antitrust and Regulation*, Lexington Books, pp. 91-103.

Grossman, S. J. (1981), "The Informational Role of Warranties and Private Disclosure about Product Quality", *Journal of Law and Economics*, 24, pp. 461-483.

Jovanovic, B. (1982), "Truthful Disclosure of Information", *Bell Journal of Economics*, 13, pp. 36-44.

Milgrom, Paul (1981), "Good News and Bad News: Representation Theorems and Applications", *Bell Journal of Economics*, 12, pp. 380-391.

Schweizer, Urs (2017), "Incentives to Acquire Information under Mandatory versus Voluntary Disclosure", *Journal of Law, Economics, and Organization*, 33 (1), pp. 173-192.

Shavell, Steven (1994), "Acquisition and Disclosure of Information Prior to sale", *RAND Journal of Economics*, 25, pp. 20-36.

Polinsky, A. Mitchell and Steven Shavell (2012), "Mandatory versus Voluntary Disclosure of Product Risks", *Journal of Law, Economics, and Organization*, 28 (2),

pp. 360–379.
Verrecchia, R. E.（1983），“Discretionary Disclosure”, *Journal of Accounting and Economics*, 5, pp. 179–194.

第8章　楽観性バイアス，契約不履行の法的救済制度と進化*

佐藤茂春

8.1　はじめに

本章は裁判に対する非合理的な予測を行う主体が存在する場合に，契約不履行の法的救済制度が取引の効率性にどのような影響を与えるのかを明らかにする．また，逆に，進化ゲーム理論を用いて，非合理的な予測を行う主体の割合が法的救済制度によって進化的にどのように変化するのかを分析する．このことにより，法的救済制度が契約当事者の行動に与える影響のみならず，契約当事者の予測傾向のタイプ分布に与える影響も明らかにできる．

このようなアプローチに基づいた先行研究として，Bar-Gill (2006) がある．この研究では，訴訟モデルにおいて，勝訴確率に関する非合理的な信念をもつプレイヤー間の進化ゲームを分析しており，非合理的な適度の楽観主義的信念をもつプレイヤーが進化的に安定となることを示している．本章では，この訴訟モデルをもとにして，バイヤーセラーモデルに拡張し，契約不履行が起きる場合の法的救済制度を検討する．

---

* 本章は日本応用経済学会秋季大会で報告した論文をもとに大幅に加筆修正をしたものである．その際に多くの方々よりコメントをいただいたことに感謝申し上げる．とくに，討論者の栗田健一先生（九州大学）には詳細なコメントをいただいた．また，堀宣昭先生（九州大学）には改訂のための重要なアイデアをご示唆いただいた．細江守紀先生（九州大学名誉教授）からは学会後に貴重なコメントをお送りいただいた．なお，いうまでもないが本章に残る誤りはすべて筆者の責任である．

基本的な契約不履行の法的救済制度の分析[1]では，期待利益ルールや信頼利益ルールにおける法的賠償額としてそれぞれ取引が行われた場合の利益や取引にあたって行われた信頼投資額が用いられている．これらを算定するためには，信頼投資額を裁判官が知ることができなければならない．しかしながら，もしそれが可能であるならば，信頼投資額は立証可能性をもつこととなる．信頼投資が第三者に立証可能であるならば，それを取り入れた契約をすることで，常に効率的な信頼投資が行われることとなり，約定賠償ルールが常に最適となる．従来の分析にはこのような契約の不完備性に関わる問題がある．そこで，本章では明確に信頼投資が第三者に立証不可能であることを前提とする．そのため，プレイヤーは法的賠償額を所与として行動する．

以上の設定をもとに，進化ゲームによる分析を行い，法的賠償額がプレイヤーの合理性と取引の効率性に与える影響を明らかにする．前提となるパラメータのもとでは，法的賠償額が低いとき，楽観的プレイヤーのみの定常状態に収束していき，法的賠償額が中程度のとき，両者が混在する定常状態に収束し，法的賠償額が高いとき，合理的プレイヤーのみの定常状態に収束することが示される．また，各場合において，法的賠償額の増加は信頼投資を増やし，取引確率を上げる．そのため，社会厚生を増やすことがわかる．法的賠償額が信頼投資に連動できないという不完備契約の前提から，信頼投資はファースト・ベストと比較し，過小となることから，法的賠償額増加が取引の効率性を高めている．

また，法的賠償額が中程度のときは，法的賠償額の増加により，楽観的プレイヤーが増える領域と減る領域があることも明らかとなる．このように，法的賠償額により，プレイヤーの長期的な合理性の変化が生じることは，以下のように現実の問題として解釈できる．法的救済制度が充実していない国家では，楽観的プレイヤーが有利であり，人々も楽観的な判断傾向をもつ．これは発展途上の国家にあてはまると考えられる．法的救済制度が充実してくると，合理的プレイヤーと楽観的プレイヤーが混在するようになる．多くの国はこの状態であろう．さらに法的救済制度が充実すると，合理的プレイヤーのみの社会と

1）　Miceli（1997）を参照．

なる．先進国はこの状態に近づいていると考えることができる．

以降の構成は以下のとおりである．8.2 節では，モデルを提示する．8.3 節ではモデルの数値計算を行い，その結果を検討する．8.4 節は本章の分析結果のまとめと解釈，および今後の研究課題について述べる．

8.2 モデル

本節では分析の基本的な枠組みを構築する．ある 1 個の非分割財の取引を行おうとしている売り手と買い手を考える．この取引は以下のタイムラインで行われる．

1. 売り手と買い手が価格 p での売買契約を締結する．
2. 買い手は信頼投資 r を行う．
3. 売り手の生産費用 c が分布 F にしたがって実現し，売り手が売買契約を履行するか破棄するかを決定する．履行する場合は生産費用 c で財を生産し買い手に届け，買い手は価格 p を売り手に支払い，財より便益 $v(r)$ を得る．
4. 売り手が契約を破棄した場合，賠償額 s を売り手と買い手が交渉する（和解交渉）．
5. 和解交渉が決裂した場合，買い手は売り手を提訴する．買い手は確率 $\tau \in [0,1]$ で勝訴し，法的賠償額 d を売り手から受け取る．

ここで，1 期の価格契約は固定価格契約とする．2 期で買い手は自己の取引便益を増やす，利己的投資を行う．この投資額 r は買い手が決定し，その投資コストは r とする．この投資により買い手が財から得る便益 $v(r)$ が増加する．$v(r)$ は 2 回微分可能な凹関数とする．また，ここでの投資 r は観察可能だが第三者に立証不可能であるとする．そのため，本章では契約を r の関数とすることはできないし，裁判所も r の大きさに依存した賠償ルールはつくれないものと仮定する[2)]．3 期で売り手の生産費用は定数 c とする．5 期で買い手

2) この仮定は法と経済学の先行研究とは異なる．Edlin and Reichelstein (1996) が指摘するように，従来の研究は裁判所の能力について過大な信頼を置いており，裁判所は r を把握した賠償が可能であると暗黙に仮定している．しかしながら，もし，それが可能であれば，契約当事者は契約

の勝訴確率は τ で，法的賠償額は d なので，期待賠償額は $D \equiv \tau d$ である．

本章ではこの勝訴確率のみに対して，買い手と売り手はバイアスをもった予測をすると考える．このバイアスを $\delta \in \mathbb{R}$ とし，買い手は $\tau(1+\delta)$，売り手は $\tau(1-\delta)$ を勝訴確率だと考えているとする．とくに，$\delta > 0$ となるプレイヤーを楽観的プレイヤー，$\delta = 0$ となるプレイヤーを合理的プレイヤー，$\delta < 0$ となるプレイヤーを悲観的プレイヤーと呼ぶことにする．

本章では，楽観性のタイプは楽観的タイプ（$\delta = \bar{\delta} > 0$）と合理的タイプ（$\delta = 0$）2タイプに限定する．楽観的タイプの存在比率を $\rho \in [0,1]$ とする．したがって，合理的タイプの存在比率は $1-\rho$ である．

以上の設定をもとに，以下では5期から遡って分析を進める．実際の均衡を求める前に，ファースト・ベストを明らかにしておこう．効率的な取引条件は $v(r) - c \geq 0$ であるから，これを元にすると社会的な余剰は

$$\int_0^{v(r)} \{v(r) - c\} dF(c) - r = F[v(r)]v(r) - \int_0^{v(r)} c dF(c) - r \quad (1)$$

となる．したがって，これを最大にする r^{FB} が満たす1階条件は

$$F[v(r^{FB})]v'(r^{FB}) = 1 \quad (2)$$

となる．

8.2.1　和解交渉と賠償額の決定

契約不履行の発生後，判決前に当事者間で賠償額の交渉が行われる．裁判に一定のコストがかかるとすると交渉による解決には経済合理性がある．交渉はナッシュ交渉解（Nash barganing solution）を仮定する．ナッシュ交渉解では交渉が決裂した場合の各プレイヤーの取り分（威嚇点；threat point）を考えておく必要がある．交渉が決裂した場合は訴訟が行われる．このとき，原告である買い手は c_B^L，被告である売り手は c_S^L の訴訟費用がかかるとしよう．裁判では確率 τ で買い手が勝訴するが，プレイヤーは非合理的な予想をもっている場合を考えているため，交渉結果の分析においては主観的な勝訴確率を考

を r の関数とすることで，常に効率的な投資が実現できることとなる．そこで，本章では裁判所による賠償額の算定の際には個別の投資額 r に関する情報は用いることができないと仮定する．

える必要がある．したがって，買い手は勝訴確率を $\tau(1+\delta_B)$，売り手は敗訴確率を $\tau(1-\delta_S)$ と考えることになる．ここで，δ_B と δ_S はそれぞれ買い手と売り手のバイアスの大きさを表している．

以上のことから，裁判になった場合に買い手が得られる主観的な期待賠償額は $\tau(1+\delta_B)d$ となり，売り手が支払う主観的な期待賠償額は $\tau(1-\delta_S)d$ となる．この和解交渉が成立する条件は両者がともに裁判に行った場合の期待利得より交渉結果のほうが利得が大きくなければならない．買い手が和解賠償額 s を受け入れる条件は

$$s \geq \tau(1+\delta_B)d - c_B^L \tag{3}$$

となり，売り手が s を受け入れる条件は

$$s \leq \tau(1-\delta_S)d - c_S^L \tag{4}$$

となる．したがって，和解成立条件は $\tau(1+\delta_B)d - c_B^L \leq s \leq \tau(1-\delta_S)d + c_S^L$ となる．このことから，被害者，加害者ともに悲観的な（δ_B，δ_S が小さい）ほど，また，訴訟費用 c_B^L, c_S^L が大きいほど，和解が成立しやすいことがわかる．このような和解額 s が存在するためには，式 (4) の右辺が式 (3) の右辺より大きくなければいけないので，そのための条件は

$$\Delta(\delta_B, \delta_S) \equiv \delta_B + \delta_S - \frac{c_B^L + c_S^L}{\tau d} \leq 0 \tag{5}$$

である．したがって，この条件が満たされれば，和解が成立することとなる．

つぎに，和解が成立する場合の和解賠償額 s を求めよう．この額はナッシュ交渉解で決定されるものとする．交渉が決裂した場合の威嚇点は買い手と売り手それぞれ，$\tau(1+\delta_B)d - c_B^L$，$-\tau(1-\delta_S)d - c_S^L$ であり，交渉が妥結したときの利得の合計はゼロとなるので，ナッシュ交渉解での和解賠償額 $s^*(\delta_B, \delta_S)$ は

$$s^*(\delta_B, \delta_S) = \frac{\tau(2+\delta_B-\delta_S)d - (c_B^L - c_S^L)}{2} \tag{6}$$

となる．したがって，和解賠償額 $s^*(\delta_B, \delta_S)$ は買い手の楽観性 δ_B や売り手の訴訟費用 c_S^L が高いほど，売り手の楽観性 δ_S や買い手の訴訟費用 c_B^L が低いほど大きくなる．

(1) マッチングと和解

式 (5) から，買い手と売り手の 4 種類のマッチングに応じて $\Delta(\delta_B, \delta_S)$ は

$$\Delta(0,0) < \Delta(\bar{\delta},0) = \Delta(0,\bar{\delta}) < \Delta(\bar{\delta},\bar{\delta}) \tag{7}$$

という大小関係となり，この小さい順に和解が成立しやすい．以下，表記の簡略化のため，和解が成立する確率を $\sigma(\delta_B, \delta_S) \in \{0,1\}$ とする．この値についても以下の関係が成り立つ．

$$1 = \sigma(0,0) \geq \sigma(\bar{\delta},0) = \sigma(0,\bar{\delta}) \geq \sigma(\bar{\delta},\bar{\delta}) \tag{8}$$

8.2.2　契約不履行の決定

以上の和解と裁判結果を予測して売り手は契約不履行をするかどうかを決定する．取引を履行したときの利得は $p - c$ である．契約不履行のとき，合理的な売り手であれば正確に期待利得を予測するため，

$$\begin{aligned} A \equiv & -\rho \left[\sigma(\bar{\delta},0)s^*(\bar{\delta},0) + \{1-\sigma(\bar{\delta},0)\}(\tau d + c_S^L)\right] \\ & -(1-\rho)\left[\sigma(0,0)s^*(0,0) + \{1-\sigma(0,0\}(\tau d + c_S^L)\right] \end{aligned} \tag{9}$$

となる．したがって，$p - c \geq A$ となるとき，合理的な売り手は契約を履行する．その確率は $F(p-A)$ である．一方，楽観的な売り手は買い手も買い手の勝訴確率を自己と同様に $\tau(1-\bar{\delta})$ と考えているとする．したがって，和解が常に成立するため，契約不履行時の期待利得は

$$-s^*(-\bar{\delta},\bar{\delta}) \tag{10}$$

となる．したがって，履行条件は $p - c \geq -s^*(-\bar{\delta},\bar{\delta})$ となり，履行確率は $F(s^*(-\bar{\delta},\bar{\delta}) + p)$ である．

8.2.3　信頼投資の決定

2 期に買い手は信頼投資 r を行う．投資水準は買い手の主観的な期待利得を最大にするように決定する．この期待利得は売り手の契約履行確率の予想に依存する．売り手の契約履行確率は売り手の楽観性 δ_S に依存するので，買い

手は相手の楽観性を予測しなければならない．本章では，すべてのプレイヤーは楽観性の分布は知っているが，個々のプレイヤーの楽観性はわからないと仮定する．まず，非合理的バイアスをもつプレイヤーは他のプレイヤーの勝訴確率の予想は自己と同じと考え，一方で，合理的バイアスをもつプレイヤーは各バイアスの存在比率を合理的に予想すると仮定する．つまり，非合理的バイアスをもつプレイヤーは自分とマッチングした売り手も買い手の勝訴確率を $\tau(1+\bar{\delta})$ と考えていると予想する．よって，和解成立条件については，常に $\Delta(\delta_B,\delta_S)=\Delta(\bar{\delta},-\bar{\delta})\leq 0$ となり，和解が必ず成立すると予想する．したがって，楽観的タイプの買い手の主観的な期待利得 $\hat{\pi}_B^O$ は以下のようになる．

$$\hat{\pi}_B = F[s^*(\bar{\delta},-\bar{\delta})+p]\{v(r)-p\}+(1-F[s^*(\bar{\delta},-\bar{\delta})+p])s^*(\bar{\delta},-\bar{\delta})-r \tag{11}$$

これを最大にする r を楽観的タイプの買い手は選択する．最大化の 1 階条件は

$$F[s^*(\bar{\delta},-\bar{\delta})+p)]v'(r)=1 \tag{12}$$

となる．これを満たす r を r^O とする．

一方，合理的タイプは合理的な予想をもつため，主観的期待利得は客観的期待利得 π_B^R と等しく，以下のようになる．

$$\begin{aligned}\pi_B^R = \rho\Big\{&F[s^*(-\bar{\delta},\bar{\delta})+p](v(r)-p)\\&+(1-F[s^*(-\bar{\delta},\bar{\delta})+p])\Big(\sigma(0,\bar{\delta})s^*(0,\bar{\delta})+(1-\sigma(0,\bar{\delta}))(\tau d-c_B^L)\Big)\Big\}\\&+(1-\rho)\left\{F[s^*(0,0)+p](v(r)-p)+(1-F[s^*(0,0)+p])s^*(0,0)\right\}-r\end{aligned} \tag{13}$$

ここで，楽観的な売り手と確率 ρ でマッチングしている場合の履行確率が $F[s^*(-\bar{\delta},\bar{\delta})+p]$ となっているのは，楽観的な売り手が買い手の勝訴確率を自己の楽観的予想と同じであり，自己に有利な和解が成立すると考えているためである．最大化の 1 階条件は

$$\left[\rho F\left(s^*(-\bar{\delta},\bar{\delta})+p\right)+(1-\rho)F\left(s^*(0,0)+p\right)\right]v'(r)=1 \tag{14}$$

となり，これを満たす r を r^R とする．

r^O と r^R の大小関係について以下の補題が成り立つ．

補題 1：同じ p, d のもとで，楽観的タイプの投資水準 r^O のほうが，合理的タイプの投資水準 r^R より常に大きい（$r^O > r^R$）．

証明：$v''(r) < 0$ から，

$$F[s^*(\bar{\delta}, -\bar{\delta}) + p)] > \rho F\left(s^*(-\bar{\delta}, \bar{\delta}) + p\right) + (1-\rho) F\left(s^*(0,0) + p\right)$$

を示せばよい．式 (6) より，

$$s^*(\bar{\delta}, -\bar{\delta}) > s^*(0,0) > s^*(0, \bar{\delta}) > s^*(-\bar{\delta}, \bar{\delta})$$

となるので，$0 \leq \rho \leq 1$ より，$r^O > r^R$ となる．　□

また，合理的タイプの投資水準は ρ が増加するほど，減少する．

8.2.4　再生産動学

ここでは，各タイプの存在比率がどのように変化するかを分析する．これには，進化ゲーム理論を利用する．楽観的タイプと合理的タイプがランダムにマッチングするゲームを利得表に表すと表 8-1 のようになる．

ここで，π_{ij}（$i, j = O, R$）は i タイプが j タイプとマッチングしたときの利得を表している．O は楽観的，R は合理的タイプである．それぞれの利得をまとめると以下の式となる．

表 8-1　利得表

	楽観的	合理的
楽観的	π_{OO}, π_{OO}	π_{OR}, π_{RO}
合理的	π_{RO}, π_{OR}	π_{RR}, π_{RR}

$$\pi_{OO} = \frac{1}{2}\Bigg[F[s^*(-\bar{\delta},\bar{\delta})+p]\{v\left(r^O\right)-p\}$$

$$+\left(1-F[s^*(-\bar{\delta},\bar{\delta})+p]\right)\left\{\sigma(\bar{\delta},\bar{\delta})s^*(\bar{\delta},\bar{\delta})+(1-\sigma(\bar{\delta},\bar{\delta}))(\tau d-c_B^L)\right\}-r^O\Bigg]$$

$$+\frac{1}{2}\Bigg[\int_0^{s^*(-\bar{\delta},\bar{\delta})+p}(p-c)dF(c)$$

$$+(1-F[s^*(-\bar{\delta},\bar{\delta})+p])\Big\{\sigma(\bar{\delta},\bar{\delta})(-s^*(\bar{\delta},\bar{\delta}))+(1-\sigma(\bar{\delta},\bar{\delta})(-\tau d-c_S^L)\Big\}\Bigg] \tag{15}$$

$$\pi_{OR} = \frac{1}{2}\Bigg[F[s^*(\bar{\delta},0)+p]\{v\left(r^O\right)-p\}$$

$$+\left(1-F[s^*(\bar{\delta},0)+p]\right)\left\{\sigma(\bar{\delta},0)s^*(\bar{\delta},0)+(1-\sigma(\bar{\delta},0))(\tau d-c_B^L)\right\}-r^O\Bigg]$$

$$+\frac{1}{2}\Bigg[\int_0^{s^*(-\bar{\delta},\bar{\delta})+p}(p-c)dF(c)$$

$$+(1-F[s^*(-\bar{\delta},\bar{\delta})+p])\Big\{\sigma(0,\bar{\delta})(-s^*(0,\bar{\delta}))+(1-\sigma(0,\bar{\delta})(-\tau d-c_S^L)\Big\}\Bigg] \tag{16}$$

$$\pi_{RO} = \frac{1}{2}\Bigg[F[s^*(-\bar{\delta},\bar{\delta})+p]\{v\left(r^R\right)-p\}$$

$$+\left(1-F[s^*(-\bar{\delta},\bar{\delta})+p]\right)\left\{\sigma(0,\bar{\delta})s^*(0,\bar{\delta})+(1-\sigma(0,\bar{\delta}))(\tau d-c_B^L)\right\}-r^R\Bigg]$$

$$+\frac{1}{2}\Bigg[\int_0^{s^*(\bar{\delta},0)+p}(p-c)dF(c)$$

$$+(1-F[s^*(\bar{\delta},0)+p])\Big\{\sigma(\bar{\delta},0)(-s^*(\bar{\delta},0))+(1-\sigma(\bar{\delta},0)(-\tau d-c_S^L)\Big\}\Bigg] \tag{17}$$

$$\pi_{RR} = \frac{1}{2}\left[F[s^*(0,0)+p]\{v\left(r^R\right)-p\}+(1-F[s^*(0,0)+p])\,s^*(0,\bar{\delta})-r^R\right]$$
$$+\frac{1}{2}\left[\int_0^{s^*(0,0)+p}(p-c)dF(c)-(1-F[s^*(0,0)+p])s^*(0,0)\right] \tag{18}$$

タイプ比率の変動は以下の再生産動学過程で決定されるとする．

$$\dot{\rho} = \rho(\pi^O - \overline{\pi}) \tag{19}$$

ここで，π^O は楽観的タイプの客観的利得であり以下の式で表される．

$$\pi^O = \rho\pi_{OO} + (1-\rho)\pi_{OR} \tag{20}$$

また，$\overline{\pi}$ は以下の平均利得である．

$$\overline{\pi} = \rho\pi^O + (1-\rho)\,\pi^R \tag{21}$$

ここで，π^R は合理的タイプの客観利得を表している．

$$\pi^R = \rho\pi_{RO} + (1-\rho)\pi_{RR} \tag{22}$$

8.3　数値シミュレーションの結果

以下では式 (19) を分析して，買い手売り手のそれぞれのタイプがどのように変化するかを明らかにするが，計算結果が複雑になるため，数値計算を用いて分析を行う．数値計算で用いる基本的なパラメータと関数型は以下のとおりである．

- 買い手の価値関数：$v(r) = 1.1\sqrt{r}+1$
- 買い手の客観的勝訴確率：$\tau = 0.6$
- 取引価格：$p = 0.5$
- 生産費用の分布関数：$F(c) = c$
- 楽観的タイプの楽観度：$\bar{\delta} = 0.1$
- 買い手の訴訟費用：$c_B^L = 0.02$

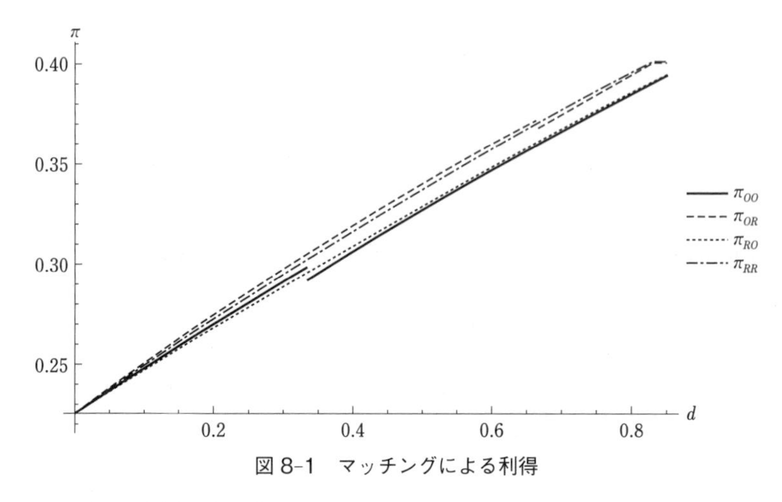

図 8-1 マッチングによる利得

- 売り手の訴訟費用：$c_S^L = 0.02$

8.3.1 法的救済の効果

まず，どの水準の法的賠償額の場合に和解が起きるのかを確認しておく．和解と訴訟の閾値となる法的賠償額は楽観的タイプ同士のマッチングの場合，$d \leq 0.333\cdots$ で和解となる．一方，楽観的タイプと合理的タイプのマッチングの場合，$d \leq 0.666\cdots$ で和解となる．したがって，$0 \leq d \leq 0.333\cdots$ のときは，すべてのマッチングで和解が起き，$0.333\cdots \leq d \leq 0.666\cdots$ のときは，楽観的タイプ同士のマッチングで訴訟となり，それ以外は和解となり，$0.666\cdots \leq d$ のときは，合理的タイプ同士のみ和解となり，それ以外は訴訟となる．

表 8-1 の利得表の値が法的賠償額によってどう変化するかを図示したのが図 8-1 である．

法的賠償額が小さく（$0 < d < 0.333$），常に和解が成立する範囲では $\pi_{OR} > \pi_{RR} > \pi_{OO} > \pi_{RO}$ となっている．法的賠償額が中程度（$0.333 < d < 0.666$）で，楽観的タイプ同士のマッチング（π_{OO}）でのみ訴訟となる範囲では $\pi_{OR} > \pi_{RR} > \pi_{RO} > \pi_{OO}$ となっている．法的賠償額が大きく（$0.666 < d$），合理的タイプ同士のマッチング（π_{RR}）でのみ和解となる範囲では $\pi_{RR} > \pi_{OR} > \pi_{RO} > \pi_{OO}$ となっている．この大小関係が長期的なタイプ分布を決定

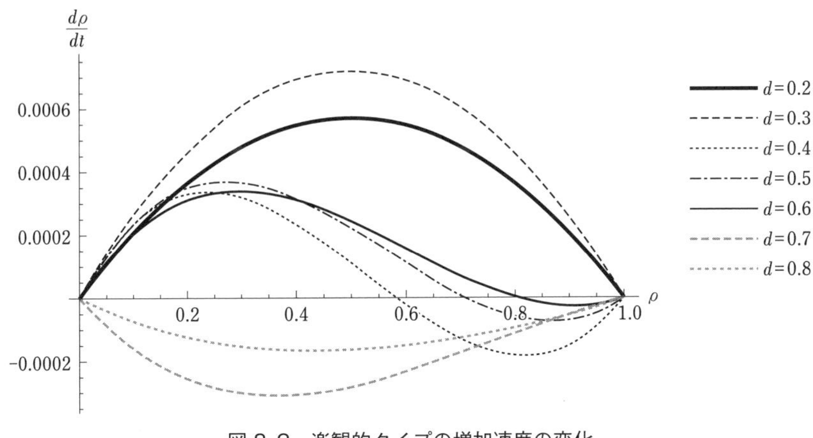

図 8-2　楽観的タイプの増加速度の変化

する．

そこで，楽観的タイプの存在比率 ρ の増加速度 $\dot{\rho} = d\rho/dt$ が ρ によってどう変化するのかを法的賠償額 $d = 0.2$ から $d = 0.8$ までの 0.1 刻みで表したのが図 8-2 である．この図からわかるように，$d = 0.2$，$d = 0.3$ というすべてのタイプが和解となる領域では，楽観的タイプが増加し続け，$\rho = 1$ が唯一の漸近安定な定常点である．また，d が大きいほうが，楽観的タイプの増加速度は速くなる．

そして，$d = 0.4, 0.5, 0.6$ のように，楽観的タイプ同士のマッチングのみが訴訟となる場合は内点の定常点が存在しており，この定常点より ρ が小さい場合に楽観的タイプは増加し，大きい場合に楽観的タイプが減少することから，この定常点が漸近安定であることがわかる．$\rho = 0$ や 1 は不安定であるから，この内点の定常点が唯一の漸近安定な定常点である．このとき，楽観的タイプと合理的タイプが混在して存在することになるが，法的賠償額が $d = 0.4$ から 0.5 まで増加するときは，定常点での楽観的タイプが増加する．さらに $d = 0.5$ から 0.6 に増加するときも定常点での楽観的タイプが増加しているが，グラフの傾きが小さくなっており，定常点へ向かう速度は減少していることがわかる．

$d = 0.7, 0.8$ のように，合理的タイプ同士のマッチングのみが和解となる場合は合理的タイプが増加し続け，$\rho = 0$ が唯一の漸近安定な定常点である．ま

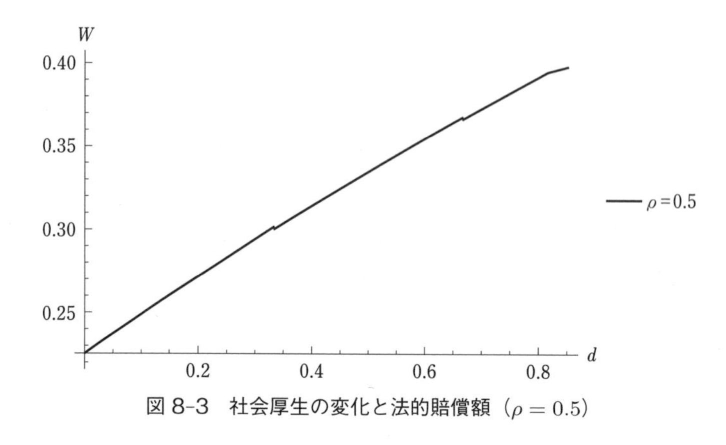

図 8-3　社会厚生の変化と法的賠償額（$\rho = 0.5$）

た，d が小さいほうが，合理的タイプの増加速度は速くなる．

8.3.2　社会厚生

つぎに社会厚生に法的賠償額が与える影響を考察する．社会厚生関数は以下の式で定義する．

$$W \equiv \rho\pi^O + (1-\rho)\pi^R \tag{23}$$

図 8-3 は法的賠償額 d による社会厚生の変化をタイプ比率を $\rho = 0.5$ に固定して図示したものである．基本的には法的賠償額の増加によって社会厚生は増加する．これは本章のモデルが基本的には過小な信頼投資と履行を導くため，不履行を罰する法的救済の機能が常に社会厚生にプラスの影響を与えるからである．しかし，$\rho = 0.333$ と $\rho = 0.666$ の付近でグラフがわずかに下にジャンプしているのがわかる．これは，和解から訴訟に変化する効果を表しており，法的賠償額の増加が訴訟を増やす効果が社会厚生を引き下げている．本章のパラメータでは起きないが，もし，訴訟増加の費用が契約の効率的履行による効果より大きければ，法的賠償額の増加が社会厚生を引き下げる可能性もありうる．

図 8-4 はすべての取引で和解となる法的賠償額 d の範囲でのタイプ比率による社会厚生の変化を図示したものである．楽観的タイプの比率 ρ が増加すると，社会厚生は減少から増加へ転じることがわかる．

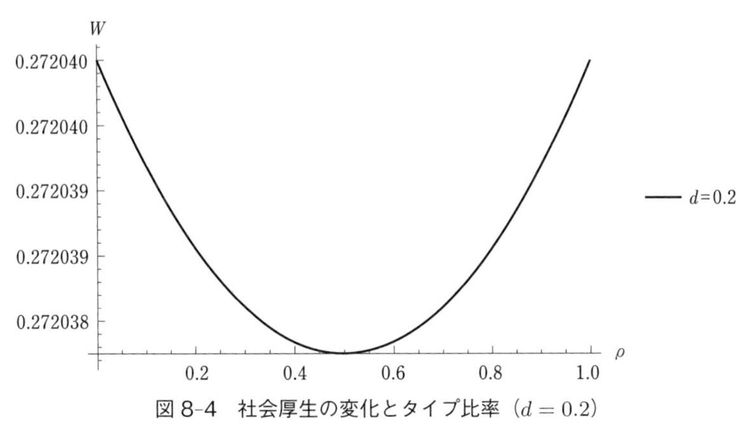

図 8-4　社会厚生の変化とタイプ比率（$d = 0.2$）

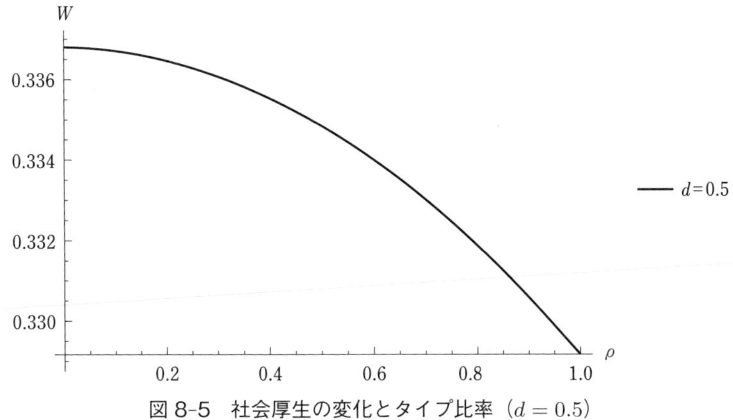

図 8-5　社会厚生の変化とタイプ比率（$d = 0.5$）

図 8-5 は楽観的タイプ同士のマッチングで訴訟が法的賠償額 d の範囲での，タイプ比率による社会厚生の変化を図示したものである．楽観的タイプの比率 ρ が増加するほど社会厚生が低くなることがわかる．これは信頼投資についでは楽観的タイプがより大きくファースト・ベストに近いが，楽観的タイプが訴訟を引き起こしていることと，履行確率は合理的タイプのほうが高く，効率的であることが影響していると考えられる．

最後に，ρ の時間的変化を分析する．図 8-6 は式 (19) の微分方程式から解曲線 $\rho(t)$ を時間 $t = 0$ から $t = 3000$ までプロットしたものである．その際，初期値は $\rho(0) = 0.9$ としている．図 8-2 で考察したように，法的賠償額 d が

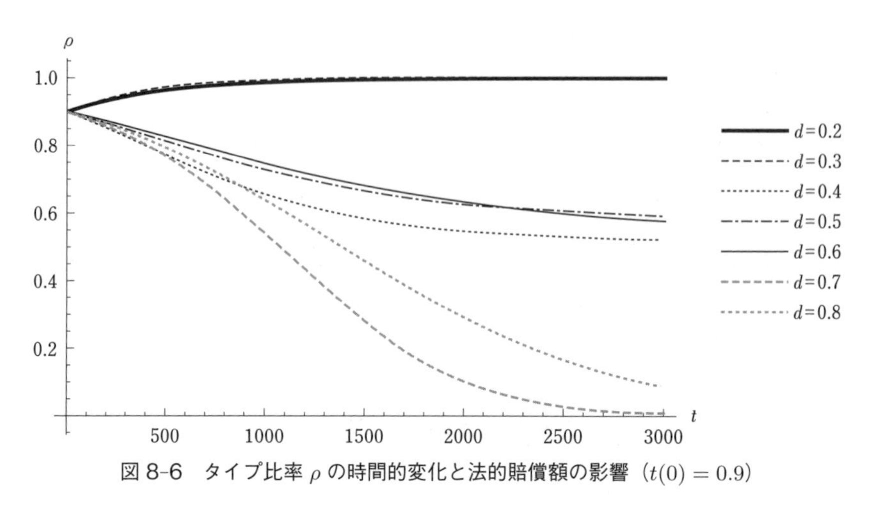

図 8-6　タイプ比率 ρ の時間的変化と法的賠償額の影響（$t(0) = 0.9$）

小さい場合（$d < 0.333$）は楽観的タイプの定常点 $\rho = 1$ に向かうが，中程度の場合（$0.333 < d < 0.666$）は内点で定常となる．大きい場合（$0.666 < d$）は合理的タイプの定常点 $\rho = 0$ へと向かう．また，定常状態への変化の速度は法的賠償額 d が小さい場合（$d < 0.333$）は大きいほう $d = 0.3$ のほうが $d = 0.2$ より速い．中程度の場合（$0.333 < d < 0.666$）は d が小さいほうが速いため，$d = 0.5$ と $d = 0.6$ は途中でグラフが交わっている．大きい場合（$0.666 < d$）も d が小さいほうが速いため，$d = 0.7$ のほうが 0.8 より収束がさきになっている．

8.4　おわりに

本章では契約不履行の法的救済制度のあり方について，楽観性バイアスと訴訟モデルを導入し，新たな側面から検討をした．分析の結果，法的賠償額が中程度の場合，楽観性バイアスをもつプレイヤーが定常状態で存在することが明らかとなった．また，法的救済が手厚くなることは買い手の信頼投資を高め，契約履行確率を引き上げる．本章のモデルでは，法的救済がなければ，過小投資，過小履行となるため，このことは社会厚生を引き上げる．一方で，法的救済の充実は訴訟が起きる数を引き上げ，社会的には訴訟費用を増加させることは重要な結果である．

また，制度論的な視点から解釈すると，法制度が未成熟で法的救済が期待できない社会では，和解によって紛争解決が行われ，和解では楽観性バイアスをもつプレイヤーが合理的プレイヤーからレントを得ることができるため，楽観性バイアスをもつプレイヤーが増加し続け，長期的な定常状態では合理的プレイヤーはゼロに収束する．法制度がある程度充実し，法的救済が中程度に受けられる社会では，楽観性バイアスをもつプレイヤーと合理的プレイヤーが共存することとなる．この社会では，楽観的プレイヤーは合理的プレイヤーとの和解から依然としてレントを得ることができるが，楽観的プレイヤー同士のマッチングでは訴訟となり，訴訟費用という事実上のペナルティを受ける．そのため，楽観的プレイヤーと合理的プレイヤーが均衡することとなる．さらに，法的救済が充実した社会では，楽観性バイアスをもつプレイヤーは常に訴訟を起こす．そのため，和解レントを得ることができず，訴訟費用のペナルティのみ受けることとなるため，楽観的プレイヤーは長期的な定常状態ではゼロに収束する．

実際，楽観性バイアスが法的制度のみによって形成されていると考えるわけではないが，Bar-Gill（2006）も指摘するように，法的制度がその一部を担っている可能性はある．法整備が進んだ国では，訴訟と判決によって個人が法判断にもつ楽観的な期待が是正される．また，それが判例として伝わることで楽観的期待を修正する個人も増えるだろう．その結果，合理的な期待をもつ個人が増え，正確な法制度をもとにした和解が成立するようになり，訴訟が再び減少していく．つまり，訴訟は法整備が進んでいない国では少なく，法整備が進んでいく途上の国でその解釈をめぐる訴訟が増加し，さらに成熟した社会では，裁判なしに合理的な和解が達成されるため，再び訴訟が減少していくと考えられる．

今後の課題として，以上の考察を裏付ける楽観性と法制度の充実の関連を実証する研究が挙げられるだろう．楽観性バイアスについての実証データを国際的に比較するのは難しいが，楽観性と法制度の関連を示唆するデータとして，アメリカのシンクタンクである Pew Research Center が公表しているサーベイを解説したレポート Johnson（2018）がある．このサーベイで「今日は良い日か？」（To begin, how would you describe your day today - has it been a

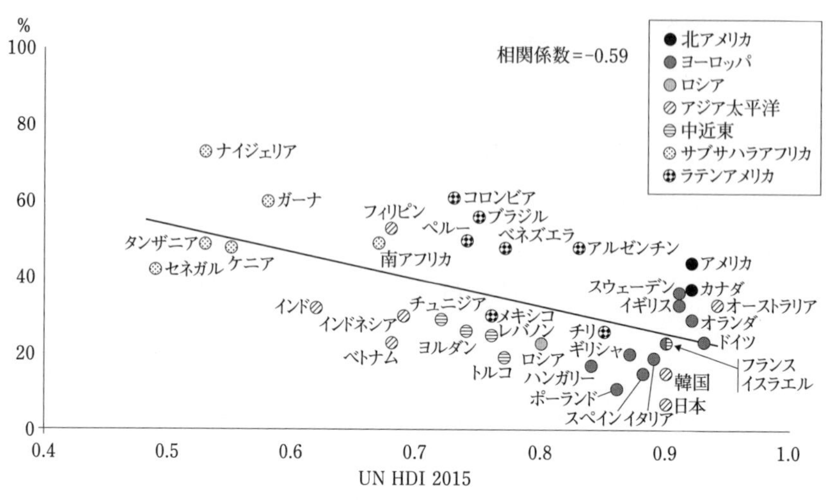

図 8-7　国連人間開発指数（UN HDI）と「良い日」の国際比較

typical day, a particularly good day or a particularly bad day?）と聞いた結果を国際比較したところ，図 8-7 のように，比較的に発展途上国のほうが先進国より良い日であると答えた率が高かったとの結果が報告されている．この質問に対する答えと楽観性は関係していると思われ，法制度も先進国のほうが整っていることから，楽観性と法制度の間の相関がありうることをこのサーベイは示している．

また，理論的な分析について，本章では数値例を用いてありうべき可能性を示したにとどまる．一般形を用いた分析を行うことが必要であろう．さらに，従来の契約不履行の法的救済の経済分析で明らかにされてきた法的救済ルールの効率性に関する比較については，本章では行えなかった．これらの分析も今後の課題としたい．

◆参考文献

Bar-Gill, O.（2006），“The Evolution and Persistence of Optimism in Litigation”, *Journal of Law, Economics, and Organization*, 22（2），pp. 490–507.

Johnson, C.（2018），“‘Particularly good days’ are common in Africa, Latin America and the U.S.”, Retrieved December, 2019, from http://pewrsr.ch/2Cdg2hZ.

Edlin, A. S., and S. Reichelstein（1996），“Holdups, Standard Breach Remedies, and

Optimal Investment", *The American Economic Review*, 86 (3), pp. 478-501.
Miceli, T. J. (1997), *Economics of the Law: Torts, Contracts, Property and Litigation*, Oxford University Press.（細江守紀監訳『法の経済学―不法行為，契約，財産，訴訟』九州大学出版会，1999 年）

第9章　懲罰的賠償と利益吐き出し
――消費者詐欺の事例によるサーベイ実験 *

森　大輔・髙橋脩一

9.1　はじめに

日本において，損害賠償は，損害塡補が目的とされ，被害者の損害を埋め合わせる（塡補する）だけの額が支払われてきた．しかし，時代が経つにつれて，そうした額の賠償では不十分な場合がさまざまに生じてきた．たとえば，消費者取引の分野において，違法な事業活動によって事業者が利益を得ていながら，不当な利益が事業者の手元に残ってしまうような事態が生じている（国民生活センター 2004, p. 3）．その結果，違法な事業活動が十分に抑止されないということになる．

こうした問題に対して，いくつかの提案がなされている．そうした提案の一つは，懲罰的損害賠償（punitive damages）の導入である．これはアメリカの制度で，被害者の実損害を賠償する塡補的損害賠償（compensatory damages）に加えて，加害者の制裁や抑止のために課されるものである．

また，「利益吐き出し」(disgorgement of profits）型損害賠償が提案されることもある．これは，通常の損害賠償が被害者の受けた被害（損失）に注目して賠償額を決定するのに対し，加害者の得た利益に注目して賠償額を決定するも

* 本章は科学研究費補助金・若手研究（課題番号 19K13484）による研究成果の一部である．本章の内容は，2019 年度日本応用経済学会秋季大会での報告をもとにしている．討論者を務め有益なコメントをくださった畠中薫里先生（政策研究大学院大学）に御礼申し上げます．

のである．すなわち，加害者が違法に得た利益を吐き出させるような額の賠償を課すことで，加害者の手元に不当な利益を残さないという仕組みである．

本章では，こうした懲罰的損害賠償や利益吐き出し型損害賠償について，まずその概要を説明したうえで，法と経済学の観点からその存在理由を議論する．すなわち，これらの制度が社会的な効率性をどのようにして促進するかということを分析する．つぎに，これらの制度は，日本の一般人にとって現状で受け入れられるのか否か，ということを調査する．その際には，アンケート調査に実験の要素を取り入れたサーベイ実験の手法を使用する．

9.2　懲罰的損害賠償と利益吐き出しの概要

9.2.1　アメリカの状況

(1) アメリカにおける懲罰的損害賠償

懲罰的損害賠償は，英米法系の国，そのなかでもとくにアメリカで発達した制度であるので，まずアメリカにおける同制度の概要を見ておく[1)]．

18 世紀半ばにイングランドで生み出されたとされる懲罰的損害賠償は，すぐにアメリカへともたらされ，同国において広がっていった[2)]．懲罰的損害賠償は，故意のような悪意をもって違法行為を行った場合にのみ課されるものとされていたが，無思慮（reckless）の場合や重過失（gross negligence）の場合にも認められるようになってきた（Perry and Kantorowicz-Reznichenko 2018, p. 840）．

他方で，20 世紀後半以降「不法行為法改革（tort reform）」が叫ばれるなか，過剰な懲罰的損害賠償が問題となり，その制限が行われてきた（Developments in the Law 2000, p. 1793）．州によって制限はさまざまである[3)]が，たとえば許容される懲罰的損害賠償の額に金額的な上限を設定する場合や，塡

1）懲罰的損害賠償について詳しくは，たとえば籾岡（2012）参照．また，本項の記述は森・髙橋・池田（2017）pp. 179-187 を主にまとめたものである．

2）Exxon Shipping Co. v. Baker, 554 U.S. 471, 490-91（2008）参照．

3）州のなかには少数ではあるが，一定の分野の事案につき懲罰的損害賠償が禁じられた州（たとえばオレゴン州，Or. Rev. Stat.§30.927）や，懲罰的損害賠償が一般的に禁止された州（たとえばネブラスカ州，Miller v. Kingsley, 194 Neb. 123, 124（1975））すらある．

補的損害賠償の額との比率に上限を設ける場合などがある．また，原告が実損害分以上の莫大な賠償を得るという棚ぼたへの批判から，懲罰的損害賠償の一部を，原告本人ではなく州政府や公的基金などに支払うようにする州も見られる[4)]．

こうした動きのなかで，現在連邦最高裁は，憲法が規定する適正手続（due process）の要請を懲罰的損害賠償が満たしているか判断する場合に考慮すべき事項として，①被告の違法行為の非難性の度合い，②原告の現実および潜在的損害と懲罰的損害賠償額の乖離，③同様の事案における懲罰的損害賠償額と課されうる民刑事制裁との差異，という3つの指針を示している[5)]．

(2) アメリカにおける利益吐き出し

アメリカにおいて利益吐き出しは，独立した制度というよりは，懲罰的損害賠償の目的・機能の一部として語られることが多い．

塡補的損害賠償が被害者の実損害を埋め合わせるためのものなのに対して[6)]，懲罰的損害賠償は抑止と制裁（deterrence and retribution）が主な目的とされる[7)]．そして，懲罰的損害賠償が適切な場合の一つとして，利益を追求して起こされる違法行為を抑止するということが挙げられる（Collin 1988, pp. 15-16）．すなわち，ある行為から利益が得られ，塡補的損害賠償が低い場合，加害者は塡補的損害賠償を払ってそのような行為を続けてしまうかもしれない[8)]．そのような場合に懲罰的損害賠償を課して加害者の利益を取り上げるこ

4) 立法によりそのような制度を設ける場合，そのような立法は賠償分配法（split-recovery statute）などと呼ばれる．

5) BMW of North America, Inc. v. Gore, 517 U.S. 559, 575（1996）；State Farm Mutual Automobile Insurance Co. v. Campbell, 538 U.S. 408, 418（2003）を参照．

6) 懲罰的損害賠償が塡補のためのものとされた時代も過去にはあった．19世紀までは，塡補的損害賠償の概念が狭かったために非財産的損害の賠償が不十分であり，またアメリカでは被害者の訴訟費用は賠償の対象ではないため，懲罰的損害賠償がそれらを埋め合わせるものと考えられた．Exxon Shipping Co. v. Baker, 554 U.S. 471, 491-92（2008）．しかし，次第に塡補的損害賠償の範囲が非財産的損害にも拡大されるにつれ，こうした考え方は後退していった．

7) State Farm Mutual Automobile Insurance Co. v. Campbell, 538 U.S. 408, 416（2003）．

8) 関連して，フォード・ピント事件を参照．Grimshaw v. Ford Motor Company, 119 Cal.App.3d 757（1981）．ほかにたとえば Jacque v. Steenberg Homes, 209 Wis.2d 605, 631（1997）も参照．

とで，加害者に違法行為をしても利益にはならずむしろ損になることを認識させ，違法行為を抑止することができるとする．

利益吐き出しは，懲罰的損害賠償の額の確定の際にも，基準の一つとして挙げられることがある．すなわち，加害者が違法行為をしても損になることを認識させるために，加害者の利益を超えるような額を課すべきとされることがある[9]．

9.2.2　日本の状況

(1) 日本における懲罰的損害賠償

日本において，懲罰的損害賠償制度の導入がたびたび議論されている[10]．たとえば，薬害事件や公害事件などを契機に，違法行為を抑止する手段として，損害賠償のなかでも慰謝料に懲罰的損害賠償に類似した要素をもたせる「制裁的慰謝料」の導入が主張されたこともある（樋口 1988）．しかし，日本では懲罰的損害賠償制度に対し，一貫して否定的な態度がとられている．

こうした態度の前提にあるのは，わが国の損害賠償制度の目的は制裁や抑止ではなく損害の塡補にあるという考え方である[11]．また，損害塡補を民事に限定し，一方で制裁と抑止を刑事に限定するという民刑峻別論の考え方もある．そのため，制裁や抑止といった考えに基づく懲罰的損害賠償制度は，わが国の法体系と整合的でないとされる．

実際の法改正の場面においても，懲罰的損害賠償制度には否定的な見解が示されてきた（吉村 2010, pp. 242–262）．2001 年に提出された司法制度改革審議会の意見書でも，民刑峻別論に基づくわが国の法体系の調和といった観点を理由に，同制度の導入には慎重な見解が示されている（司法制度改革審議会 2001a, p. 34）．

---

9)　Mallor（1980）p. 667; Owen（1994）p. 378 を参照．また，連邦最高裁も，アマラバ州最高裁の判断を引用しながら，懲罰的損害賠償額が過剰かどうかを判断するにあたり，違法行為による加害者の利益と，その利益を取り除くことの望ましさが関係する旨指摘している．Pacific Mutual Life Insurance Co. v. Haslip, 499 U.S. 1, 21–22（1991）.

10)　本項の記述は森・髙橋・池田（2017）pp. 183-184 を主にまとめたものである．

11)　こうした内容の主張は裁判所も行っている．たとえば，萬世工業事件判決（最判平成 9 年 7 月 11 日民集 51 巻 6 号 2573 頁）を参照．

(2) 日本における利益吐き出し

新制度の導入として論じられる懲罰的損害賠償とは違い，利益吐き出し型損害賠償は日本の既存の損害賠償制度の枠組み内での解釈として提案されることが多い（吉村 2010, p. 733）．すなわち，損害賠償の「損害」の額を被害者の被害により算定するのか，加害者の利益により算定するのかという，「損害」の解釈の問題だと論じられる（山下 2010, p. 27）．

利益吐き出し型損害賠償については，日本のさまざまな法分野で議論されるようになっている．たとえば橋本（2019, p. 1457）は，知的所有権侵害[12)]，動産・不動産の不法侵害，名誉毀損・プライバシー侵害，不正競業，契約違反，信託法上の受託者その他の者の信認義務違反といった分野を挙げている．また，消費者法の分野でも議論がなされている（国民生活センター 2004；Nomi 2015, p. 439）．後藤（2006, p. 54）は，事業者が違法行為で多大な利益を得ているのに，被害者が自身に生じた損害や，それと加害者の行為との間の因果関係を証明できず，不法行為成立の追及ができない場合などに利益吐き出しの損害賠償が役立ちうるとしている．

9.3 法と経済学の観点から見た利益吐き出し型損害賠償

懲罰的損害賠償については日本でもある程度，法と経済学的な観点からの議論が紹介・展開されてきている[13)]．それに対して，利益吐き出し型損害賠償については，いまだほとんど法と経済学の観点からの議論が日本では行われていない．そのためここでは，利益吐き出し型損害賠償について，通常の損害賠償や懲罰的損害賠償と比較しながら，それがいかなる場合に社会的な効率性を促進するかを議論する．

12) 最近，特に特許権侵害に関し懲罰的損害賠償や利益吐き出し型損害賠償が検討されたものとして産業構造審議会知的財産分科会特許制度小委員会（2019）参照．

13) たとえば糀岡（1999）参照．また，邦訳された法と経済学の教科書で懲罰的損害賠償について解説されているものは多い．Cooter and Ulen（1997）p. 394 などを参照．

9.3.1　被害の内部化

損害賠償の仕組みに関する法と経済学の標準的なモデルは，つぎのようなものである[14)]．ある主体（以後，加害者と呼ぶ）は，自らに g の額の利益をもたらす活動を行っている（$g > 0$）．しかし，この活動は n 人の被害者を生み出し，各被害者に h の額の被害をもたらす（$n > 0, h > 0$）．加害者は c の注意費用をかけることで n を減少させることができる（$c \geq 0$）．つまり，n は c の減少関数 $n(c)$ と表され，$n'(c) < 0$ である．また，n の減少の度合いは c が増えるほど減る，つまり $n''(c) > 0$ だとする．

この活動についての加害者の利得は $g - c$，被害者全員の利得の合計は $-n(c)h$ となる．この活動が加害者と被害者以外には影響を与えないとすると，この活動のもたらす社会厚生は，$g - c - n(c)h$ である[15)]．この社会厚生を最大化する c は，最大化の 1 階条件 $-1 - n'(c)h = 0$ を c について解いて得られる値 c^* である．

しかし，加害者はこのままでは自身の利得 $g - c$ を最大化する行動をとるので $c = 0$ となり，社会的には非効率である．これは，加害者が被害者の被害を自身の利得として考慮しないことから生じる非効率性である．

つぎに，賠償制度が存在する場合を考える[16)]．加害者が被害者 1 人当たり賠償金 d を，被害者全員に支払わなければならないとする[17)]（$d \geq 0$）．すると，加害者の利得は $g - c - n(c)d$ となる．ここで，仮に d の額を被害者の被害 h と等しくすると，加害者の利得は $g - c - n(c)h$ となる．この利得は，社会厚生と同様の式である．加害者はこれを最大化するような c を選択するので，このときの c は c^* となる．つまり，加害者は社会的に最適な注意費用をかけるようになる．

---

14)　たとえば，Miceli（2009）pp. 15-22 などを参照．ただし，通常は以下のモデルで被害者数の代わりに被害が発生する確率が使用されるが，ここでは後の利益吐き出し型損害賠償の説明などの関係で代わりに被害者数を用いている．

15)　ここでの社会厚生は，人々の利得を加算するベンサム型の社会厚生関数によるものとする．

16)　議論を簡単にするために，被害が発生したら加害者は注意費用を十分にかけているか否かにかかわらず必ず賠償金を払わなければならないという厳格責任制度だとする．

17)　賠償金は加害者から被害者への金銭の移動であるため，社会厚生は変化しない．すなわち，加害者の利得 $g-c-n(c)d$，被害者全員の利得の合計 $n(c)(d-h)$ となり，社会厚生は $g-c-n(c)h$ のままである．

この場合に加害者が社会的に最適な注意費用をかけるようになったのは，加害者に損害賠償を課し，さらにそれを被害の額と等しくしたことにより，加害者が被害の額を自らの利得の一部として考慮するようになったことによる．これを被害の内部化（internalization）と呼ぶ．

9.3.2 懲罰的損害賠償

9.3.1 項では加害者は被害者全員に賠償金を支払うものとしていた．しかし現実には，さまざまな理由から，一部の被害者にしか賠償金は支払われない可能性がある[18]．ここでは，被害者のうち，賠償金 d が支払われるのは p の割合の被害者のみだとする[19]（$1 \geq p > 0$）．

すると，加害者の利得は $g - c - n(c)pd$ となる．9.3.1 項と違い賠償金の額を $d = h$ としても，加害者が支払う賠償金の合計は $n(c)ph$ で被害額の一部にしかならないため，被害の内部化が十分にできていない．その結果，加害者は社会的に見て過小な注意費用 c しか費やさない．

この場合，賠償金の額を $d = h/p$ とすると被害の内部化が十分に行われる．このとき，加害者の利得は $g - c - n(c)h$ となり，9.3.1 項と同様に社会厚生と等しくなるからである．よって，このとき加害者の注意費用は，社会的に最適な注意費用 c^* となる．

p は 1 より小さいので，この場合の賠償額 h/p は被害額 h より大きい．賠償金のうち被害額を超える部分は $h/p - h = h(1/p - 1)$ と表される．この賠償金のうち被害額を超える部分が，懲罰的損害賠償である．

9.3.1 項と 9.3.2 項の議論を見るとわかるように，損害賠償は基本的に被害者の被害額を基準に決定することで，加害者の注意費用を社会的に最適化することができ，その際には加害者の利益額の果たす役割はない．したがって，

18） たとえば，一部の被害者が被害に気づかないことや，加害者を発見できないこともあるかもしれない．実際，連邦最高裁は懲罰的損害賠償を重くする事情の一つとして，加害者の行為が見つけにくいことを挙げている．BMW of North America, Inc. v. Gore 517 U.S. 559, 582（1996）；Exxon Shipping Co. v. Baker, 554 U.S. 471, 494（2008）．また，訴訟費用の問題などで訴訟を提起しない被害者がいたり，訴訟を提起しても（別の理由で）敗訴する被害者がいたりする場合も賠償金を得る被害者は一部のみになりうる．

19） 簡単化のために p は他の変数から影響を受けないものと仮定する．

加害者の利益額よりも被害者の被害額を基準に賠償額を設定すべきだというのが，法と経済学の一般的な立場である（たとえば Polinsky and Shavell 1994; 1998, p. 918）.

9.3.3　意図的な不法行為と利益吐き出し

ある状況下では，加害者の利益額を基準にした賠償額の設定でも，社会的に最適になる可能性がある．そのような状況として，加害者が意図的に不法行為を行う場合をここでは考えてみる．

9.3.1 項，9.3.2 項では，加害者が被害者に被害をもたらすのは，注意費用が十分にかけられていない，つまり注意の欠如という面が大きかった[20)]．これは，事故などの場合によくあてはまる[21)]．つぎに，加害者が意図的に加害行為をする場合を考える[22)]．以下のようにモデル化する[23)].

ここでは，加害者が，被害者の一人に被害 h を発生させる活動をすると，それにつき利益 g を獲得できるとする．さらに，$h \geq g$ だとする[24)]．すなわち，活動から発生する被害のほうが利益よりも大きく，社会的に非効率な活動であるとする．これはたとえば，加害者が被害者からお金をだまし取るような状況である．

また，被害者の数は n 人とする．ここでは，加害者が費用 c をかけると，n が増加するとする（$c \geq 0$）．つまり，n は c の増加関数 $n(c)$ と表され，$n'(c)$

20）9.3.2 項の法と経済学で標準的な懲罰的損害賠償のモデルに対しては，それが故意や無思慮を多くの場合に要件としている（本章の 9.2.1 項（1）を参照）現実の懲罰的損害賠償制度と合っていないという批判が存在する．たとえば Friedman（2000）pp. 207–208; Perry and Kantorowicz-Rezinchenko（2018）p. 847 を参照.

21）実際，法と経済学でも，事故の分析や事故法の分析，などの言葉で呼ばれている．たとえば Miceli（2009）p. 19 参照.

22）9.3.1 項の場合は法学的な用語でいえば過失の状況，9.3.3 項の場合は故意の状況におおよそ相当すると思われる.

23）Landes and Posner（1981）を参考にしている．ただし，彼らのモデルでは被害者も注意費用をかけることで被害にあう確率を減少できるとしている．ここでは，議論を簡単にするため，被害者はそうしたことはできないと仮定する.

24）$g > h$ の場合に，そうした活動を賠償により抑止すべきなのかは難しい問題である．本文では後に，$g > h$ でかつ社会に対し一般に被害をもたらしているという場合を議論している．しかし，社会に対し一般に被害をもたらしているということもない場合は，そうした活動は効率的であり，抑止すべきでないという考え方もありうる．本章ではこの問題はこれ以上追究しない．詳しくは Landes and Posner（1981）などを参照.

> 0である．また，cが0のときnは0，つまり$n(0) = 0$とする．これは，加害者が利益を増やそうと，費用をかけて被害者をつぎつぎとだましていくような状況である．そして，nの増加の度合いはcが増えるほど減る，つまり$n''(c) < 0$だとする．

この活動についての加害者の利得は$n(c)g - c$，被害者全員の利得の合計は$-n(c)h$となる．よって，この活動のもたらす社会厚生は，$n(c)(g-h)-c$である[25)]．この社会厚生を最大化するcは$c = 0$である．なぜならば，$g - h < 0$なので社会厚生$n(c)(g - h) - c$は負であり，さらにcが増えるほど社会厚生の式の第1項$n(c)(g - h)$も第2項$-c$も小さくなっていくからである．これは，加害者の活動は社会的に非効率（$g - h < 0$）なものなので，そのような活動はまったく行われない（$c = 0$）のが最適であるということを意味している．

しかし加害者は，自身の利得$n(c)g - c$を最大化するようなcを選ぶ．これは$c = 0$とはならない可能性がある．cを増やすと，ある一定の値c^{**}までは加害者の利得$n(c)g - c$が増加し，その後減少に転じるならば，c^{**}が加害者の選ぶcの値となる．このとき，加害者は社会的に非効率な活動を行っていることになる．

つぎに，賠償制度が存在する場合を考える．加害者が被害者1人当たり賠償金dを，被害者全員に支払わなければならないとする（$d \geq 0$）．すると，加害者の利得は$n(c)(g-d)-c$となる．ここで，仮にdの額を被害者の被害hと等しくすると，加害者の利得は$n(c)(g - h) - c$となる．この利得は，社会厚生と同様の式である．加害者はこれを最大化するようなcを選択するので，このときのcは0となる．つまり，加害者は社会的に最適な注意費用をかけるようになる．これは，さきほどの9.3.1項と同様の議論であり，被害の内部化を意図した損害賠償である．

ただし，この場合は，もう一つの損害賠償額の設定の仕方が考えられる．d

25） このような場合に，社会厚生に加害者の利得を含めるべきでないという意見もあるかもしれない．実際，刑法の経済分析において，社会厚生に犯罪者の利得を含めるべきか否かについて議論がある．Cooter and Ulen（1997）p. 509 や Miceli（2009）p. 275 を参照．しかし，仮に社会厚生に加害者の利得を含めないとしても，本文の議論に変化はない．加害者の利得を含めないとすると社会厚生は$-n(c)h$となり，この社会厚生を最大化するcも$c = 0$だからである．

の額を加害者の利益 g と等しくするという仕方である[26)]．このとき，加害者の利得のうち $n(c)(g-d)$ の部分は 0 となるので，加害者の利得は $-c$ となる．これを最大にするのは $c=0$ のときであり，社会的に最適な c の値となる．これは，社会的に最適な費用は 0 であることから，そもそもこの活動を行うインセンティブをなくせばよいというところから来ている．そして，加害者がこの活動から得られる利益を全額取り上げれば，加害者はこの活動を行うインセンティブはなくなる．これはまさに，加害者から利益を吐き出させることを意図した損害賠償であるといえる．

9.3.4　利益吐き出しと懲罰的損害賠償

9.3.3 項では加害者は被害者全員に賠償金を支払うものとしていた．9.3.2 項と同様に，被害者のうち，賠償金 d が支払われるのは p の割合の被害者のみだとする（$1 \geq p > 0$）．

すると，加害者の利得は $n(c)(g-pd)-c$ となる．9.3.3 項と同様に賠償金の額を $d=h$ とすると，仮に $g<h$ だとしても $g>ph$ であるならば，$g>pd$ となる．その結果，加害者の利得 $n(c)(g-pd)-c$ が正になりうる．その際は $c=0$ ではなく正の c で加害者の利得が最大になる可能性がある．また，$d=g$ とすると $g>pg$ が確実に成立し，加害者の利得 $n(c)(g-pg)-c$ が正になりうる．よってこのときも，正の c で加害者の利得が最大になる可能性がある．すなわち，これらの場合は，賠償金を支払わなければならないとしても，それ以上の利益を得られうるので，加害者は活動をやめない可能性があるのである．

この場合，賠償金の額を $d=h/p$ とすると，加害者の利得は $n(c)(g-h)-c$ となって社会厚生と等しくなり，加害者は $c=0$ という社会的に最適な c の値を選択する．賠償金のうち被害額を超える部分である懲罰的損害賠償は，9.3.2 項と同様に $h/p-h=h(1/p-1)$ となる．これは，被害の内部化を意図した懲罰的損害賠償である．

また，$d=g/p$ としても $n(c)(g-pd)$ の部分は 0 となる結果，加害者は同様

26)　正確には，$d \geq g$ であれば，加害者は社会的に最適な c である $c=0$ を選択する．

に $c=0$ という社会的に最適な c の値を選択する．$g<h$ であるので必ずしも $g/p>h$ となるとは限らないが，もし $g/p>h$ となる場合には，賠償金のうち被害額を超える部分があることになる．この場合も賠償金のうち被害額を超える部分を懲罰的損害賠償と呼ぶとすれば，その額は $g/p-h$ となる．これは，利益の吐き出しを意図した懲罰的損害賠償である[27)]．

Hylton（1998; 2016, p. 402）が，懲罰的損害賠償に，以上議論してきたような，被害の内部化（loss-internalization）と利益吐き出し（gain-elimination）という2つの正当化根拠がありうることを指摘している．彼は被害の内部化は最適抑止（optimal deterrence）を行い，利益吐き出しは完全抑止（complete deterrence）を行うものだと述べているが，9.3.1 項と 9.3.2 項のモデルが最適抑止，9.3.3 項と 9.3.4 項のモデルが完全抑止に相当する．

ここまでの説明では，被害の内部化と利益吐き出しはどちらも同程度に効率性に寄与しうるというものだった．しかし，場合によっては利益吐き出しが被害の内部化よりも優れている場合がありうる．被害者の被害額よりも加害者の利益額のほうが測定しやすい場合である（Hylton 1998, p. 432; Miceli 2009, p. 277）．被害額 h は上のモデルでは被害者全員共通であるが，実際には被害者ごとに異なり，そうすると測定には困難がともなう．また，被害者の数 n も判明していない場合もありうる．それに対して，加害者の利益額の合計 $n(c)g$ は，加害者一人を調べれば判明しうるので，相対的に測定が容易でありうる．

いままでは活動から発生する被害のほうが利益よりも大きい，すなわち $g<h$ の場合を考えてきた．$g>h$ の場合にも，少なくとも一定の場合には，同様の議論ができる可能性がある．たとえば加害者の行為が直接の被害者への被害以外に，社会に対し被害をもたらしている場合である[28)]．ここでは，社

27）ただし，このモデルに対しても，懲罰的損害賠償の額を検討する際に被告の非難可能性を考慮することとされている（本章の 9.2.1 項（1）を参照）現実の制度と合っていない批判も存在する．Perry and Kantorowicz-Rezinchenko（2018）p. 850 参照．

28）日本において利益吐き出しが必要とされる場合として，「加害者の得る利益のほうが被害者の被害より大きい場合」というような言葉が使われることがある（たとえば橋本 2019, p. 1460）．しかし，真に $g>h$ であるならば，注 24 で述べたように，本当にそのような行為を抑止すべきか難しい問題に直面する．実際にはそうではなく，①本文のように，$g>h$ だが加害者の行為が直接の被害者への被害以外に，社会に対し被害をもたらしている場合や，②加害者の得る利益のほうが（被害ではなく）現実に加害者の支払う賠償額より大きい場合のいずれかが多いと思われる．②は，

会に対して被害 k をもたらしているとする．このとき，社会厚生は $n(c)(g - h - k) - c$ となる．これが $g - h - k < 0$ になっている場合，社会厚生は負であり，この行為は抑止すべきということになる[29]．そして加害者の利得は $n(c)(g - d) - c$ であるが $d = h$ と設定してもこのときは $g - h > 0$ のため，c は最適にならない．この場合には $d = h + k$ と設定するか，$d = g$ と設定すれば最適になる．

被害者の実損害は h であり，$h + k > h$ かつ $g > h$ なので，賠償金 d は実損害 h より大きい．よって，この賠償金 d は懲罰的損害賠償を含むことになる．そして，仮に k を算定するのが困難であるとすれば，$d = g$ を基準に賠償金の額を設定すれば最適だということになる．この場合も，利益の吐き出しを意図した懲罰的損害賠償である．

9.3.5　加害者の資産の問題

関連する題材として，加害者の資産の問題を取り扱う．9.3.1〜9.3.4 項のモデルを見るとわかるように，加害者の資産についてはまったく言及されていない[30]．Polinsky and Shavell (1998, p. 910) は，アメリカの裁判所では加害者の資産が賠償額の判断の際に参照されることがあるが，少なくとも被害の内部化による最適抑止の観点からは，このような資産の考慮はなされるべきでないとする．

しかし彼らは，加害者が企業ではなく個人の場合[31]は，資産の考慮が正当化される可能性があるとする．すなわち，加害者が個人の場合は，資産額が個

$g < h$ であるが賠償額 d が十分に h を算定できていない結果 $d < h$ となり結果として $g > d$ となっている場合や，9.3.4 項の最初で述べられているような $g < h$ であるが被害者のうち d が支払われるのは p の割合の被害者のみの結果 $g > pd$ となっている場合が考えられるであろう．

29） Polinsky and Shavell (1998) p. 918 は，加害者の利益を賠償額の基準にできる場合として，加害者の利得が社会的に許されない (socially illicit) ものである場合を挙げているが，このような場合の一つは本文のような場合ではないかと考えられる．

30） ただし，9.3.1〜9.3.4 項のモデルでは，加害者の資産が賠償支払いに十分な量だけ存在することを仮定している．仮に加害者の資産が少なくて，裁判所が判示する額を実際には加害者が支払うことができないという支払い不能 (judgment proof) が起こりうるのであれば，加害者の被害の内部化が十分になされず，加害者が社会的に非効率な活動を行うことになる．

31） Polinsky and Shavell (1998) p. 911 は加害者が企業の場合，資産が多いほど多額の賠償を課すと，企業の成長のインセンティブを奪うことになるということも指摘している．

人の金銭の限界効用やリスク選好に影響を与え，その結果，資産額によって賠償額を変えることが正当化されうる（Polinsky and Shavell 1998, p. 913; Perry and Kantorowicz-Rezinchenko 2018, p. 856）．こうした金銭の限界効用やリスク選好の問題は 9.3.1～9.3.4 項のモデルでは組み入れていない．たとえば金銭の限界効用のもつ意味はつぎのようなものである．資産を有するほど金銭を 1 円失うことの効用が減るのであれば，その分多額の賠償を課さなければ最適抑止は達成されないということである．

また，Hylton（2008）は，加害者の資産が，場合によっては賠償額の決定に役立つことがありうると指摘している[32]．加害者の資産が，被害者の被害額や加害者の利益額の測定にあたっての有益な情報となる可能性がある．たとえば，加害者の利益額が直接はわからない場合に，加害者の資産額などを基に推定することができるかもしれない（Hylton 2008, p. 937; Perry and Kantorowicz-Rezinchenko 2018, p. 856）．その場合には，加害者の資産は賠償額に間接的に影響を与えうることになる．

9.3.6 罰金との関係

以上の議論は，損害賠償という民事法における制度のものであった．しかし，とくに意図的な不法行為に関する議論は，罰金という刑事法や行政法における制度とも親和的である．実際，Miceli（2009, p. 269）は犯罪と不法行為を区別する一つの特徴として，犯罪は意図的なものが多いことを挙げている[33]．

そして Miceli（2009, pp. 276-277）は，最適な罰金額についての議論として被害内部化と利益吐き出しの観点を取り上げている．実は 9.3.4 項で取り上げた Hylton（1998）も，懲罰的損害賠償と罰金の両方を想定して，被害内部化と利益吐き出しを論じている．

32） Polinsky and Shavell（1998）p. 913 も，加害者が個人の場合は，たとえば個人のリスク選好が資産の状況に依存する場合など，場合によっては資産によって賠償額を変えることが正当化されうるとしている．

33） また，Cooter and Ulen（1997）p. 491 は，刑法の経済分析の章において，「定義により，刑罰は利得の吐き出しを超えるものであ」り，罰金刑とは，「加害行為をして罰金を支払う場合よりも『加害行為をしないほうを選好する』ようにするために支払わせる金銭」であるとしている．

このように，被害内部化と利益吐き出しの観点は，懲罰的損害賠償にも罰金にも適用可能なものである．懲罰的損害賠償と罰金の違いの一つとしては，金銭を受け取る主体が個人か国かという違いがある．個人が受け取る場合には，それが自らの利益になるため，訴訟をするインセンティブが高まるが，他方でそのインセンティブが過大になる可能性もある．また，各国の他の制度との組み合わせによってもいずれが適切かは変わる可能性がある．そのため，懲罰的損害賠償と罰金のどちらが適切かは，一概には判断ができない．

9.4　アンケート調査の方法と内容

9.3 節のように，被害者の被害額を超える額の賠償を課す懲罰的損害賠償は，被害内部化や利益吐き出しにより，経済学的に正当化される可能性がある．しかし，日本において人々はこのような形の賠償を現状で想定しているだろうか．

川島（1967，p. 11）は，法律をつくっても，それが現実に行われるだけの地盤が社会のなかにない場合には，法律は現実にはほとんど行われない，と述べている．そうした地盤として川島が強調しているのは，人々の法意識である．それには，法的価値判断（ある法律上の制度の支持の有無やその判断枠組み），法的感覚（法律上の制度に対する論理を超越した反感や好感）などが含まれる．

懲罰的損害賠償の導入の是非を議論した司法制度改革審議会でも，こうした人々の法意識の重要性が指摘されている．すなわち，司法制度改革審議会（2001b）では「日本の国全体の考え方や価値観が変わってくれば，一般法の，つまり民法でいう損害賠償というものの内容も変わってくるだろう」と述べられており，「そういうことになってくれば，場合を分けて，懲罰的損害賠償を認めるということもありうる」という議論があった．

このような「日本の国全体の考え方や価値観」は，実際はどのようなものなのだろうか．これを知る一つの有力な方法は，実際に日本の人々に対して，アンケート調査を行うことである．

9.4.1 サーベイ実験

本調査[34]は，サーベイ実験の方法をとっている．これは，アンケート調査に無作為化比較実験の要素を取り入れたものである[35]．調査票中に書かれた架空の事例（シナリオ）の一部を変化させた質問票を複数バージョン用意し，その複数バージョンの質問票を調査対象者に無作為に割り当てる．そのため，シナリオ実験などの名前でも呼ばれる．

本調査のシナリオは以下のようなものである（ⒶⒷⒸという記号やその部分の網かけは，本章で付加したもので元の調査票にはない[36]）．

> 78歳高齢女性の田中さんは，ひとりで暮らしています．ある日，リフォーム業者Aが「床下の無料点検に来た」と田中さん宅を訪問しました．業者Aは点検後，「家の基礎が崩れて今にも柱が傾く」と，家の補強工事の契約を迫りました．実際は，基礎が崩れそうだというのはまったくのウソでした．田中さんは**100万円**の工事の契約を結び，代金を支払いました．
>
> しかし後日，田中さんは，業者Aが工事をした形跡が何もないことに気づきました．田中さんは業者Aに問い合わせましたが，業者Aはまともに取り合ってくれません．そこで田中さんは，業者Aに対し，裁判を起こしました．
>
> 裁判の過程で，業者Aはこれまでも高齢者に詐欺まがいの商法をしていたことが判明しました．しかも巧妙に逃げ回っていたため，過去の被害者たちは裁判を起こせず，今後も起こすのが難しくなっています．Ⓐ業者Aは，高齢者に対して，これまでに総額で**1億円の被害**を与えていると見積もられています．Ⓑ業者Aの有する**資産は100億円**にのぼるものと見られます．Ⓒ業者Aは，**行政の処分を受けていません**．

以上のように，シナリオは消費者に対する詐欺に関するものである．こうした消費者法の分野の問題は，日本において利益吐き出しが議論される分野の一

34）本調査の設計は，森大輔（熊本大学），髙橋脩一（専修大学），池田康弘（熊本大学）の3名で行った．

35）この手法は，日本でも政治学，社会心理学，法社会学などさまざまな分野で用いられるようになっている．法社会学での利用例として松村（2009）参照．

36）一方，シナリオ中の下線，太字は元の調査票にあるもので，回答者に対してとくに注目してほしい部分を示すものである．

表 9-1　要因と水準の内容

要因	水準
A（被害・利益）	A_1（記述なし） A_2（被害 1 億円） A_3（利益 1 億円）
B（資産）	B_1（記述なし） B_2（資産 3 億円） B_3（資産 100 億円）
C（処分）	C_1（記述なし） C_2（業務停止） C_3（処分なし）

つである（国民生活センター 2004; Nomi 2015, p. 439）．そして，このシナリオで業者 A が行っていることは，9.3 節でいえば 9.3.1 項のような状況よりも，9.3.3 項のような意図的な不法行為に近いといえる．そして，業者 A の活動は高齢者に被害を与えており，おそらくそれは業者 A が得る利益以上であって社会的に非効率だといえそうである．したがって，法と経済学的には，被害の内部化と利益吐き出しの両方の賠償が考えられそうである．

上のシナリオ中の網かけがしてあるⒶⒷⒸの部分が，調査対象者により内容が変化している部分である．すなわち，この 3 つが実験の要因にあたる部分である．どの要因にも 3 水準を設定している．各要因と水準の内容は以下のようになっている[37]（表 9-1 に内容がまとめられている）．

要因 A は加害者の得た利益や被害者の受けた被害の額に関する記述であり，本章の問題関心の中心部分である被害の内部化や利益の吐き出しに関係している．水準 A_1 はベースラインであり，利益や被害に関する記述がない場合である．水準 A_2 では「業者 A は，高齢者に対して，これまでに総額で**1 億円の被害**を与えていると見積もられています」，水準 A_3 では「業者 A は，高齢者から，これまでに総額で**1 億円の利益**を得ていると見積もられています」と記述している（太字や下線は実際に調査票に付されていたものである）．

37）本文の四角囲みのシナリオは，要因 A が水準 A_2，要因 B が水準 B_3，要因 C が水準 C_3 となっているものである．

要因 B は加害者の資産に関する記述である．加害者の資産については，9.3.5 項で被害や利益と関連して触れた．水準 B_1 はベースラインであり，資産に関する記述がない場合である．水準 B_2 は「業者 A の有する**資産は 3 億円**にのぼるものと見られます」，水準 B_3 は「業者 A の有する**資産は 100 億円**にのぼるものと見られます」という記述である．

要因 C は加害者が事前に受けた他の処分に関する記述である．これは，以下のような仮説に基づいて設定したものである．すなわち，仮に回答者が損害賠償を抑止や制裁と関連付けているのであれば，加害者がなにも処分を受けていないことが明らかであれば増額するということがあるかもしれない．また，加害者がすでになんらかの処分を受けている場合は，それを考慮して減額する可能性もありうる[38]し，逆に悪質な加害者であることが明らかだということで増額する可能性もある．水準 C_1 はベースラインであり，処分に関する記述がない場合である．水準 C_2 は「業者 A は，**行政から 3 ヶ月の業務停止命令**を受けたことがあります」，水準 C_3 は「業者 A は，**行政の処分を受けていません**」という記述である．

このようなシナリオを読んだ後，業者 A は田中さんに何円を支払うべきだと思うかという賠償の評価額（この額を以降 $Damages$ という変数で表す）を，数字で入力してもらった．その際，「この質問は，法律上いくら支払わなければならないと思うかということではなく，『あなたの感覚では業者 A はいくら支払うのが適当と感じるか』をお尋ねするものです」という注意書きを付け，法律上の知識ではなく，回答者の法的価値判断・法的感覚を尋ねるものであることを明確にした．また，「裁判の費用や弁護士の費用は，考えに入れない（0 円）」という注意書きも付けている．数字は単純な入力だと桁のミスが起きやすいと考えられるため，○億□万円という形で○と□の部分，すなわち億と万の数字を 0〜9999 の整数で入力する形とした（0 も入力可）．

また，仮に業者 A が裁判の後に田中さんに金銭を支払うだけでなく，国にも支払うことになったとして，この場合に，業者 A は，田中さんにいくら支

38）たとえば，連邦最高裁も，加害者が刑事的な制裁を受けていることは，懲罰的損害賠償額を軽くする事由となりうることを指摘している．Pacific Mutual Life Insurance Co. v. Haslip, 499 U.S. 1, 22 (1991).

払うべきで（この額を以降 *Indiv* という変数で表す），また国にいくら支払うべきだ（この額を以降 *Gov* という変数で表す）と考えるかについても，数字で入力してもらった．この場合にも，前段と同様に回答者の法的価値判断・法的感覚を尋ねるものであることを明確にした．この質問は，原告である田中さんが自身の被害額以上の賠償を得ることをよしとしない回答者のなかにも，国に対してであれば加害者は金銭の支払いをすべきと考える者がいる可能性を見るための質問である．

9.4.2　直交計画

以上のように3要因3水準の実験となっているので，本来であれば $3^3 = 27$ バージョンの調査票が必要になる．しかし，これではバージョン数が多すぎて，調査票の管理，適切な標本サイズの設定，調査の費用などの点で困難が発生する．

そこで本調査では，直交計画を用いた[39]．すなわち，直交配列表を用いて，調査票のバージョン数を減らした．直交配列表を用いると，要因間の主効果のみしか分析できず交互作用は分析できなくなるが，その代わり分析に必要な要因の組み合わせの数をかなり減らすことができる．

直交配列表には複数の種類があるが，本調査ではそのうち L_9 直交配列表を用いた．L_9 直交配列表によれば，9通りの組み合わせを実験すればよいことになる[40]．これをもとに9バージョンの調査票で，サーベイ実験を行った．

9.4.3　実施の状況

アンケート調査は，インターネットのブラウザに調査票を表示し，回答を入力する方式である[41]．調査は2019年8月に実施した．調査はNTTコムリサ

39）直交配列表による実験計画の詳細については，たとえば森田（2010）参照．

40）$A_1 \cdot B_1 \cdot C_1$（記述なし・記述なし・記述なし），$A_2 \cdot B_1 \cdot C_2$（被害1億円・記述なし・業務停止），$A_3 \cdot B_1 \cdot C_3$（利益1億円・記述なし・処分なし），$A_1 \cdot B_2 \cdot C_3$（記述なし・資産3億円・処分なし），$A_2 \cdot B_2 \cdot C_1$（被害1億円・資産3億円・記述なし），$A_3 \cdot B_2 \cdot C_2$（利益1億円・資産3億円・業務停止），$A_1 \cdot B_3 \cdot C_2$（記述なし・資産100億円・業務停止），$A_2 \cdot B_3 \cdot C_3$（被害1億円・資産100億円・処分なし），$A_3 \cdot B_3 \cdot C_1$（利益1億円・資産100億円・記述なし）の9通りである．

41）インターネットによるアンケート調査は，あらかじめ登録されているモニターを調査対象とす

ーチに依頼して行った．調査対象者は，日本全国の20代〜60代のモニターである．抽出方法は，全国の男女人口比と年代別人口比による割り当て抽出である．また，調査票には前述のように9バージョンあったが，回収目標を各バージョン110とする均等回収を行った．実際の回収数は1,159となった．

インターネット調査では，適当にクリックして回答を終わらせてしまい十分にシナリオなどを読んでいない回答者を，ある程度除外する工夫がなされることがある．この調査でもそれを行っており，「シナリオで読んだ業者Aは何に関する業者だったか」という質問をシナリオの後に入れている[42]．そして，この質問に正解した者のみを分析対象とすることにした．その結果，1,064人が分析対象となった[43]．

9.5 調査結果の分析

9.5.1 記述統計

表9-2に，業者Aは田中さんに何円を支払うべきだと思うかという賠償評価額 *Damages*，仮に業者Aが裁判の後に田中さんに金銭を支払うだけでなく国にも支払うことになった場合に，業者Aが田中さんに支払うべき額 *Indiv*，国に支払うべき額 *Gov* の記述統計がまとめられている[44]．

まず *Damages* について見ると，平均が約1億2千万円なのに対して，中央値が150万円となっており，両者の差が大きいことがわかる．これは分布が偏っていることを意味する．すなわち，少数の回答者が非常に高い評価額をつけるという外れ値があり，それに引っ張られて平均が大きくなっている[45]．

ることなどから，代表性が強く求められるような場合には問題がある可能性もある．しかし，実験的手法を利用する場合に従来の学生を対象にする実験に比べてさまざまな人を調査対象とできることなどから，サーベイ実験との親和性は非常に高いことが指摘されている．前田（2015）p. 246参照．

42） この質問を見た後に，戻ってシナリオを確認することはできないようになっている．

43） 選択肢は，（1）スマートフォン，（2）生命保険，（3）リフォーム，（4）消火器の4つで，（3）が正解である．（1）が40人，（2）が35人，（3）が1,064人，（4）が20人となった．

44） 本章の統計分析はRを用いて行った．バージョンはR 3.6.1である．

45） これは，本調査とは別のシナリオで賠償評価額を回答してもらった際にも同様に生じた現象である．森・髙橋・池田（2017）p. 172参照．

表 9-2　賠償評価額や国にも支払う場合の額についての記述統計

変数名	変数の内容	平均	標準偏差	最小値	中央値	最大値
Damages	賠償評価額	12042	171352	0	150	5000000
Indiv	国にも支払う場合の個人への額	10824	173281	0	150	5000000
Gov	国にも支払う場合の国への額	95126	354000	0	5000	5000000

注：単位は万円，$N = 1064$.

実際，標準偏差が約 17 億 1 千万円であり，評価額は回答者によりばらつきが非常に大きい.

中央値の 150 万円は，田中さんの実際に受けた金銭的な被害 100 万円に少し色を付けた程度である．それに対して，平均の 1 億 2 千万円は，被害者全員の損害額や業者 A の利益額 1 億円に近くなっている.

つぎに国にも金銭を支払う場合について見ると，被害者個人（田中さん）への支払額 *Indiv* は，平均で約 1 億 1 千万円であり，上述の *Damages* とほぼ変わらない額である[46]．中央値にいたっては 150 万円で *Damages* と同額である．したがって，国にも金銭を支払う場合，被害者個人への支払いに純粋に加算される形で国への支払いを回答者は捉えているということがわかる[47].

国への支払額 *Gov* は *Damages* や *Indiv* に比べてかなり大きくなっており，平均が約 9 億 5 千万円，中央値が 5 千万円である．やはり平均と中央値の開きが大きく，分布が偏っている．ただこの場合は，中央値も被害者個人の被害額 100 万円を大きく超えている．また，平均は被害者全員の損害額や業者 A の利益額を超えていることがわかる.

9.5.2　各要因の影響の分析

(1)　賠償評価額への影響

表 9-3 は，シナリオの各要因の，賠償評価額 *Damages* の平均と中央値への影響を分析したものである．平均への影響については通常の回帰分析[48]

46)　実際，*Damages* と *Indiv* で対応のある t 検定を行うと，統計的に有意とはならなかった（$p = 0.671$）.

47)　この点も，別シナリオでの調査と同様の結果である．森・髙橋・池田（2017）p. 149 参照.

48)　実験における要因の分析手法としては，多元配置分散分析が使われることが多い．これは平均の差を見るものである．しかし，本章では中央値にも注目しており，中央値の場合にはこれに相

表 9-3　賠償評価額 $Damages$ についての回帰分析

説明変数 ＼ 被説明変数	ln $Damages$				$Damages$	
	OLS		中央値		中央値	
A_2（被害 1 億円）	0.447**	(0.140)	−0.101	(0.138)	−17	(19)
A_3（利益 1 億円）	−0.097	(0.139)	−0.122	(0.110)	−23	(15)
B_2（資産 3 億円）	0.415**	(0.139)	0.101	(0.125)	17	(17)
B_3（資産 100 億円）	0.293*	(0.139)	0.122	(0.122)	3	(16)
C_2（業務停止）	−0.151	(0.139)	−0.122	(0.130)	−3	(18)
C_3（処分なし）	−0.120	(0.140)	−0.188	(0.123)	−17	(17)
定数項	5.140**	(0.148)	5.011**	(0.131)	150**	(19)
調整済 R^2	0.020					

注 1：$N = 1064$，括弧内は標準誤差．
注 2：$*p < .05$, $**\ p < .01$.

(OLS)，中央値への影響については中央値回帰（分位点回帰[49]）の手法を用いている．$Damages$ は 9.5.1 項で見たように分布が偏っているため，OLS については自然対数にした ln $Damages$ を被説明変数としている．中央値回帰は分布の偏りに強いため，自然対数 ln $Damages$ と自然対数にしない $Damages$ の両方の結果を記載している．表 9-3 の各説明変数はダミー変数となっており，A_2 と A_3 は A_1，B_2 と B_3 は B_1，C_2 と C_3 は C_1 が参照カテゴリである．たとえば，表 9-3 の A_2 の変数の推定値は，要因 A が A_1（記述なし）から A_2（被害 1 億円）に変わったときに被説明変数の平均や中央値が増える量を表している．

表 9-3 を見ると，賠償評価額 ln $Damages$ の OLS では A_2（被害 1 億円）が統計的に有意となっている．それに対して A_3（利益 1 億円）は有意ではない．また，要因 B は B_2（資産 3 億円）と B_3（資産 10 億円）がともに有意となっている．

当する手法がなく，分位点回帰の使用が適切である．そのためこれに合わせて，平均の分析でも OLS を使用することにした．

49）中央値回帰（分位点回帰）の解説としては，Angrist and Pischke（2009）pp. 269–291，末石（2015）pp. 119-134 参照．ここでは R の quantreg パッケージ（Koenker 2019）を用いて分析を行っている．なお，標準誤差の計算にはブートストラップ法（quantreg パッケージでは数種類のブートストラップの方法が選べるがそのうちデフォルトのもの）を用いている．

表9-4　賠償評価額 *Damages* についての要因・水準ごとの記述統計

要因	水準	人数	平均	標準偏差	最小値	中央値	最大値
A	A_1（記載なし）	357	7031	74960	0	150	1000100
	A_2（被害1億円）	351	23909	277178	0	150	5000000
	A_3（利益1億円）	356	5367	79560	0	120	1500000
B	B_1（記載なし）	360	3873	52980	0	120	1000000
	B_2（資産3億円）	351	2999	8289	0	150	60000
	B_3（資産100億円）	353	29365	292039	0	150	5000000
C	C_1（記載なし）	359	6716	79542	0	150	1500000
	C_2（業務停止）	357	9516	91382	0	150	1000100
	C_3（処分なし）	348	20128	273405	0	120	5000000

注：単位は万円，$N = 1064$.

表9-4では要因と水準ごとに *Damages* の記述統計を示しており[50]，これを見ると表9-3の意味がよりわかりやすくなる．要因 A では A_2（被害1億円）が，A_1 に比べて平均値が確かに大きくなっており，被害額1億円を上回る値となっている．要因 B では B_3（資産100億円）が，B_1 に比べて平均値が大きくなっているが，資産100億円全額を賠償という者は少なく，平均は3億円ほどである．B_2（資産3億円）は平均値が大きいわけではないが，標準偏差が小さく，これが表9-3で統計的に有意になった理由だと思われる．

これに対して，中央値回帰では，被説明変数が自然対数の場合も自然対数でない場合も，有意となっている変数はない．すなわち，OLSで見出した変数の影響は，一部の回答者のみに見られる外れ値的な影響であり，大部分の者はどの要因も賠償評価額の決定に際して考慮していないと考えられる．

実際，表9-4を見ても，どの要因のどの水準でも，中央値は150万円か120万円でほとんど変化はない．大部分の回答者は，要因がどうであれ，適切な賠償額は個人（田中さん）の被害額100万円を少し超える程度であると思っているということである．

50）たとえば A_1（記述なし）の賠償評価額の平均は，$A_1 \cdot B_1 \cdot C_1$（記述なし・記述なし・記述なし），$A_1 \cdot B_2 \cdot C_3$（記述なし・資産3億円・処分なし），$A_1 \cdot B_3 \cdot C_2$（記述なし・資産100億円・業務停止）の3つの調査票の回答者の回答の平均となっている．

表 9-5 国への支払額 Gov についての回帰分析

説明変数＼被説明変数	ln Gov				Gov	
	OLS		中央値		中央値	
A_2（被害 1 億円）	0.787*	(0.326)	1.805*	(0.843)	3267	(2757)
A_3（利益 1 億円）	0.505	(0.325)	2.512**	(0.770)	6533**	(2117)
B_2（資産 3 億円）	0.875**	(0.325)	1.414*	(0.715)	1633	(2411)
B_3（資産 100 億円）	2.240**	(0.325)	1.911*	(0.756)	3367	(2190)
C_2（業務停止）	0.875**	(0.324)	0.497	(0.753)	1733	(2502)
C_3（処分なし）	1.127**	(0.326)	1.400*	(0.693)	3267	(2072)
定数項	4.480**	(0.347)	4.787**	(0.439)	100	(52)
調整済 R^2	0.055					

注 1：$N = 1064$，括弧内は標準誤差.
注 2：$*p < .05$, $**\, p < .01$.

(2) 国にも支払う場合の国への支払額への影響

表 9-5 は，シナリオの各要因の，国への支払額 Gov の平均と中央値への影響を分析したものである[51]．表 9-3 と同様，OLS については自然対数にした ln Gov を被説明変数とし，中央値回帰は自然対数 ln Gov と自然対数にしない Gov の両方の結果を記載している．

表 9-5 を見ると，被説明変数が ln Gov の OLS では，9.5.2 項（1）の ln $Damages$ の OLS と同様，A_2（被害 1 億円），B_2（資産 3 億円），B_3（資産 100 億円）が有意である．また要因 C の C_2（業務停止），C_3（処分なし）もともに有意で，推定値の符号は正である．よって，加害者がなにも処分を受けていないことが明らかな場合に増額しているだけでなく，加害者がすでに処分を受けている場合にも増額の判断がなされている．これは，処分を受けたということは悪質な加害者であることが明らかだという判断なのかもしれない．

注目すべきは，この場合の中央値回帰の結果である．9.4.2 項（1）と違い，この場合には中央値回帰でも推定値が有意なものが存在する．被説明変数が Gov の場合では，A_3（利益 1 億円）が統計的に有意になっている．利益吐き出しについて，この場合には大部分の回答者に受け入れられているといえそうである．

51） $Indiv$ については，9.5.1 項でも見たように $Damages$ とほぼ同様なので省略している．

表 9-6　国への支払額 Gov についての要因・水準ごとの記述統計

要因	水準	人数	平均	標準偏差	最小値	中央値	最大値
A	A_1（記載なし）	357	125088	421467	0	500	5000000
	A_2（被害1億円）	351	103576	397279	0	10000	5000000
	A_3（利益1億円）	356	56749	197608	0	10000	1200000
B	B_1（記載なし）	360	9379	53970	0	800	1000000
	B_2（資産3億円）	351	11741	29329	0	9900	500000
	B_3（資産100億円）	353	265487	575374	0	10000	5000000
C	C_1（記載なし）	359	53787	195798	0	1000	1200000
	C_2（業務停止）	357	130326	424051	0	10000	5000000
	C_3（処分なし）	348	101662	395944	0	10000	5000000

注：単位は万円，$N = 1064$.

被説明変数が $\ln Gov$ の場合では，A_2（被害1億円），A_3（利益1億円）が統計的に有意になっている．表 9-6 を見ても，A_1（記述なし）の中央値が 500 万円なのに比べ，A_2 と A_3 は1億円と明らかに高くなっている．そしてこの1億円という額は被害者全体の被害額，加害者の利益額とぴったり一致している．被害内部化，利益吐き出しともに，この場合には大部分の回答者に受け入れられていると見ることができよう．

また，B_2（資産3億円），B_3（資産100億円）も有意である．表 9-6 を見ると，B_1（記述なし）の中央値が 800 万円なのに対し，B_2 と B_3 は約1億円である．よって，資産額の記述を参考にして国への支払額を増やすという判断がある程度行われていると思われる．

さらに，C_3（処分なし）も有意である．すなわち，事前に加害者に対して行政からなにも処分が行われていないことが明らかな場合には，国への支払額を増額するという判断が行われている．

9.5.3　分析結果のまとめ

賠償評価額については，OLS を見ると，一部の者が被害額や利益額，資産額を考慮に入れた決定をしている．しかし，中央値回帰で見ると，大部分の者はこうした要因は考慮に入れておらず，賠償評価額は個人の被害額を少し上回る程度の額としている．

裁判の後に個人（田中さん）に金銭を支払うだけでなく，国にも支払うことになった場合に，国に支払う額については，OLSでは一部の者が賠償評価額の場合と同様，被害額や利益額，資産額を考慮に入れた決定をしており，それだけでなく事前に他になされた処分についても考慮に入れている．この場合は，中央値回帰で見ると，大部分の者は加害者の利益額や被害額，資産額を考慮に入れた判断をしている．

以上の結果を鑑みると，日本において一般の人々は，一部の者を除いて，損害賠償という枠組みでは被害内部化や利益吐き出しについて考えていないのではないかと思われる．あくまで，損害賠償としては，被害者個人の損害を埋め合わせる程度の額を，その個人が受け取ることができるのみである．

しかし日本でも，加害者が国に金銭を支払うという形をとる場合には，被害内部化や利益吐き出しの考慮が働くことは受け入れられている．また，資産額や事前に他の処分がないこともこの場合には影響を与えており，総じて，9.3節で論じたような法と経済学的な賠償額の決定の理論に沿うような結果になっているのは，この場合であると見ることができる．

加害者が国に金銭を支払うという制度としては，刑事法や行政法などの罰金がもっとも一般的であり，回答者もこれらを想定していた可能性が高い．罰金にも被害内部化や利益吐き出しの議論は適用されることは9.3.6項で述べたとおりである．

9.6 おわりに

本章においては，懲罰的損害賠償と利益吐き出し型損害賠償について，その法と経済学的な正当化根拠を議論した．法と経済学的には，損害賠償は被害者の被害額と同額を課すことで加害者に被害を内部化させ，不法行為を最適な水準に抑止するものである．ただし，意図的な不法行為の場合には，こうした被害内部化だけでなく，加害者の利益額と同額の賠償を課して不法行為のインセンティブをなくす利益吐き出しも社会的に効率的になりうる．そして懲罰的損害賠償は，被害者の一部しか賠償を得ない場合に被害内部化や利益吐き出しが十分とはならないために，賠償を増額するものである．関連して，加害者の資産は，被害者の被害額や加害者の利益額の測定に役立つという点などで，賠償額に影響を与えうる．以上のような議論は，損害賠償だけでなく，罰金などにもあてはまる．

そして本章では，日本の一般人に現状としてそれらが受け入れられるか否かをサーベイ実験で調査することも行った．その結果，被害者個人が自身の被害額を大きく超えるような賠償額を受け取る制度は，現在のところ日本では，一般の人々はあまり想定していないことが明らかになった．他方で，加害者が国に対して，加害者の利益額などを考慮した金銭の支払いをすることは受け入れられやすい．したがって，損害賠償だけではなく加害者が公的機関に金銭を支払うような仕組みを組み合わせて使うのが一つの方策として示唆されそうである[52]．

しかし，こうした公的機関による執行（公的執行，public enforcement）には問題もあることが，私人による法執行を重視するアメリカでとくに指摘されてきた（Lemos and Minzner 2014）．公的執行者の給与は一定であり，違法行為者に罰金を科すための執行活動をしても，そこから利益を得ることはできない．そのため，公的執行者は抑止のための罰金を最大化するインセンティブをもたない可能性がある．

さらに，公的執行については，執行活動の過程が歪められる可能性もあると指摘されてきた．公的機関の予算は限定されているため，違法行為に対する法執行は過小となりうる．また，公的執行を担う機関や人は，規制対象となる企業に取り込まれる（captured）おそれがある．執行者は当該業界に再就職することを望み，執行の手を緩める可能性がある．それだけでなく，公的執行はその過程において，政治的な圧力を受ける可能性もある．政治家は耳目を集める事案に過剰に反応して過度な執行を促す場合もあれば，鍵となる行政官をすげ替えたり予算を削減したりすることによって法執行を阻害するおそれもある．

そのため，損害賠償制度で抑止が十分でない場合に，どのような法執行の制度が受け入れられやすいのかについては，さらなる調査が必要である．たとえば，被害者の集団による訴訟もありうる[53]し，また被害者個人の訴訟で被害

52）こうした仕組みとしては，たとえば行政による経済的不利益賦課制度が検討されている．消費者庁（2011）参照．また，国民生活センター（2004）p. 93 も参照．

53）かなり使用は限定的ではあるが，日本でも現在，消費者団体訴訟という制度が創設されている．

額を超える額の賠償を課したうえで一部の額の支払先を被害者個人ではなく「消費者基金」にする（国民生活センター 2004, p. 90; 松本 2017）という提案もある[54)].

また，本章の調査の問題点として，直交計画によったため，要因間の交互作用の影響を調べることができなかったことがある．シナリオに被害額（あるいは利益額）と資産額の両方が記されているときと，資産額のみが記されているときでは，回答者の賠償評価額が異なる可能性がある．なぜなら，資産額しか記されていない場合はそれのみをもとに被害額や利益額の値を回答者は推測することになるのに対し，被害額や利益額が書かれているときはそうした推測の働く余地は小さくなるからである．以上のような，他の法執行制度の問題や交互作用の問題などを考慮して，さらなる調査を行うことが今後の課題である．

◆参考文献

Angrist, J. D. and J. S. Pischke (2009), *Mostly Harmless Econometrics: An Empiricist's Companion*, Princeton University Press.（大森義明・田中隆一・野口晴子・小原美紀訳『「ほとんど無害」な計量経済学—応用経済学のための実証分析ガイド』NTT 出版，2013 年）

Collin, T. J. (1988), *Punitive Damages and Business Torts: A Practitioner's Handbook*, Section of Antitrust Law, American Bar Association.

Cooter, R. D. and T. S. Ulen (1997), *Law and Economics*, 2nd ed., Addison-Wesley.（太田勝造訳『法と経済学　新版』商事法務研究会，1997 年）

Developments in the Law (2000), "The Path of Civil Litigation", *Harvard Law Review,* 113, pp. 1752-1875.

Friedman, D. D. (2000), *Law's Order: What Economics Has to Do with Law and Why It Matters*, Princeton University Press.

Hylton, K. N. (1998), "Punitive Damages and the Economic Theory of Penalties", *Georgetown Law Journal,* 87, pp. 421-472.

Hylton, K. N. (2008), "A Theory of Wealth and Punitive Damages", *Widener Law Journal,* 17, pp. 927-948.

Hylton, K. N. (2016), *Tort Law: A Modern Perspective*, Cambridge University Press.

Ikeda, Y. and D. Mori (2015), "Can Decoupling Punitive Damages Deter an Injurer's Harmful Activity?", *Review of Law and Economics*, 11, pp. 513-528.

54) これは，アメリカのいくつかの州に見られる賠償分配法（本章の 9.2.1 項（1）参照）に近い制度である．ただし，この場合，加害者の支払わなければならない額が多額なのに対し，被害者の受け取る額は少額になる結果，両者の訴訟追行のインセンティブに差が生じ，それが非効率を生み出す可能性も指摘されている．Ikeda and Mori (2015) 参照.

Koenker, R. (2019), "quantreg: Quantile Regression. R package version 5.40", https://CRAN.R-project.org/package=quantreg (最終アクセス：2019年11月30日).

Landes, W. M. and R. A. Posner (1981), "An Economic Theory of Intentional Torts", *International Review of Law and Economics,* 1, pp. 127-154.

Lemos, M. H. and M. Minzner (2014), "For-Profit Public Enforcement", *Harvard Law Review,* 127, pp. 858-863.

Mallor, J. and B. Roberts (1980), "Punitive Damages: Toward a Principled Approach", *Hastings Law Journal*, 31, pp. 639-670.

Miceli, T. J. (2009), *The Economic Approach to Law*, 2nd ed., Stanford Economics and Finance.

Nomi, Y. (2015), "Disgorgement of Profits in Japanese Law", in E. Hondius and A. Janssen, eds., *Disgorgement of Profits: Gain-Based Remedies Throughout the World*, Springer, pp. 429-442.

Owen, D. G. (1994) "A Punitive Damages Overview: Functions, Problems and Reform", *Villanova Law Review*, 39, pp. 363-413.

Perry, R. and E. Kantorowicz-Rezinchenko (2018), "Income-Dependent Punitive Damages", *Washington University Law Review*, 95 (4), pp. 835-886.

Polinsky, A. M. and S. Shavell (1994), "Should Liability be Based on the Harm to the Victim or the Gain to the Injurer?", *Journal of Law, Economics, & Organization,* 10, pp. 427-437.

Polinsky, A. M. and S. Shavell (1998), "Punitive Damages: An Economic Analysis", *Harvard Law Review,* 111, pp. 869-962.

川島武宜 (1967),『日本人の法意識』岩波書店.

国民生活センター (2004),『消費者取引分野の違法行為による利益の吐き出し法制に関する研究—損害賠償，不当利益吐き出し，金銭的制裁の日米比較—』国民生活センター総務企画部調査室.

後藤巻則 (2006),「損害賠償と制裁」『法律時報』78 (8), pp. 54-59.

産業構造審議会知的財産分科会特許制度小委員会 (2019),「実効的な権利保護に向けた知的紛争処理システムの在り方」, https://www.jpo.go.jp/resources/shingikai/sangyo-kouzou/shousai/tokkyo_shoi/document/190215_tokkyo_houkoku/01.pdf (最終アクセス：2019年11月30日)

司法制度改革審議会 (2001a),「司法制度改革審議会意見書—21世紀の日本を支える司法制度」, https://www.kantei.go.jp/jp/sihouseido/report/ikensyo/pdf-dex.html (最終アクセス：2019年11月30日).

司法制度改革審議会 (2001b),「第54回司法制度改革審議会議事録」, https://www.kantei.go.jp/jp/sihouseido/dai54/54gijiroku.html (最終アクセス：2019年11月30日).

消費者庁 (2011),「『財産の隠匿・散逸防止策及び行政による経済的不利益賦課制度に関する検討チーム』取りまとめ」, https://www.caa.go.jp/policies/policy/consumer_

system/other/method_for_property_damege/review_team/pdf/kentouteam-torimatome.pdf (最終アクセス：2019 年 11 月 30 日).
末石直也 (2015),『計量経済学：ミクロデータ分析へのいざない』日本評論社.
橋本伸 (2019),「『利益吐き出し』原状回復救済に関する理論的考察 (1)：ヒト由来物質の無断利用問題を機縁として」『北大法学論集』69, pp. 1462-1421.
樋口範雄 (1988),「制裁的慰謝料論について—民刑峻別の『理想』と現実」『ジュリスト』911, pp. 19-25.
前田智彦 (2015),「法社会学におけるコンピュータ支援調査の展望」『理論と方法』30, pp. 241-252.
松村良之 (2009),「人々の契約意識」太田勝造, ダニエル・H・フット, 濱野亮, 村山眞維編『法社会学の新世代』有斐閣, pp. 282-303.
松本恒雄 (2017),「消費者被害の救済と抑止の手法の多様化—共同研究の趣旨とわが国の現状」『消費者法研究』4, pp. 158-166.
籾岡宏成 (1999),「アメリカ法における懲罰的損害賠償の『法と経済学』的検討」『中央大学大学院研究年報』29 (法学), pp. 25-36.
籾岡宏成 (2012),『アメリカ懲罰賠償法』信山社.
森田浩 (2010),『図解入門 よくわかる最新実験計画法の基本と仕組み—実験の効率化とデータ解析の全手法を解説』秀和システム.
森大輔・髙橋脩一・池田康弘 (2017),「不法行為における損害賠償の目的に関する実証的研究：アンケート調査の統計分析」『熊本法学』139, pp. 190-109.
山下純司 (2010),「不法行為における利益吐き出し責任」『NBL』937, pp. 26-34.
吉村顕真 (2010),「日本不法行為法における民事制裁論の歴史と展望—損害賠償法における『制裁』の実体に着目して」『龍谷法学』43, pp. 648-743.

第10章　環境問題における拡大責任

後藤大策

10.1　はじめに：環境利用権の初期割当とコースの定理

本章の目的は，環境事故問題の文脈でコースの定理の成立を確認し，その成立要件を吟味することで賠償責任ルールの役割と限界を明らかにしたうえで，その限界を補完する拡大責任の役割について検証することである．

つぎのような環境事故問題を考えよう．

環境事故 A：有害物質を取り扱う危険な生産活動を行う企業 C の予防行動レベルに応じて，農家 F の作物被害を引き起こす環境事故の発生確率が決まる．

ここで企業 C は，有害物質を取り扱う危険な生産活動に従事しており，財を 1 単位生産することで一定の収入 $R > 0$ を確実に手に入れることができる．ただし，企業 C は有害物質が環境中に漏出することで近隣農家 F の作物被害を生じさせる環境事故リスクに直面しており，そのリスクは企業の予防行動レベルよってのみ削減できるとする．その予防行動レベル $e \in [0, 1]$ は企業 C に予防費用 $\dfrac{K}{2}e^2$ を生じさせ，同時に確率 e で無事故，確率 $1 - e$ で農家 F の作物被害 D を引き起こす環境事故を生じさせる．ここで正の定数 K と D は，それぞれ予防行動レベルの限界費用係数と環境事故によって生じた農作物の被害額を示し，$0 < D < K$ を満たす．また企業 C は，生産活動を開始するにあ

たり，一定の初期投資額 $I > 0$ が必要となる．この初期投資は投資後にすぐ埋没し，回収不能であるとする．

なおしばらくの間，以下の仮定をおくことにする．

仮定 1（完全情報）：企業 C の事故予防行動レベル e は完全情報であり，企業 C が実際に選択した水準を，農家 F が完全に把握できる．
仮定 2（取引費用ゼロ）：企業—農家間の自発的交渉は支障なく行うことが可能である．
仮定 3（資産制約なし）：企業 C も農家 F も十分な資産を予め保有している．

ただしここで**取引費用**（transaction cost）とは，交渉において当事者が負担しなくてはならない費用である．

10.1.1　社会的に最適な資源配分（ファースト・ベスト）

このとき，社会的に最適な予防行動レベルは，次式で定義される期待社会厚生 W を最大にするレベルである．

$$W \equiv U + V \equiv R - I - (1-e)D - \frac{K}{2}e^2 \tag{1}$$

ここで U, V はそれぞれ企業 C と農家 F の期待利得を示す．ただし，事故発生前における農家 F の作物収益は一定であり，それをゼロと基準化していることに注意しよう．

社会的に最適な予防行動レベルでは，予防による限界被害削減（予防行動レベルを 1 単位引き上げるときの追加的な被害削減）$\dfrac{\partial}{\partial e}(-(1-e)D) = D$ と限界費用（予防行動レベルを 1 単位引き上げるときの追加的な費用）$\dfrac{\partial}{\partial e}(\dfrac{K}{2}e^2) = Ke$ が等しくなり，$D = Ke$ が成立する．したがって，社会的に最適な予防行動レベルは，$e^{FB} = \dfrac{D}{K}$ である．

よって，社会的に最適な資源配分を導く期待社会厚生 W^{FB} は

$$W^{FB} \equiv R - I - (1-e^{FB})D - \frac{K}{2}(e^{FB})^2 = R - I - D + \frac{D^2}{2K} \tag{2}$$

となる．このとき $W^{FB} \geq 0$ である限り，企業 C の生産活動は社会的に望ま

しいことになる.

10.1.2　権利割当を所与とした当事者間交渉

環境を自由に利用することのできる権利を環境利用権という. これは環境が提供するサービスに対する**所有権**（property right）だと考えられる.

環境事故 A を想定する場合, 農家 F と企業 C はいわゆる環境利用権に関して利害対立関係にある. というのは, 農家 F は作物を育てるにあたり, 自然環境を農業基盤として利用すると同時に, 企業 C は危険な生産活動に従事するにあたり, 有害物質が漏出した際には, 自然環境をその受け皿として利用するからである.

そこで以下では, コースの定理の成立を検証するために, 利害が対立する当事者間における権利の初期割当について, 次のような 2 つの両極端となるケースを考察しよう. それは, (a) すべての環境利用権が農家に割り当てられている場合の当事者間交渉と, (b) すべての環境利用権が企業に割り当てられいる場合の当事者間交渉である.

(a) すべての環境利用権が農家に割り当てられている場合の当事者間交渉

このとき仮に, 企業―農家間で環境利用について交渉が行われなければ, 企業 C は環境利用権をまったく保有していないことから, 生産活動を実施できない. この場合, 企業 C の環境事故の予防行動レベル e はゼロとなり, 社会的に最適な予防行動レベル e^{FB} よりも過小となる. そしてこの場合には, 企業 C と農家 F の期待利得 U, V はそれぞれ常にゼロとなり, その総和である期待社会厚生 W も常にゼロとなる.

そこで, つぎのような環境利用交渉が企業―農家間で行われるとしよう. それは, 企業 C が農家 F に対して, つぎのような提案をするものである.

「環境事故が生じて農作物の被害が生じた場合には, 補償金 t_a を支払うから, 生産活動を実施させてほしい.」

このとき, 企業 C が直面する問題はつぎのようになる.

$$\max_{\{t_a,\, e\}} U = R - I - (1-e)t_a - \frac{K}{2}e^2$$

$$\text{s.t.} \quad V = -(1-e)D + (1-e)t_a \geq 0 \tag{3}$$

ここで式 (3) は，農家 F が企業 C の提案を受け入れるための条件であり，それは農家 F の参加制約と呼ばれる．その意味は，農家 F が企業 C の提案を受け入れるためには，企業 C の提案を受け入れた場合の農家 F の期待利得 V が，その提案を拒否した場合の農家 F の期待利得（ここでは，交渉がなされなかった場合の農家の期待利得 = ゼロ）以上でなくてはならないというものである．

また，企業 C の目的関数である期待利得 U は，生産活動から得られる収入 R から，環境事故が生じた場合に農家 F に支払わなくてはならない期待補償金 $(1-e)t_a$ と予防行動の不効用 $\frac{K}{2}e^2$ を差し引いたものとなる．

農家 F の参加制約 (3) を，補償金について整理すると $t_a \geq D$ を得る．このとき企業 C は，可能な限り農家 F に支払う補償金を小さくしたいはずなので，$t_a = D$ となる．したがって，式 (3) から得た制約式 $t_a = D$ を目的関数に代入することで，企業 C が直面する問題は，つぎのように整理できる．

$$\max_{e} U = R - I - (1-e)D - \frac{K}{2}e^2$$

このとき企業 C の目的関数 U は期待社会厚生の定義式 (1) と同一となることから，それを最大化する予防行動レベルは，ファースト・ベストと同様の $e^{FB} = \frac{D}{K}$ となり，社会的に最適な予防行動レベルと一致する．さらにこのとき，企業 C と農家 F の期待利得はそれぞれ $U = R - I - D + \frac{D^2}{2K}$, $V = 0$ であり，期待社会厚生は $W = W^{FB}$ となる．

(b) すべての環境利用権が企業に割り当てられている場合の当事者間交渉

このとき仮に，企業—農家間で環境利用について交渉が行わなければ，企業 C は環境利用権をすべて保有していることから，自由に生産活動を実施できる．一方，農家 F は環境利用権をまったく保有していないことから，環境事故に起因する作物被害はすべて負担しなくてはならない．この場合，企業 C は生産活動を予防行動レベルゼロで実施するため，常に環境事故が生じることになる．そしてこの場合には，企業Cの期待利得は常に$U = R$であるが，農家Fの期待利得は，常に環境事故による農作物被害をこうむることから$V = -D$であり，期待社会厚生は常に$W = R - D$となり，ファースト・ベストの水準よりも過小となる．

そこで，つぎのような交渉が企業—農家の間で行われるとしよう．それは，農家Fが企業Cに対して，つぎのような提案をするものである．

「補償金tを支払うから，ある特定の事故予防行動レベルeを遵守してほしい.」

このとき，農家Fが直面する問題はつぎのようになる．

$$\max_t V = -(1-e)D - t$$
$$\text{s.t.} \quad U = R - I + t - \frac{K}{2}e^2 \geq R - I \tag{4}$$

ここで式(4)は，企業Cが農家Fの提案を受け入れるための条件であり，それは企業Cの参加制約と呼ばれる．その意味は，企業Cが農家Fの提案を受け入れるためには，農家Fの提案を受け入れた場合の企業Cの期待利得Uが，その提案を拒否した場合の企業Cの期待利得（ここでは，交渉がなされなかった場合の企業の期待利得$= R - I$）以上でなくてはならないというものである．

また，農家Fの目的関数である期待利得Vは，環境事故が生じた場合の農作物被害額$-(1-e)D$と，特定の予防行動レベルを遵守してもらう代償として企業Cに支払う補償金$-t$の総和となる．

企業Cの参加制約(4)を，補償金について整理すると$t \geq \frac{K}{2}e^2$を得る．このとき農家Fは，可能な限り企業Cに支払う補償金を小さくしたいはずなので，$t = \frac{K}{2}e^2$となる．したがって，式(4)から得た制約式$t = \frac{K}{2}e^2$，これを目的関数Vに代入して$\max V = -(1-e)D - \frac{K}{2}e^2$より，$e = \frac{D}{K}$となりファースト・ベストが実現する．このとき$t^* = \frac{D^2}{2K}$である．

なおこのとき，企業Cと農家Fの期待利得はそれぞれ$U = R - I, V = -D + \frac{D^2}{2K}$であり，期待社会厚生は$W = W^{FB}$となる．

10.1.3 まとめ：コースの定理

- 仮定1（完全情報），仮定2（取引費用ゼロ），仮定3（資産制約なし）のもとで，環境利用権に関して利害対立関係にある企業―農家間において，あらかじめ権利の明確な割り当てが行われているとする．このとき企業―農家間で自発的な交渉が行われるならば，その社会は社会的に最適な資源配分（ファースト・ベスト）を達成できる．

コースはCoase（1960）において，上記の含意とともに，環境問題を解決する際には必ずしも政府の積極的な介入は必要ではなく，当事者間の自発的な直接交渉に委ねればよいという状況がありうるということを示した．この重要な含意は後に**コースの定理**（Coase Theorem）として知られることとなり，法と経済学における基本定理の一つとなっている（第1章1.5節参照）．

そこで次節以降では，コースの定理が成立しない場合における賠償責任ルールの役割と限界について明らかにし，その限界を補完する役割をもつ拡大責任について考察することにしよう．

10.2 賠償責任ルールの役割と限界

ここでは，環境事故Aに対する賠償責任ルールの役割とその限界について検証する．つぎのような賠償責任ルールを考えよう．

賠償責任ルールL：環境事故Aは，農家Fに対する企業Cの不法行為であり，企業Cは自身が選択した事故予防行動レベルeの大きさにかかわらず，農家Fの作物被害Dに対する損害賠償義務を負う．

このような賠償責任ルールは，（暗黙的に）すべての環境利用権を農家Fに割り当てているだけではなく，その権利を侵害した企業Cは損害賠償義務を負うことまで規定する．ただしここでは，企業の損害賠償義務は，企業が保有する財産額を上限とする有限責任である．そもそも，このような環境事故に対する賠償責任ルールの設定が，社会的に妥当性をもつのはどのような場合であろうか．前節で確認したように，コースの定理が成立するのであれば，賠償責任ルールの設定がなくともファースト・ベストを達成可能である．そこでコースの定理が成立する前提条件を吟味することによって，賠償責任ルールの役割と限界を検証することにしよう．

10.2.1　非対称情報下でのコースの定理の頑健性

仮定1（完全情報）が成立しない状況から考えよう．つまり企業Cが選択する予防行動レベル e は企業Cの私的情報であり，農家Fや政府には観察も立証も不可能であるとする．ここでは，環境事故の予防行動レベルが企業Cの私的情報である場合においても，コースの定理が成立しファースト・ベストが達成できることを示すことで，賠償責任ルールLの設定は不要であることを明らかにする．

仮定2（取引費用ゼロ），仮定3（資産制約なし）のもとで，すべての環境利用権が農家に割り当てられているだけの状況から考える．このとき企業Cは，農家Fに対して10.1.2項（a）と同様の提案を行う．

「環境事故が発生し，農作物の被害が生じた場合には，補償金 t_a を支払うから，生産活動を実施させてほしい．」

この提案は，事故予防行動レベル e とは独立であることに注意しよう．つまりこの提案では，企業Cが選択する事故予防行動レベルが完全情報かどうかは問題ではない．重要なのは，企業Cが選択する予防行動と事故発生確率の間に明確な因果関係があることと，環境事故によって農作物被害が実際に生じたという事実が完全情報であるということである．このとき，企業Cが直面する問題は，10.1.2項（a）と同様になり，農家Fの参加制約を考慮した企業Cが選択する予防行動レベルは，社会的に最適な水準と一致し，期待社会厚生は W^{FB} を達成する．また，このとき $t_a = D$ であるから賠償責任ルールLを踏襲しており，Lの設定は不要である．

10.2.2　取引費用が存在する場合における賠償責任ルールの役割

つぎに仮定2（取引費用ゼロ）が成立しない状況を考えよう．当事者間に取引費用が存在し，それがきわめて大きい場合には，当事者間の自発的交渉は行われない．ここでは，当事者間の自発的交渉が行われない場合には，コースの定理が成立せず，ファースト・ベストを達成できないこと，またそのような場合においても，賠償責任ルールLを設定しておけば，ファースト・ベストを達成できることを示す．

仮定3（資産制約なし）のもとで，すべての環境利用権が農家に割り当てられているだけの状況から考える．このとき仮に賠償責任ルールが規定されていなければ，企業Cは環境利用権をまったく保有しないことから，生産活動を実施できない．つまり，10.1.2項（a）で明らかにしたように，期待社会厚生はゼロとなり，ファースト・ベストよりも過小となる．

そこで賠償責任ルールLを政府が定めるとしよう．このとき企業Cの目的関数となる期待利得Uは

$$U = R - I - (1-e)D - \frac{K}{2}e^2$$

となり，期待社会厚生Wの定義式(1)と同一となることから，それを最大化する予防行動レベルはファースト・ベスト$e^{FB} = \frac{D}{K}$と一致する．つまり，このときの期待社会厚生はW^{FB}を達成する．なお，このとき農家Fの期待利得Vは常にゼロである．

こうして，取引費用の存在によって事故の当事者間交渉が困難な場合においても，政府が賠償責任ルールを適切に設定することでファースト・ベストを達成可能となる．これが賠償責任ルールの役割の一つである．

10.2.3 資産制約下における賠償責任ルールの役割

仮定3（資産制約なし）が成立しない状況を考える．とりわけここでは，すべての環境利用権を農家に割り当てることを前提に，企業Cの生産収益が環境事故による農作物被害より小さく（すなわち$R < D$），なおかつ企業Fの初期資産は，初期投資に必要な額I分だけであると仮定する．企業Cが資産制約に直面している場合には，コースの定理が成立せず，ファースト・ベストの水準が達成できないことを最初に示す．さらにその場合において，賠償責任ルールLを設定すればファースト・ベストは達成できないものの，社会効率性を改善することができること，また環境事故が発生すると農家Fは完全に

は救済されないことを示す．

仮定2（取引費用ゼロ）のもとで，すべての環境利用権が農家に割り当てられているだけの状況から考える．このとき企業Cは，農家Fに対して10.1.2項（a）と同様の提案を行う．

「環境事故が発生し，農家の作物被害が生じた場合には補償金 $\tilde{t}_a$ を支払うから，生産活動を実施させてほしい．」

しかし，このとき農家は少なくとも被害額 D 以上の補償金を要求するのに対して，企業は最大 $R\ (< D)$ までしか払えないので交渉は成立しない．

したがって，企業は生産活動を行うことができない．よってこのときの事故予防行動レベルと期待社会厚生は，交渉を行わなかった場合と同様に，ともにゼロとなり，ファースト・ベストよりも過小となる．

そこで，賠償責任ルールLを政府が定めるとしよう．このとき企業Cが直面する問題は

$$\max_{e} U = R - I - (1-e)R - \frac{K}{2}e^2 \tag{5}$$

となる．ここで企業Cの損害賠償額は，その資産制約によって実際の農作物被害 D よりも小さい R であることに注意しよう．これは初期資産をすべて初期投資 I に費やしてしまった企業Cにとって，生産活動によって得た収入 R が唯一の資産であり，事故による農作物被害 D を賠償するためには，それをあてることしかできないからである．したがって環境事故による農作物被害 D が生じた場合，農家Fは R だけ賠償され，残余額 $D-R$ は救済されずに泣き寝入りすることになる．

このとき企業Fは，その期待利得 U を最大化するような事故予防行動レベル e を選択する．つまり予防行動による限界賠償削減（予防行動レベルを1単位追加的に引き上げるときの追加的な賠償削減）$\dfrac{\partial}{\partial e}(-(1-e)R) = R$ と予防行動の限界不効用（予防行動レベルを1単位追加的に引き上げるときの追加的な不効用）$\dfrac{\partial}{\partial e}\left(\dfrac{K}{2}e^2\right) = Ke$ が等しくなる予防行動レベルを選択する．よって，$R = Ke$ から，企業Cが選択する予防行動レベルは $\tilde{e} = \dfrac{R}{K}$ となり，ファースト・ベスト e^{FB} よりも過小となる．このときの期待社会厚生は

$$\tilde{W} = R - I - (1-\tilde{e})D - \frac{K}{2}\tilde{e}^2 = R - I - D + \frac{RD}{K} - \frac{R^2}{2K} \qquad (6)$$

となり，ファースト・ベスト W^{FB} よりも過小ではあるものの，賠償責任ルールLの追加によってそれがない場合よりも高い水準を実現する．

したがって仮定3（資産制約なし）が成立しない状況においても，農家への環境利用権割り当てを所与とした賠償責任ルールの設定がなされる場合には，事故の予防行動レベルと期待社会厚生はともにファースト・ベストの水準よりも過小ではあるが，賠償責任ルールがない場合よりも社会的に望ましい水準を実現することができる．これが賠償責任ルールの役割とその限界である．

10.2.4 まとめ：賠償責任ルールの役割と限界

- 仮定2（取引費用ゼロ）と仮定3（資産制約なし）のもとで，環境利用権に関して利害対立関係にある企業―農家間において，農家側にあらかじめ権利の明確な割り当てが行われているとする．このとき企業―農家間で自発的な交渉が行われるならば，その社会は社会的に最適な資源配分を達成できる．したがって，このとき賠償責任ルールLは不要である．
- 仮定3（資産制約なし）のもとで，環境利用権に関して利害対立関係にある企業―農家間において，農家側にあらかじめ権利の割り当てが行われているとする．このとき政府が責任賠償ルールLを設定するならば，その社会は社会的に最適な資源配分を達成できる．したがって，このとき賠償責任ルールLは必要である．
- 仮定3が成り立たないとき，環境利用権に関して利害対立関係にある企業―農家間において，農家側にあらかじめ権利の割り当てが行われているとする．このとき，企業―農家間で自発的な交渉を行わせるよりも，政府が賠償責任ルールLを設定したほうが，その社会は社会的により効率的な資源配分を達成できる．したがって，このとき賠償責任ルールLは必要である．

10.3 拡大責任

前節では，賠償責任ルールの限界として，潜在的な加害者が資産制約に直面している場合には，社会的に最適な資源配分が達成できないという問題だけではなく，被害者がこうむった損害を完全に救済できるわけではないという問題を明らかにした．そこで本節では，環境事故による被害者の完全救済を目的とした**拡大責任**（extended liability）ルールについて検討しよう．環境事故における拡大責任とは，資産制約のないステークホルダー（投資家・親会社・銀行など）に対して賠償責任を拡大するものである．この拡大責任の適用によって，環境事故の被害者は，加害者が支払うことのできなかった賠償額について加害者のステークホルダーに請求できる．すなわち，拡大責任は被害者の完全救済を実現する．そこでつぎのような拡大責任ルールが追加された賠償責任ルール EL を考えよう．

拡大賠償責任ルール EL：環境事故 A は，農家 F に対する企業 C の不法行為であり，企業 C は自身が選択した事故予防行動レベル e の大きさにかかわらず，農家 F の作物被害 D に対する損害賠償責任を負う．ただし農作物被害が企業 C の保有する資産額を超える場合には，その資産額を限度として企業 C は賠償責任を負うとする．なお企業 C によって賠償されない残余被害額については，農家 F は企業 C と契約関係にあった投資家 P に請求できるとする．

ここでは，仮定 1，2，3 のすべてが成立しない場合においても，拡大賠償責任ルール EL は，環境事故の農作物被害を完全に救済するだけではなく，一定の事故予防効果をもつことを明らかにする．以下では，つぎのような仮定が同時に成立する状況を考える．

仮定 1（非対称情報）：企業 C が実際に選択する予防行動レベルは，企業 C 以外の主体には観察・立証することが不可能である．
仮定 2（取引費用の存在）：取引費用が存在するために，企業—農家間の自発的交渉は行われない[1]．
仮定 3（資産制約の存在）：企業 C の初期資産はゼロであり，企業 C が生産を

1）企業のステークホルダーと農家間においても自発的交渉は行われない状況を想定する．

開始するためには，資産制約のない投資家 P による初期投資 I が必要である．なお，環境事故による農作物被害 D は企業 C の生産収益 R よりも大きい[2]．

10.3.1 非対称情報＋取引費用の存在＋資産制約下における賠償責任ルールの限界

仮定1, 2, 3のもとで，拡大責任ルールの追加がない場合から考える．この前提のもとで賠償責任ルール L を設定したとしても，ファースト・ベストを達成できないだけでなく，仮定 3 だけが成立しない状況下で賠償責任ルール L を設定した場合（10.2.3 項）の期待社会厚生も達成できないことを示す．

このとき，投資家 P は企業に対してつぎのような投資・配当契約を提示する．

「生産活動の開始に必要な初期投資 I を行いましょう．環境事故による農作物被害 D が生じた場合には配当はあきらめますが，環境事故が発生しなかった場合には収益から配当 a を行ってください．」

したがって投資家 P の問題はつぎのようになる．

$$\max_{a} Y = -I + ea$$

$$\text{s.t.} \quad U = R - ea - (1-e)R - \frac{K}{2}e^2 \geq 0 \tag{7}$$

$$\frac{\partial U}{\partial e} = -a + R - Ke = 0 \tag{8}$$

ここで式 (7) は企業 C の参加制約である．その意味は，投資家 P が提示した投資・配当契約を企業 C が受け入れるためには，その契約を受け入れた場合の企業 C の期待利得 U が，その契約を拒否した場合の期待利得（ここでは，投資・配当契約が締結なされなかった場合の企業 C の期待利得＝ゼロ）以上でなくてはならないというものである．またここで式 (8) は企業 C の誘因両立制約である．その意味は，企業 C の予防行動レベルが観察・立証できない

2）なお，仮定3が成立せず，企業が初期投資 I 分だけ保有する場合には，それを初期投資に回すため，投資家による初期投資は不必要である．このとき投資家はステークホルダーではないために拡大責任の有無にかかわらず，事故が発生した場合には農家は企業に賠償請求をするほかない．つまりこの場合は 10.2.3 項に帰着する．

投資家 P が，投資家 P にとって望ましい特定の予防行動レベルを企業 C に選択させるためには，企業 C がその特定の予防行動レベルを選択した場合の企業 C の期待利得 U が最大化されていなくてはならない（ここでは，企業の期待利得の最大化の 1 階条件が満たされている必要がある）というものである．

誘因両立制約 (8) から $-a + R = Ke$ である．これを企業 C の期待利得 U に代入して整理すると

$$U = R + e(-a + R) - R - \frac{K}{2}e^2 = \frac{K}{2} \geq 0$$

となり，任意の予防行動レベル $e \in [0, 1]$ に対して企業 C の参加制約 (7) が成立する．さらに式 (7) から $e = \dfrac{R-a}{K}$ である．これを投資家 P の期待利得 Y に代入すると

$$Y = -I + ea = -I + \left(\frac{R-a}{K}\right)a$$

となる．とのとき投資家 P は無事故時の配当による限界収入がゼロになるまで配当額 a を引き上げる．よって $\dfrac{\partial}{\partial a}\left(\dfrac{R-a}{K}\right)a = 0$ から，投資家 P が選択する配当額は $\hat{a} = \dfrac{R}{2}$ となる．したがって，この投資・配当契約のもとで企業 C が選択する事故予防行動レベルは，式 (8) から $\hat{e} = \dfrac{R-\hat{a}}{K} = \dfrac{R}{2K}$ となり，ファースト・ベストの予防行動レベル e^{FB} よりも過小となるばかりではなく，10.2.3 項における予防行動レベル $\tilde{e}$ よりも小さい水準となる．これは，環境事故が発生した場合に責任を負うことがない投資家 P の期待利得が最大となるように投資・配当契約が設計される結果，企業 C が投資家 P を必要とせず，企業自身の期待利得が最大となるように予防行動を選択できる 10.2.3 項よりも予防行動レベルが小さくなるからである．

よって仮定 1, 2, 3 のもとで，拡大責任ルールの追加がない場合の投資家 P，企業 C，農家 F の期待利得はそれぞれ

$$\hat{Y} = -I + \hat{e}\hat{a} = -I + \frac{R^2}{4K}$$
$$\hat{U} = R - \hat{e}\hat{a} - (1-\hat{e})R - \frac{K}{2}\hat{e}^2 = \frac{R^2}{8K}$$
$$\hat{V} = -(1-\hat{e})(D-R) = R - D + \frac{DR}{2K} - \frac{R^2}{2K}$$

となる．なお，このときの農家Fの期待利得 $\hat{V}$ は負である．これは企業Cが資産制約に直面している状況下でにおいて拡大責任ルールの追加がないために，環境事故による農作物被害は完全に救済されないからである．結局，期待社会厚生は

$$\hat{W} = \hat{Y} + \hat{U} + \hat{V} = R - I - D + \frac{DR}{2K} - \frac{R^2}{8K}$$

であり，ファースト・ベストの期待社会厚生 W^{FB} よりも過小となるばかりでなく，10.2.3 項における期待社会厚生 $\tilde{W}$ よりも小さい水準となる[3]．

10.3.2 非対称情報＋取引費用の存在＋資産制約下における拡大賠償責任ルールの役割

つぎに仮定1, 2, 3のもとで，拡大責任ルールの追加がある場合を考えよう．この前提のもとで拡大賠償責任ルール EL を設定した場合には，ファースト・ベストを達成することはできないが，拡大責任ルールの追加のない賠償責任ルール L を設定した場合よりも社会的に望ましい水準を実現することが可能であることを示す．

このとき，投資家Pは企業に対してつぎのような投資・配当契約を提示する．

「生産活動の開始に必要な初期投資 I を行いましょう．環境事故による農作物被害 D が生じた場合には，拡大責任によって企業が負担することのできなかった残余責任 $D - R$ を負担しますが，環境事故が発生しなかった場合には収益から配当 a を行ってください．」

このとき投資家Pの問題はつぎのようになる．

3)　なお，これは e を投資家が観察できず，企業と投資家の共同利益を最大にするように e を設定できないとした結果である．共同利益を最大にすることができれば，e は 10.2.3 項における $\tilde{e}$ と一致し，そのうえで企業利潤ゼロ制約で投資家の利益が最大となる $a = \dfrac{R}{2}$ を提案すれば期待社会厚生は $\tilde{W}$ と一致する．あるいは企業が投資家の参加条件のもとで自分の期待利潤を最大化すれば同様の結論を得る．

$$\max_a Y = -I + ea - (1-e)(D-R)$$

$$\text{s.t.} \quad U = R - ea - (1-e)R - \frac{K}{2}e^2 \geq 0 \tag{9}$$

$$-a + R - Ke = 0 \tag{10}$$

10.3.1 項の解法と同様にして，誘因両立制約 (10) から任意の予防行動レベル $e \in [0, 1]$ に対して，企業 C の参加制約 (9) が成立することが確認できる．さらに式 (7) から，投資家 P の期待利得は

$$Y = -I + \left(\frac{R-a}{K}\right)a - \left(1 - \frac{R-a}{K}\right)(D-R)$$

となる．このとき投資家 P は，無事故時の配当の限界収入 $\frac{\partial}{\partial a}\left(\frac{R-a}{K}\right)a = \frac{R-2a}{k}$ と限界費用 $\frac{\partial}{\partial a}\left(1 - \frac{R-a}{K}\right)(D-R) = \frac{D-R}{K}$ が一致する配当額を選択する．よって $\frac{R-2a}{k} = \frac{D-R}{K}$ から，投資家 P が選択する配当額は $\breve{a} = R = \frac{D}{2}$ となる．ただしここで，正の値の配当を保証するためには，生産収益と農産物被害のパラメータ間に $\frac{D}{2} < R < D$ が成立することが条件となることに注意しよう．したがって，この投資・配当契約のもとで企業 C が選択する事故予防行動レベルは，誘因両立制約 (10) から $\breve{e} = \frac{R-\breve{a}}{K} = \frac{D}{2K}$ となり，ファースト・ベストの予防水準 e^{FB} よりも過小となる．さらに，正の値の配当を保証する条件 $\frac{D}{2} < R < D$ から $\breve{e} < \tilde{e}$ を得る．

よって仮定 1, 2, 3 のもとで，拡大責任ルールの追加がある場合の投資家 P，企業 C，農家 F の期待利得はそれぞれ

$$\breve{Y} = -I + \breve{e}\breve{a} - (1-\breve{e})(D-R) = R - I - D + \frac{D^2}{4K}$$

$$\breve{U} = R - \breve{e}\breve{a} - (1-\breve{e})R - \frac{K}{2}\breve{e}^2 = \frac{D^2}{8K}$$

$$\breve{V} = 0$$

となる．このときの農家 F の期待利得 $\breve{V}$ はゼロである．これは企業 C が資産制約に直面している状況下においても，拡大賠償責任ルール EL によって環境事故による農作物被害は完全に救済されるからである．結局，期待社会厚生は

$$\check{W} = \check{Y} + \check{U} + \check{V} = R - I - D + \frac{3D^2}{8K}$$

となり，ファースト・ベストの期待社会厚生 W^{FB} および 10.2.3 項における期待社会厚生 $\tilde{W}$ よりも過小ではあるものの，拡大責任ルールの追加によって，それがない場合の期待社会厚生 $\hat{W}$ よりも高い水準を実現する[4)].

10.3.3 まとめ：拡大責任ルールの役割と限界

以上より，当事者間において情報の非対称性があり，取引費用が高く当事者間交渉が困難であり，さらに潜在的な加害者が資産制約に直面している場合には，たんに賠償責任ルールを設定するのではなく，拡大責任ルールを追加した賠償責任ルールを設定することで，社会効率性を改善できる．ただし，このような場合には，拡大責任ルールを追加した賠償責任ルールを設定したとしても，ファースト・ベストよりも過小な水準の事故予防行動が行われ，結果として環境事故が過大に発生することになる．しかしながら，環境事故による被害者の損害は完全に救済可能となる．

10.4 おわりに

本章では，環境事故問題での文脈においてコースの定理の成立を確認し，その成立のため 3 つの要件を確認した．また，その成立要件のうち一つが満たされない場合における賠償責任ルールの役割と限界を明らかにした．そこで明らかとなったのは，当事者間交渉が困難な場合や環境事故の直接的原因者が資産制約に直面している場合には，賠償責任ルールを設定することで社会的により効率的な状態を達成することができるということである．さらに，非対称情報下かつ当事者間交渉が困難で，環境事故の直接的原因者が資産制約に直面している状況，つまりコースの定理の成立要件すべてが満たされてない状況では，拡大責任ルールを追加した賠償責任ルールを設定することによって，社会

4) この結果も e を投資家が観察できないことから導かれる．e を観察でき，共同利潤を最大化できればファースト・ベストを達成できる．

的な効率性を改善可能であることを理論的に示した[5]．

◆参考文献

Balkenborg, D.（2001），“How Liable Should a Lender Be? The Case of Judgment-Proof Firms and Environmental Risk: Comment”, *American Economic Review,* 91 (3)，pp. 731-738.

Boyer, B. and J. J. Laffont（1997），“Environmental risks and bank liability”, *European Economic Review,* 41 (8)，pp. 1427-1459.

Coase, R. H.（1960），“The problem of social cost”, *Journal of Law and Economics,* 3, pp. 1-44.

Lewis, T. R. and D. E. M. Sappington（2001），“How Liable Should a Lender Be? The Case of Judgment-Proof Firms and Environmental Risk: Comment”, *American Economic Review,* 91 (3)，pp. 724-730.

Pitchford, R.（1995），“How Liable Should a Lender Be? The Case of Judgment-Proof Firms and Environmental Risk”, *The American Economic Review,* 85 (5)，pp. 1171-1186.

5）なお環境事故における責任ルールに関する一連の先行研究には，Pitchford（1995），Boyer and Laffont（1997），Balkengorg（2001），Lewis and Sappington（2001）などがある．Pitchford（1995）では，企業家が資金の貸手に対してすべての交渉力をもつと想定し，貸手責任の導入が企業家の事故予防行動にどのような影響を与えるについて分析を行った．その主要な結論としては，貸手責任の導入は企業家の事故予防誘因を削減し，事故の発生確率を上昇させる負の効果が，責任当事者が損害について全額賠償することによる正の効果を上回るために，その一部の効果を認めつつも社会的には望ましくないことを示した．一方 Balkenborg（2001）は Pichiford（1995）の結論を受けて企業家と貸手間の交渉力の変化が，貸手責任の効果にどのような影響を及ぼすかに注目して分析を行った．その主要な結論としては，企業家が貸手に対してすべての交渉力をもっている場合には，Pitchford（1995）を支持する結果となるが，逆に貸手が企業家に対してすべての交渉力をもっている場合には，Pitchford（1995）とは正反対の結果を導くことを示した．また Lewis and Sappington（2001）も同様の観点から分析を行い，Balkenborg（2001）を支持する結果を導いている．また Boyer and Laffont（1997）では，企業家の事故予防行動が完全情報である場合と不完全情報である場合の貸手責任の有効性について分析を行った．

第11章　民事訴訟と弁護士費用負担ルールの法と経済学*

熊谷啓希

11.1　民事訴訟と紛争

利害対立のある当事者間での利害調整は当事者間の事前調整（＝契約）と事後調整がある．事後調整については当事者間での合意によるものと第三者への調整の判断がある．民事訴訟は裁判所の判断に基づく判決をとおして利害調整を行う仕組みである．民事訴訟の特徴は，国が主導して裁判が行われるのではなく，紛争当事者が紛争の解決を裁判所（国）に求めて初めて裁判が行われるということにある．

しばしば日本人の訴訟嫌いが国民性として議論されるが，2001年に始まった日本の司法制度改革では「国民の期待に応える司法制度の構築（制度的基盤の整備）—国民にとって，より利用しやすく，分かりやすく，頼りがいのある司法とするため，国民の司法へのアクセスを拡充するとともに，より公正で，適正かつ迅速な審理を行い，実効的な事件の解決を可能とする制度を構築する」必要があると述べている（司法制度改革審議会2001）．

わが国の裁判利用率が低い原因として以下の要因を考えることができる．

①文化要因説：日本人の紛争解決に際して，あからさまな対立を表に出すよ

* 本章を執筆するにあたり，日本応用経済学会2019年度秋季大会（東京経済大学）にて報告し，特に，その際の討論者である池田康弘氏，また編著者の細江守紀氏から多くの有益なコメントを頂いた．ここに記して感謝申し上げる．

り，非裁判的な方式で解決しようとする傾向がある．これは島国農耕社会の共同体意識が依然人々の心情に内在しているからである（川島 1967）．

②費用要因説：裁判にかかる費用が高く，また，裁判が長期にわたり，裁判へのアクセスが容易でない．

③予測一致説：判決の結果に関して事前における両当事者の予測が一致する傾向にあるからである．

これについて M. ラムザイヤー（2004）はわが国において紛争当事者の裁判の期待値が一致する傾向にあるとし，その理由として，(1) 日本には陪審制度がないこと．これは陪審制度であれば，素人集団による判断なので紛争解決に関して予測がつきにくく，両当事者の弁護士の力量に依存して裁判の結果が決まる側面が出てくるためである．ただし，日本では特定の刑事訴訟について 2009 年裁判員制度が導入されている．(2) 判決までの裁判官とのアクセスがあり，そのなかで，裁判官の理解・判決の方向が次第に明確になってくること．(3) 日本は単一の法制度のもとにあり，法律の解釈や判例，その他のチャネルを通じて，裁判情報が均一化する傾向にあり，両当事者が裁判結果について近い判断をしやすいことを挙げている．

11.2　訴訟と和解

まず，簡単な訴訟行動を考えよう．訴訟をするかどうかは，そのベネフィットとコストを考慮して決定するであろう．訴えようとする人（以下で原告と呼ぶ）の主観的勝訴確率を $T_p (0 \leq T_p \leq 1)$ とする．また，勝訴すれば W の賠償額を受け取ることができるとする．このとき，訴訟費用（裁判費用や弁護士費用）を x で表すとする．本節では，訴訟費用はわが国がそうであるように当事者が各自で負担するものとする．このとき，原告の訴訟をすることから得られる期待利得は，期待賠償額から訴訟費用を引いたものであるから，リスク中立的な原告が訴訟を行う条件は

$$T_p W - x > 0 \tag{1}$$

である．

つぎに，同様に被告も考え，被告の予想する原告の勝訴確率を T_d とする．したがって，被告に絶対の自信があれば $T_d = 0$ である．一般に，それぞれの原告の勝訴確率は異なるであろう．簡単化のために敗訴したときに支払うと予想される賠償額は原告・被告で一致しているとしよう．また，被告の訴訟費用も同じく x とする．原告の選択肢が訴訟をするかどうかであれば，それは式 (1) の条件で決まるが，裁判前であっても，裁判内であっても，和解のための交渉が選択肢としてある．和解交渉をする理由は，裁判における訴訟費用を回避するためである．ただし，いつでも和解が成立するわけではない．いま各当事者の和解費用を y としよう．一般に訴訟費用のほうが和解費用より大きいといえるであろう（$x > y$）．

和解の成立条件を求めてみよう．このとき，原告が和解に応じる金額 S は，和解金から和解交渉費用を引いたものが訴訟のネット利得を上回ること，すなわち，つぎの条件を満たすときである．

$$S - y > T_p W - x. \tag{2}$$

また，被告が和解に応じる金額は，支払い和解金と和解交渉費用の和より訴訟での期待費用（期待賠償額 + 訴訟費用）が大きくなる場合，すなわち，つぎの条件を満たすときである．

$$S + y < T_d W + x. \tag{3}$$

したがって，両当事者が受け入れる和解金額の範囲は $T_p W - x + y < S < T_d W + x - y$ である必要がある．これから，

$$(T_p - T_d)W < 2(x - y) \tag{4}$$

の条件が成り立てば和解の可能性がある．言い換えると，

原告の期待額 − 被告の期待額 < 訴訟費用の合計 − 和解費用の合計

が成り立てば和解が生じるであろう．すなわち，和解による費用節約額が期待額の差を上回れば和解が生じるといえる．予測が一致すれば明らかに和解の動機が出てくる．このことから，両当事者の裁判の期待額が一致していけば，和

解が有利になることがわかる．これはさきの予測一致説に対応する．また，この式より x，すなわち訴訟費用が大きいと，和解の可能性が高くなる．なお，アメリカでは裁判が始まるまでに証拠開示制度（ディスカバリー制度）というものがあり，両当事者の情報共有を進める制度がある．

すでに述べたように，日本とアメリカでは民事訴訟をめぐる行動パターンが異なる．まず，民事訴訟が提起される案件で見るとアメリカがかなり多い．たとえば，アメリカのカリフォルニア州で2016-17年平均で人口10万人当たり約2,000件であるのに対して，日本では2017年では10万人当たり約400件である．公判前和解は日本では地裁レベルで36％といわれている（村山・濱野2019）．これに対して，アメリカの公判前和解は8割以上といわれている．弁護士人口は『弁護士白書2019版』によると2017年の弁護士1人当たりの国民数はアメリカでは261人で，日本は3,256人となっている．表11-1は日米の国民1人当たりの国民数比較の推移を表している．これらの数字から見ると，アメリカは多くの人々が紛争について訴訟提起を行い，対応して弁護士人口も多い．しかし，ディスカバリー制度のもとで多くの案件は和解に終わる．これに対して，日本は訴訟そのものへ至る案件が少なく，対応して弁護士人口も少なく，裁判に行くとかなり判決まで至るという流れが見える．日本も紛争件数そのものは一定程度あると思われるが，その解決が訴訟には至らず，泣き寝入り，自治的解決，非裁判的機関による解決などによる部分が大きいのかもしれない（『法意識と紛争行動―現代日本の紛争処理と民事司法―』（松村・村山編2010）を参照）．

11.3　弁護士費用敗訴者負担ルールの法と経済分析

11.3.1　弁護士費用負担ルールの概要

民事訴訟の際，弁護士費用を原告と被告のどちらが負担するかについて，わが国では原則として当事者が各自で負担するルールを採用している（以下，各自負担ルール）．これは一般的にアメリカ・ルールと呼ばれる．これに対して，敗訴したほうが相手方の弁護士費用を負担する，イギリス・ルールがある（以下，敗訴者負担ルール）．日本における弁護士費用負担ルールについて説明す

表 11-1　弁護士 1 人当たりの国民数（日米比較）

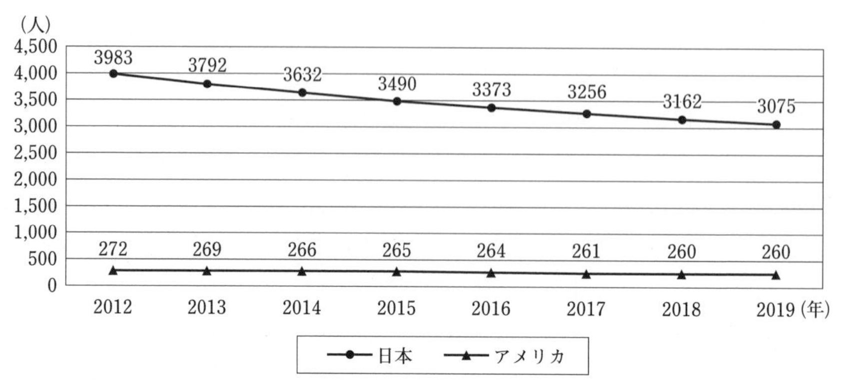

出所：『弁護士白書 2019 版』より抜粋して筆者作成.

る．日本では訴訟費用は敗訴者が負担するが，原則として弁護士費用は訴訟費用には含まず各自負担を原則としている（民事訴訟法 61 条）．わが国では 2000 年代初め，「原告の裁判所へのアクセス拡充」を目的として，各自負担ルールから敗訴者負担ルールに変更する案が検討された．2001 年の司法制度改革審議会意見書によると，『勝訴しても弁護士報酬を相手方から回収できないため訴訟を回避せざるを得なかった当事者にも，その負担の公平化を図って訴訟を利用しやすくする見地から，一定の要件の下に弁護士報酬の一部を訴訟に必要な費用と認めて敗訴者に負担させることができる制度を導入すべきである.』とされている．これを受けて 2004 年 6 月「民事訴訟費用に関する法律の一部を改正する法律案」が通常国会に提出された．しかし，これに対して，日本弁護士連合会を中心として，(1) 二重の弁護士報酬の負担に耐えるだけの経済力のない市民や企業を裁判から遠ざける，(2) 敗訴の場合の弁護士報酬負担を懸念し，本来可能な主張をすることがなくなる，などの反対意見が数多く寄せられ，同年 12 月の臨時国会の終了をもって廃案となっている．

11.3.2　簡単な弁護士費用負担ルールと訴訟行動

敗訴者負担ルールは，もし敗訴すれば相手の弁護士費用を負担しなければならないことから，各自負担ルールと比べて勝訴確率の低い訴訟の提起インセンティブを小さくする効果をもつ可能性がありそうであり，Bone (2003),

Shavell (2004), Kobayashi (2017)[1]などの研究がある.

そこで, 11.2 節の勝訴確率を所与とした基本モデルを使って弁護士費用負担ルールの違いが訴訟行動にどのように影響するか検討してみる. まず, 各自負担ルールのもとでは式 (1) より

$$T_p > \frac{x}{W} \tag{1$'$}$$

が訴訟を起こす条件であった. ここで, x は弁護士費用と読み替える.

これに対して, 敗訴者負担ルールのもとでの訴えの可能性を考察する. 敗訴者負担ルールでは, 勝訴したときは, 自分の弁護士費用は負担せず, 敗訴したとき両当事者の弁護士費用を合わせて負担するので, そのとき, 原告の期待利得が正となる条件, すなわち,

$$T_p W - (1 - T_p)(x + y) > 0 \tag{5}$$

となる場合に訴えが提起される (ただし, y は被告の弁護士費用である). これを整理すると,

$$T_p > \frac{x + y}{W + x + y} \tag{5$'$}$$

となる. したがって,

$$\frac{x}{W} > (<) \frac{x + y}{W + x + y} \tag{6}$$

ならば, 敗訴者負担ルールのほうがより多くの (少ない) 訴訟がなされる. これについて, 図 11-1 は縦軸に勝訴確率 T_p, 横軸に賠償額 W をとり整理したものである. これから, 予想賠償額がある水準以上 ($W \geq x(x+y)/y \equiv W^*$) であれば, 敗訴者負担ルールでは低い勝訴確率の訴訟は排除されることがわかる (図 11-1 より,「敗訴者負担ルールでは, 訴訟が提訴されない領域」がこれにあたる).

---

1) 原告と被告の和解に与える影響も含めて分析した研究に Reinganum and Wilde (1986), 池田 (2006), 池田・境 (2009) がある. これらの研究では, 敗訴者負担ルールへの変更が, 原告の提示する和解額や訴訟の提訴インセンティブに与える影響を理論的に分析している. これらの研究と本研究との違いは, 両弁護士間の訴訟行動におけるゲーム的状況から内生的に勝訴確率が決定する点にある. また, 本研究では和解の可能性を捨象した簡単化されたモデルで分析を行っている.

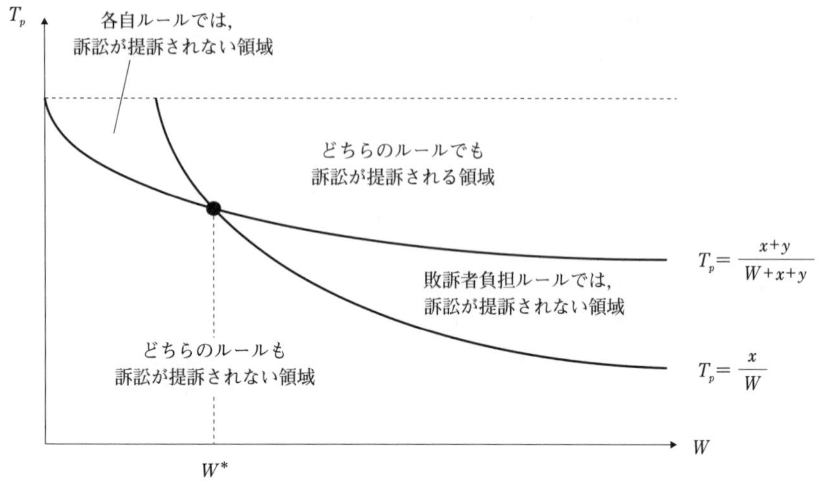

図 11-1　敗訴者負担ルールと各自負担ルール（基本モデル）

11.3.3　証拠蒐集と勝訴確率の決定モデル

以上の分析は，原告の勝訴確率を外生的に与えているが，実際にはこの勝訴確率は各弁護士による立証活動の戦略的相互依存関係により内生的に決定する[2)]．Chen and Wang（2007）は，原告弁護士と被告の訴訟努力から勝訴確率が決まるとし，各自負担ルールのほうが原告側の勝訴確率が高くなるため，原告の訴訟インセンティブが高まることを明らかにしている．これは，被告が弁護士を雇わず，自ら訴訟努力をすると想定しているため，敗訴者負担ルールにすると被告の努力インセンティブが高まり，原告側の勝訴確率が小さくなることによる．

ここでは，より一般的な原告，被告ともに弁護士を雇う状況を考えよう．互いの主張を立証するために両弁護士が証拠を集める努力を行い，その成否で勝訴確率が決定するというゲーム的な状況を想定する．これにより，どのような条件のとき勝訴確率が高まり，敗訴者負担ルールが潜在的な原告の期待利得を

2)　各プレイヤーの訴訟努力から内生的に勝訴確率が決まることを想定した研究に Ikeda（2017）がある．Ikeda（2017）は，この原告弁護士と被告弁護士の訴訟努力水準の決定から，原告の勝訴確率が内生的に決まるモデルを用いて，日本における弁護士報酬の決定メカニズムを明らかにしている．

高め，ひいては市民の司法アクセスを高めるのかを明らかにする．

さらに，証明責任を考慮して[3)]，原告は訴状内容が実際に起こったことを証明しなければならない立場にあるとする[4)]．仮にこの裁判の基礎となる訴状内容を立証することができず，証拠から事実がはっきりしないときには，原告が敗訴と判断せざるをえない．したがって，この証明責任の存在は原告側により不利な状況を生み出し，原告側が勝訴するうえでより高い訴訟努力を求められるようになる点で，プレイヤーの努力インセンティブに影響を与える．

以下では，民事訴訟ゲームのモデル化をする，各自負担ルールと敗訴者負担ルールにおける原告の期待利得を比較することで，各ルールにおける訴訟インセンティブの違いを明らかにする．また，被告の期待利得を比較し，原告と被告双方にとって，敗訴者負担ルール変更が望ましいのか否かを検討しよう．

ここでのプレイヤーは原告（plaintiff）と原告弁護士，および被告（defendant）と被告弁護士である．すべてのプレイヤーはリスク中立的であるとし，原告および被告は初期資産をもつと仮定する．弁護士への報酬支払いはこの初期資産から行われる．

原告は被告に対して，損害賠償 $R\,(>0)$ を請求する訴訟を提訴する．この損害賠償請求が妥当であることを立証する証拠を収集するために，原告弁護士が訴訟努力 $e_P \in (0,1)$ を努力費用 $b(e_P)^2/2$ で行う（$b>0$）．e_P は原告弁護士が損害賠償請求の妥当性を示す証拠が集めることに成功する確率を表すとする．一方，被告はこの損害賠償請求が支払う必要のないものであることを反証するために証拠を集める．被告弁護士が行うこの訴訟努力を $e_D \in (0,1)$ とし，努力費用を $c(e_D)^2/2$ で行う（$c>0$）[5)]．e_D は，被告弁護士が損害賠償請求を反証するための証拠を集めることに成功する確率を表す．これらの両弁護士の努力水準は同時のタイミングで決定される．

両弁護士による立証の成否により判決が決まる．ここでは，原告が勝訴する

3)　証明責任とは，『口頭弁論終結時に至っても事実が真偽不明な場合に，いずれかの当事者が負う責任である』とされる（小林 2013）．一般的に，民事訴訟においては，請求を行う者が基本的な事実関係を証明しなければならないため，原告側が証明責任を有する．

4)　加賀見（2001）では，原告と被告のどちらが証明責任を負うべきかという，証明責任の最適分配について理論的に分析している．

5)　ここでは，努力費用に関するパラメータ b および c を共有情報を仮定する．

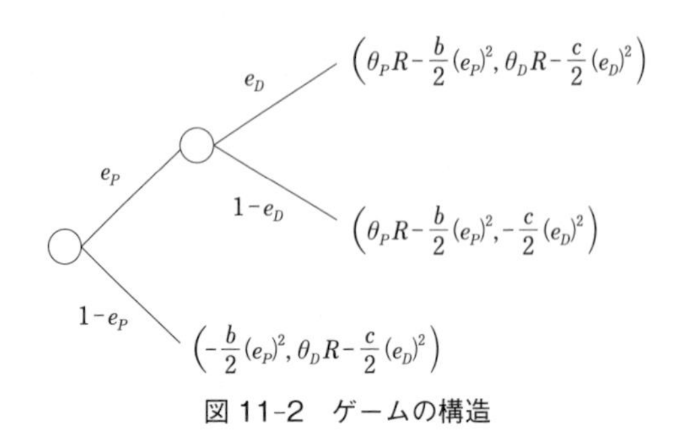

図 11-2 ゲームの構造

か否かの判決の決まり方として3つのケースがあると考える．まず，原告が $1-e_P$ の確率で証拠集めに失敗した場合を考える．原告側は裁判の基礎となる訴状内容を示すことができないため，事実がはっきりしない．このとき，被告側の成否にかかわらず，原告が敗訴となる（証明責任）．つぎに，原告側が証拠集めに成功しており，被告側が失敗している場合は，原告の主張が通り，原告が勝訴する．最後に，両弁護士ともに証拠集めに成功した場合は，両弁護士ともに主観的には確率1で勝訴すると判断する[6)]．

弁護士の報酬は，訴訟で生じた経済的利益に比例する成功報酬を考える[7)]．原告が勝訴した場合，その経済的利益に $\theta_P \in (0,1)$ を乗じた $\theta_P R$ が原告弁護士に支払われる．被告が勝訴した場合，支払わずにすんだ経済的利益 R に $\theta_D \in (0,1)$ を乗じた $\theta_D R$ が被告弁護士に支払われる[8)]．ゲームの構造は以下の図 11-2 に示す（ゲームツリーではないことに注意する）．

原告弁護士の期待利得を π_P，被告弁護士の期待利得を π_D とすると，それ

6) ここでの証拠集めは，証拠がどれだけ事実認定に役立つかの度合い（証拠力）ではなく，両弁護士が自らが勝訴できると考える証拠を集めることができるか否かを意味している．

7) Ikeda（2017）に依拠し，本章での経済的利益を弁護士に依頼することで得られた利得と考える．簡単化のために，原告にとっても被告にとっても弁護士に依頼しなければ勝訴することはできないことを仮定しているため，ここでの経済的利益は両者とも損害賠償額 R となる．

8) 本章では，モデルの簡単化のために，成功報酬の割合を外生的に与えている．これにより，弁護士費用負担ルールの相違による，成功報酬の変化を捨象することができ，次節における各自負担ルールと敗訴者負担ルールの比較が容易になる．なお，原告と弁護士の成功報酬をエージェンシー理論の枠組みで分析した先行研究に，Emons and Garoupa（2005）がある．日本では平成16年より，弁護士報酬が自由化され，原告と弁護士の間の契約によって自由に報酬を決めることができるようになったが，実際にはそれ以前に使用されていた規定にのっとって報酬を決めていることが多く，その旧規定によると訴訟時の成功報酬の割合は，16%（経済的利益が300万円以下の場合）などとなっている．

ぞれ，

$$\pi_P = e_P\theta_P R - \frac{b}{2}(e_P)^2 \tag{7}$$

$$\pi_D = (e_P e_D + (1 - e_P))\theta_D R - \frac{c}{2}(e_D)^2 \tag{8}$$

となる．ここから，1 階条件を求めると，

$$e_P = \frac{\theta_P R}{b}, \tag{9}$$

$$e_D = \frac{\theta_D R}{c} e_P, \tag{10}$$

となり，原告弁護士と被告弁護士の反応曲線が導出される．式 (9) より，原告弁護士の努力水準は被告弁護士の努力水準と関係なく決定することがわかる．これは，原告側は，証拠集めに失敗すれば証明責任から敗訴となり，成功すれば主観的には常に勝訴すると判断しており，勝敗が自らの成否のみにかかっていることによる．また，式 (10) より，被告弁護士の努力水準は原告弁護士の努力水準と戦略的補完関係にあることがわかる（$\partial e_D/\partial e_P > 0$）．原告弁護士の証拠収集が成功した場合，被告弁護士も証拠収集に成功しないと必ず敗訴してしまうため，被告弁護士には訴訟努力を高めるインセンティブがより働くようになる．

なお，損害賠償請求額 R が十分大きいと，それにともなう報酬の増加で努力水準が 1 より大きくなる．したがって，内点解を保証するため，以下を仮定する．

仮定 1：$R < \min\left\{\frac{b}{\theta_P}, \frac{c}{\theta}\right\}$

右辺括弧内の左側の式が成り立つことにより，式 (9) より，$e_P < 1$ が保証される．また，右側の式について，式 (10) より，e_D は $e_P = 1$ のとき $e_P = \theta_D R/c$ で最大となり，これが 1 より小さいと仮定する．

均衡における原告弁護士および被告弁護士の努力水準をそれぞれ e_P^*, e_D^* とする．式 (9) と式 (10) より，

$$e_P^* = \frac{\theta_P R}{b}, \tag{11}$$

$$e_D^* = \frac{\theta_P \theta_D R^2}{bc}, \tag{12}$$

と求められる．式 (11)，(12) の均衡努力水準の性質をつぎの補題にまとめる．

補題 1：原告弁護士および被告弁護士の均衡努力水準の性質は以下となる．

(1) 原告弁護士の努力水準のほうが，被告弁護士のそれより常に大きい ($e_P^* > e_D^*$).

(2) 損害賠償請求額が大きくなるほど，両弁護士の努力水準は増加する ($\partial e_P^*/\partial R > 0, \partial e_D^*/\partial R > 0$).

(3) 原告弁護士の成功報酬の割合が高まるほど，原告弁護士と被告弁護士の努力水準はともに増加する ($\partial e_P^*/\partial \theta_P > 0, \partial e_D^*/\partial \theta_P > 0$).

(4) 被告弁護士の成功報酬の割合が高まるほど，被告弁護士の努力水準は増加する ($\partial e_D^*/\partial \theta_D > 0$).

(5) 原告弁護士の努力の限界費用が高まるほど，原告弁護士と被告弁護士の努力水準はともに減少する ($\partial e_P^*/\partial b < 0, \partial e_D^*/\partial b < 0$).

(6) 被告弁護士の努力の限界費用が高まるほど，被告弁護士の努力水準は減少する ($\partial e_D^*/\partial c < 0$).

補題 1 を少し説明しよう．補題 1 (1) に関しては，両努力水準の大小関係を比較すると，式 (10) から，

$$e_P^* - e_D^* = e_P^* - \frac{\theta_D R}{c} e_P^* > 0,$$

となる．仮定 1 より，$\theta_D R/c < 1$ であるので，$e_P^* > e_D^*$ が成り立つ．これは，本章の「民事訴訟において，原告が証明責任を負う」という設定によって，原告弁護士は立証に成功しなければ，常に敗訴が決定してしまうため，より強い努力インセンティブをもつためである．補題 1 (2) に関しては，損害賠償請求額が大きいほど，それに比例して報酬額が増加するため，両弁護士の努力水準は増加する．補題 1 (3) に関しては，原告弁護士は報酬が高まるほど努力インセンティブを強くし，戦略的補完関係から，被告弁護士も努力水準を高める．補題 1 (5) に関しては，原告弁護士の限界費用に関するパラメータが高まると，原告弁護士の努力水準は下落するが，戦略的補完関係から，被告弁護士も努力水準を下落させる．

最後に原告弁護士と被告弁護士の期待利得を求めよう．式 (7)，(8) に均衡努力水準（式 (11)，(12)）を代入して，両弁護士の均衡期待利得を導出すると，

$$\pi_P^* = \frac{\theta_P R^2}{2b}, \tag{13}$$

$$\pi_D^* = \frac{\theta_D R\{2bc(b-\theta_P R)+\theta_P^2\theta_D R^3\}}{2b^2c}, \tag{14}$$

と求めることができる[9]．両ルールの違いは原告と被告のどちらが相手方の費用を負担するかの違いであり，弁護士の期待利得は変化しない．すなわち，両ルールとも弁護士の努力水準は同じである．これは本研究では，原告，被告ともに弁護士を雇う状況を考えていることによる．Chen and Wang (2007) が分析しているように，原告だけが弁護士を雇い，被告自ら立証活動を行う場合には，被告側は両ルールの違いにより弁護士費用の負担額が異なるため，両ルールの違いによって努力水準が変化する．

11.3.4　各自負担ルールと敗訴者負担ルールの比較

ここでは，弁護士費用について各自負担ルールから敗訴者負担ルールに変更することによって，原告の訴訟アクセスが高まり，訴訟件数が増加するのか否かについて考えよう．そのために，各ルールにおける原告の期待利得を求める．

各自負担ルールでは，勝訴したときに原告が得る利得は，損害賠償請求額 R から，原告と弁護士に支払った報酬である $\theta_P R$ を引いた $(1-\theta_P)R$ となる．敗訴した場合には，賠償額は得られないため，原告の利得は 0 である．敗訴者負担ルールでは，勝訴した場合には弁護士費用は被告が負担するため，原告が得る利得は R となる．敗訴した場合には，被告の弁護士費用を負担しなければならないため，$-\theta_D R$ となる．

以上から，各自負担ルールにおける原告の期待利得を Π^{A}，敗訴者負担ルールにおける原告の期待利得を Π^{E} とすると，

---

9)　式 (14) は，仮定 1 より正である．

$$\Pi^{\mathrm{A}} = e_P^*(1-\theta_P)R, \tag{15}$$

$$\Pi^{\mathrm{E}} = e_P^*R-(1-e_P^*)\theta_D R, \tag{16}$$

となる．分析の簡単化のため，ここでは成功報酬の割合を同じ値であるとしよう（$\theta_P=\theta_D=\theta$）．また，弁護士の成功報酬である θR を，$\theta R \equiv T$ とおく．このとき，両ルールにおける期待利得の差を表すと，

$$\Pi^{\mathrm{E}}-\Pi^{\mathrm{A}} = T(2e_P^*-1), \tag{17}$$

となる．式 (17) より，原告側の勝訴確率 e_P^* が 1/2 よりも大きい場合には，$\Pi^{\mathrm{E}} > \Pi^{\mathrm{A}}$ となり敗訴者負担ルールのほうが期待利得は高いことがわかる．勝訴確率が大きいことは，勝訴して自らの弁護士費用を相手に負担させられる確率が高いことを意味している．このとき，敗訴者負担ルールのほうが原告側にとって望ましく，原告の訴訟インセンティブは高いといえる．すなわち，敗訴者負担ルールへの変更により，司法アクセスは増加する．この「勝訴確率が高い案件の場合，敗訴者負担ルールは訴訟提起を促進させる」という結論は直観に沿った結論であり，Shavell（2004）をはじめとする従来の法と経済学の分析結果と一致する．補題 1 の e_P^* に関する比較静学から，損害賠償額 R および成功報酬割合 θ が大きく，限界費用に関するパラメータ b が小さいほど，原告弁護士の努力水準は大きくなり，原告にとってより敗訴者負担ルールが望ましくなる．以上を命題 1 としてまとめる．

命題 1：(i) 原告にとって，勝訴確率が十分大きいとき（$e_P^* \geq 1/2$），敗訴者負担ルールへの変更は，潜在的原告の司法アクセスを高める．(ii) 勝訴確率が十分小さいとき（$e_P^* < 1/2$），敗訴者負担ルールへの変更は，潜在的原告の司法アクセスを萎縮させる．(iii) 損害賠償額 R および成功報酬割合 θ が大きく，限界費用に関するパラメータ b が小さいほど，勝訴確率が高くなり，敗訴者負担ルールに変更することで司法アクセスが高まる．

つぎに，弁護士費用負担ルールの変更が被告の期待利得に与える影響を考える．各自負担ルールにおける被告の期待利得を U^{A}，敗訴者負担ルールにおけ

る原告の期待利得を $\mathrm{U^E}$ とすると，

$$\mathrm{U^A} = (e_P^* e_D^* + 1 - e_P^*)(-\theta_D R) - e_P^*(1 - e_D^*)R \tag{18}$$

$$\mathrm{U^E} = (e_P^* e_D^* + 1 - e_P^*)0 - e_P^*(1 - e_D^*)(R + \theta_P R). \tag{19}$$

式 (18) の第 1 項目は被告が勝訴したときの弁護士報酬のみの支払いを，第 2 項目は敗訴したときの原告に対する損害賠償の支払いをそれぞれ意味している．式 (19) の第 1 項目は，被告が勝訴した場合，敗訴者負担ルールより原告が弁護士報酬の支払いを行うため，被告が支払う報酬は 0 であることを表している．第 2 項目は，被告が敗訴した場合，損害賠償に加えて原告弁護士への成功報酬の支払いを行うことを意味する．

両ルールにおける被告の期待利得の差は以下のように求められる．

$$\mathrm{U^E} - \mathrm{U^A} = -T(2e_P^*(1 - e_D^*) - 1), \tag{20}$$

式 (20) から，つぎのことがわかる．$e_P^*(1 - e_D^*) \geq \frac{1}{2} \leftrightarrow \mathrm{U^E} \leq \mathrm{U^A}$ であるので，被告にとって各自負担ルールのほうが望ましく，$e_P^*(1 - e_D^*) < \frac{1}{2} \leftrightarrow \mathrm{U^E} < \mathrm{U^A}$ であるので，被告にとって敗訴者負担ルールが望ましい．

$e_P^*(1 - e_D^*)$ は被告が敗訴する確率を表しているから，上の結果は，被告の敗訴確率が十分大きい場合には，敗訴し相手方の弁護士費用を負担する確率が高いので，各自負担ルールの方をより好むことを意味している．

それでは，原告と被告それぞれにとって，どちらの弁護士費用負担ルールが望ましいのか．両者にとって，敗訴者負担ルールが望ましい領域は存在するのか．式 (17)，(20) より，期待利得の大小関係の条件を整理すると，

$$e_P^* \gtreqless \frac{1}{2} \longleftrightarrow \frac{T}{b} \gtreqless \frac{1}{2} \longleftrightarrow \Pi^{\mathrm{E}} \gtreqless \Pi^{\mathrm{A}},$$

$$e_P^*(1 - e_D^*) \gtreqless \frac{1}{2} \longleftrightarrow \frac{T(bc - T^2)}{b^2 c} \gtreqless \frac{1}{2} \longleftrightarrow \mathrm{U^E} \lesseqgtr \mathrm{U^A}$$

となる．仮定 1（$b > T, T < 1$）を考慮し，縦軸に b，横軸に弁護士への成功報酬 T をとり，それぞれどちらのルールのほうが期待利得が高いかを図 11-3 に示す[10)]．結果を以下の命題にまとめる．

10)　被告弁護士の努力の限界費用に関するパラメータ c を，$c = 1$ と基準化して考える．

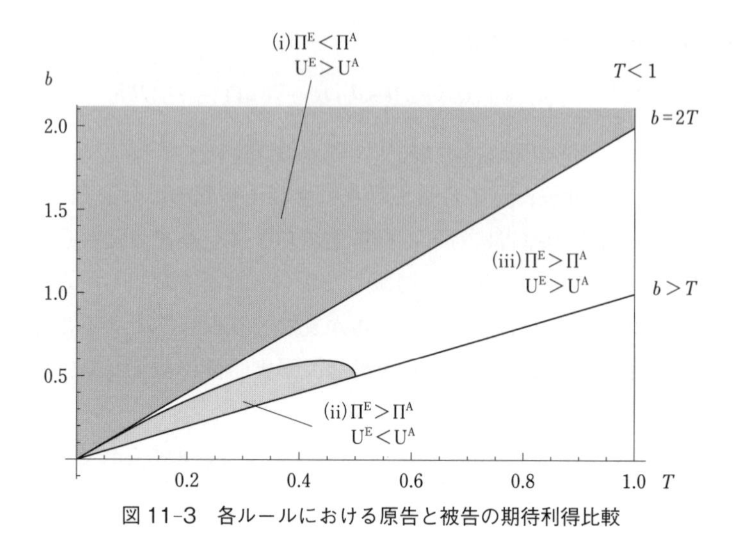

図 11-3　各ルールにおける原告と被告の期待利得比較

命題 2：(i) $\Pi^E < \Pi^A$ かつ $U^E > U^A$ の領域では，原告にとって各自負担ルールが望ましいが，被告にとっては敗訴者負担ルールが望ましい．(ii) $\Pi^E > \Pi^A$ かつ $U^E < U^A$ の領域では，原告にとっては敗訴者負担ルールが望ましいが，被告にとっては各自負担ルールが望ましい．(iii) $\Pi^E > \Pi^A$ かつ $U^E > U^A$ の領域では，原告にとっても被告にとっても敗訴者負担ルールが望ましい．

領域（i）と領域（ii）（iii）で，原告にとって敗訴者負担ルールが望ましいか否かが分かれている．領域（ii）（iii）では，弁護士への報酬額（$\theta R \equiv T$）が十分に大きく，原告弁護士の努力水準が高いため，原告が勝訴する確率が高い．弁護士の報酬額は成功報酬割合と損害賠償額を掛け合わせものであり，原告と弁護士との交渉のなかで弁護士への成功報酬割合を高くする場合，あるいは，企業同士の訴訟など損害賠償額が大きいものである場合，敗訴者負担ルールへの変更が望ましいということができる[11]．

11）一般的には損害賠償額が高い訴訟であれば，原告が敗訴した場合に大きな弁護士費用を負担するリスクを高く評価するため，訴訟提起を萎縮させてしまうといわれている．本研究ではリスク中立的なプレイヤーを考えていることに注意しなければならない．

直観的には，この領域（ii）（iii）では，原告の勝訴確率が十分高いことから，被告が敗訴する確率も十分高いと考えられ，被告は敗訴者負担ルールを望まないと考えられる．実際に，領域（ii）のほうでは，被告は敗訴する確率が高いことから，敗訴者負担ルールよりも各自負担ルールのほうが望ましい．しかし，領域（iii）では，被告弁護士への報酬 T が大きく，被告弁護士もまた高い努力を行うため，被告は敗訴する確率を十分小さいと考えるため，敗訴者負担ルールのほうが望ましい．この両者にとって望ましいルールが必ずしも相反しないという結果は，本モデルで両弁護士が証拠集めに成功した場合の主観的な勝訴確率を 1 とお互いが評価するという設定に依存している．これにより，原告の勝訴確率 $\neq$ 被告の敗訴確率となり，領域（iii）の両者にとって敗訴者負担ルールが望ましい領域が存在する．

11.4　おわりに

本章では，弁護士費用について現行の各自負担ルールから敗訴者負担ルールに変更した場合に，訴訟アクセスが増加し，訴訟件数が増加するのかを考えた．その際，先行研究で十分考慮されていなかった，どのような条件で原告の勝訴確率が高まるのか，という点を分析した．

本研究の結果は，2 つある．一つ目は，原告にとって勝訴確率が十分高いときは，損害賠償額および成功報酬割合が大きく，限界費用に関するパラメータ b が小さいときであり，このとき敗訴者負担ルールに変更することで司法アクセスが高まることである．この結果は，市民の司法アクセスを高めるか否かを考慮する際に，「この市民がだれなのか」という視点が必要となることを示唆しているといえるだろう．損害賠償請求額が高い訴訟案件とは，たとえば，企業相手の訴訟などであり，「市民＝企業」を想定すれば成り立つ議論であろう．一方，損害賠償請求額が十分小さいような裁判へのアクセスは反対に減少してしまうことがわかった．一般の市民が行う少額訴訟などの損害賠償請求額は小さいものと考えられ，「市民＝市井の人々」を想定すれば，敗訴者負担ルールの変更は司法アクセス向上に寄与しないと考えられる．

よって，損害賠償請求額の大きさ，ひいてはどのような市民を想定するかによって，敗訴者負担ルールに変更したときの司法アクセスへの影響は変わることを示唆している．したがって，たとえば「損害賠償請求額の大きな企業による訴訟に敗訴者負担ルールを設ける」などといった，部分的弁護士費用敗訴者負担ルールの導入を検討する必要があるだろう．2001 年司法制度改革審議会は，『司法制度改革審議会意見書—21 世紀の日本を支える司法制度—』のなかで，敗訴者負担制度の設計について，『不当に訴えの提起を委縮させないよう，これを一律に導入することなく，このような敗訴者負担を導入しない訴訟の範囲及びその取扱いの在り方，敗訴者に負担させる場合に負担させるべき額の定め方等について検討すべきである』としている．本研究では，敗訴者負担ルールを適用すべきでない訴訟の範囲の一端を説明しているといえる．

二つ目の結果は，原告と被告の双方にとって敗訴者負担ルールが望ましい場合があるということである．この結果について，敗訴者負担ルールの導入により，原告の司法アクセスを高めるだけでなく，被告の裁判活動に関わる（主観的な）期待費用を下げ，結果的により被告が弁護士を雇いやすくなる可能性を示唆している．本章では，原告，被告ともに弁護士を雇うことを想定しているが，裁判所（2019）によると，平成 30 年の民事第一審通常訴訟既済事件数における，双方が弁護士を選任している割合は 45% であり，ついで原告側のみが選任している割合は 39% である[12]．すなわち，被告が弁護士を雇うケースは多いとはいえない．本研究では，敗訴者負担ルールにより被告が弁護士を雇い入れやすくなることが明らかにされ，弁護士界全体の利得が改善される可能性が期待される．敗訴者負担ルールの導入の過程で，日本弁護士連合会を中心として弁護士界からは多くの反対意見が集まったが，敗訴者負担ルールにより，原告と被告の双方から弁護士へのアクセスが増加する可能性があることが指摘できるだろう．

本研究の今後の課題を述べる．1 点目は，本研究では簡単化のため和解の可能性を捨象している．民事訴訟においては，最終判決までいかず和解で決する

12） Chen and Wang（2007）と池田・境（2009）は，原告側のみが弁護士を雇っている状況を想定している．とくに，池田・境（2009）では，片面的敗訴者負担ルールの導入について，原告は敗訴しても相手の弁護士費用を負担する必要がないため，原告の提訴インセンティブを高めることを明らかにしている．

ことが多く，和解の要素を入れて分析を拡張する必要がある．2点目は，上で述べた部分的弁護士費用敗訴者負担ルール，片面的原告優遇型敗訴者負担ルール，イギリスの知的財産に関する訴訟において導入されている上限付き敗訴者負担ルールなどがあり，これらの研究が今後の課題となる．

なお，より一般的な課題としては，弁護士費用負担ルールの比較だけではなく，国によるルールに違いはそれ以外の制度によって補完されている点を検討することが重要である．敗訴者負担ルールを採用している独仏などでは弁護士費用保険および国が行う法律扶助事業の充実していることが指摘されている（参照，「弁護士報酬の敗訴者負担制度調査制度報告書」）．弁護士費用保険は2000年に損害保険会社により販売が開始され，現在まで普及してきた[13]．一方，2000年以降，訴訟費用を支払う資力がない者のための法律扶助事業は国家が行うよう整備されてきた．弁護士費用の負担ルールの評価はこれらの制度との補完性を考慮して，制度間の関係から分析する必要がある．

◆参考文献

Bone, R. G.（2003），*Civil Procedure: The Economics of Civil Procedure*, New York: Foundation Press.（細野敦訳『民事訴訟法の法と経済学』木鐸社，2004年）

Emons, W. and N. Garoupa（2006），"US-Style Contingent Fees and UK-Style Conditional Fees: Agency Problems and the Supply of Legal Services", *Managerial and Decision Economics*, 27（5），pp. 379-385.

Helmers, C., Y. Lefouili, B. Love, and L. McDonagh（2016），"The Effect of Fee Shifting on Litigation: Evidence from a Court Reform in the UK", *TSE Working Paper*, 16-740.

Ikeda, Y.（2017），"Economic Evaluation of Japanese Attorney fee", T. Naito, W. Lee, and Y. Ouchida, eds., *Applied Approach to the Issues of Societal Institution and Economy: Essays in Honor of Moriki Hosoe*, Springer, Chapter 4, pp. 57-69.

Kobayashi, B. H.（2017），"Economics of Litigation", in Francesco Parisi, ed., *The Oxford Handbook of Law and Economics, Volume 3: Public Law and Legal Institutions*, Oxford University Press UK, Chapter 10, pp. 201-228.

Reinganum, J. F. and L. L. Wilde（1986），"Settlement, litigation, and the allocation of litigation costs", *RAND Journal of Economics*, 17（4），pp. 557-566.

Shavell, S.（2004），*Foundations of Economic Analysis of Law*, The Belknap Press of Harvard University Press.（田中亘・飯田高訳『法と経済学』日本経済新聞出版社，

13）大井（2016）では，弁護士費用保険の経緯をまとめ，濫訴の弊害や保険金算定などに関する諸問題について整理している．

2010 年）
池田康弘（2006），「弁護士費用敗訴者負担ルールの双方合意規準」『応用ミクロ経済学レビュー』vol. 2, pp. 1-17.
池田康弘・境和彦（2009），「弁護士報酬の自由化と片面的敗訴者負担ルールの効率性」『熊本法学』116, pp. 350-368.
大井暁（2016），「弁護士費用保険を巡る諸問題―弁護士費用特約を中心に―」『保険学雑誌』2017 巻，635 号，pp. 5-24.
太田勝造（2002），「弁護士は利用しやすいか？」和田仁孝・太田勝造・阿部昌樹編『交渉と紛争処理』日本評論社，第 14 章.
加賀見一彰（2001），「証明責任の分配：経済学的分析からの一考察」細江守紀・太田勝造編『法の経済分析 契約，企業，政策』勁草書房，第 5 章.
川島武宜（1967），『日本人の法意識』岩波書店.
小林秀之（2013），『民事訴訟法』新世社.
裁判所（2019），『裁判所データブック 2019』.
司法制度改革審議会（2001），『司法制度改革審議会意見書―21 世紀の日本を支える司法制度―』.
瀬木比呂志（2019），『民事訴訟法』日本評論社.
日本弁護士連合会（2003），『弁護士報酬の敗訴者負担制度調査制度報告書』.
日本弁護士連合会（2019），『弁護士白書 2019 年版』.
松村良之・村山眞維編（2010），『法意識と紛争行動―現代日本の紛争処理と民事司法―』東京大学出版会.
村山眞維・濱野亮（2019），『法社会学 第 3 版』有斐閣.
ラムザイヤー，マーク（2004），『法と経済学―日本法の経済分析―』弘文堂.

第12章　競争政策の法と経済学 *

荒井弘毅

12.1　はじめに

本章は，競争政策の法と経済学について概要を紹介するとともに，現今の大きな話題となっているマークアップの動向と競争法の関連について言及する．

競争政策とは，日本では独占禁止法（私的独占の禁止及び公正取引の確保に関する法律，昭和 22 年 4 月 14 日法律第 54 号），アメリカでは反トラスト法（シャーマン法，クレイトン法，FTC 法），ヨーロッパでは競争法（欧州連合の機能に関する条約 101 条，102 条）などの法律の適切な執行を中心とする，市場における競争の確保を図る政策のことである．これらの法律を，競争法，あるいは経済法と呼ぶことがあり，ここでは，競争法という用語で総称することとする．

自由競争市場はパレート効率的な資源配分を実現する（厚生経済学の第 1 定理）．これは，需要面では限界代替率が価格比に等しくなるように需要が調整され，また供給面でも限界変形率が価格比に等しくなるように生産が調整されたときに実現する．このとき，交換の利益の実現・資本労働力の効率的配

* 本章作成にあたって，2019 年度応用経済学会「法と経済学 I」Chair 三浦功九州大学教授，討論者の青木玲子公正取引委員会委員はじめ参加者の方々からのコメントは有益なものであった．ここに記して感謝の意を表したい．また，編者細江守紀九州大学名誉教授からの支援にも併せて感謝の意を表したい．

分による最小費用での供給の実現・各財の生産量の最適生産水準の達成がなされ，市場の均衡で生産者余剰と消費者余剰を加えた総余剰（社会的余剰）が最大になる．しかしながら，市場に一社ないしは少数の事業者しかない場合には，最適な水準を超過する価格が設定されるなど，その事業者が価格や数量をコントロールすることによって，この市場で死重的損失が発生し，社会的余剰が減ることがある．

こうした経済理論を背景にしつつ，人間の生活関係のなかでも財産の関係を規律する法律である経済法として，また実質的な自由と平等の実現のために形式的な自由と平等の制限をするものとして，日本では1947年に独占禁止法が定められている．今日，多くの法律分野で経済学の影響が見られるが，直接経済学の大きな影響を受けているところがこの競争法の分野の特徴である．このため，法と経済学においても，さまざまな形で競争法の経済分析が行われ，また，競争法において経済分析の活用法が模索されてきている．

競争政策に関連する法と経済学もこれまでさまざまな変遷があった．以下では，競争政策の動きにおいても世界をリードしてきたアメリカの潮流を解説し，そして経済状況をめぐる議論とアメリカでの反トラスト法の取組・法と経済学の潮流を解説していくこととする．

競争法に関する法と経済学の動きのなかでは，1970年代後半，ボーク（Robert Bork）とポズナー（Richard Posner）が反トラスト法と政策について述べた影響力をもった2冊の本が出版されたことがとくに重要である（Bork 1978; Posner 1978）．このシカゴ大学の2人の法律家は，反トラスト法の規制を緩和することを提案した．彼らは，反トラスト法の規則はビジネスの妨害となりかねないものであり，企業が効率性を獲得することを思いとどまらせることで経済に害を与えていると主張した．レーガン大統領による国家運営のもと，シカゴ学派を背景とした規制緩和が進められ，消費者は反競争的行為にともなう損失よりも，長期的な厚生拡大を得ることが期待された．しかしながら，この反トラスト規制緩和の実施以来，アメリカでは市場支配力の拡大は起きたが，消費者厚生の長期的な向上はともなわなかったとも評価される．この原因として，一つはシカゴ学派が反トラスト法そのものを改革したことが挙げられる．

そして，もう一つは，経済の技術環境の変化である．現在，金融市場で最も高く評価されているITの巨人たちは，ボークとポズナーの執筆時には存在しなかった．また，あらゆるセクターの企業がITに投資しており，IT経済の成長にともない，とくに技術革新に関して，多くの新奇かつ挑戦的な競争政策上の課題が生じているともいわれている．

法と経済学では，実際の法や判例を素材として経済的検討を行ったり，法解釈学で争点となってきた問題について経済学の視点から分析を行ったり，あるいは，立法にあたっての制度設計がどのような効果をもたらすかのモデルを通した議論を行ったりすることが多い．競争政策の分野においても，たとえば，カルテル事件の立証に際して，経済的状況の推移がどのように間接証拠として用いることができるか，あるいは，違反事件の損害賠償について経済的に推計するとどのくらいになるかといった具体的事件において経済分析が用いられてきている．また，とくに，合併事案において，どのように市場を画定するか，その際，「小幅ではあるが，実質的かつ一時的ではない価格引上げがあった場合」（SSNIP）として，判断の考え方を示したり（「企業結合審査に関する独占禁止法の運用指針」公正取引委員会，2011年），あるいは，合併後の市場の状況がどのように変化したかの事後検証を行ったりするといった企業結合での経済学の活用はきわめて頻繁になされている．そして，リーニエンシー制度（課徴金減免制度）策定の際に，繰り返しゲーム理論での考え方が用いられ，どのようにすればカルテル参加者から違法行為の申告がなされるようになるかといった議論の際にも，経済学・ゲーム理論が用いられている．

しかしながら，本章では，こうした法の経済分析といった側面ではなく，今日の経済状況に対する法の影響と限界の側面に関して，具体的には，アメリカを中心に世界でその傾向が見られるマークアップの上昇・市場支配力の動きについての研究をとりまとめ，それに対するアメリカ反トラスト法を中心とした競争政策の対応を述べ，法と経済学の現実経済に対するダイナミックな関わりについて説明したい．

以下，本章の12.2節ではアメリカでの価格マークアップの動向に関してBasu（2019）に基づいてとりまとめる．12.3節ではマクロ経済学と市場支配力の関係についてSyverson（2019）に基づいて解説する．12.4節ではこうした近年の市場支配力への言及に対して実証産業組織論の側から疑問が呈されていることをBerry, Ganor, and Morton（2019）に基づいて説明する．これらを踏まえたうえで12.5節でアメリカでの反トラスト法の執行に関する議論をBerry, Ganor, and Morton（2019），Shapiro（2019），Lamoreaux（2019），およびBaker（2019）に基づいて紹介する．12.6節は本章の結論である．また，付録として近年の競争法の実証分析の動向を概説している．

12.2 アメリカでの価格マークアップの動向

アメリカ経済のマークアップ動向を推計するために，3つの手法が用いられてきた．第1の方法は，集計データまたは企業レベルのデータを用いて経済的利益を推計し，規模に関する収穫一定を仮定して，マークアップの大きさの推計値を導き出すものである．第2の方法は，さまざまな投入物の動きに基づき企業や部門の生産関数を推計するものである．第3の方法は，一つの投入物に対する最適化条件からマークアップを復元するものである．

限界費用を上回る価格設定の部分は，市場支配力の基本的な尺度である．完全競争では，利益を最大化する企業は限界費用に等しい価格を設定し，マークアップは1になる．不完全競争においては，限界収益が限界費用に等しくなる量を生産し，価格が限界費用を上回る．マークアップを測定しようとする場合，当面のハードルは限界費用を測定する方法である．経済の大部分または全体について，包括的な方法でマークアップを推計しようとする場合には，通常，費用最小化フレームワークを使用することが多い．

生産関数において，資本と労働力を投入物として使用し，自由に利用できる技術を使用して生産物を生産する企業を考える．労働の限界生産物が，マークアップと賃金の積に等しくなるまで，労働力を雇用する．財市場における完全競争の場合には，最適化している企業では労働の限界生産物を実質賃金に等しくしなければならないという条件が生じる．しかし，市場支配力をもつ企業は，競争力のある生産高よりも少ない生産量だけを生産することによって利益を最大化するため，雇用労働力をより少なくする．市場支配力が大きいほど（マークアップが大きいほど），必要な生産物のレベルは低くなる．このとおり費用最小化の条件だけで，企業の市場支配力の大きさを測定することができる．ただし，なぜその企業が市場支配力をもっているのかという答えは得られない．したがって，マークアップを生じる不完全競争の形式に関係なく，この最適条件が形成維持されることになる．企業は独占企業であっても寡占企業であってもよく，静的価格政策または動的価格政策のいずれでもよく，マークアップの最適な選択は，利益最大化問題によって決定される．

アメリカでは所得に占める労働分配率が1980年以降数十年間で急激に低下しており，1980年以前の平均値が約0.64であったのに対し，最近では0.58前後で推移しており，経済成長の「重要な定数」の一つともいわれる労働分配率の急激な低下を示している．Elsby, Hobijn, and Şahin（2013）は，測定されたシェア低下の約1/3を，誤って自己雇用所得が測定されたためとしているが，実際には4パーセントポイント低下したことについては説明が必要であろう．

第2に，観察された要素配分の変化からマークアップの変化を推測するには，その産出弾力性についての仮定，または，できればその推定が必要である．これは，De Loecker and Eeckhout（2017）での方法である．彼らは，投入物に関する産出弾力性を推定し，それを観察された収益シェアで割っている．単純に規模に対する収益率が一定であると仮定すると，利益率を計算し，それによってマークアップを推定することができる．ここで利益率を計算するための鍵は，必要収益を資本に帰属させることである．一定の収益率と競争のもとでは，必要資本への支払いは，単に総収入から労働への支払いを差し引いたものである．しかし，不完全競争のもとでは，必要な資本への支払いは別個に推定する必要がある．資本支出が推定され，規模に応じたリターンがわかれば，マークアップを計算できる．

最後に，費用最小化のための同じ条件を異なる文脈で適用することによって，マークアップを推定する第3の方法がある．Hall（1988, 1990）のように，このアプローチは技術の成長率を計算するSolow（1957）の古典的な方法を一般化している．ソロー（R. M. Solow）が仮定したようにマークアップが1ならば，生産成長からシェア加重投入物成長率を差し引くことによって，技術変化の時系列を残差として求めることができる．（ソローの場合も，利益がないため，必要な資本への支払いは，収益から人件費を差し引いたものとして観察される.）マークアップが 1 を超える場合には，投入物の使用法の変化は，技術の変化と相関すると予想されるので，ホール（Hall（1988，1990））は，有効な操作変数は投入物選択（Δk と Δl の加重平均）と相関しなければならないが，技術的変化とは相関していない操作変数で推定されることになる.

これら 3 つの方法はすべて，企業が与えられた投入価格を用いて費用を最小化するという仮定から始まる．この仮説は強力であるが，すべての場合を網羅しているわけではない．定性的には，上述の市場支配力の影響は，企業がなんらかの要素価格を設定する力をもっている場合にはあまり変化しない．ほとんどの場合，このような要素市場の力は，限界生産物と要素価格の間にくさびを打ち込み，財市場だけの市場の力の場合について上述した結論を補強することになる.

費用最小化の仮定は，3 つのパラメータ（規模に対する収益率，マークアップ，経済的利益率）の間の関係を導き出すことを可能にする．規模に対する収益率が一定であると仮定すると，経済的利益の計算は，マークアップの推定を可能にする．Barkai（2016）は，この方法をアメリカ国民経済計算データに適用し，経済全体の平均利益を意味する総利益率の推定値を取得し，アメリカ国民経済計算データを使用して，1984〜2014 年の付加価値利益率を計算している．サンプル開始時の利益率は 1984 年の 2.2% から 2014 年の 15.7% へと大幅に低下しており，マークアップ率は 1.02 から 1.19 へと上昇している.

また，規模に関して収穫が一定であるという仮定を落とし，生産関数の推定値に依存するとする．この生産関数は，ホールのアプローチのように費用最小化条件を課しながら推定され，マークアップの 1 ステップの推定を与えることができる．この推定によると，2015 年の業界マークアップの加重平均は約 1.3 であり，業界マークアップは 1.0 から 1.8 の範囲にあると推定している．時間トレンドは正の傾向にあると推定されている．これは，マークアップが時間の経過とともに増加していることを示している.

また，マークアップの計算は，多くの投入物ではなく，一つの投入物だけに基づいて行うことができる．純利益を得ていない投入物を選択すれば，必要な資本収益率と利益率を測定するという問題は生じない．単一投入物法は，純利益を共有せず，その利用による誤差が最小と考えられる中間投入物に関するデータに適用するための理想的な方法である．

De Loecker and Eeckhout (2017) は，Compustatの上場企業の貸借対照表データを用いて，この単一投入物アプローチを採用している．企業の支出を，ほとんどの中間財と労働投入の一部で構成される売上原価（COGS）と呼ばれる複合投入に基づいて会計報告に使用している．彼らは，COGSと固定資本ストックを，企業レベルでの生産への2つの投入物としている．その推計によると，企業レベルでのマークアップ率の加重平均は，1980年の1.21から2016年の1.61に上昇しており，そのほとんどは1980年と1990年に上昇している．

これらで検討したマークアップ推定の3つのアプローチのうちの2つは，サンプル終了時の平均付加価値マークアップの推定値をもたらすが，これは大きすぎるとも考えられる．費用最小化の基本的な論理によって，高マークアップは，同じように高い規模の利益率か，純粋な経済的利益率のいずれかによって説明されなければならない．しかし，必要とされる規模の収益率は，アメリカ経済の技術的退行率が高いことを意味し，経済的利益の含意率は資本への必要な支払いのすべてと観察された労働への支払いの一部を置き換えてしまうものである．

12.3　マクロ経済学と市場支配力

少なくとも2000年以前から，利益率，価格-原価マージン，および，市場集中度が幅広く上昇しているとされてきている．このような上昇傾向は，投資率，企業の開業率，労働分配率の低下をともなっている．市場支配力の平均的な水準が実際に全般的に上昇しているとすれば，投資，イノベーション，総生産，所得の分配など，経済全体の厚生の主要な指標が低下する可能性が高い．

主要なマクロ市場に関する研究で，どのようにして会計データを用いてマークアップは推定されるのであろうか．研究者が「会計データ」と呼ぶもの，本質的には企業の財務諸表のデータを使用して限界費用の推定値が作成される．

マークアップを測定するために会計データを使用するもっとも簡単な方法は，変動費合計に対する収益の比率を調べることである．これは，その両方を生産数量で割ると，平均変動費に対する価格の比率に等しくなる．平均変動費はもちろん，一般に限界費用と等しいわけではないが，限界費用を直接測定することは非常に困難である．限界費用がすべての数量レベルで一定である場合に，平均変動費は限界費用と等しくなる．さらに，会計費用の分類では，一定の基準で固定費用から変動費を分離することは容易ではない．前節で述べた会計データの「売上原価」(cost of goods sold: COGS) が投入物変数として使用され，COGS と，産業内のすべての企業の資本の簿価とで収益を回帰させることによって，生産関数が推定されることになる．また，この推定の期間でのマークアップの分布の歪みも増加しているとされ，平均的なマークアップの増加は分布の裾野の拡大と高マークアップ企業への収益シェアのシフトが見られる．実際，企業レベルの上昇率の中央値は，この期間を通じて基本的に一定であった．

経済全体のマークアップの広範な変化は，必然的に，価格インフレ，費用成長，利益を含む他のマクロ経済変数に影響を及ぼす．Syverson (2018) では，インフレ率，マークアップ率，費用成長率の測定値に不整合が生じる可能性を指摘している．価格 P はマークアップ率 $\mu \times$ 費用 C に等しいという関係を使ってパラドックスを要約することができる．

$$P = \mu \cdot C.$$

企業の利潤最大化理論によれば，関連費用 C は限界費用と等しくならなければならず，マークアップ率 μ は消費者の価格感応度の関数でなければならない．しかし，価格が利益を最大化するように設定されていなくても，この関係は非常に一般的で有用である．どのような一貫して測定された価格と費用に対しても，マークアップ μ は，関係を維持する乗法的要因として定義することができる（なんらかの理由で価格が費用よりも低い場合，μ は 1 未満になることもある）.

同じ関係が成長率にもあてはまる．すなわち，

$$P\text{の成長} \approx \mu\text{の成長} + C\text{の成長}.$$

ここで，過去数十年間にこれらの成長率のそれぞれで観察された実証的パターンを考えてみよう．左側の成長率は，物価上昇率・インフレ率である．測定されたインフレ率は過去数十年間，とくに多くの人が伝統的な成長の状況と考えているものと比べて低い．右辺の第1項であるマークアップの成長率は，いくつかの研究でかなり高いと推定されており，それがここでの焦点である．しかし，物価上昇率が比較的低く，値上げ幅が急速に拡大しているとすれば，費用は急速に低下しているに違いない．データでは，これが事実であることは明らかではない．

生産性と要素価格の2つの要因が費用の成長率に影響する．2000年代半ば以降，生産性の伸びは低迷している．生産性は費用に反比例するため，生産性の伸びが通常よりも遅い場合，費用の伸びは通常よりも高くなる傾向がある．過去数十年間の要素価格の動向を見ると，賃金の伸びはどちらかというと鈍化しており（ハイエンドよりもミドルエンドとローエンドのほうが多い），金利は歴史的な低水準にまで低下している．単独では，これらの要素価格パターンは費用の成長率を低下させる傾向があるが，生産性の成長を鈍化させることで相殺される．

マークアップ，利益シェア，規模の弾力性の関係は，横断的な企業間であれ長期的な企業間であれ，より一般的に適用できるツールである．実際上の問題はあるが，必要な構成要素の推定はデータから得ることが一般に可能である．この関係は，この分野における実証的推定値に有用な一貫性のチェック項目として課されるべきものとなる．

企業収益率とトービンの q（資産の簿価に対する企業の市場価値の比率）はいずれも2000年以降比較的高い水準で推移しているが，同時期の投資率は過去の収益とトービンの q に比べて低い水準で推移している．また，労働分配率は低下傾向にあるというのが専門家の一致した見方である．マクロでの市場支配力に関する検討は，これらの変化が市場支配力，価格引き上げ，純利益の上昇に関連している可能性を提起している．

このような研究では，総要素所得を労働分配，資本分配，純利益の3つの要素に分解している．労働所得は国民所得から直接控除されるため，標準的な方法で測定される．結果として，労働分配率の低下にともない資本分配率が若干低下したことが示された．一方，純利益残余は1985年の国民所得の3%から2014年までに16%へと大幅に増加したとされる．

なにかが企業の残余需要曲線や限界費用曲線を平坦化させ，規模の経済性やネットワーク効果を高め，消費者が低費用あるいは高品質の企業を見つける能力を高めたのである．これらの変化は集中度の増加をもたらすが，必ずしも市場支配力の成長を意味するものではない．規模の経済の拡大は，生産に必要な投入量を減らす限界費用の削減，すなわち効率性の向上からももたらされる．一方，規模の経済では，企業が固定費用や部門内の生産費用を支払うために，均衡状態で十分な市場支配力が必要である．ネットワーク効果は，効率性と市場支配力の両方に影響を及ぼす．消費者はネットワーク効果から公益事業の利益を得ることができるが，ネットワーク効果はロックインを引き起こし，企業に価格決定力を与える．消費者がだれから購入するかを選択する能力を向上させることは，効率性を高めることになるであろう．これは，たとえば，検索，輸送，貿易費用の変化に起因する可能性がある．

マクロ経済での市場支配力の話は，とくに特定の産業や部門において，推定されたトレンドを説明する有力な候補である（Miyake and Osumi 2019）．しかし，平均的な市場支配力の拡大を議論の余地のない有力な説明候補とするには，まだもっと多くの証拠が必要である．

12.4　法と経済学の基盤となる実証的産業組織論

こうしたアメリカや世界経済における独占力の増大の可能性について懸念に対して，市場支配力とマークアップの原因と結果，すなわち価格と限界費用の間の違いについて，産業組織論においては数十年にわたる研究が行われてきた．この研究が今日の実証に裏付けられた法と経済学の基盤となっている．

約30年前（Bresnahan 1989）から，産業組織論の分野では，需要，費用，価格設定行動という関連する経済学の基本変数に基づいて，企業行動と市場を理解する方法が採用された．したがって，企業が利益を最大化し，総費用をカバーしなければならないという仮定のもとでは，均衡価格（製品の選択，立地，品質，イノベーションといった他の成果）は，需要，限界費用，固定費用（おそらくサンクコスト），および，価格設定行動を形成する競争条件によって決定される．これらの条件は，現代のゲーム理論を用いてモデル化されており，不完全競争，製品差別化，多製品企業，企業参入，さらには産業に特化した多くの制度を取り入れている．

しかし，前節と前々節で挙げたマークアップに関する最近の研究の多くは，30年以上前に産業組織論の分野で広く拒絶された分析的アプローチ，すなわち「構造―行動―成果」パラダイムが採用されている．まず，左辺にマークアップや利潤などの結果をともなう変数，右辺に市場集中度の測度をともなう変数，そしてさまざまな制御変数をともなう回帰分析である．本節ではこのアプローチの欠点について論じる．このアプローチは，厳しい測定問題とより悪い概念問題に直面する．測定の問題としては，たとえば，国勢調査の産業分類は，明確に定義された経済市場を反映していないことが多い．「ソフトウェア」が単一の産業ではないことはかなり明らかであることなどである．そして，考え方そのものの問題としては，業界の集中度とマークアップとの間に複数の因果関係があることであり，正の相関をもたらす非常に多くの異なる経済シナリオがあることである．

1950年から1970年にかけての産業組織論に関する初期の実証研究では，構造―行動―成果パラダイムを用いて，競争の程度が市場の結果にどのように影響するかが研究された．このパラダイムの実証的な手法としては，典型的にはつぎのような回帰分析を行っていた．従属変数は，利益，値上，価格などの市場の結果であった．重要な説明変数は，集中度の尺度（通常は市場シェアの2乗の合計であるハーフィンダール・ハーシュマン指数）を用いて市場の構造を把握しようとした．回帰には，変動の他の外因性の理由を捉えることを目的とした変数も含まれていた．したがって，構造は成果に関連し，（観察できない）行動は構造と成果の間の推定された関係として捕捉される．この回帰分析では，集中度指標の係数は，市場の集中度が変化するにつれて競争の激しさがどのように変化するかを把握することを目的としているものであった．

しかしながら，産業組織論の分野では，構造―行動―成果アプローチは信用されるものとはならなかった（Bresnahan 1989; Schmalensee 1989）．マークアップやその他の市場結果の増加に対する最近の関心の多くは，まさにこの種の推論に焦点を当てるものである．このような研究は，産業組織論の分野が構造—行動—成果アプローチを拒否する原因となった問題に対処することなく進められている．

市場集中と企業パフォーマンスの間の直感的な関係を考えると，産業組織論はなぜ構造—行動—成果のパラダイムを拒否したのであろうか説明は必要である．もっとも重要な点は，集中度と他の市場の結果との間には，複数の因果関係があることである．このことは，まさに「集中が価格や値上げに与える影響はなんであるか？」という疑問が十分に提起されていないことを意味している．

仮に，構造変数とアウトプット変数が正確に測定され，分析が単一の産業内で行われたとしても，Demsetz（1973）をはじめとする構造・成果研究者は，それらの回帰分析の解釈の問題に取り組み，批判してきた．たとえば，Ravenscraft（1983）は，企業レベルでのマークアップの市場シェアと産業の集中度の関係を回帰分析し，市場シェアの係数は正でゼロとは大きく異なるが，産業集中度の係数はほぼゼロ（または負）であることを発見した．大企業は固定費用が高く限界費用が低く，限界費用が低いほど利益率が高い（その理由の一つは，高い固定費用を回収するために価格が必要だからである）と仮定する．これにより，企業の規模や，ある業界のハーフィンダール・ハーシュマン指数とマークアップとの間に相関関係が生まれる．Demsetz（1973）の実証的批判にアプローチする一つの方法は，集中度は経済学的に内生的であることが示唆される．しかし，需要と限界費用のすべての要素に依存する集中度とマークアップの回帰にどの変数が含まれ，どの変数が除外されるかは，多くの場合，まったく明確ではない．

残念ながら，明確に定義された「集中が価格に及ぼす因果効果」は存在せず，むしろ，価格，測定されたマークアップ，市場シェア，集中度の同時決定での観測された相関を説明できる一連の仮説が存在するだけなのである．均衡寡占需要と，企業の限界費用関数のリストと寡占競争の性質を含む供給とに明確に焦点を当てなければ，集中の影響を明確に解釈することはできない．

集中，利益，マークアップに関する最近のいくつか論考は，古いスタイルの構造—行動—成果相関の妥当性を単に主張しているにすぎない．産業組織論の分野で数十年にわたって確立されてきた主流の知恵に基づいておらず，ハーフィンダール・ハーシュマン指数のような産業構造の尺度での市場結果の回帰は，政策議論においてはあまり重視されるべきではない．このような相関関係からは，政策が求める因果関係の推定に関する情報は得られない．このような因果関係についての正確な理解があれば，なにがマークアップの増加を引き起こしているのかを理解していくのに役立つであろう．

業界レベルの研究では，需要変動や費用変動に関するデータ，および，競争行動に関する業界に適したいくつかの仮定とともに，価格や生産高に関するデータからマークアップを特定することが妥当である．詳細な業界ごとの研究によって，不完全競争の原因と結果に関する直接的な証拠を得ることができる．マクロ経済や金融でよく見られるように，一つのモデルとデータセットですべての企業を扱うことに慣れているエコノミストは，業界固有の研究の対象が比較的狭いことに不満を抱くかもしれない．しかし，企業の選択に影響を与える需要，費用，競争環境の性質は本質的に異質である．

たとえば，Ganapati (2018) は，2012年には，卸売業者がアメリカの工業製品市場における下流の買い手への販売の50% を占め，卸売業者を仲介しない大規模小売業者の顕著な例とは対照的に，卸売業者は全体的に規模を拡大していたと指摘している．この分野では，集中度とマークアップが高まっている一方で，品質が向上し，費用が低下しており，評価が容易でない状況になっている．他の多くの主要産業に関する研究でも，厚生に関する同様にあいまいな意味合いをもつパターンが見つかっている．

上で述べた構造—行動—成果アプローチや生産関数アプローチとは異なり，こうした研究では需要，限界費用，固定費用についての記述がなされていることに注意が必要である．これらのステートメントは，維持されているかなりの数の前提に依存しているが，マークアップの変更の背後にある力についての豊富なストーリーをもたらし，それらの変更に関連した肯定的な意味と規範的な意味の両方をもたらす．この卸売に関する研究は，製品の品質，限界費用，固定費用において内生的なトレードオフをともなう進化する産業を明らかにしている．

また，たとえば，航空業界は，マークアップの増加がある程度の製品改善と限界費用の低下（Berry 1990）と関連している別の例を提供しているが，それはまた，不十分に管理された合併が価格を上昇させる可能性があることを示している．

他の業界の研究では，より高い集中度とマークアップは品質の改善をともなわないようである．たとえば，多くの研究は，密接な競合者間の病院統合が，質を改善することなく価格と値上の実質的な増加をもたらし，あるいはメディケアやイギリス国民健康保険のような価格規制された市場の質を低下させることを示している．

産業組織論における産業の研究は，全体として，いくつかのとくに単純な，あるいは様式化されたモデルでの証拠を提供する．これらの研究は，完全競争に近いモデルを明らかに否定している．同様に，これらの研究は，市場のゲーム理論的寡占の重要な特徴を強調し，反トラスト法の「シカゴ学派」に関連する単純な解釈を拒絶するものである．こうした研究が今日の競争政策に関する法と経済学の基盤となっている．

むしろ，これらの産業組織論研究は，大企業が実際には限界費用と固定費用のあり方を含めて，製品や生産方法を経時的に変化させているという微妙な現実を示唆している．「固定費用」は，ネットワーク，製品の品質，地理的な位置などへの投資を通じて時間をかけて積み上げられたサンクした費用であることが多いようである．限界費用から固定費用への再配分が労働需要にどのように影響するかは興味深い問題である．もう一つの重要な問題は，変動費用の労働分配率が固定費用の労働分配率より高いか低いかである．

これらの研究は，全体的なマークアップ動向に関する質問に完全に答えるためには，経済全体のより広い分野を対象としなければならないことを意味するものである．また，マークアップの水準については，既存の産業組織論の産業レベルでの研究が多いが，なぜ，どこで上昇しているのかを明らかにするために，マークアップの動向を中心とした産業レベルの研究が増えている．

費用条件，需要条件，価格設定環境といった現代の産業組織論の基本構造のいくつかは，過去数十年にわたって変化してきたと考えられる．たとえば，情報技術の採用は，多くの場合，サーバなどのハードウェア，または，社内資源を運用するソフトウェアなどのソフトウェアに関連する固定費用である．このように，情報技術の重要性が高まった企業や産業では，固定費用が増加し，それが利益率の上昇につながり，1 社あるいは少数の大企業が市場を支配することになる．需要面では，ネットワーク効果の重要性が高まると，1 社または少数の企業が市場を支配し，より高い値を付けることになる．企業行動に関しては，市場支配力に対する経営者の搾取の増大は，値上の上昇につながる可能性がある．また，アメリカの反トラスト法執行の緩やかな低下・減少も指摘されている（たとえば，Baker 2019）．

12.5　反トラスト法の執行

1960 年から 1970 年にかけて，反トラスト法を過度に積極的に執行した事例があったことは疑いないと思われる．たとえば，合計で 7.5% の市場シェアにしかならない合併の差し止めが支持された（United States v. Von's Grocery Company，384US270 [1966]）．しかし，ここ数十年の裁判所は，法に組み込まれた経済的な前提条件や，原告の訴答基準を引き上げるなどの実際的な変更を通じて，着実に反トラスト法の執行を緩めてきた．2 社以上の企業を抱える市場での合併は，過去数十年間に比べて，現在はそれほど困難になる可能性は低い（Kwoka 2016）．最近の Ohio v. American Express Company（138S.Ct. 2274 [2018]）の最高裁判決は，政府が両面市場で運営されているプラットフォームに対して反トラスト法違反の訴訟を起こす能力を終わらせる可能性があると解釈する向きもある．

垂直的制限とは，垂直的関係にある企業間の契約であって，制限の種類，それを利用する主体，市場構造等に応じて反競争的効果をもつ可能性のあるものである．一般的な状況としては，マークアップの大きなプラットフォーム企業は，価値のある（しばしばデジタルの）商品やサービスを消費者に提供することによって成功するが，プラットフォームが補完的な製品自体を供給し始めたり，プラットフォーム上の独立した補完を制限するような形で価格，品質，または，技術に関して契約する場合には，競争上の問題が生じる．このような状況では，競合企業の費用の上昇，市場閉鎖，排除などの悪影響が考えられる．

企業は，特許その他の知的財産を利用して，関連市場において排他的行為を行うことができる．さらに，潜在的な競争相手がまだ小さいうちに買収することは，支配的な企業が品質を向上させたり，自社の中核製品を補完したり，あるいは将来の潜在的な参入者を阻止したりする手段となりうる．排他的行動は，限界費用の低い既存の大企業が参入を阻止したり，既存の競争相手に不利な行動をとる場合に生じる．現在の状況においてとくに重要な，排他的行為は，最恵国待遇契約と取引拒絶である．また，経済がデジタル化するにつれて，データの所有は競争を制限するもう一つの方法になりうる．

マークアップの増加に関する証拠の多くは，もっともらしく，さらなる調査に値すると思われるが，もっとも重要な原因については不確実性が残っている．しかし，この不確実性は，反トラスト政策の怠慢を意味するものではない．われわれは競争市場が一般的に消費者に有益であることを知っている．また，市場支配力は，いったん獲得されれば，上述した多くの経済的および戦略的問題のために持続可能であることもわかっている．とくに，実質的なゲーム理論の文献は，高いマークアップの維持におけるサンクコストの役割を強調している（Berry, Ganor, and Morton 2019）．

アメリカにおける反トラスト法の執行を3つの分野で再活性化する必要があるとする主張がある（Shapiro 2019）．反トラスト法の執行があまりにも緩い第1の分野は，合併の扱いである．蓄積された証拠は，司法省と連邦取引委員会がより多くの水平的合併を進んで阻止することができれば，競争が保護され促進されることを示している．反トラスト法の執行が不十分になった第2の分野は，支配的企業による排他的行為の扱いである．この分野における根本的な問題は，最高裁が過去40年間にわたりシャーマン法の適用範囲を劇的に狭めてきたことである．第3の分野は，労働市場における買い手としての使用者の市場支配力に関するものである．これまで，反トラスト法の執行機関は労働市場をほとんど無視してきた．アメリカの労働市場におけるより強固な反トラスト法の執行が，従業員のグループとしての賃金に大きな違いをもたらすかどうかを知るには時期尚早であるが，反トラスト法に対する一層の注意と監視が必要である．

アメリカの反トラスト法は，輸送，通信，製造技術の変化がかつてない規模の経済を生み出し，産業界の巨人たちによるさまざまな行為がなされた時代から始まっている．今日，情報技術の劇的な進歩とグローバル化が相まって，経済活動のシェアを拡大させている大規模で効率的な「スーパースター企業」の成長を促進している．ハイテク超大手企業の出現はとくに劇的である．

このような経済状況は，競争を促進し，消費者と労働者を保護し，経済成長を促進するために，アメリカにおける反トラスト法執行の再活性化を必要とする．これらの価値ある目的は，市場リーダーが関与する合併に対してより厳しい姿勢をとり，支配的な企業が競合企業を排除する行動に出ることを警戒的に阻止することによって達成できる．しかし，この方向に進むには時間がかかり，反トラスト法執行機関が主導権を握り，慣性のある裁判所や，おそらくは懐疑的な裁判官を説得する必要がある．反トラスト法の劇的かつ急速な変化を期待する人々は，新しい法律が可決されなければ失望するであろう．同様に，反トラスト法が競争とは関係のない問題を解決すると期待している人々も失望するであろう．反トラスト法の強化は必要だが，企業の政治的影響力の削減，プライバシーとデータセキュリティの保護，個人情報の拡散の制限を目的とした，切実に求められている規制の代わりにはならない．

また，アメリカの歴史を踏まえた観点から，2 つの基本原則を中核に据えた組織を必要とする主張がある（Lamoreaux 2019）．一つは，企業は競合企業との統合だけでなく革新によっても大きく成長することができること，もう一つは，もっとも革新的な企業であっても，市場での地位を維持するために反競争的な戦術を当てにするかもしれないということである．これらの競合する原則の間のバランスは，アメリカ反トラスト法を取り巻く状況のなかで，大企業への恐怖が薄れ，大企業が反トラスト法当局に抵触することなく業界を安定させ，価格以外の次元で競争することを学んだなかで，長い間の基礎的なものとなっていた．しかし，正しいバランスをとることは困難であり，政策立案者は長期的な原則へのコミットメントを失ってきた．まず巨大さ自体が悪いものであり，それに対処する必要があるという極端な方向へ，そして逆に巨大さは消費者に利益をもたらす限りは決して問題にならないという極端な方向へと向かうものとなった．おそらく現時点は，大企業の行動を評価する仕事に戻る好機であろう．そうでなければ，革新的で成功した大企業が革新的な挑戦者を阻むことを可能にし，大企業で成功した企業を攻撃するという2つの危険を回避することができると主張されている．

そして，反トラスト法を強化することによってこれまでの非執行の傾向を逆転させることが必要であり可能であるとする主張がある（Baker 2019）．情報技術によって推進される新しいビジネスの形態は，新しい競争上の課題を提示するものとなっている．そのうえで，市場支配力はますます政治的に重要な問題となっている．経済の進歩はわれわれを市場支配力に立ち向かわせている．産業組織論は，ゲーム理論の議論を用いて徹底的に再構築されており，新しい実証的ツールによって，インセンティブ，行動，効果をより正確に測定することが可能になっている．反トラスト法のルールがシカゴ学派の経済学的思考に大きく影響されてきたのは事実であるが，それは一部には，ルールが新しい理論と発見の帰結を完全には吸収しきっていないからであるというものである．

デジタル市場のルール整備に関しては，アメリカでの取り組みに加え，ヨーロッパでもオンラインプラットフォーム経済監視委員会の設立やプラットフォーマーの公正性・透明性の促進法が模索されている．日本でも，専門組織の設置（デジタル市場競争本部の創設），デジタル・プラットフォーム企業と利用者間の取引の透明性・公正性の確保のためのルール整備，データの移転・解放の促進などが検討されている（「デジタル市場のルール整備」成長戦略ポータルサイト）．法と経済学の観点からも，こうした制度設計とルール運用に対して幅広く分析検討を進め，実証分析を踏まえた提言を考えていくことも求められている．

12.6 おわりに

本章は，競争政策の法と経済学として，市場の競争をめぐる取り組み，なかでも市場支配力のトレンドとそれをふまえた競争法の適正執行に向けた動きを概説した．市場支配力への対応を中心とした競争法の取り組みは，市場における競争をたんに資源配分の適正化を図ろうとするものを超えた意義を有していると考えられる．

市場における競争は，希少資源の効率的配分機能だけでなく，革新導入のインセンティブ機能，私的情報の発見・拡散機能，生産性と無関係な差別を取り除く機能および選択の自由の確保機能といったいくつかの機能を有する．この革新導入のインセンティブ機能とは，競争によるインセンティブの供与が事業者の創意工夫の発揮を通じてイノベーションを刺激する機能である．私的情報の発見・拡散機能とは，競争を通じて財・サービスへの需要供給に関する情報が他者に伝わり市場全体に拡散する機能である．生産性と無関係な差別を取り除く機能とは，差別をする企業は差別をしない企業に費用の差が生じ競争で敗北することである．選択の自由の確保機能とは，市場の競争の結果需要者は財・サービスの選択肢拡充の成果を享受して自由を実現するという機能である(鈴村 2009, p. 434)．これらの機能のうち，たとえば，ある市場でのある行為は，資源配分機能が阻害されるが，イノベーション刺激機能が促進されるといった，弊害と正当化事由を考えることができる．そして，一つの市場での弊害と正当化事由を考えるだけでなく，複数の市場での弊害と正当化を考えていかねばならない．そのうえで，社会経済の問題を的確に把握し，仮に市場支配力の問題が対応すべきものと考えられるのであれば，適切に対応していかなければならない．しかしながら，これらに関しては少なくとも，事前に指針を示すには慎重な考慮が必要なものであり，アメリカでの議論と法の展開に見られるとおり，多くの事例にチャレンジして，それらの議論を整理していくことが求められる．

この意味からも，わが国の競争政策として求められることは，ルールづくりのための議論に加えて，実際の事例を増やしていくことである．主要先進国のなかで，日本の独占禁止法の執行件数は少ないように感じられる（筆者は，主要先進国に比べ日本の方が競争意識・遵法精神が進んでいるからだと考えている)．マネージャーが多くプレイヤーが少ない状況でもある．環境整備よりも，実際の執行を進めていくことが先決であると考えられる．

付録：競争法の実証分析のために

今日の経済学では実証分析が重要なものとなっている．Acemoglu, Laibson, and List (2019)『マクロ経済学』のなかにおいても，経済学アプローチの核心として３つの原理（最適化，均衡，経験主義）が掲げられており，この３つめの経験主義で「経済学者は，理論を検証したり，世界で起きたことの要因を分析したりするためにデータを活用する」ことの重要性が指摘されている．競争法の法と経済学の検討に際しても，実証的なアプローチは必要不可欠のものとなっている．

日本の独禁法の事件においても経済分析に基づく主張がなされる事例や落札率の取り扱いに関する考え方が示されたこともある．また，企業結合での経済分析に使用する資料・データの収集に関して資料の例や具体的範囲が示されている．さらに，審査事件の立証面でも，海外競争当局における経済的証拠の取り扱いを参考にしつつ，経済分析の状況証拠としての活用を図っていくことが重要となっている．

経済分析の活用に関しては，先進的に行われてきたアメリカでは，技術的または専門的知識の一つにあたるいわゆる専門家証言と位置付けられ，十分な事実・データに基づくものであること，信頼できるものであることおよび事実に適合するものであることといった基準が整備され，長年にわたって実際に法廷で用いられてきている．反トラスト関係では，IBM，AT&T 事件といった大型事件での議論や，ステイプルズ・オフィスデポ合併事件における計量経済学の使用，マイクロソフト事件での論戦などさまざまな局面で経済分析が活用されてきた．今日では，反トラスト事件においては，なんらかの経済分析の活用が常態化し，経済分析を専門に請け負う事業も発達してきている．ヨーロッパにおいても，競争総局にチーフエコノミスト組織が設立され，著名な経済学者が続けてチーフエコノミストとなり，経済分析の浸透が図られている．

とくに，アメリカ反トラスト法において，経済分析の活用が主たる論点となった判決に，2013 年 3 月 27 日コムキャスト対ベーレント最高裁判決がある．アメリカ最高裁は，第３巡回区控訴裁が，反トラスト法経済学において考えられる４つの理論から計算した損害に基づいて被上告人のクラスアクションを認証したことについて，４つの理論のうち３つが棄却されたことで，その主張は前提を失うものであり，不適切なクラス認証がなされたとして，差戻しの判決を下した．

この判決では，損害計算に関するモデルの是非，いわば経済モデルの内容については詳細には議論されていない．しかしながら，4 つの理論のうちの一つの理論だけに基づくものとして主張が行われていたならば，被上告人の請求は認められていた可能性があるとも考えられる．すなわち，多くの可能性のある経済理論を並列するよりも，焦点を絞った反トラスト法経済理論の提示が必要であったのではないかとも考えられる．これは，今後の，反トラストでの経済理論に基づく主張だけでなく，アメリカ連邦訴訟における経済分析ないし科学的主張の活用法における重要な留意点になっていくものと考えられる．

また，ヨーロッパでは，欧州委員会は，2011 年 10 月 17 日に，「欧州機能条約 101 条および 102 条の申請に関する事件並びに合併の事件における経済的証拠及び収集データの提出についてのベストプラクティス」を公表している．

このガイドラインにおいて，欧州委員会の経済分析に対する示唆的な部分としてはつぎのところが挙げられる（数字はパラグラフ番号）．

「3. 特定の事件のための経済的分析の関連性及び重要性を決定するためには，第一に技術的観点――すなわち，それが専門家において普及している適切な技術的要件を満たす方法で作成され提出されているかどうか――から，その経済的手法の質の評価を行うことが必要である.」

「4. 第二に，経済的分析が他の定量的および定性的証拠（例えば，顧客の反応又は文書の証拠）と一致しているか，また，整合性があるかという評価を行わなければならない.」

「12. その本来の性質上，経済のモデルおよび議論は，現実を簡略化したものに基づいている．したがって，特定の議論またはモデルについて，それが『一見して非現実的仮定に基づいている』と指摘することは，特定のモデルや議論への反証としては通常不十分である．そのモデルまたは議論において反映されるべきという現実の面を明確に特定し，そのより良い反映がなぜ結論を変えることになるのかを示す必要がある.」

そして，わが国のこれまでの事例として，企業結合事例集においては経済分析が活用された事案が数多く紹介されてきている．とくに平成 26 年度における事例集以降，「経済分析」と題する小見出しが掲載されるようになり，高度な経済分析の使用例がいくつも掲載されてきている．

その一つとして，差分の差分分析を取り上げる．差分の差分分析とは，ある事象の効果を推定するにあたり，当該事象の影響を強く受けうるグループとそうでないグループが存在することを利して，当該事象の効果を検証する分析法である．平成26年度における主要な企業結合事例「事例5コスモ油（株），昭和シェル油（株），住友商事（株），東燃ゼネラル油（株）等によるLPガス事業の統合」において用いられた．

そこでは，「本件行為によりプロパン元売価格が上昇することとなるか否かを検討するために，統合後のHHIおよびHHI増分が，本件行為と同程度の水準となる平成23年統合（平成23年3月に実行済み）において，とくに行為後HHIおよびHHI増分の値が大きかった地域ブロック（北海道，東北および九州6）と他の地域ブロックとの間で，プロパン元売価格の動きに統計的に有意な差があったかを，差分の差分分析を用いて検証した」としている．

結果として，「分析結果によれば，平成23年統合後，とくに行為後HHIおよびHHI増分の値が大きかった地域における元売価格の変化幅と，それ以外の地域における元売価格の変化幅との間には統計的に有意な差がなかった」とし，「当該分析の結果，および平成23年後にプロパン輸入価格の変動では説明できないような元売価格の上昇傾向は確認できなかったことから，平成23年統合後はいずれの地域ブロックにおいても同程度の競争圧力が働いていたことが推認できる．このことから，本件行為においても，元売価格の上昇をもたらすこととはならないと推認できる」としている．

ここでは，本件統合と同程度のHHIとHHI増分の平成23年統合を考えたものであり，平成23年統合で，地域ブロックごとに「事象（＝統合）」の前と後で，影響の及んだ場所（HHIが大きかった場所，HHI増分が大きかった場所）とそうでない場所とを比較していると考えられる

こうした実証分析は，実証産業組織論で進められてきたアプローチに基づくものが多く，法と経済学研究を証拠に基づいて進めていくうえでも，実証的検証は今後とも欠かせないものとなっていくと考えられる（荒井2020参照）

◆参考文献

Acemoglu, Laibson, and List（2019），『アセモグル／レイブソン／リスト マクロ経済学』岩本康志監訳，岩本千晴訳，東洋経済新報社.

Baker, Jonathan B.（2019），*The Antitrust Paradigm: Restoring a Competitive Economy*, Cambridge, MA: Harvard University Press.

Barkai, Simcha（2016），“Declining Labor and Capital Shares”, Stigler Center New Working Paper Series 2.

Basu, Susanto（2019），“Are Price-Cost Markups Rising in the United States? A Discussion of the Evidence”, *Journal of Economic Perspectives*, 33（3），pp. 3-22.

Berry, Steven（1990），“Airport Presence as Product Differentiation”, *American Economic Review*, 80（2），pp. 394-399.

Berry, Steven, Martin Gaynor, and Fiona Scott Morton（2019），“Do Increasing Markups Matter? Lessons from Empirical Industrial Organization”, *Journal of Economic Perspectives*, 33（3），pp. 44-68.

Best Practices on submission of economic evidence, Staff working paper,https://ec.europa.eu/competition/antitrust/legislation/best_practices_submission_en.pdf

Bork, Robert H.（1978），*The Antitrust Paradox: A Policy at War with Itself*, New York, NY: Basic Books.

Bresnahan, Timothy F.（1989），“Empirical Studies of Industries with Market Power”, Chapter 17, in Richard Schmalensee and Robert Willig, eds., *Handbook of Industrial Organization, vol. 2*, Amsterdam: Elsevier, pp. 1011-1057.

Comcast Corp. v. Behrend, 569 U.S. 27（2013）.

Demsetz, Harold（1973），“Industry Structure, Market Rivalry, and Public Policy”, *Journal of Law and Economics*, 16（1），pp. 1-9.

De Loecker, Jan and Jan Eeckhout（2017），“The Rise of Market Power and the Macroeconomic Implications”, NBER Working Paper 23687.

De Loecker, Jan and Jan Eeckhout（2018），“Global Market Power”, NBER Working Paper 24768.

Elsby, Michael W. L., Bart Hobijn, and Ayşegül Şahin（2013），“The Decline of the U.S. Labor Share”, *Brookings Papers on Economic Activity*, Fall, pp. 1-52.

Ganapati, Sharat（2018），“The Modern Wholesaler: Global Sourcing, Domestic Distribution, and Scale Economies”, https://www.tuck.dartmouth.edu/uploads/content/Ganapati_Wholesalers_2016_copy.pdf.

Hall, Robert E.（1988），“The Relation between Price and Marginal Cost in U.S. Industry”, *Journal of Political Economy*, 96（5），pp. 921-947.

Hall, Robert E.（1990），“Invariance Properties of Solow's Productivity Residual”, in Peter A. Diamond, ed., *Growth/Productivity/Unemployment: Essays to Celebrate Bob Solow's Birthday*, Cambridge, MA: MIT Press, pp. 71-112.

Lamoreaux, Naomi R.（2019），“The Problem of Bigness: From Standard Oil to Google”, *Journal of Economic Perspectives*, 33（3），pp. 94-117.

Miyake, Atsushi and Yasuyuki Osumi（2019），“Firm Size, Rate of Return on Capital, and Increasing Returns to Scale”, The Japanese Financial and Information Communication Service Sectors-Paper for the APEA 2019 Fukuoka.

Posner, Richard A.（1978），*Antitrust Law: An Economic Perspective.* Chicago, Il: University of Chicago Press.

Ravenscraft, David J.（1983），“Structure-Profit Relationships at the Line of Business and Industry Level”, *Review of Economics and Statistics*, 65（1），pp. 22-31.

Schmalensee, Richard（1989），Inter-industry Studies of Structure and Performance”, Chapter 16 in Richard Schmalensee and Robert Willig, eds., *Handbook of Industrial Organization, vol. 2*, Amsterdam: Elsevier, pp. 951-1009.

Shapiro, Carl（2019），“Protecting Competition in the American Economy: Merger Control, Tech Titans, Labor Markets”, *Journal of Economic Perspectives*, 33（3），pp. 69-93.

Solow, Robert M.（1957），“Technical Change and the Aggregate Production Function”, *Review of Economics and Statistics*, 39（3），pp. 312-320.

Syverson, Chad（2018），“Changing Market Structure and Implications for Monetary Policy”, Remarks at the Jackson Hole Economic Policy Symposium, Jackson Hole, WY, August 24.

Syverson, Chad（2019），“Macroeconomics and Market Power: Context, Implications, and Open”, *Journal of Economic Perspectives*, 33（3），pp. 23-43.

荒井弘毅（2020），『実証産業組織論』日本評論社（予定）.

公正取引委員会（2011），「企業結合審査に関する独占禁止法の運用指針」.

公正取引委員会（2015），「平成 26 年度における主要な企業結合事例について」，https://www.jftc.go.jp/houdou/pressrelease/h27/jun/150610_1_files/150610_1.pdf

首相官邸「デジタル市場のルール整備」成長戦略ポータルサイト，https://www.kantei.go.jp/jp/singi/keizaisaisei/portal/digital_rule/（2019 年 9 月 30 日閲覧）.

鈴村興太郎（2009），『厚生経済学の基礎』岩波書店.

第13章　行政訴訟の法と経済学的分析*

福井秀夫

13.1　はじめに

行政法理論と行政訴訟制度は，本来の意図に反し，憲法的価値の実現を妨げ，社会経済的厚生を損なうという人為的な政府の失敗の根源となっている側面がある．本章の問題意識は，その要因を探るとともに，憲法的価値にも，法と経済学の原理にも整合的な，政府の失敗をもたらさず，市場の失敗[1]を過不足なく是正する行政法，行政訴訟制度のあり方を論じることである．

行政訴訟は，原則民事訴訟手続きによるが，行政事件訴訟法（以下「行訴法」という）によってその特則が定められており，これら特則が厳格すぎるとともに明確ではなく，訴訟の手続き費用を小さくするものとなっていないために，本章で論じるように，訴訟が適法になるための要件や，本案で勝訴するための要件を満たして，行政訴訟で原告が勝訴することはきわめて困難となっている．

行政法は，「憲法的価値の実現の技術に関する法」[2]であって，政府と議会

---

* 本章は，2019年10月26日，日本応用経済学会秋季大会における筆者の報告に基づく，福井(2020)「行政訴訟の機能と限界（一），（二），（三）」『自治研究』90巻3，4，5号を改稿したものである．阿部泰隆，板垣勝彦，岩﨑政明，大貫裕之，常岡孝好，中川丈久，中川雅之，橋本博之，細江守紀の各氏からいただいた有益なコメントに感謝申し上げる．

1)　市場の失敗の各要素と行政法との関わりについては，後に詳述する．

2)　塩野（2015）p. 76.

が，憲法の人権価値を保障する法令を立案し，運用をするための法理論を提供するとともに，政府が人権価値を毀損することから私人を守ることに主眼がある．

コースの定理では，権利が明確で，その実現に要する取引費用がゼロであれば，社会経済的厚生は最大化される．通常これは民事の権利配分を念頭に置いて議論されることが多いが，行政法にも多くの示唆を与える．行政法が果たす役割は，外部性の内部化，公共財供給，取引費用対策，情報の非対称性対策など，市場の失敗領域における市場の補正が中心であるから，行政法によって保護されているはずの私人の権利や利益が，違法に侵害されているとすれば，これを極力小さい取引費用で回復させることは，社会経済的厚生を確実に高める．

筆者は，旧建設省在籍時，土地収用法の運用，河川法の運用に携わったが，その際，成田空港土地収用法事業認定取消訴訟ほかの収用訴訟，長良川水害訴訟，長良川河口堰差止訴訟など多くの行政訴訟，国家賠償請求訴訟などで国側指定代理人を務めた．また，2004年行訴法改正に関する司法制度改革推進本部行政訴訟検討会委員を塩野宏座長のもとで務め，改善の方向性のさらなる徹底を求める観点から議論に参画した．

しかし，意見書等で原告たる私人の切実な不利益を救済する立場から行政訴訟に対峙すると，訴訟要件はトリッキーで「行政にとっては防波堤，原告にとっては障害物」[3]であり，裁判官は違法是正し，正義を貫徹する判決を書く労力を厭い，民事訴訟と異なり，違法または適法，という二者択一の行政訴訟ですら，訴外での和解と取り下げを要求する者も多く，関わった判決であるか否かを問わず，多くの行政判例は，できるだけ本案に入らずに訴訟要件違反を探すことに主眼が置かれ，実体審理を極力忌避しているように見えるものも少なくない．

この問題意識をふまえた行政訴訟改革の方向性は，2004年1月6日行政訴訟検討会最終報告（以下「行訴検討会報告」という）末尾に付記された福井秀夫意見[4]に示すとともに，法と経済学とも整合した，新しい行政法解釈論，立法

3） 阿部（2016b）p. 37.

4） 同意見は，検討会の議論を欠かさず傍聴され，検討会の議論の方向性に懸念をもたれていた阿部

論の詳細は，福井（2012）で示した．

本章では，これらの経験をもふまえ，行政訴訟に関して，現行法のもとでの司法の運用，機能とその限界を明らかにし，今後の行政訴訟制度のあり方を展望する．

13.2　公法の意義

＜憲法と行政法の関係＞　通常，公法とは，憲法および行政法をいう．憲法は，人権規定と統治機構の規定からなり，とくに重要なのは前者である．私法，すなわち民法，会社法などの民事法は，基本的に，契約自由の原則から出発しており，公序良俗に反しない限り，当事者間でどのような内容の合意を締結するかは，当事者の自由意思に委ねられる．不法行為法のように，偶発的な損害の分担に関するルールは，事前の合意はないものの，損害の公平な負担と，事故の抑止に寄与する定めであり，損害賠償の内容や金額は，当事者が和解で自由に定めることもできる．

これに対して，行政法は，通常，私人に対して優越的地位にある行政が，公共公益性を旗印に，法令に即してではあるが，私人の権利を剥奪または制限する場合の規律である．行政訴訟は，その際の違法行政による私人の権利侵害を回復し，併せて行政の適法性確保を図るものであるから，行政には，私法関係における私人とまったく異なり，憲法を順守し，法律による行政の原理に服する義務が存在し，そのなかで，各種の法令による行政手続きを順守し，行政権限の発動に際しても法令による要件を充足しなければならず，当事者の交渉によって，違法か否かを決することはありえない．

＜行政権限行使は違法か適法かのどちらか＞　この意味で，とくに取消訴訟などでは，「違法」または「適法」のいずれかを，二者択一で厳格に判定すべきことが司法に求められる．もっとも，行政の裁量統制に際しては，裁判所は，裁量権の逸脱濫用がある場合に限り取り消すことができる（行訴法30条）こ

泰隆氏と筆者との徹底的な議論をふまえた，事実上両者の合作である．

ととされており，一連の最高裁も含む判例の多くは，行政の裁量を広く認め，その逸脱濫用を認定することは稀である[5]ため，限界はあるが，それでも，私法における利益衡量的なアプローチが，違法性の判断に際して禁じられていることは，およそ行政法や行政訴訟を考えるうえで，とりわけ重要な規範である．

以上を前提に，憲法，行政法相まっての公法の法的意義および法と経済学的意義について論じる．

13.2.1　法的意義――人権の貫徹

＜憲法は権力のべからず集＞　憲法は，人権および統治機構に関する条項に分かれるが，行政法でとくに論点となるのは，平等原則（憲法 14 条），思想・良心の自由（同 19 条），信教の自由（同 20 条），表現の自由（同 21 条），居住移転・営業の自由（同 22 条），学問の自由（同 23 条），財産権保障（同 29 条）などの人権規定に反する行政の行為や処分である．

憲法の本質は，「権力が人民に対してしてはならない禁止事項（権力のべからず集．私人を縛るものに非ず）」たることである[6]．したがって，行政法とは，権力による私人の権利・利益侵害の救済の技術に関する法ということができる．

私法は，私人間の契約や偶発的な損害の処理に関する法，刑事法は，重大な非違行為に対する国家による制裁の基準と手続きの法であるが，公法も含めて，法の役割は一定程度重なり，協業し，場合により錯綜し一定の矛盾を抱える側面がある．しかし，いずれにせよ，行政の統制原理は，あくまでも法令の実質的手続き的要件を完全に満たし，それらが憲法適合的に，すなわち人権侵害なく行われることを担保することであることに疑いはない．

＜侵害留保の原則＞　また，従来，権利侵害には法律の根拠が必要であり，給付や受益を与える行政の行為に法律の根拠は不要，というオットー・マイヤ

5）阿部（2016b）p. 367 以下．

6）福井（2013b）．芦部（2019）p. 81 は，「人権が，原則として，公権力によって侵されない」と述べる．

一，美濃部達吉以来の「侵害留保の原則」が判例上も確立している（旭川市国民健康保険条例事件最判 2006.3.1 民集 60 巻 2 号 587 頁）．このため，給付行政では，条例などの法令に基づかない補助金・助成金支給が広く見られる．たまたま侵害留保原則に沿って，法令の根拠を設けない場合には，不支給の決定など，申請者に不利益をもたらす行政決定は，処分でないとして救済が阻まれることが多いが，本来行政の決定，ましてや公金を原資とする一種の贈与について，狭義の規律法令が存在しないからといって，不当，不合理な不支給が野放しになってよい理由はない[7]．侵害留保の原則が，侵害行為でない給付行為なら，それが違法，不当であっても司法救済を拒否してよい，と解されてはならないのである．

13.2.2　法と経済学的意義――主として取引費用低減・外部性内部化対策

＜効率性ないし厚生と公正＞　憲法的価値のほとんどは，法と経済学で想定する効率性および公正の原理と同一または相似形である．人権の保障に関する公共の福祉などを理由とする一定の憲法自身が想定する制約については，精神的自由，経済的自由に対する一定の制約として法令上措置されている．たとえば，憲法 29 条 3 項が私有財産の正当な補償による公共のための使用を認めるのに対応して土地収用法が制定され，主として同法 20 条各号の要件（3 号・事業計画の土地の適正かつ合理的な利用への寄与，4 号・土地を収用する公益上の必要の存在など）が，憲法の「公共のため」の概念をブレイクダウンして規定している．同条 3 号の要件は，判例上，収用することによって得られる利益が失われる利益を優越することと読み替えられて確立しているので，これは，とりも直さず，経済学の費用便益基準そのものであり，実際に良心的な起業者や事業認定庁は，経済学的な手法も参照して同号要件該当性を検討している．

＜パレート基準，カルドア・ヒックス基準＞　収用はともかくとして，他のだれかの利益を犠牲にすることなくある者の利益を増大させることができる状態

7)　阿部（2016b）p. 92 以下．条例を整備しない非民主的運用のほうが，議会どころか司法のチェックも受けないなど，話が逆と喝破し，これを是正する訴訟形式の存在が必須であるとする．

はパレート最適ではなく，厚生を改善できる，というパレート基準による効率性原理，あるいは場合により，だれかの利益を害しても，仮設的補償によって厚生の改善が可能であればそのような状態への移行を是認するカルドア・ヒックス基準ないし仮設的補償原理[8]と，憲法の基本的人権の保障との間には，通常矛盾はなく，人権規定による私人の権利保護は，法と経済学で前提とする社会経済的厚生の最大化と概ね等しい．

<平等原則・比例原則>　また，憲法14条で平等原則が謳われ，行政訴訟における裁量統制の原理でも，これは違法判断の重要な基準として確立している．小さい違法に対して過大な除去手段を課すな，スズメを大砲で撃ち落とすな，という比例原則も確立している．これらの2つの原則は，いずれも，通常は，効率性の達成と矛盾しない．

<憲法的価値は常に優越>　ただし，仮にたとえば，ある事業者の営業の自由を認めることによって，事業活動周辺で環境汚染や健康被害が生じ，それが憲法上の原則と公共の福祉などによる人権制約で正当化されない被害である場合や，ある者の表現の自由を認めることによって別の者の人格の尊厳を害するような場合には，仮に行為者の厚生の増大のほうが，被侵害者の厚生の減少よりも大きかったとしても，憲法は，これを無条件に禁止している．

憲法が守る基本的人権の根幹は，違憲，違法な権力行使に対する私人の排除請求権であり，その意味での私人の徹底的な自由であり，人間人格尊厳の原理[9]である．私人は，憲法自身が想定する合理的制約がない限り，いかなる意味でも，思想や良心の自由をもち，それを表現してもなんらの責任を問われず，「公共のため」の要件を満たさない財産権剝奪行為を甘受すべき理由もなく，営業等の経済的自由を享受することができるのであり，それを妨げる行政の規制や許認可，行政指導について，迅速，安価，効果的に司法が私人の救済を図り，政府の失敗を是正することこそが，行政訴訟の本質的な役割であることに疑いはない．政府の限界と憲法的価値，行政訴訟に関する全体像は，図

8）常木（2002）pp. 26-27.
9）芦部（2019）p. 10，p. 82 以下.

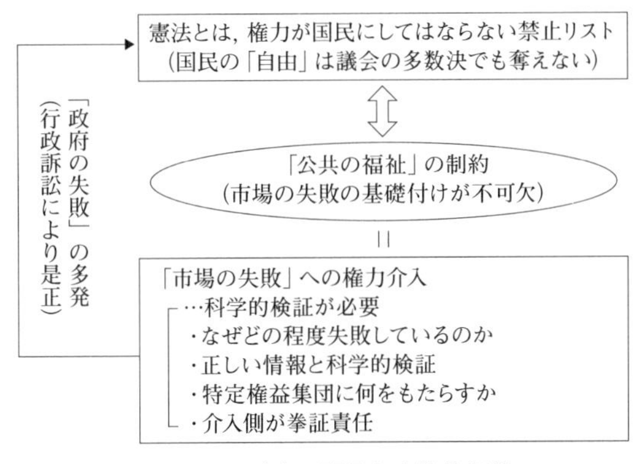

図 13-1　政府の限界と憲法的価値

13-1 に示すとおりである．

<コースの定理と取引費用>　以下に述べるように，土地利用規制，環境規制，営業規制など，一連の規制や許認可が無数の法令により設けられている．これらの多くは，たとえば，すべてを民事の不法行為法による，個別の差止めや損害賠償訴訟に解決を委ねることに伴う途方もない紛争処理費用を削減し，コースの定理で想定する権利の初期配分を，私法より明確に定める意義をもつ．土地利用に関する外部性対策などで，画一的に決定することが安価かつ容易であり，公正にも合致する場合に，抽象的な要件を決めて，規制の受忍を強いることにより，小さい取引費用で，外部不経済の内部化など，一定の公共の福祉に合致する，憲法上の自由への憲法の許容する制約を課そうとしている，とみなすことができる．

言い換えれば，政府が憲法上責任をもつ公共財提供，外部性対策，情報の非対称性対策，独占市場への介入などに関し，私人間の交渉や，不法行為法に委ねるのでは極端な交渉費用がかかる場合，私人が対応できない場合などに，私法的なプロセスをオーバーライドして，一定の権力的な規制や許認可等によって，憲法的価値を実現する際の法的技術が，行政法であるともいえる．

<行政処分概念>　行政法関係を特色付ける根幹的概念が，「行政処分」であ

る．日本の行政法に関する判例，学説，実定法の考え方は，ドイツ法の系譜に基づく「行政処分」，すなわち「その行為によって，直接国民の権利義務を形成しまたはその範囲を確定することが法律上認められているもの」（最判1964.10.29 民集 18 巻 8 号 1809 頁）という概念を中心に構成されている．

行政処分とは，たとえば，収用裁決，営業禁止命令，国歌斉唱に関わる職務命令違反に基づく懲戒処分のように，権力主体が法令に基づき私人に対して一定の制約を課し，または受益を拒否する際に多用されており，行政処分に該当すると，通常の民事訴訟を提起して，たとえば被収用者が起業者に対して被収用地の土地所有権確認を求めること，営業する地位があることの確認を求めること，懲戒処分としての免職の効力がなく元の地位の確認を求めることなどが禁じられる．

＜公定力の呪縛＞　このように，行政処分には，権限ある司法裁判所などによって取り消されない限り，だれもその効力を争うことができないという「公定力」[10]があるものとされてきている．公定力の実定法的根拠は，行訴法が取消訴訟という特別のルートをあえて設けていることにあり，このために，行政処分を争うルートは取消訴訟に排他的に属する，という「取消訴訟の排他的管轄」が存在することによって，「公定力」が認められることになる，というのが，現在の標準的な説明[11]である．なぜ，このような効力を行政処分に認めるのか，という目的については，明らかではないが，模範となったドイツ，プロイセンの制度に由来しており，現時点では，紛争処理の単純化が可能，原因行為をした者を当事者とすることによる訴訟資料の豊富化，不服申立て前置や出訴期間との結合機能などが考えられるといわれる[12]．

しかし，「公定力」なる概念について，取消訴訟の排他的管轄で実定法上の根拠を説明するのも，どちらかといえば，後付けの説明であって，国民主権で，普遍的な人権保障を謳う日本国憲法の前提とはきわめて異質な前提で成立した特殊でイデオロギッシュな概念であることに注意が必要である．

10）塩野（2015）p. 159 以下.
11）塩野（2015）pp. 160–162.
12）塩野（2015）p. 162.

アメリカには，このような概念も，特殊な訴訟もなく，行政の権力行使も，すべて通常の民事訴訟で争う建前である．日本の仕組みは実は，特殊な歴史的，立法的な産物の名残であることは，いくら強調してもしすぎることはない．阿部（2008a）p. 71以下，阿部（2016a）p. 79以下は，公定力は有害無益な亡霊概念である旨精緻に批判するが，同感である．

<不可争力>　また，行政処分には，「不可争力」という，出訴期間を過ぎれば，取消訴訟によって争うことができなくなる，という特殊な効力も，実際上「公定力」とセットで付随する．これは，行政処分の早期確定，行政法関係の早期安定を図る趣旨であるとされる[13)]．この効果ゆえに，行政処分として成熟しない前段階の行政決定，たとえば，都市計画決定などは，取消訴訟の対象とならず，処分性がなく訴えは不適法となり，一方，都市計画事業認可などは事業者に対してなされるものであるから，直接の当事者ではないが，周辺に居住し，訴えの原告適格がある者が，このタイミングを知ることは往々にして困難であることにともない，容易に「不可争力」が発生して，救済が事実上不能になりやすくなる．早すぎると不適法，遅れると不適法のため，ピンポイントで，どこに合わせて取消訴訟を提起するのか，きわめて技巧的な考慮が求められる[14)]．

加えて，処分性なしで不適法のケース，取消訴訟を提起したが，それが不適法で民事訴訟や当事者訴訟を提起すべきであったケース，すでにどの訴訟も時機に遅れて争いようがなくなってしまった段階で，不意打ち的に一切の救済が閉ざされるケース[15)]が頻発することが宿命的に予定されてしまっていることになる．

13）塩野（2015）p. 171以下.

14）板垣（2017）p. 279もこのパラドックスを指摘する.

15）典型例は，訴え提起から12年もかかって，空港騒音を理由とする飛行機の夜間離発着の禁止を求める差止訴訟について，最高裁が，航空行政権の行使に関して民事訴訟では争えないため，訴え自体不適法として却下した大阪空港訴訟最判1981年12月16日民集35巻10号1369頁である．また，最判1995.3.23民集49巻3号1006頁は，都市計画法による公共施設管理者の同意拒否につき，処分性を否定したが，救済の拒否であり妥当でない．阿部（2009）p. 105以下，福井（2016）p. 178以下.

＜執行力＞　さらに，私人間の義務の履行と異なり，行政処分では，行政自身が，原則として裁判所の関与なく，自ら強制的に自力執行により処分にともなう義務の実現を担保することができる．これを「執行力」という．これは，行政処分の効果，行政目的の早期実現を目的とする[16]．実定法としては，他人が代わって行うことができる「する」義務の行使の自力執行手続きについて，行政代執行法が設けられている[17]．

以上のように，行政処分固有の効果を中心に行政法理論の体系が論じられ，裁判実務もこのような効果とそれにともなう行政訴訟の適法要件の厳格な縛りを承認して，判例が積み重ねられている．これについて，阿部氏の多くの論稿が，行政処分の効力や，これを前提とする訴訟の混線ぶりを厳しく批判している[18]が，正当である．福井（2012）も阿部氏の理論に賛同し，さらにその趣旨を法と経済学の観点から基礎付けている．

＜取引費用対策＞　ただし，権利関係の確定に要する取引費用低減対策として，行政法的規律が意味をもつ場合はありうる．

また，あまりに長期間法的関係が確定しないのでは，一定の行政の決定を前提として，後から不特定多数の者を巻き込んで積み上げられるさらなる法的関係，事実上の行為の集積が不安定となり，事業の進展が停止したり，投資が減少したり，あるいは土地利用が停滞したりするかもしれない．

だとすると，このような場合に限っては，取消訴訟という特殊なルートに多数当事者を参加させて紛争の一回的な解決を図ることは，取引費用対策として合理化できる[19]．また，出訴期間の制約を付けることによって，少なくとも，

16）塩野（2015）p. 173 以下．

17）福井（1996b），福井（1999）で論じたが，行政代執行制度は事実上ほとんど機能しない伝家の宝刀となっている．行政自身の自力執行が，行政目的の早期実現に資する，という制度の趣旨とはむしろ逆に，このような制度を使いこなせる行政部局は，国にも，ましてや地方にもほとんどなく，結果的に違法行政は放置されがちとなる．筆者自身，河川区域内の違法占有工作物の除却命令に関わる行政代執行の責任者を務めた経験があるが，本省，支分部局，現地事務所の膨大な数の職員が長期間同業務に張り付き，警察，消防，地元自治体との連絡調整等も含め，他の重要業務にもしわ寄せの及ぶ途方もない執行費用を要さざるをえなかった．むしろ民事執行手続きを申し立てる方式を原則とするほうが，義務履行は促されるだろう．

18）阿部（1997a，b），阿部（2008a），阿部（2009），阿部（2016a，b）など．

19）福井（2001）p. 425 以下．

出訴がなかった場合には，そこまでの法的関係は一応ほぼ確定したものとして，関係者がそれを前提に活動することができる，という関係者の信頼と安心をもたらすこともでき，これは権利関係の明確性の要請に応える．

しかし，このような要請が妥当する領域は，官僚による立案を経て立法によって惰性的に行政処分とされ，当然に不可争力を与えられている行政活動領域のなかでは，きわめて限られている．たとえば都市計画などの土地利用規制が広範に不特定多数の者の財産権行使を規律し，それが偶然処分性を備えているような領域[20]にすぎないだろう．しかも，取消訴訟に訴訟ルートを限る，という取消訴訟の排他的管轄と，行政処分に法的関係の安定のため不可争力を付与する，という不可争力とは，それぞれ目的が異なるのであるから，これらが，不可分一体のパッケージとして存在していなければならない理由もない．法的関係の安定の要請は，一定の民事関係でも同様であり，取消訴訟の排他性という権力性とはなんの関係もない[21]．

また，本章では直接の分析対象とはしていない損失補償法との関連で，現行の都市計画制限には重大な問題がある．最判 2005.11.1 判時 1928 号 25 頁，最判 1973.10.18 民集 27 巻 9 号 1210 頁では，道路を予定した都市計画による数十年にわたる建築制限が付されたままでもその制限は取消訴訟の対象にならず，また，特別な犠牲ではないから憲法上の損失補償請求権も発生しない，最終的に土地収用の段階で，権利制限による地価下落も含めて補償するので，違憲でない，とするが，これも事実上，損失補償の基準が，処分性に引きずられた特異な論法であり，直接地価を低下させ，収用段階で補償を要するような権利制限を行政訴訟で争うことができず，損失補償[22]もその段階で受けられな

20）　ただし，現在の都市計画争訟では，すでに指摘したとおり，都市計画の端緒であり，しかし，以降の土地利用を実際にはほぼ確定させる，線引き，地域地区などを含む都市計画決定は，通常処分性をもたない．処分が行われる段階は相当後の段階であり，処分時点で仮に先行行為である地域地区の違法性を争って，本案で違法判断を得ても，事情判決（行訴法 31 条．処分取消しによって公の利益に著しい障害が生じるときは，処分が違法でも取り消さないことができる）となる蓋然性が大きく，結局，いまの取消訴訟の排他的管轄制度のもとで，線引きや，地域地区の違法を是正させることは，法的にほとんど不可能である．

21）　阿部（2016b）p. 131.

22）　損失補償は，通常「完全な補償」を想定している．福井（2017a）p. 4 以下．ただ，福井（2004a，b）でこれが近似値である旨論じた．塩野（2019）p. 391 以下も同旨．

いようでは，行政訴訟制度の不備そのものである．最判が前提とする直接請求権発生説に立つとしても，権利制限にともなう損失補償を被権利制限者は事業主体に対して権利制限段階で直接請求できると解すべきである[23)]．

処分者と被処分者の二者しかいないケース，仮に二者以外に第三者がいても，公売，収用裁決程度の少数関係者しかいないケースでは，違法が先行行為に関わらなければ，民事訴訟同様に，すべての法的関係を白紙に戻しても，法的関係の安定の毀損などと大上段に振りかぶるべき事実上の弊害はない．だとすると，本来，関係当事者の数や範囲，事柄の性格，社会経済的影響などが千差万別であるにもかかわらず，あらゆる行政処分に自動的に出訴期間の制約を一律に設けてきた現行の立法[24)]には合理的な存立根拠がなく，原則として出訴期間，不可争力は，立法により廃止すべきものである[25)]．併せて，現行法では処分性をもたない都市計画決定など，後からそれを毀滅することによる混乱が大きいゆえに，その法的安定が必要な行政決定に関しては，一定の出訴期間を設けるとともに，処理費用の低い紛争の一回的解決のための訴訟[26)]を創設すべきである[27)]．

公法，とくに行政法の機能として，憲法的価値にも合致する権利確定のための取引費用対策が含まれることは事実であるが，以上論じたように，行政が実現したい行政目的に資する行政による権利制限の効果が，仮に違法性があって

23）福井（1995）p. 37 以下，福井（1997c）p. 8，板垣ほか（2015）p. 9 以下福井発言，浅見ほか（2016）p. 172 以下福井発言．宇賀（2018）p. 516 も筆者の問題意識を支持する．阿部（2016b）p. 229 以下も地価低下分の利子相当分を補償すべきとする．ただし，本来自己の寄与分によらない開発利益は税で吸収すべきでありキャピタルゲインは原則として 100% 課税すべきである．福井（1997a，b）．

24）日本の行政立法のほとんどを占める内閣提出法案では，現実の行政処分を行うか，または行政処分を行う自治体の行政を所管する中央官庁自身が，処分性の根拠法規を起草する．官僚は，後々の行政訴訟の際の扱いを緻密に吟味して立案しているわけではない．

25）阿部（2016b）p. 129 以下．

26）これを抗告訴訟，取消訴訟，民事訴訟などという訴訟類型に閉じ込めて，従来の法的制約を前提とし，技巧的に法的性格を論じることは，多くの論者が指摘しているとおり有害無益である．また，仮に取消訴訟の排他性を付与するとしても，それは決定行為自体の権力性を前提とするのでなく，以降の権利関係の基礎となる多くの当事者を拘束する出発点の行政活動であることそのものに起因する，紛争処理技術の選択にすぎない．

27）もっとも，福井（1998）で論じたように，土地収用法の事業認定は，従来処分性があることが判例上も確立しており，広範な関係者に影響するから，違法性は承継せず，その瑕疵は裁決取消訴訟の違法事由とすべきでない．

も，被制限者に実質的に争われることなく確定するような事態は，本末転倒である．ましてや，違法でも，私人に服従を強いるのが，「公定力」，「不可争力」の効果であり，強制執行まで裁判所の関与なくできる「執行力」まで備えた行政処分が，違法のまま容易に存続するのでは，法治国家とはいえない[28)]．

<私人にとっての救済の取引費用が重要>　むしろ，行政法の取引費用低減効果として，より重要度，緊急性の高い領域は，違法な行政処分を受けたかもしれない者，あるいは行政処分ではなくとも憲法的価値に反する行政による扱いを受けたかもしれない者が，きわめて迅速，安価，確実に，違法，不当を是正して，本来の権利や利益の完全な実現を得られる司法制度，という意味での取引費用低減である．行政法は，さきにリングに上がった被告から，上がろうとする原告が殴られて，リングに上がる前にゴングが鳴る一方的なボクシング[29)]，行政の防波堤であり，原告の障害物であるという機能を営んではならない．

違法な行政について，裁判官でも迷うような特殊な理論構成，訴訟類型や原告適格のアクロバティックな解釈を前提として原告を失権させ，救済を拒否するのでなく，違法を是正し，違法行政によって不利益を受けた者を実質的に確実に救済することこそ，憲法が定める裁判を受ける権利（憲法 32 条）の保障そのものであり，標準的な法と経済学が示唆する真っ当な取引費用対策というべきである．

13.3　政府が行政法規等を通じて私人に関与する理由

<市場の失敗の是正>　政府は，行政処分の根拠となる法令を含む行政法令の制定のみならず，法の委任のない行政指導，助成，情報提供など，さまざまな領域で私人の領域に関与する．ここでは，とくに権利の実現費用を中心とする 13.2.2 項の分析と角度を変えて，さまざまな，私人に関与する行政法規そのものが，経済学的な意味での各種の市場の失敗との関わりで，どのような存在理

28）阿部（2016b）p. 277 以下は，民事の仮処分の逆転同様，行政強制も国家賠償請求で過失を推定すべきとする．

29）阿部（2016b）p. 38.

由をもちうるのかについて，個別の市場の失敗の要素ごとに考察する[30]．

市場の失敗とは，通常，公共財（同時消費が可能で，他の者の消費を排除することができない財・サービス），外部性（取引を通じないで当事者以外の者に与える利益または不利益．前者を外部経済，後者を外部不経済という），情報の非対称性（財・サービスの内容・品質に関して有する供給者と需要者との間の情報の格差），取引費用（財・サービスの取引に際して多額の費用，労力，時間を要すること），独占・寡占（唯一の生産者・少数の生産者が類似の財・サービスを提供するために効率性が損なわれる状態）の5つをいう．また，これら以外に，政府は，生存権保障（憲法25条），平等原則（同14条）などの観点から，生活保護，差別解消などの所得再分配政策を講じる．

もしこれらのいずれにも該当しない場合，民間活動への政府介入は，正当化できない．

＜客観訴訟の拡大＞　なお，本章では詳細は論じないが，日本では直接の私人の権利利益の侵害ではない場合の紛争については，客観訴訟として，立法がある場合に限って司法審査ができる．その典型例が，公職選挙法による選挙関係訴訟と地方自治法による住民訴訟である．前者では議員定数不均衡が一票の価値の格差を生み出し憲法の平等原則に反するか否か，という論点が多いが，現在の訴訟では仮に実体上違憲でも適切な是正方法が立法でも最判でも示されていないので，実質的な担保手段が存在しないという由々しき事態がもたらされている．

後者では自治体の財務会計上の違法不当支出が論点となるが，2002年法改正で住民が機関としての首長を訴える仕組みに転換され，本来公金を違法不当に消費されたかもしれない自治体の公金により応訴することとなった[31]．これは被害者が被害者を訴える法制度にほかならず，悪しき法改正である．加えて，最判2012.4.20民集66巻6号2583頁が，議会が自治体の首長等に対する損害賠償請求権を放棄できる旨判示し，実質的に住民訴訟の機能が大き

30）このような観点からの詳細な分析は，すでに福井（2012）p. 95以降で行った．ここでは，それをふまえ，行政訴訟との関わりで重要な論点に絞って論じる．

31）福井（2006）8章は，この改正を批判する．

く損なわれた．さらに国の財務会計上の違法不当については，是正する制度も，客観訴訟制度も存在しないが，妥当でない[32)].

一定の重要な領域については，仮に直接の権利侵害が行政の行為そのものによっては生じないとしても，選挙，自治体の財務会計上の違法不当のように，選挙の公正，公金の適切管理などの行政執行の適法性，適切性の確保の要請に対応して，客観訴訟を創設して司法審査の機会を設けることには合理性があり，その拡大の余地がある[33)].

13.3.1　公共財への行政関与

土地収用法によって収用適格事業とされているいわゆる「公共事業」と，経済学的意味での「公共財」は異なる．公共財の「公共」は，通常の憲法規定の「公共」とも異なり，通常，両者の「公共」よりも，公共財の「公共」はかなり限定的であって，典型例は，汚染されていない大気，海水，河川水，防衛，外交などあり，比較的「公共事業」に近いものでは，混雑のない一般道路，児童公園などが「公共財」に該当する．

公水利用などで水利使用許可を河川法で設ける法規制などが，比較的公共財管理の領域に近いが，仮に河川の流水が一定の場合公共財であるとしても，その管理規律を，現行の，行政処分などを介在させる公物管理法制たる河川法の体系で規律する合理性は実は乏しく，コースの定理の含意を踏まえ，土地所有権同様流水使用権譲渡の自由を認め，河川管理権発動は，管理の適正化と権利移転の公示に徹するよう仕組む民事法規律に委ねる立法が本来望ましい[34)].

13.3.2　外部性の内部化――行政法で突出して大きいシェア

＜外部性対策としての行政法＞　土地利用，環境，営業等に関する規制・許認可など，行政法による規制や許認可では，一定の広い範囲の私人の建築行為，事業活動等を制約するものが，突出して大きいシェアを占める．これらの多くは，環境，安全，景観など，人命・身体・財産等の憲法的価値の保護に関わ

32）　福井（2006）12 章は，国民訴訟の創設を提言する．
33）　宇賀（2018）p. 383.
34）　福井（2017b）.

る．とくに，特定私人の活動が，周辺の住民等に対して，正または負の影響を与える場合，すなわち外部性が存在する場合における，外部性の内部化対策としての意味を色濃くもつ．

コースの定理によれば，権利が明確で，取引費用がゼロなら，私人間の交渉を促進することで，外部性の内部化が政府関与なく行われる．しかし，建築行為や周辺に影響を及ぼす事業活動については，影響を受ける者が多数かつ範囲が明確でなく，私法上の日照，環境，安全などに関する権利が明確に確立しているわけではないため，仮に交渉しても，合意に達するためには膨大な費用・労力・時間を要する．したがって，外部性の内部化措置を，たとえば当事者の交渉，受忍限度論に基礎を置く民事の差止訴訟や損害賠償請求ルートにのみ求めることは，現実的でない．

たとえば，建築基準法・都市計画法が存在しなければ，日照，圧迫感，景観，接道などの統制は，民事訴訟に委ねられるが，受忍限度に関する，およそ基準とは言い難く，反証不能な価値判断を示す判例の集積に典型的に見られるように，客観基準が存在しない私法的解決のみでは，土地利用は収拾がつかなくなり，環境や防災に関する非効率が多発するだろう．したがって，行政による画一的な規制や，一定の基準に則る許認可を外部性内部化措置として設定することには，交渉が成立しにくい場面における効率性対策として一定の合理性がある[35]．

<民事法による外部性対策の限界>　民事法による外部性統制で司法が蛮勇を奮って生じた混乱事例として，私法上の景観権を認めて，行政法規に適合するマンションの高さ 20 メートルを超える部分の撤去を認めた国立マンション事件東京地判 2003.12.18 判時 1829 号 36 頁がある．筆者と阿部氏は，このような恣意的な権利は成立する余地がなく，景観利益を守るためには行政法による画一的・統一的で明確な基準とその実効性確保措置が必要である旨主張する意見書[36]を控訴審に対して提出し，東京高判 2004.10.27 判時 1877 号 40

35） 阿部（2008a）p. 4 以下.

36） 福井（2004c）は同意見書に若干の加筆をしたもの．阿部（2005）も同様．阿部（2005）は阿部（2016d）p. 3 以下に所収.

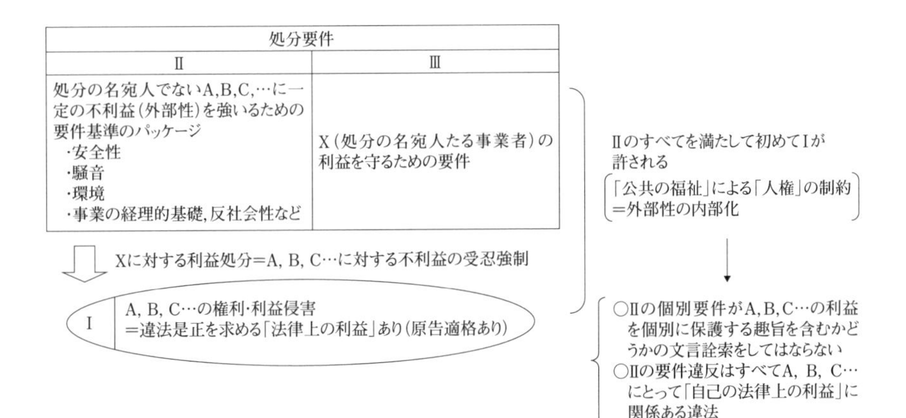

図 13-2　原告適格と違法事由の構造

頁，最判 2006.3.30 判時 1931 号 3 頁はこれらを反映し，私法上の景観権を否定した．

＜原告適格論の混沌＞　開発許可，建築確認，廃棄物処理場設置，空港設置などは，いずれも，申請者に対しては，行政処分形式によって，事業活動・土地利用の許諾を与えるものであるが，反面そのような活動によって，処分の直接の当事者ではない周辺住民などの環境，安全，平穏などを損なう可能性をもつ．行政法では，これを原告適格（図 13-2 参照），すなわち，処分当事者ではない第三者が処分の違法を争うために必要とされる資格の問題として捉え，極度に複雑で難解な理論が古来展開される[37)]．結局のところ，学説，行訴法も，個別実定法も，判例も，いまだに混沌とした状況にあり，いかなる場合に原告

37)　福井（2008a，b）では，原告適格の根拠を，処分が因果関係をもって周辺住民等に対して強いる不利益の存在そのものに求め，そのような不利益を受けた者は，不利益を強いる前提となる限りのすべての処分要件のパッケージのなかのどの違法性をも争うことができる，という 2004 年行訴法改正による原告適格の考慮要素規定（9 条 2 項）と論理整合的で，裁判を受ける権利の保障にも合致する新しい解釈を示した．筆者は，憲法的価値と適合する解釈論として，同解釈は現在に至るまでもっとも完成度の高い原告適格解釈の一つと考えているが，この解釈も，他の多くの原告適格論もそうだが，決して，とくに私人にとってもきわめて平易であるとはいえない．この意味で，平易明確な原告適格確定立法論が不可欠である．角松（2010）が，福井（2008a，b）をきわめて精密に読み込み，他の説との比較で厳格な原告適格解釈のあり方を論評し，興味深いが，さらに解釈論的対案と立法論も期待したい．

適格が最終的に認められるのかについて，とくに原告たる私人が明確に予測することはほとんど不可能である．

<違法主張制限の混沌>　加えて，原告適格と裏腹をなす，自己の法律上の利益に関係ない違法を主張することができない旨の規定（行訴法10条1項）の解釈では，とくに行政の許認可の対象となる事業活動にともなう環境悪化，安全性の低下などの不利益を受けうる周辺住民の原告適格について，改正行訴法9条2項の考慮事項の趣旨に即するなら，原告適格を広げて認定する際に考慮されうる利益の性質などの要素について，10条1項の違法主張制限では逆に主張を許さない要素とするかのごとき，混乱した論法が払しょくされていない．一般的な公益を守るにすぎず原告の法律上の利益を守るものでないとして，原告適格を広げる要素である9条2項に該当する諸要素を考慮，勘案して原告適格を認定しながら，その違法の主張を否定することは，9条2項の自滅宣言に等しい．原告適格を規律する9条1項の「法律上の利益」と，違法主張制限を規律する10条1項の「法律上の利益」とは同一法令の同一局面を規律する裏腹の概念であって，完全に同一の解釈に服さなければならない．せっかく2004年改正で，原告適格の考慮事項等を付加して（行訴法9条2項），これを広げる立法がなされたにもかかわらず，原告適格を広げる際考慮した根拠要件につき，違法主張を閉ざすこと，条文の文言のみ詮索して法の趣旨を考察しないこと，本案の違法判断がありえず，アリバイにすぎない異常な原告適格の要素を認めることなどは，私人の権利救済を図る振りをするだけで，実定法の趣旨を踏みにじる支離滅裂な論法といわざるをえない[38]．

もともと，この規定は，原告以外の第三者固有の利益を保護する趣旨の法規定に違法があるとしても，それは原告の利益を守るものでないから，訴訟を原告固有の利益の救済に特化する趣旨で設けられたものである[39]．宇賀（2018）

38）福井（2008b）p. 18以下．なお，土地区画整理事業施行認可の原告適格，行訴法10条1項の判断に関し，職業裁判官の手になるとは信じ難い粗雑な判例がある．東京地判2008.5.29判時2015号24頁．福井（2009b）評釈で批判した．

39）宇賀（2018）p. 252以下．典型的な適用事例に関する判例としては，労働組合の資格審査規定違反は，使用者を守る趣旨ではなく，使用者からの違法主張はできないとした最判1957.12.24民集11巻14号2336頁，滞納者は，滞納処分の差押え物件が他人に属することを主張できない

p. 254 は，福井（2008a，b）を引用して，2004 年に法改正で追加された行訴法「9 条 2 項の解釈規定は，同法 10 条 1 項の解釈にも用いられるべきであり，『自己の法律上の利益』を柔軟に解すべきである.」と論じる[40]．中川（2012）p. 77 も，両者は，実体法上，訴訟法上ともに同義とする.

<早すぎても遅すぎても救済は拒否[41]>　また，侵害留保原則に関連してすでに論じたとおり，現在の取消訴訟中心の行政訴訟の仕組みは，「行政処分」という立法の惰性と偶然の産物によって，適切な時期における適切な司法統制をむしろ阻む有害な機能をもっている．訴えが早すぎると成熟性に欠ける，処分性がないとして不適法とされ，処分に熟してから訴えると，もはや個別の処分を取り消すことの他の者や広く社会への影響が大きすぎて，実際上本案で，法と事実に照らして違法か，適法か，という厳格でバイアスのかからない審理を行うことは難しくなる．裁判官の行動としては，訴訟要件違反を探して却下することで本案審理を極力回避し，または仮に本案に入っても広い裁量を認定して，棄却判決を下すこと，さらに仮に本案で違法の心証を固めたとしても取消判決の政治的社会的影響に躊躇して，違法だが取り消さないという事情判決とすることへのインセンティブが強く働かざるをえない.

結局のところ，現在の取消訴訟中心主義の行政訴訟制度のもとでは，適切に争いうる段階では，結局私人の権利は回復されないことがほとんどとなってしまう．かといって，2004 年法改正で，従来はなかった差止訴訟が導入されたが（37 条の 4），「重大な損害を生じるおそれ」という取消訴訟にはない極端な要件が付加され，さらに「損害を避けるため他に適当な方法があるとき」は提

とした東京地判 1971.5.19 判時 646 号 36 頁がある．これに対して，原発事業者の許可要件である経理的基礎を欠くとする違法主張は，周辺住民に関係がないとするもんじゅ最判 1989.2.17 民集 39 巻 2 号 56 頁，逆に，産業廃棄物処分場設置許可処分につき，事業の経理的基礎を欠く旨の周辺の原告の違法主張を認めて処分を取り消した千葉地判 2007.8.21 判時 2004 号 62 頁がある．もんじゅ最判は妥当でない．周辺の環境，安全などに対して，事業の経理的基礎が不安定な場合に重大な影響を与えないはずがなく，よほど特殊な立法例を除き，経理的基礎や，事業の不正や不誠実の蓋然性などの要件の欠落は，基本的に周辺住民の法律上の利益に関係ある違法であることに疑問の余地はない.

40）　福井（2008b）p. 4 以下は，行訴法 9 条 1 項，9 条 2 項，10 条 1 項の相互の関係を厳密に整理し，これらのなかの「法律上の利益」が完全に同一の概念と解しなければならない旨論じる.

41）　阿部（2016b）p. 119.

起できない（同条1項）など，実効性に乏しい[42]．

＜計画統制訴訟の立法＞ すでに論じたとおり，立法論として，土地利用や環境の外部性の司法的統制をより実効性をもって行うため，早期の行政決定の段階で，その段階での直接の法的利益の侵害性の程度に関わる基準にすぎない処分性にこだわらず，訴訟手続きを整備することは，行政訴訟の実効性確保，外部性の適切な統制と憲法的価値の擁護のために必須である[43]．

原告適格が狭すぎ，処分性概念が厳格すぎて，外部性の司法的統制が機能しないことは，権利保護と土地利用や環境価値の維持の双方を損なう．しかも，解釈論で対応するには，あまりにも社会的な費用が大きい．個々の処分根拠法令の不明確さなどが多様な解釈を生む淵源であり，諸悪の根源ともいえる以上，これらを放置したまま，学説や判例の集積に委ねて，いつか最高裁で平易，明確な基準で統一されるだろう，などと期待すること自体有害無益である．法律家によくあるこのような発想自体，権利実現の取引費用を高騰させ，人権価値も，社会経済的厚生も双方損なう歪んだ発想である．早急な立法による解決が必要である．

＜公法上の当事者訴訟をめぐる混沌＞ 2004年行訴法改正では，従来からあった4条の当事者訴訟という公権力行使を前提としない訴訟類型の，「公法上の法律関係に関する訴訟」の直前の修飾語として，「公法上の法律関係に関する確認の訴えその他の」が付加され，公法上の当事者訴訟としての確認訴訟などの活用ができる旨のメッセージを送ったこととなっている[44]．

しかし，行訴検討会報告において，筆者は福井意見としてつぎのように述べて，公法上の当事者訴訟の活用という立法の方向性を批判している．

「行政計画，行政指導，行政契約，通達などの行政の活動や作用についての

42） 福井（2009a），阿部（2016b）p. 53以下．

43） 阿部（2016b）p.132も同旨．都市計画争訟研究会（2006）p.95以下参照．

44） 行訴検討会報告は，確認訴訟活用によって処分に限らず実効的な権利救済が可能となる旨記述し，これがたんなる例示としての修飾語の追加に止まる立法に反映されたことになっているが，これでは立法の法的効果は改正前後を通じてなんら変わらず，阿部（2016b）p.62は「拙劣な立法」と批判する．

違法等の確認訴訟は，これまでの実務でも，判例でも現実にほとんど活用されてこなかったことから，仮に確認的なものであるにせよ，その確認，是正などを求める必要性がある限り，違法等の確認等訴訟ができる旨の立法を明文で行うべきである．

この受け皿を公法上の当事者訴訟とすると，それと民事訴訟の区別という，公法と私法の争いが生じて権利救済を阻害するので，その受け皿は公法上の当事者訴訟と民事訴訟とを問わないとすべきである．

また，今般，新しい訴訟類型が創設される結果，取消訴訟と義務付け訴訟，不作為の違法確認訴訟の間，取消訴訟と違法確認訴訟・民事訴訟の関係が曖昧で，訴訟類型間のキャッチボールの弊害が予想されるので，いずれか一方で却下された場合他方では受理しなければならないこと，却下する前に裁判所は釈明する義務を負うことなどを定めて，訴訟ルールの不明確性による権利救済の拒否を防止すべきである．」

残念ながら，筆者の懸念は，すべてそのとおり顕在化した．これらの懸念と関わりなく行われた当事者訴訟修飾語追加の「拙劣な立法」によって，活用が期待されたはずの当事者訴訟は，実際にはそれがどういう場合に，どのように活用されうるのか，結局のところ，学説も混沌とし，原告にも，裁判所にも，明確には判明しないままである[45]．

たとえば，最判2012.2.9民集66巻2号183頁は，東京都教育委員会が教職員に対して国旗国歌に関する起立斉唱義務を課す通達，同通達に基づく職務命令の違法確認等を求める原告からの訴えについて，通達および職務命令の処分性を否定，懲戒処分差止訴訟を適法，起立斉唱義務不存在の確認訴訟を無名抗告訴訟として不適法，公法上の当事者訴訟としての義務不存在確認訴訟を懲戒処分以外の処遇上の不利益の予防を目的とする限りで適法，と判示した．これがなにを意味するのか，論理として一読して理解し，抗告訴訟との関係も含めて基準として認識できる者が，専門家も含めてどれほどいるだろうか[46]．

45）興津（2010）p. 344は，抗告訴訟から外れる行為を当事者訴訟で救い上げる考え方に根拠がなく，両者の訴えの利益の判断要素に違いが生じない旨論じ，抗告訴訟の枠組みを解消または相対化して是正訴訟への一本化を図ることが立法論として魅力的とする．

46）阿部（2016b）p. 66は，中川（2013）が，処分の直接的効果と付随的効果を分類し，処分性判定は前者のみで行い，当事者訴訟では付随的効果を判断する趣旨であると位置付けるが，中川宇賀（2018）p. 380 が論じるとおり，同最判は，行政処分による不利益と，行政処分以外の不利益の双方が発生するおそれがある場合，前者が差止訴訟，後者が公法上の当事者訴訟と別個の訴訟を要求しているわけではない，と限定的に射程距離を解するべきである．とはいえ，同最判のいう，無名抗告訴訟による起立斉唱義務の不存在と，公法上の当事者訴訟による起立斉唱義務の不存在は，仮に目的を異にするとしても，「義務」そのものは起立斉唱の「義務」である点でなんら異なるものではなく，その義務を争う訴訟が，「目的」によって適法になったりならなかったりする，という法論理は意味不明である[47]．仮に処遇上の不利益を理由に義務の不存在が当事者訴訟で確認された場合，「起立斉唱義務」がないことになる以上，義務違反状態は生じようがなくなる．この場合にそれでも，懲戒処分の前提としての義務違反が生じる余地があり，したがって懲戒処分が適法になりうる，という状態は，想定し難い．

なお，訴訟形式はさておくとしても，実体上，公務員に対してであれ，国歌斉唱に関して起立斉唱義務を課すことは憲法上の思想良心の自由を侵し，端的に違憲であり，確実迅速な法的救済が必要である[48]．

大貫（2012，p. 646 以下）は，すでに同最判前，起立斉唱義務をめぐる懲戒処分につき，同様の差止訴訟，無名抗告訴訟，確認訴訟の関係の不明確さについて懸念を示すとともに，いずれも緩やかに解すべき旨論じていた．

中川（2014）p. 203 以下は，抗告訴訟（行訴法 3 条）と当事者訴訟（同 4 条）につき抗告訴訟を 4 条訴訟が包摂すると解釈すべきであること，抗告訴訟の排他的管轄という概念を放棄すべきこと，当事者訴訟の訴えの利益，抗告訴訟の処分性・原告適格・訴えの利益判定を統一的に行うべきことを主張するが，説得的である．筆者も，福井・村田・越智（2004，p. 266 以下）で，ある行政行為がその者に対する関係で処分性を有することになるかどうか，という観点から原告適格を判定すべき旨論じていたが，これと共通する考え方でもある．

（2013）では，同分類について，同最判の不利益分類に直接当てはめて議論しているわけでなく，同 p. 219 以下では付随的効果であっても抗告訴訟で争わせる場合があることを前提としているので，最判の当事者訴訟の基準が正当化されているわけではない．

47） 黒川（2016）p. 418，p. 433 以下も，同様の疑問を提起し，同最判の射程を限定的に解すべき旨論じる．

48） 福井（2012）p. 122 以下，阿部（2008）pp. 109–111，156–157.

橋本（2009）p. 93以下は，抗告訴訟と，当事者訴訟・民事訴訟を相互排他的に振り分けなければならないとする考え方を転換すべきであり，これらの配分は多元的・多層的で，原告救済の便宜から機能的に解釈すればよいと論じる．

山本（2014）p. 77以下も，同最判の確認訴訟を限定する解釈を批判し，立法論として，差止訴訟と当事者訴訟が法的性質を異にしない旨明確化すべきこと，実質的当事者訴訟を廃止して抗告訴訟を独立の訴訟類型とせずその規定は処分を対象とする訴訟について個々の特則とすべきこと，処分でない計画・立法の規範統制訴訟に出訴期間，判決効，原告適格などの特別規定を置き出訴を認めるべきことを論じる．

阿部（2016b）p. 61以下は，拙劣な立法によって混乱に拍車がかかったこと，本来当事者訴訟は廃止して，民事訴訟の活用を促し，抗告訴訟との関係を明確に整除すべきであったこと，抗告訴訟の要件を緩和して違法是正を端的に行える改正をすべきであることを指摘し，当事者訴訟活用論が失敗に終わった旨厳しく批判する．宇賀（2018）p. 374以下も，当事者訴訟の概念や効果について，必ずしも明確になっていないことをふまえ，判例の射程距離の分析を行う．

仮に取消訴訟や抗告訴訟による救済範囲が限られていることを前提に立法措置をとるなら，たんに修飾語に例示を入れるといった弥縫策でなく，原告にとっての障害物としての訴訟要件を抜本的に緩和して，救済の受け皿を選択的でかつ全体を網羅する仕組みに変換する必要があったのである．

＜訴訟類型間の排他性の混沌——大阪空港訴訟最判の誤謬＞　行訴検討会報告福井意見では上記引用に加えて，夜間の飛行機離発着の差止めを求める民事訴訟について，航空行政権は抗告訴訟でしか争えないとした大阪空港訴訟最判を批判し，「さらに，大阪空港訴訟最高裁判決に見られた裁判の拒否を防止することなくして，権利救済の実効性の確保という考え方が一貫性をもつとは考えられないので，『行政処分に対しては，民事訴訟法の定める民事訴訟，民事保全法の定める仮処分により直接にこれを差し止めることはできない』という規定を導入して，行政処分への影響が間接的なものは許容されることを明示するべきである」と述べた.

もともと，最高裁ですら提示できず，いまに至るまで実務，学説とも混沌としたままの「航空行政権」の行使に関わる「行政処分」を，原告や代理人弁護士が特定したうえで，出訴期間内に抗告訴訟を提起せよ，さもなければ，民事訴訟として10年以上も裁判所自身が審理を重ねてきた挙げ句に訴えそのものを不適法として権利救済の機会は消滅させる，という論理は，それ自体，憲法の裁判を受ける権利を踏みにじる，司法裁判所にあるまじき常軌を逸した傲慢な姿勢である[49].

そもそも，当事者や研究者はもちろん，弁護士，国の訟務担当者，専門トレーニングを積み重ねたはずの職業裁判官のどのレベルでも，争うべき対象たる行政の行為についてすら一致した見解が見られないような論点[50]を決め手として，最初から訴えが不適法だった（したがって，不適法確定後では，出訴期間の制約により，もはや行政訴訟は起こしようがない）として，争いの仕方を最高裁までかかってやっと教えてくれる，というのでは，およそ戦前の超国家主義の跳梁跋扈への反省のもとに設けられた日本国憲法下の裁判所のあり方として不健全そのものである.

本来，このような訴訟類型間の司法による無責任なキャッチボールが起こらないよう，訴訟類型間の排他性を撤廃すべきであるし，仮に類型があるとしても，裁判所が釈明して，国民に不利益を強いず，失権をもたらさない手立てを法的に義務付けるべきである.

＜立法へのバイアスの除去＞ 法律専門家と称する者の多くは，研究者，実務家，官僚を問わず，法解釈が分かれ，または従来の解釈で弊害が生じていることが判明しても，学説や判例の集積に委ねるべきだ，などとして，立法による対応に反対し，仮に立法で対応する場合でも，たんに判例の基準を網羅するだけで新たな法による基準創造を避けたがる傾向がある[51]．行訴法改正におけ

49） 阿部（2016b）p. 49 以下.

50） 福井（2012）p. 124 以下.

51） 筆者は，借家法改正による定期借家導入，担保執行法改正による民法395条の短期賃貸借保護の廃止，最低売却価額廃止を提案し，それぞれの立法過程に直接関わったが，この過程でも，法務省幹部，最高裁事務総局幹部，弁護士会関係者，民法研究者などの多くは，非科学的

る9条2項の考慮事項もほとんどがそれまでの判例からとられている．

しかし，判例を追認することは立法の本来任務の放棄である．解釈の混乱は，立法に根源的要因があるのだから，そのような混乱を生み出す法のもとで苦心惨憺を重ねた司法の先例をベースに立法するのでは，混乱が根本的に解決されるはずがない．司法の拠り所は立法であり，立法によって，不明確な法による混乱が起こりにくくなる明確平易な条文を設け，混乱を回避し，より社会的経済的に望ましい，憲法にもより適合的な秩序を形成するべきであり，これと重なる判例はともかく，反する判例は，焼き直して立法に反映させるなど論外であるから，一刻も早く廃棄して新しい秩序を法で形成することこそ立法の責務というべきである．

<教育と研究の外部性>　どちらかといえば，給付行政で規律されることが多いため，行政訴訟が少なく，憲法的論点も顕在化しにくいが，教育と研究に対する政府関与には，外部性に関する多くの行政法，憲法的論点が存在する[52]．たとえば，官学私学の補助金格差は合理化できない．憲法89条の，公の支配に属しない慈善・教育・博愛に対する公的助成の禁止を，私学助成軽視の根拠とし，または株式会社経営の学校への補助金を認めない根拠とする説は破綻しており，もともと「公の支配」とは，「政教分離を徹底する政府の管理」という以外の意味はありえず，学校の設置主体が，国，自治体，非宗教の学校法人・株式会社等，宗教団体設置の学校法人・株式会社等のいずれであるかを問わず，公的助成は可能であるが，宗教的活動や，宗教教育担当の教職員の人件

で稚拙な理由で反対を重ね，与党組織が法務省見解を明確に否定するまで，頑強に抵抗した．福井（1994a，b），阿部・野村・福井編（1998），鈴木・福井・久米編（2001），福井（2006）7章，福井（2018）に法改正の論拠やこれら立法経緯の詳細が開示されている．定期借家は弱者たる借家人の居住権を侵害するので反対と主張していた弁護士が，自分はフィーの少ない借家人の弁護はやらない，正当事由制度のおかげで大家は高い報酬を支払って自分に明渡しや家賃増額の依頼をしてくれる，と嬉々として開陳していた．ここまで無邪気で独善的な者は論外としても，揉め事の起こりやすい出来損ないの立法を明確平易に合理化すると，法的紛争が減って，解釈論の開陳機会，仕事や権益も減って困ると考える者は数多い．法解釈の不明確性，多義性が利益となる者の判断にはバイアスが避けられない．これらの者に立法を委ねるのは，泥棒に刑法をつくらせることになりかねないのである．

52）　福井（2002），阿部（2006）p. 269以下，福井・戸田・浅見編（2010）第一章など．教育，研究の外部性の統制は，現行制度のもとでは行政訴訟に乗せにくいが，給付行政の違法是正訴訟，客観訴訟の創設等によって，行政訴訟の違法是正機能を働かせるべきである．

費に公的助成が支弁されないことが「公の支配」により保障されていない限り，公的助成は憲法上禁止される，という解釈以外に，憲法を整合的に解釈できる説は存在しない[53]．この観点から見れば，宗教法人設置の学校の宗教教育担当教職員の区分経理すらさせないまま漫然と私学助成を交付する現行の私学助成は端的に違憲である．また，公立小中高校，国公立大学といった官立学校に対して，私学と截然と分けて莫大な公的助成を行う現在の予算編成と執行は，官民の公平が確保されておらず，端的に憲法14条に反する．

教育には正の外部性がありうる．義務教育は，国民間の円滑なコミュニケーションを図りやすくする大きい効果をもち，その意味でとくに強い正の外部性をもつ．だからこそ，幼少期の教育の形で需要を強制する「価値財」としても位置付けられている．これに対して，大学や大学院には公的助成をかなり薄くすることは，外部性内部化対策として原理的に正当化される．しかし，このような正の外部性の発揮は，学校の種類や，設置者によって先験的に異なるものではない．

また，本来教育を受ける者が発揮する正の外部性に意味がある以上，教育機関に対して助成を行う合理性は乏しく，むしろ，所属機関に関わりなく，児童生徒学生ごとに助成を行う，教育バウチャーの考え方こそ正当である．

また，研究にも正の外部性があるが，理由は教育とは異なる．優れた研究の成果は，公共財となって，世界の科学技術，学芸，技能，文化などの発展に資するものであり，生み出された成果の品質や伝播，活用の程度などを見極めない限り本来研究助成の根拠を欠く．さらに，研究の正の外部性は，教育以上に研究者個人またはそのチームによって発揮されるのだから，ますます研究費の機関助成には合理性がない．

国立大学交付金のみをとっても，旧帝国大学優位の助成は，研究助成と教育助成とが分離されず，異なる目的，効果の助成が合理的根拠なく漫然と混合していること自体制度の破綻であるが，それをさておくとしても，アプリオリに一定の歴史ある大学だけが強い正の外部性をもつ，といった異常な前提は，原理的にも，事実としても証明されていない以上，およそ外部性対策としてなん

53） 福井（2002）．

の合理性もない．ましてや，昨今の，大学を「世界拠点型」，「地域ニーズ型」に分けて，研究助成で差別する動向は，双方の研究パフォーマンスを阻害する．外部性をもち，場合により公共財たる知的成果を生み出す大学への適切な政府の関与として正当化する余地のない愚策である[54]．

憲法89条，憲法14条，外部性の内部化対策，公共財供給のいずれの観点からも，教育・研究には，憲法的価値の確保等に資する司法の関与が求められるが，現行の行政訴訟制度は不備であり，地方自治法の住民訴訟制度とパラレルな国民訴訟制度の創設を含む，給付行政に対する司法的統制制度の確立が不可欠である．

＜裁量統制のためには外部性の科学的実証的な把握が不可欠＞　外部性とは，私的な限界費用・便益と，社会的なそれとの乖離であり，コースの定理の前提たる交渉を通じてこれらの一致や，最適な需給均衡水準を実現できない場合には，規制，許認可，課税，補助などが合理化でき，これらの手段のほとんどは，どれを選択してもほぼ行政法の規律によることになる．

しかし，たとえば，社会的限界費用と私的限界費用を一致させるために一定の規制，ピグー税などを導入するには，その乖離幅である負の外部性を計測することが，実は本来不可欠の前提であるが，そのような立法は稀である．

19世紀プロイセンの君権擁護を旨とする体制下，天皇主権の明治憲法下の行政法なら，それが望ましかったかもしれないが，日本国憲法のもとでの行政裁量の統制が，このような杜撰さを野放しにしたままでよいはずがない．この意味でも，オットー・マイヤーの名言とされる，「憲法は滅ぶ．されど行政法は残る」は，現代の行政法に関しては，完全に廃棄すべき有害な「迷言」である．

行政法規制のきわめて多くを占める外部統制などでは，標準的な経済学の費用便益分析手法の活用，科学的実証的な分析を背景とした裁量基準策定・運用を行政に義務付け，その基準のみならず，基準を具体的な場面で適用する際の手順やデータもブラックボックスに閉じ込めさせず，すべて事後的な司法審

54）福井（2019a）．

査に服さしめ，このような検証に堪えない権限行使は，裁量の範囲内などと正当化せず，端的に違法と判定するよう，これらの一連の手続きを立法化すべきである[55]．裁量の逸脱濫用に限り処分を取り消せるとする行訴法30条は誤ったメッセージを裁判官に送っており，有害であるので，削除しなければならない[56]．

13.3.3 取引費用対策

<取引費用対策としての司法制度> すでに論じたように，司法制度や，行政訴訟制度は，それ自体重要な取引費用対策である．仮に司法制度なかりせば，権利は画餅になるか，または反社会勢力を恃んでの自力救済が蔓延するなど，社会全体で極端な取引費用が発生するだろう．公的事業に関する土地の買収権能，手続きを定める土地収用制度や都市再開発，土地区画整理制度なども，取引費用対策法制である．

しかし，行政訴訟における取引費用については，行政が意図する権力行使や行政目的を早期に実現する観点からの取引費用に往々にして目が向けられがちであった．今後は，行政の権力行使等によって権利利益を侵害される可能性のある者からの違法な侵害排除のための取引費用を劇的に軽減することにこそ，法解釈，立法ともに力点を置くべきである．

13.3.4 情報の非対称性対策

<情報の非対称性対策は本来限定的> エンドユーザーとサービス提供者との間には，一般的に専門的知識の差異によって一定の情報の非対称性が存在しうる．これを根拠として当事者の契約などに関与する制度は，たとえば建築基準法の安全防災衛生などに関する単体規定[57]，瑕疵担保責任，医師，弁護士，司法書士，弁理士，教員免許などの資格制度など多数存在する[58]．しかし，情報の非対称性とは，文字通り，ユーザー，提供者間の情報格差だから，

55） 福井（2012）p. 120以下．常岡（2016）は，アメリカの裁量基準である裁量方針の実態を精密に検討し，日本の立法，司法審査に関する重要な示唆を導き，有益である．

56） 阿部（2016a）p. 278．裁量統制全般につき同 p. 258以下参照．

57） これに対して，日影規制，建蔽率規制，高さ規制などの集団規定の根拠は，外部性対策である．

58） 福井（2006）p. 62以下，福井（2011c）p. 8以下，福井（2012）p. 113以下．

その対策は，情報が乏しい者に対して「情報を豊富化」することこそ本質であって，多くの資格制度で名称独占のみならず，業務独占を認めて，業務への参入を制限していることは，依頼者の情報を豊かにするわけではないことに加え，情報を十分にもつ者に対して契約を妨害することを意味するから，およそ合理性がない．

情報の非対称性対策として政府が正当化しようとする混合診療禁止[59]，医薬品インターネット販売禁止[60]，タクシー需給調整[61]などは，いずれも論拠が破綻しており，法令としての合理性がないにもかかわらず，これを行政訴訟で是正させる手法が限定的であり，違法は野放しとなりがちである[62]．

いずれにせよ，情報の非対称性対策として行政の法令に基づく私人への介入が合理化される場面はありうるが，現行の法令は，行政官に標準的な法と経済学的な知見が備わっていないまま，特定の業界利益の擁護[63]などの意図をもって政治的に立案され成立していることが多い．また，行政追認的な判例も多い．

59）福井（2005）p. 81 以下で，混合診療禁止には，法令上も，情報の非対称性対策上も一切理由がない旨論じた．

60）福井（2009c）は禁止できない旨論じる．

61）需給調整は，政府が競争政策的観点から正当化しようとするケースも多いが，後述するようにその論拠も破綻している．

62）法に基づかないタクシーの減車行政指導に従わない事業者は，労働条件や輸送の安全性を犠牲にする傾向が「類型的に高い」という荒唐無稽な論拠で狙い撃ちし，国土交通省が行った車両使用停止命令処分を，福井（2011a，b）の原型として大阪地裁に提出した意見書，阿部泰隆意見書に基づき，取り消した大阪地判 2012.2.3 判時 2160 号 p. 3 は画期的である．しかし，これを無力化する法改正が容易に可能であるため，司法統制の試みも賽の河原の石積に等しい．阿部（2016c）参照．最判 2011.10.25 民集 65 巻 7 号 2923 頁は，明文がないのに混合診療禁止を認めた．

63）混合診療禁止にとくに強力に反対する利害関係者は，個人開業医を中心とする医師会組織である．保険外の先端医療の併用による治癒成績上昇がありうることを医療関係者が熟知したうえで，先端医療を行う専門医，大学病院などに患者を奪われることを危惧する勢力に政治家と厚生労働省が加担して，先進諸国の多くとは似ても似つかない混合診療禁止という特殊権益擁護制度が存在している．インターネット医薬品禁止は，インターネット販売による売り上げ減少を懸念した店舗薬局の意向に応じて厚生労働省が打ち出したものである．タクシー需給調整は，いわゆるワンコインタクシーなどの新規ビジネス形態をとる事業者に顧客を奪われることに危機感をもった既存タクシー事業者が，国土交通省に働きかけて，法に基づく権力介入で自らに不利な安売りを撃退する政治的試みである．

13.3.5 独占・寡占への介入——競争政策と知財保護

＜自然独占＞ 独占禁止法による競争政策は，もともと市場の失敗たる独占・寡占の厚生阻害に対する政府による標準的な是正措置として多くの先進諸国で設けられている．とくに，一主体が供給するほうが二主体以上で供給するよりも費用が小さいとき，この事業を自然独占といい，事業の独占を認める代わりに，料金や経営に政府が関与することが正当化されるといわれてきた．電力，鉄道，高速道路などに関する許認可等は，自然独占が根拠となっている．

しかし，たとえば電力事業では，自然独占は，送電網のみであり，発電は競争市場とみなすことができることが知られ，電力の自由化につながった．

＜人為的独占としての知財保護＞ 一方，特許権，著作権，意匠権，種苗権などによる知的財産権保護は，国家が主導する人為的独占の創出によって，知的創造の公共財化と知的創造のインセンティブの発露という一見矛盾する目的を両立させる法技術である．相反する要請のなかで，厚生をもっとも大きくする知財保護の程度と範囲の行政法による最適解を見出すことは，法と経済学の大きな課題であると同時に，憲法的価値が前提とする財産権保護，適切な産業秩序の形成に寄与することになる．しかし，このような方向性は，知財判例や知財法の研究では必ずしも共有されていない[64]．

＜運送事業への政府介入の不合理＞ なお，線路，高速道路網に該当するような自然独占分野をもたないタクシー，バスなどは，同じく運送事業であったとしても，独占や少数の事業者による寡占を政府が認め，またはこれらの弊害除去とセットの料金規制などで関与する理由はまったくない．ましてや，既存事業者に対する新規競争事業者を，監督と称して行政が妨害して，競争を歪めてよい理由などますますありえない．タクシー事業は，道路運送法で規律されてきているが，時代の変化により，あたかも自然独占事業を前提とするかのような政府介入が設けられたり，撤廃されたりのぶれが見られる[65]．根岸哲氏も明確に断じるとおり，国土交通省の認可料金が，個別事業者の費用の評価に当

64） 福井（2007d）8 章.

65） 福井（2011b）p. 33 以下.

たり事業者全体の平均値などを用いて認可の拒否理由にしていたことは，独占禁止法が禁じる運賃カルテルの脱法行為であって許されない[66]．

＜公的宅配事業の歪み＞　また，郵便事業者による宅配便の，安価な料金でのヤマト運輸宅配便への対抗について，不当廉売を認めなかった珍判例が最決2009.2.17（公取審決集55巻1023頁）である．独占領域と競争領域の双方をもつ事業者の競争領域の費用算定にあたり，競争領域を独立に行うとしたらかかることになるであろう費用の全体，すなわちスタンド・アローンコストが，現実の料金設定を上回っているなら対等な競争条件ではない，とするのが，競争政策の標準的な原理だが，日本の裁判所はこれを理解せず，官製独占分野をもつ事業者による恣意的な民業圧迫を安易に許したのである[67]．競争政策の最終的審判者たる司法は，せめて競争政策の法と経済学的理論も含む標準的な原理に依拠して，私人の正当な憲法上の権利を守る責務がある．

＜官製学校の不当廉売＞　幼稚園から大学に至るまで，いたるところに極端な形で存在する官学と私学の補助金格差は，平等原則違反であるのに加え，不当廉売の一種でもあり，本来競争政策の観点からの法的是正が必要な領域であるが，現在の行政法理論，行政訴訟制度は，このような発想をもたず，競争の対等性，官尊民卑の不公正，非効率に関して鈍感である．

13.3.6　所得再分配

所得再分配については，ジョン・ロールズ（John Rawls）の原初的無知のベールの議論が有益である．これは，胎児以前の段階で生まれ落ちる社会に保険をかけられるなら，貧困や障害のリスクに対して再分配の仕組みをつくっておくことに大方の者は同意するだろう，という仮想的議論である．この議論の延長線上では，原理的に，努力には非課税，運と能力には100％課税，したがって，消費税はゼロ，累進の所得税で努力部分に非課税，運・能力への全額課

66）福井（2011b）p. 25.

67）福井（2007a，b，c）で詳細に論じた．これは，上記最決の原審である東京高等裁判所に提出された意見書に加筆修正を施したものである．

税，土地譲渡税は譲渡者の付加価値形成分を控除して100％課税，相続税と贈与税は同率でほぼ100％，遺留分は廃止，という帰結も成り立ちうる[68)].

このような原理とも整合的で，ただ事でない鋭い公正基準を提示する数少ない法研究者が，阿部氏であり，「交通遺児は救済されなければならない……その数が多いからではなく，遺児が悲惨な状態にあるからである……さらにいえば，遺児になった原因とも関係がない．……親が極悪人で死刑になったとしても，遺児に罪はなく，同様に救済され，社会の負担で育てられなければならない」[69)]と喝破したが，同感である．ここまで突き詰めた公正感を司法判断一般も共有し，発揮してほしい．

13.4 市場の失敗と政府の失敗を厳密に統制できる行政訴訟制度の構築

すでに論じてきたように，適切な行政法の立法目的は，5つの市場の失敗要素のいずれか，または複数の是正，あるいは所得再分配政策で説明できる．仮にいずれでも説明できない立法は，政府の失敗の産物である．また，仮に目的が説明可能でも，現実の権力発動や行政による給付が，憲法的価値を侵害し，あるいは市場の失敗是正に対応せず，過小または過大であることは現実に多々起こっている．これも政府の失敗である．

行政訴訟の根幹的役割は，行政権行使が，憲法的価値を侵害することなく，過不足なく市場の失敗を是正することを担保することであり，政府の失敗が生じている場合には，躊躇なくこれを正して，誤った政府の権限行使が二度と生じないように，先例となる規範を創造することである．

以下，再度行政訴訟制度の改変のあり方の要点を述べる．

68）福井（1996a），福井（1997a，b），福井（2019b），福井（2019c）p. 22 以下．
69）阿部（1993）p. 151．これを取り上げた書評として福井（1994c）p. 119．

13.4.1　行政訴訟の訴訟要件・訴訟類型の不明確さを排除し相互の排他性を撤廃

①処分性をめぐる混乱回避

取消訴訟の排他的管轄には，権利救済を阻む障害として機能する問題点が多々存在する．

行政行為の熟度が足りないと，「処分性なし」として訴えの利益がなく，熟度を備えていたら，不可争力が発生する前に出訴しないと，違法だけでは足りず，無効事由というきわめて困難な要件を充足しない限り，被処分者は勝訴できない．ピンポイントで訴訟可能時期が短期に定められてしまう．しかも，どの段階から処分性を備えるのかが，判例でも実定法でも判然としない行政行為は，依然として多数ある．むしろ，とくに計画の統制などを念頭に置いて，不特定多数の法的関係の前提となる行政決定などでは，処分性の有無と関わりなく，早期に特別の訴訟手続きを立法すべきである．

さらに，阿部（2008b）が論じるように，特定少数の者に関わる行政処分については，原則として出訴期間を廃止し，不可争力を剥奪すべきである．

②訴訟類型間の排他性を撤廃

取消訴訟の排他性がありうる領域では，大阪空港訴訟最判に見られるように，もともと実体法や訴訟法が明確にしていない訴訟類型の外縁をそのままにして，訴えた類型が後付けで正しくなかったことにされるというリスクを，すべて原告たる私人に負わせる悪しき判例が確立してしまっている．すなわち，民事で行けば行政訴訟で行け，といい，行政訴訟で行けば遅すぎる，早すぎる等々の障害物に出会い，あたかも，私人の救済を阻み，被処分者だけに途方もない高いハードルを課す，嫌がらせのためのパズルのような構造となっている[70]．

どのような訴訟類型で提起された訴訟でも，裁判所は，まず違法性判断を行い，違法ならその是正を行わせる適切な確認・給付・取消し・差止め・義務付けなどの適宜な判断を下せばよく，訴訟類型による救済拒否を許さない仕組み

70）　阿部（2016b）p. 49 以下.

とするとともに，釈明権行使，訴えの趣旨の善解等によって，原告の失権をもたらすことなく，適切迅速に違法是正の趣旨を受け止めて是正の実の挙がる判決をしなければならない旨を立法すべきである[71]．

13.4.2 原告適格と違法主張制限の明確化

①原告適格の基準を規定

原告適格について，処分性による権利利益侵害と同様に解し，その者に対する関係で行政処分とみなすことができるかどうか，という基準と，そのような処分の名宛人でない者の不利益の受忍を，法の要件の一連のパッケージの具備と引き換えに法が求めているかどうか，という基準に則り（図 13-2 参照），端的に判定すべきことを立法で明記すべきである．法律上保護された利益説に立って，処分要件の文言を詮索してその者を保護する趣旨が含まれているかどうかを判定する手法から決別すべきである．

②自己の法律上の利益に関係のない違法主張禁止の明確化

すでに論じたように，行訴法 10 条 1 項の「自己の法律上の利益に関係のない違法主張の禁止」は，せっかく広げようとした原告適格を狭める有害な機能を営んでおり，処分の要件のうち，純然たる原告以外の者の利益擁護規定を除いて，処分を公益上正当化するための要件，たとえば，経理上の基礎を欠くこと，事業の不正・不誠実のあることなどは，すべて原告に主張させなければならない旨，立法で明記すべきである．

13.4.3 要件認定等における恣意的裁量の排除

すでに論じたとおり，仮に訴えの利益が備わっても，本案勝訴のためには，行政処分の違法性を主張しなければならないが，この際処分要件の中に多々存在する広い行政の裁量が障害となりうる．不確定概念，たとえば適切，適正，公共のため，等の一義的明白に解があるわけではない概念が法令では多用され，これらについて，恣意的で非科学的な判断が行われた場合に，司法が科学

71） 阿部（2016b）p. 104 以下．

的な知見，標準的な費用便益分析手法などに依拠して統制できる仕組みが，実体法，訴訟法ともに求められる．また，要件を満たしていても処分をしないことができる旨定める「しない裁量」の立法例も多い[72]が，しない裁量の合理性も常に司法審査できるようにすべきである．

このため，裁判官に対して裁量を広く認めさせるメッセージを送っている行訴法30条を撤廃するとともに，行訴法のなかに要件認定に関する費用便益分析基準などを明記すべきである．併せて，実体法の不明確な不確定概念の運用について，行政に対して裁量基準を策定することを義務付け，これも司法審査の対象とすることを立法で明記すべきである．

13.4.4　私人と行政との武器対等の確保

仮に行政権限行使が，一定の憲法的価値の実現や社会の厚生の増大に寄与するとしても，これを違法と考えて争う私人の側では，是正のための途方もない取引費用を負担しなければならない．行政は，納税者負担による潤沢な資金と人手を打出の小槌のように訴訟に対して投入でき[73]，行政の第一次判断権が行使され，公定力によって行政処分の効力は生じているから，どれだけ訴訟が長引いても痛痒を感じない．担当者も人事異動するだけであり人件費も納税者負担であるから，予算上もだれも痛みを感じない．国なら，法務省訟務局に訴訟指揮を依頼することが通例で，指揮にあたる訟務検事は，ほとんどが裁判官または検察官からの出向者であり，私人を消耗させるためのあらゆる鋭い理屈とレトリックに長けている[74]．

72）土地収用法20条本文の「事業の認定をすることができる」とする規定など．

73）行政側は，適法性主張のために，専門家たる研究者やコンサルタントに対して，納税者負担で莫大な報酬を支払って，処分を正当化する理論・データの提供，分析実施を依頼することができる．一般的に，これらの依頼が行政判断を維持する結論を先取りしてのものであることは当然の前提である．

74）筆者の接した数多くの訟務検事はほぼすべて，文字通り俊秀であり，行政法理論にも明るく，判例に通じ，ずば抜けて頼りになる存在であった．ただし，一概にはいえないが，日々の密な打ち合わせ，出廷等を通じて，被告職員とも人的にも親しい関係を取り結ぶので，筆者を含む被告行政庁職員以上に，行政の立場をよく理解し，忖度してくれて，行政庁も驚くほど，原告に対して手厳しい法律論を主張してくれる者がきわめて多かった．阿部（2016b）p. 369は，判検交流の廃止を提言する．確かに，組織的な人事交流，すなわち出向という往復の人事で裁判官や検察官が被告の立場を経験することは，一定のバイアスを生じさせる可能性が大きい．もっとも，一般行政の経験があることで，行政による立法過程，権限行使等の実態を知ることができ，行政を過度に美化し原告の求める適法性検証手法が合理性をもつ場合等には，裁判所が，行政の都合の影響を受けない中立的で科学的な鑑定・検証を職権で行うことを，一定の要件のもとに義務付けること，原告の主張立証行為に対して，一定の助成を行うこと，行政訴訟判決が同種事案についての行政への警告機能をもち，行政一般の適法性確保に寄与する公共財としての性格を強くもつこと[75]に鑑み，原告に対して勝訴奨励金[76]を交付することなどを立法すべきである．

13.4.5 行政介入全般の法と経済学原理に即した見直し

行政実体法規の仕組みの細部の設計は，事実上行政庁とせいぜい内閣法制局に委ねられた密室の作業であり，裁量の運用のみならず，立法にあたっても，過不足のない市場の失敗の是正を行うために，前提となる社会実態や予想される法の効果の把握が行われることは稀である．国会の委員会審議でも，行政法的論点が審議されることはほとんどない．しかし，いったん国会で，あるいは地方議会で成立すれば，法令は，私人を縛る強力な効果をもち，運用が歪めば，元の立法の不合理は一層拡大する．したがって，もともとの行政法令全般と，その運用基準を，真に市場の失敗対策等として合理化できる内容，手続きとするよう，全般的な見直しが必要である[77]．

これに対応して，裁判官，弁護士，法解釈研究者などの法律専門家も，行政法が守るべき憲法的価値と法と経済学的価値がほとんど重なることを前提に，これらの明確化と整合を図る実務的，学術的試みを重ねるべきである．アメリカでは，損害賠償や契約紛争，行政の違法是正訴訟等の解釈において，コースの定理や，最安価損害回避者の理論などが，裁判上当然のように攻撃防御や判決で駆使されるが，日本では，民事訴訟のみならず，本来市場の失敗対策法として，民事法以上に法と経済学との関わりが明確なはずの行政法の解釈でも，

たり，貶めたりすることなく，相対的に分析評価しやすくなる側面もある．筆者の建設官僚の経験も得難い貴重なものであった．特に行政法研究者が，出向であれ，訟務検事などではない立法や法の運用に関わる官庁の行政官を経験することは有意義と思われる．

75） 太田（2000）p. 122 以下．

76） 福井（2006）p. 187 以下．阿部（2009）p. 277.

77） 福井（2016b）は，実態に合わない都市計画・建築規制による用途規制，容積率規制などの性能基準に基づく再編成を提言している．

多くの専門家は，法と経済学の原理や，行政訴訟の社会経済的な意義についてあまり意識していない．法曹教育や，司法試験科目で，法と経済学素養の定着涵養を図るなど法教育の改善が必要である．

13.5　司法の政治的独立と立法過程の科学性・中立性確保

司法は，本来三権分立の憲法秩序のもとで，行政や政権の意向と独立に，良心に従い，憲法，法令にのみ拘束される建前である（憲法76条3項）．しかし，たとえば，大阪空港訴訟最判が，だれの念頭にもなかった航空行政権の侵害という珍概念を創出して，国の航空機運航の実態を実際上追認したほか，一票の価値不平等是正訴訟における最判1976.4.14民集30巻3号223頁が，議員定数不均衡が法のもとの平等に反し違憲であっても，行訴法の事情判決を援用して選挙は有効とし，選挙結果に介入する判決を避けるなど，政治的な影響を忖度し，本来の法的判断を回避しているように見えるものも多い．しかし，これでは，いつまでたっても，人権や選挙の平等原則は担保されない．議員の失職にともなう政治的軋轢の類を裁判官が忖度することは本来あってはならない[78)]．

法務省は，行政訴訟でいえば，被告総代の立場であるし，最高裁は事件処理の便宜という観点からはやはり，行政訴訟制度の利害当事者たる側面を色濃くもつ．2004年行訴法改正では，事実上の提案も，立案も，最高裁と法務省によって主導されたが，本来原告，私人の立場は，議会が代弁すべきであるし，訴訟現場で出来のよくない行政訴訟制度の中苦労して私人の権利救済に取り組む弁護士も，その立場を適切に代弁すべきものである．

行政による法令立案過程も，所管行政庁・内閣法制局と与党のいわゆる族議員が中核となる所幹部会，これと重なる国会の所管委員会でほぼ完結するという現在の仕組みは，訴訟要件に影響する規定の吟味，裁量の統制の吟味などをバイパスする仕組みであるので，中立的な主体による科学的知見に基づいた適切な実体法要件の吟味，手続き的権利保障の仕組みの検証などを立法上措置す

78)　福井（2013a）．

べきである.

また，立法の重要性は論を俟たないが，並行して現在の混沌とした行政訴訟に関する法解釈の明確化，統一，整除は，最高裁の重大な役割である．最高裁の一層の見識の発揮に大いに期待したい.

◆参考文献

浅見泰司・阿部泰隆・安藤至大・越智敏裕・福井秀夫・富田裕（2016），ワークショップ①「現行行政事件訴訟法の問題点と再改正の可能性」『都市住宅学』93 号.

芦部信喜（高橋和之補訂）（2019），『憲法第七版』岩波書店.

阿部泰隆（1993），『政策法務からの提言』日本評論社.

阿部泰隆（1997a，b），『行政の法システム（上），（下）［新版］』有斐閣.

阿部泰隆（2005），「景観権は私法的（司法的）に形成されるか（上）」『自治研究』81 巻 2 号.

阿部泰隆（2006），『やわらか頭の法戦略』第一法規.

阿部泰隆（2008a），『行政法解釈学 I』有斐閣.

阿部泰隆（2008b），「期間制限の不合理性」伊藤ほか編小島武司古稀祝賀『民事司法の法理と政策 下巻』商事法務.

阿部泰隆（2009），『行政法解釈学 II』有斐閣.

阿部泰隆（2016a，b），『行政法再入門（上）［第 2 版］，（下）［第 2 版］』信山社.

阿部泰隆（2016c），「改正タクシー特措法（2013 年）の違憲性・違法性—特に公定幅運賃，減車命令について」『判時』2302 号.

阿部泰隆（2016d），『行政法の解釈（3）』信山社.

阿部泰隆・野村好弘・福井秀夫編（1998），『定期借家権』信山社.

板垣勝彦（2017），『住宅市場と行政法』第一法規.

板垣勝彦・瀬田史彦・福井秀夫・山崎福寿（2015），座談会「まちづくり紛争の現在」『都市住宅学』91 号.

宇賀克也（2018），『行政法概説 II［第 6 版］』有斐閣.

太田勝造（2000），『法律』東京大学出版会.

大貫裕之（2012），「実質的当事者訴訟と抗告訴訟に関する論点 覚書」高木光ほか編阿部泰隆古稀記念『行政法学の未来に向けて』有斐閣.

興津征雄（2010），『違法是正と判決効』弘文堂.

角松生史（2010），「都市空間管理をめぐる私益と公益の交錯の一側面」『社会科学研究』61 巻三・四号.

黒川哲志（2016），「公法上の当事者訴訟の守備範囲」曽和俊文ほか編芝池義一古稀記念『行政法理論の探求』有斐閣.

塩野宏（2015），『行政法 I［第六版］』有斐閣.

塩野宏（2019），『行政法 II［第六版］』有斐閣.

鈴木禄弥・福井秀夫・久米良昭編（2001），『競売の法と経済学』信山社.

常岡孝好（2016），「裁量方針（Policy Statement）について」宇賀克也・交告尚史編小早川光郎古稀記念『現代行政法の構造と展開』有斐閣.
常木淳（2002），『公共経済学 第2版』新世社.
都市計画争訟研究会（2006），「都市計画争訟研究報告書」『新都市』60巻9号.
中川丈久（2012），「取消訴訟の原告適格について（3・完）」『法学教室』381号.
中川丈久（2013），「行政処分の法効果とは何を指すのか」伊藤眞ほか編石川正古稀記念『経済社会と法の役割』商事法務.
中川丈久（2014），「行政訴訟の基本構造（二・完）」『民商法雑誌』．150巻2号.
橋本博之（2009），『行政判例と仕組み解釈』弘文堂.
福井秀夫（1994a，b），「借地借家の法と経済分析（上），（下）」『ジュリスト』1039号，1040号.
福井秀夫（1994c），「阿部泰隆著・政策法務からの提言書評」『法学教室』165号.
福井秀夫（1995），「阪神大震災復興計画の法的課題」『都市住宅学』10号.
福井秀夫（1996a），「消費税は公平か」『税研』68号.
福井秀夫（1996b），「行政代執行制度の課題」『公法研究』58号.
福井秀夫（1997a，b），「土地税制論の誤謬（上），（下）」『税務経理』7876号，7877号.
福井秀夫（1997c），「土地利用に関する私権制限と損失補償」『自治実務セミナー』36巻3号.
福井秀夫（1998），「土地収用法による事業認定の違法性の承継」西谷剛ほか編成田頼明古稀記念『政策実現と行政法』有斐閣.
福井秀夫（1999），「行政上の義務履行確保」『法学教室』226号.
福井秀夫（2001），「権利の配分・裁量の統制とコースの定理」小早川光郎・宇賀克也編塩野宏古稀記念『行政法の発展と変革 上巻』有斐閣.
福井秀夫（2002），「憲法89条の意味と学校経営への株式会社参入に関する法的論点」『自治研究』78巻10号.
福井秀夫（2004a，b），「財産権に対する『完全な補償』と土地収用法による『移転料』の法と経済分析（上），（下）」『自治研究』80巻2号，4号.
福井秀夫（2004c），「景観利益の法と経済分析」『判例タイムズ』1146号.
福井秀夫（2005），「混合診療の法と経済分析」『月刊保険診療』60巻2号.
福井秀夫（2006），『司法政策の法と経済学』日本評論社.
福井秀夫（2007a，b，c），「略奪的価格の法と経済分析（一），（二），（三・完）」『自治研究』83巻8号，10号，11号.
福井秀夫（2007d），『ケースからはじめよう法と経済学―法の隠れた機能を知る』日本評論社.
福井秀夫（2008a，b），「行政事件訴訟法10条1項による自己の『法律上の利益』に関係のない違法の主張制限（上），（下）―2004年改正法による原告適格の「法律上の利益」概念との関係を踏まえて」『自治研究』84巻9号，10号.
福井秀夫（2009a），「行政事件訴訟法37条の4による差止めの訴えの要件―土地収用法による事業認定を素材として」『自治研究』85巻10号.
福井秀夫（2009b），行政判例研究（552）「東京都震災対策条例により避難場所に指定された地域に居住する住民が，当該地域における土地区画整理事業の施行認可の取消訴訟の原告適格を有するとされた事例」『自治研究』85 巻 12 号.
福井秀夫（2009c），「理由なき医薬品ネット販売禁止」『税務経理』8906 号.
福井秀夫（2011a，b），「タクシー需給調整措置の法的限界―法と経済分析を踏まえて（一），（二・完）」『自治研究』87 巻 9 号，10 号.
福井秀夫（2011c），「資格制度の意味と限界」『日本不動産学会誌』25 巻 3 号.
福井秀夫（2012），「市場の失敗対策としての行政法の再構成―阿部泰隆理論の到達点と展望を踏まえて」高木ほか編阿部泰隆古稀記念『行政法学の未来に向けて』有斐閣.
福井秀夫（2013a），「1 票の格差是正判決」『税務経理』9237 号.
福井秀夫（2013b），「憲法は権力の『べからず集』」『税務経理』9267 号.
福井秀夫（2016a），「都市計画法」日本行政書士会連合会監修『行政書士のための行政法 第 2 版』日本評論社.
福井秀夫（2016b），「都市計画・建築規制における性能規定の意義―景観・用途・容積率・開発行為に関する規制を検証する」『都市住宅学』95 号.
福井秀夫（2017a），「憲法 29 条 3 項に基づく『正当な補償』の概念―損失補償と損害賠償における『対価保証』・『通常生じる損失に係る補償』の異同」『行政法研究』19 号.
福井秀夫（2017b），「公水使用権の性質」『行政判例百選 I 第 7 版』有斐閣.
福井秀夫（2018），「短期賃貸借保護・最低売却価額廃止の法と経済学的分析と競売法制の課題」『日本不動産学会誌』126 号.
福井秀夫（2019a），「大学は何のためにある？」『税務経理』9787 号.
福井秀夫（2019b），「相続と遺留分の不思議」『税務経理』9805 号.
福井秀夫（2019c），「相続制度が生み出す所有者不明土地」円満かつ円滑に『日本相続学会学会誌』7 号.
福井秀夫・戸田忠雄・浅見泰司編（2010），『教育の失敗―法と経済学で考える教育改革』日本評論社.
福井秀夫・村田斉志・越智敏裕（2004），『新行政事件訴訟法』新日本法規出版.
山本隆司（2003），「行政訴訟に関する外国法制調査―ドイツ（上）」『ジュリスト』1238 号.
山本隆司（2014），「改正行政事件訴訟法をめぐる理論上の諸問題」『論究ジュリスト』8 号.

第14章　国際経済紛争における因果関係の立証
——エアバス事件，ボーイング事件を手がかりとして

浪本浩志

14.1　はじめに

本章は，国際経済紛争の紛争処理手続においてどのように因果関係が立証されるのか，具体的な事例を用いて検討するものである．とりわけ，大型航空機（Large Civil Aircraft: LCA）メーカーに供与された補助金とそれによる悪影響の因果関係が問題となったエアバス事件，ボーイング事件を取り上げる．周知のとおりエアバス社とボーイング社は，大型航空機の2大メーカーである．両者が航空機市場をめぐって競争を繰り広げるなかで，EC（現EU）がエアバス社に，アメリカがボーイング社に種々の補助金を供与し，後にEC，アメリカ双方が相手方を世界貿易機関（以下，WTO）に提訴した．補助金の供与に「よって」，自国市場や相手国市場，第三国市場でエアバス，ボーイング双方の販売が減少したり，価格が下がった（悪影響が出た）というわけである．

WTOでは通常，協定の文言解釈をベースに紛争が処理されるが，後述するように補助金と悪影響との間の「因果関係」の認定（やその手法）は，協定に明示されていない．一般に，因果関係の推定には「反実仮想（counterfactual)」とよばれる現実には起こっていない状態や第3の要因を検討する必要があるとされる[1)]．WTOの紛争処理手続でも反実仮想による分析は，因果関係を分析するうえで有用であるとされており[2)]，補助金に関するケースについていえば，補助金が供与された現実の状況と，供与されなかった（反実仮想

の）状況を比較することで因果関係の分析が進められることがある．ただし，後で触れるように理想とされる因果推論はある種の実験的状況をつくり出す必要があるとされ，現実の紛争処理手続においてその種の実験を行うのは困難である[3)]．本章ではこのような問題意識のもと，実際の事件でどのように因果関係が立証され，認定されたのか整理し，検討する．因果関係がどの程度の真実性をもって立証・認定されているかは，紛争処理制度の正当性を担保するうえで重要であると考えるからである．

本章が取り上げる紛争の舞台となったWTOは，1995年に発足した国際機関で国際貿易に関する国家の措置をさまざまな協定に基づいて規律している．WTOの紛争処理手続は，一審に相当する小委員会（以下，パネル）と上級審に相当する上級委員会の二審制を採用しており，判決に相当する報告書が全加盟国で構成される紛争解決機関（DSB）にて採択されて法的拘束力が生じる[4)]．

本章は以下のように構成される．まず，14.2節では補助金協定の内容・WTOによって規制される補助金のタイプ，補助金と悪影響・著しい害との間の因果関係に関する規定や解釈について整理する．つぎに14.3節では，大型航空機市場の特徴について確認した後，パネルおよび上級委員会の裁定を整理する．そのうえで14.4節では，裁定の内容について，パネルや上級委員会の判断枠組みを整理・分析する．また，因果関係の判定に用いられた反実仮想の分析枠組みとその認定手法，定量的分析のうち採用されたものと退けられた

1） Guido W. Imbens and Donald B. Rubin, *Causal Inference for Stastics, Social, and Biomedical Sciences an Introduction*（Cambridge University Press, 2015），pp. 3–22. また，森田果『実証分析入門』日本評論社，2014年，pp. 177–188参照.

2） 上級委員会は，反実仮想による分析（counterfactual analysis）について，問題となっている補助金から補助金の効果を切り離し，その効果を適切に特定できると指摘する．Appellate Body Report, European Communities and Certain Member States-Measures Affecting Trade in Large Civil Aircraft, WT/DS316/AB/R（2011）¶1110.

3） このような実験的状況をつくり出す必要がある理由として，反実仮想の分析枠組みでは，現実に起こった結果と比較される潜在的結果の両者は同時に成立しえないことによる．これは，「因果推論における根本問題」と呼ばれ，両者を比較可能な形で並存させるためには，ある種の実験的環境が必要とされる．

4） 報告書の採択は，いわゆるネガティブ・コンセンサス方式で行われ，実際上，自動的に報告書が採択される．

ものの検討を行う．最後に，14.5節では本章のまとめおよび今後の課題を提示する．

14.2　補助金協定の規律と解釈

ウルグアイ・ラウンド交渉の結果成立したWTOでは，国際貿易に影響を及ぼす補助金（と補助金に対応するための相殺関税）について，具体的な規律を設けている．以下では，本章が取り上げる「悪影響」の規定を含め，WTOの補助金協定の内容について，簡潔に整理する．

14.2.1　補助金協定の概要

補助金協定では現在，国家が企業に供与する補助金について大きく2つの種類に分類している．第1に，禁止補助金（prohibited subsidies）とよばれ，その供与が禁止される補助金である――輸出補助金や国産物品を優先して使用することに基づいて供与される補助金がそれにあたる（協定第2部，3.1条）．第2が，他の加盟国の利益に悪影響（adverse effect）を及ぼす補助金である（協定3部，5条）．悪影響を及ぼす補助金のうち，本章で取り上げるケースで主に問題となるのは，他の加盟国に利益に対して「著しい害（serious prejudice)」を生じさせるものである（5条（c））[5]．具体的に「著しい害」は，一定の基準や性質に基づくみなし規定がある（6.1条）ほか，一定の効果（市場代替や価格に関する効果）を生じる補助金に認められる（6.3条）[6]．これらの悪

5）5条（悪影響）
加盟国は，1.1および1.2に規定する補助金によって，他の加盟国の利益に次のいずれの悪影響も及ぼすべきではない．
（中略）……
（c）他の加盟国の利益に対する著しい害．

6）6.1条で，補助金の総額（価額の5%超），企業の営業上の損失補填等の基準によってみなし規定が定められている．さらに6.3条では補助金による下記に該当する各種効果が認められた際に著しい害があるとされる．
6.3条
前条（c）に規定する著しい害は，つぎに規定するもののうち一または二以上に該当する場合には，生じることがある．
(a)　補助金の効果が，補助金を交付している加盟国の市場への他の加盟国からの同種の産品の輸入を代替しまたはその輸入を妨げるものであること．

影響を及ぼす補助金に認定されると，補助金を供与している加盟国は，その悪影響を除去するための措置をとるか当該補助金の廃止が求められる（7.8条）．

なお，これらの補助金は，そもそも当該協定で定める「補助金」に該当しうるか（協定1条「資金面での貢献」・「利益」），また特定の企業や産業に供与されているかの基準（協定2条）を前提としている．したがって，以下本件で検討する悪影響・著しい害の有無が問題となった補助金は，これら協定上の「補助金」である前提を満たしたものである．

14.2.2 補助金による悪影響・著しい害

補助金協定は，補助金と他の加盟国への悪影響との因果関係について，「加盟国は，……補助金によって（"cause"），他の加盟国の利益に悪影響を及ぼすべきではない」（協定5条）と規定するのみで，この因果関係の立証方法について明示しているわけではない．これについて上級委員会は，原因となる補助金と加盟国への悪影響との間の因果関係は，「真正かつ相当（"genuine and substantial"）」な関係があることを立証する必要があるとする[7)]．これは，補助金が「真正」かつ「相当」な効果（悪影響）をもたらしていることを意味するとし，問題となっている補助金と他のさまざまな要因との関係，これらの関係性の評価，加えて影響をもたらしている補助金の重要性の程度，他の要因の重要性の程度を見極めることを求めている．もっとも，補助金それ自体が単一あるいは唯一効果をもたらしていることまでを立証する必要まではないともしている[8)]．因果関係の立証は，このような解釈のもと問題となる補助金それ自

(b) 補助金の効果が，第三国市場において他の加盟国の同種の産品の輸出を代替しまたはその輸出を妨げるものであること．

(c) 補助金の効果が，補助金の交付を受けた産品の価格を同一の市場における他の加盟国の同種の産品の価格よりも著しく下回らせるものであることまたは同一の市場における価格の上昇を著しく妨げ，価格を著しく押し下げもしくは販売を著しく減少させるものであること．（後略）……

7) このような解釈は過去の上級委員会でも示されている．たとえば，Appellate Body Report, United States-Subsidies on Upland Cotton, WT/DS256/AB/R (2005) ¶438. また，"genuine and substantial" の WTO 紛争処理での解釈を包括的に検討したものとして，以下を参照．Pablo M. Bentes, "In Search of "Genuine and Substantial" Cause: The Analysis of Causation in Serious Prejudice Claims", in Marion Jansen et al. eds., *The Use of Economics in International Trade and Investment Dispute* (Cambridge University Press, 2017).

体の影響と他の要因との関係を検討することとなる．

14.3　事実関係およびパネル・上級委員会の判断

14.3.1　航空機市場の特徴と競合機種

紛争内容の検討に入る前に，パネル報告書に基づいて大型航空機市場の歴史や特徴，エアバス社とボーイング社間での航空機タイプによる競合関係について整理しておこう．

1960年代，航空機を製造する会社はアメリカに3社あった．ロッキード社，ダグラス社，そしてボーイング社である．その後ロッキード社が市場から撤退し，ダグラス社がボーイング社に吸収合併された．他方，ヨーロッパでは，1970年にフランス，西ドイツ，イギリスの3カ国によるコンソーシアム形式でエアバス社が設立された後，今日では，エアバスSASがヨーロッパ各国のコンソーシアム関連企業を統括する形態をとっている[9]．現在，世界の大型航空機市場はボーイング社とエアバス社の複占状態にあり，両者が市場で相当程度の影響力を有している．すなわち航空機の供給や価格に関する両者の決定が相互に影響を及ぼしあっている[10]．

また，航空機会社の事業内容は，航空機の設計・テスト・製造・航空機引渡し後のサポート等，きわめて複雑でありかつ収益の回収までに期間を要することから事前の巨額投資が必要となる[11]．新型モデルの投入については，600機の販売によって投資が回収されるビジネスモデルとされる．この他，エアライン各社が共通する機体の運用を好むことから，スイッチングコストが高く新規参入が非常に難しい市場であるともされる[12]．

大型航空機は，主に座席数によってカテゴリーが分類される．図14-1にあ

8）Appellate Body Report, United States-Measures Affecting Trade in Large Civil Aircraft（second complaints），WT/DS353/AB/R（2012），¶913-914.

9）Panel Report, European Communities and Certain Member States-Measures Affecting Trade in Large Civil Aircraft, WT/DS316/R（2011），¶7. 1620-21.

10）Panel Report, United States-Measures Affecting Trade in Large Civil Aircraft（second complaints），WT/DS353/R（2011），¶7.1688.

11）Panel Report, EC-LCA, ¶7.1717.

12）*Ibid.*

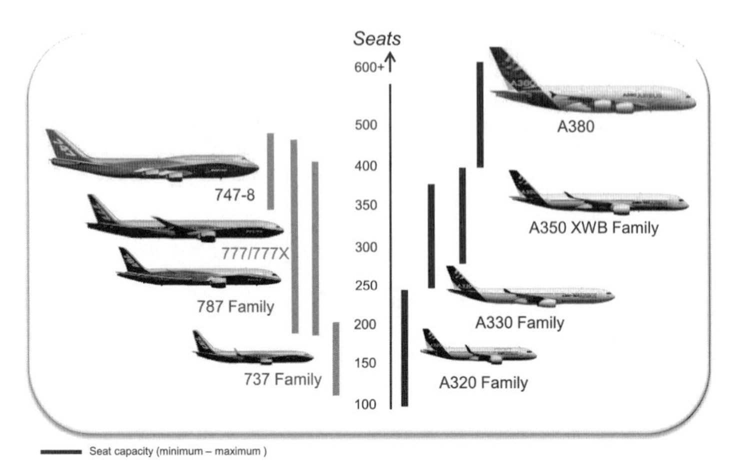

図 14-1 座席数による機種の分類と競合関係

出所：Kiran Rao, The Most Comprehensive Product Line (2016), p. 3, *available* at Airbus Website.

るように，比較的小型（単一通路型・100-200 座席）のクラスであるエアバス A320 はボーイング 737 と，200-300 座席型である A330・A350XWB はボーイング 787・777/777X と，300-400 座席型の A340・A350XWB は，ボーイング 777 と競合し，400-500 座席型であるボーイング 747 と 500 座席超の A380 型はそれぞれの市場で棲み分けている[13]．

14.3.2 EC・エアバス事件

本件は，EC（欧州共同体）および EC 加盟国（フランス，旧西ドイツ，スペイン，イギリス）によるエアバス関連企業への各種補助金が問題となった事件である．2005 年，アメリカは，エアバス社の大型航空機開発に供与された過去 40 年間にわたる 300 を超える補助金を WTO の紛争処理手続に提起した．パネルはこれら補助金を下記 5 つのカテゴリーに分類・整理している[14]——すなわち，①開発補助金（Launch Aid/Member State Financing:

13) Panel Report, EC-LCA, ¶7.1631. なお，本稿で取り上げる事件で登場し，図 14-1 に掲載されていない比較的旧型の機種について触れておくと，エアバス A300（300 座席程度），A310（200 座席程度），A340（240-400 座席程度），ボーイング 717（100 座席程度），757（200-300 座席程度），767（180-375 座席程度）である．

14) Panel Report, EC-LCA, ¶2.5.

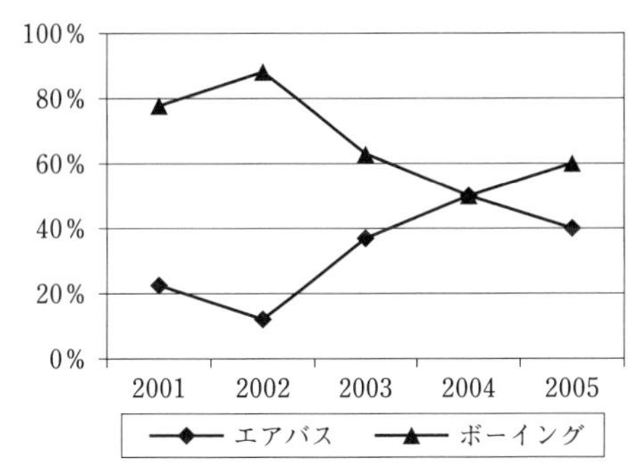

	エアバス	ボーイング
2001	22%	78%
2002	12%	88%
2003	37%	63%
2004	50%	50%
2005	40%	60%

図14-2　第三国市場の一つであるオーストラリアでのシェア推移

出所：Panel Report, EC-LCA, ¶7.1780.

LA/MSF)，②開発融資（Design and Development Financing Loan)，③インフラ整備費（Infrastructure and Related Grant)，④企業再編にかかる債務免除（Corporate Restructuring Measures: Debt forgiveness, Equity and Grant)，⑤研究開発費（Research and Development）である．

これらのうち，補助金と悪影響との因果関係が論点となったのがLaunch Aid/Member State Financingである．この補助金は，フランス，ドイツ，スペイン，イギリスが大型航空機の設計と開発のために実施した無利子もしくは市場利率以下の融資で，航空機の販売と返済義務が紐付けられていた．したがって，販売が低調な場合，融資を返還する必要はないものとされる[15]．補助金の対象機種は，A300，A310，A320，A330/340，A330-200，A340-500/600，A380，A350とほぼすべてのエアバス社製航空機をカバーしている．

＜アメリカの主張とパネル・上級委員会の判断＞　アメリカは，ECがエアバス社に供与した補助金とその効果との間の因果関係について，航空機の開発・製造の側面に着目したProduction Theoryと，航空機の価格の側面に着目したPricing Theoryの2つの手法から立証を試みた．Production Theoryでは，ECによる補助金（LA/MSF等）が商業リスクをエアバス社からECに移転させ，補助金が供与されなかったら開発されなかったはずの航空機が市場

15）　Panel Report, EC-LCA, ¶2.5.

に供給されたことで，第三国市場（図 14-2 参照）や EC 市場でアメリカの大型航空機が代替され（displacement）たり，その販売を減少（lost sales）させたとする[16)]．また，Pricing Theory では，供与される補助金によって航空機開発期間および投資回収期間におけるエアバス社のキャッシュフローを改善し，大胆な価格設定が可能となることで，アメリカの航空機の価格を著しく押し下げる（price depression）等の影響を及ぼしたとする[17)]．

(a) 航空機の開発・製造による影響の立証

Launch Aid による市場代替の因果関係を立証するための証拠として，アメリカは主に Dorman Report とよばれるシミュレーションモデルを用意した．このモデルは，航空機の開発開始の意思決定にかかる補助金の影響を分析するもので，6 つの Launch Aid を下敷きに価格・生産・コストのシナリオを提示している[18)]．表 14-1 にあるように，補助金がある場合とない場合とでの純現在価値[19)]（Net Present Value: NPV）を比較することにより，航空機への投資にかかる意思決定が補助金によって左右される状況を示すものとなっている．

この Dorman Report についてパネルは，現実のエアバス社についてのモデルではないとしつつも，民間航空機への投資状況（リスクや長期的な投資回収等）を含み，また基本シナリオ（表 14-1 上段）での NPV の数値から，Launch Aid がなければエアバス社製品の開発はなかったとするアメリカの主張を支持するものであるとした[20)]．

また，パネルは EC の Dorman Report への批判に応える形で補助金が供与されていない場合の状況について検討している．EC は，証拠として提出したレポートに基づき，大型航空機市場が自然複占（natural duopoly）市場であるとし，仮に補助金が供与されていなくともボーイング社に対抗する他の競争

16) Panel Report, EC-LCA, ¶7.1877, ¶7.1879.
17) Panel Report, EC-LCA, ¶7.1877, ¶7.1998.
18) Panel Report, EC-LCA, ¶7.1882.
19) 純現在価値（NPV）とは，キャッシュフローに基づく企業の投資評価方法であり，NPV が正の値であれば企業価値がその分向上すると判断される．リチャード・ブリーリー，スチュワート・マイヤーズ，フランクリン・アレン，藤井眞理子・國枝繁樹監訳『コーポレート・ファイナンス 第 10 版 上』日経 BP 社，2019 年，pp. 39–46，167–174，209–219 参照．
20) Panel Report, EC-LCA, ¶7.1884–87.

表 14-1　アメリカが提示したモデルをパネルが再構成したもの

Launch Aid Impact on Programme Risk
Example of Launch Aid's Increased Incremental Value at Lower Production Levels

		No Launch Aid			With Launch Aid*			Incremental Value of Launch Aid		
	Recurring cost levels:	Expected	5% higher	10% higher	Expected	5% higher	10% higher	Expected	5% higher	10% higher
						($ millions)				
								{(d)-(a)}	{(e)-(b)}	{(f)-(c)}
		(a)	(b)	(c)	(d)	(e)	(f)	(g)	(h)	(i)
	Actual production levels:									
(1)	@100 % of expected production levels	$1,350	$199	($952)	2,386	1,235	84	$1,036	$1,036	$1,036
(2)	@ 95% of expected production levels	616	(490)	(1,596)	1,782	676	(429)	1,166	1,166	1,167
(3)	@ 90% of expected production levels	(3)	(1,068)	(2,134)	1,273	208	(858)	1,276	1,276	1,276
(4)	@ 85% of expected production levels	(744)	(1,761)	(2,778)	662	(355)	(1,372)	1,406	1,406	1,406
(5)	@ 80% of expected production levels	(1,438)	(2,408)	(3,378)	53	(917)	(1,887)	1,491	1,491	1,491

5% Price Decrease

		No Launch Aid			With Launch Aid*			Incremental Value of Launch Aid		
	Recurring cost levels:	Expected	5% higher	10% higher	Expected	5% higher	10% higher	Expected	5% higher	10% higher
							($ millions)			
								{(d)-(a)}	{(e)-(b)}	{(f)-(c)}
		(a)	(b)	(c)	(d)	(e)	(f)	(g)	(h)	(i)
	Actual production levels:									
(6)	@100 % of expected production levels	($191)	($1,342)	($2,493)	$845	($306)	($1,457)	$1,036	$1,036	$1,036
(7)	@ 95% of expected production levels	(846)	(1,951)	(3,057)	321	(785)	(1,891)	1,167	1,166	1,166
(8)	@ 90% of expected production levels	(1,396)	(2,461)	(3,527)	(120)	(1,185)	(2,251)	1,276	1,276	1,276
(9)	@ 85% of expected production levels	(2,054)	(3,071)	(4,088)	(649)	(1,666)	(2,683)	1,405	1,405	1,405
(10)	@ 80% of expected production levels	(2,669)	(3,639)	(4,609)	(1,178)	(2,148)	(3,119)	1,491	1,491	1,490

注：上段が基本シナリオ，下段が製品価格が 5% 下落した場合の NPV．NPV が負の値をとる場合，数値が網掛けのうえ，括弧にくくられている．

出所：Panel Report, EC-LCA, p. 937.

者の登場によって，競争を余儀なくされると主張した[21]．これに対してパネルは，大型航空機市場の状況について，圧倒的に高い参入障壁（技術的，経済的，スイッチングコスト）があることを指摘したうえで，専門家分析をベースにエアバス社に補助金が投じられなかった場合の 4 つのシナリオを提示して，EC の主張を退けた．

4 つのシナリオとは，①エアバス社が市場に参入せず，ボーイング社が独占するケース，②やはりエアバス社が市場参入しないが，ボーイング社と他のアメリカ企業（ダグラス社：1997 年にボーイング社と合併）で市場を占めているケース，③④はともにエアバス社が市場に参入している（が，もちろん補助金の供与を受けていない）シナリオであり，ボーイング社単独かボーイング社を含むアメリカ企業と競争する状況を想定している．②については競争者がアメリカ企業同士であること，エアバス社が参入している③④のシナリオであっ

21）　Panel Report, EC-LCA, ¶7.1977-78.

ても，補助金がなければ補助金が投入された現実の状況ほどエアバス社が競争的な航空機を投入できたとは考えられないとした[22)].

さらに，パネルはECの主張する他の要因についても検討しているが，こちらも退けている．具体的には，顧客との関係，地理的な要因，エンジン企業の役割，9・11につづく航空機需要の落ち込み等である[23)]．ECはこれらの論点について上訴したが，上級委員会はパネルの判断を支持する結論に至っている．

(b) 航空機価格への影響の立証

つぎに，補助金による価格への影響に関する因果関係について，アメリカはLaunch Aidがエアバス関連企業のEADSへのキャッシュフローや資本に影響を与えたこと，その結果エアバス社の限界費用が下がったことで，航空機価格を低く抑えることができたと主張した[24)]．これに対してパネルは，補助金がキャッシュフローにインパクトを与えたことは認めたものの，キャッシュフローの改善が航空機価格に影響を及ぼした点までは示されているとはいえないとして，アメリカの主張を退けた[25)].

14.3.3 アメリカ・ボーイング事件

本件はアメリカの州や自治体，連邦政府機関からボーイング社をはじめとする大型航空機産業への各種補助金が問題となった事件である．2006年，ECはこれらの補助金が，補助金協定の禁止補助金および措置の対象となる補助金(Actionable Subsidy）にあたるとしてWTOに提訴した．具体的に，本件で問題となった措置はワシントン州，カンザス州，イリノイ州およびこれら州内の自治体からの補助金，またNASA，国防省（DOD)，商務省（DOC)，労働省（DOL）をはじめとする連邦政府機関による補助金である[26)]．ECの主張によると，補助金の対象となった機種は，ボーイング717，737，747，757，

22) Panel Report, EC-LCA, ¶7.1981-84.
23) Panel Report, EC-LCA, ¶7.1985-87.
24) Panel Report, EC-LCA, ¶7.1997, ¶7.1999.
25) Panel Report, EC-LCA, ¶7.2004-2010.
26) Panel Report, US-LCA, ¶2.1, ¶7.1-6.

767，777，787の各機種である[27]．

<ECの主張とパネル・上級委員会の判断>　ECは補助金と悪影響・著しい害との因果関係について，こちらも2つのアプローチから立証を試みている．すなわち，技術的効果（Technology Effects）と，価格効果（Price Effects）である．技術的効果とは，ボーイング社に有用な技術等が提供されたことで，787の研究開発や生産が可能となり，競合するエアバス社の航空機の販売や価格に影響を与えたとするものである．他方，価格効果とは補助金によりボーイング社のキャッシュフローが改善し，航空機価格が引き下げられることで競合するエアバスの航空機のシェアや販売価格の低下が引き起こされたというものである[28]．

(a)　技術的効果

ECは，アメリカの航空研究開発（Aeronautic R&D）に関する補助金がなければ，787シリーズの運用コストの低減や座席の快適性がもたらされることはなく，また2008年に始まる787シリーズの大規模な引き渡し契約を結ぶことはできなかったと主張した[29]．

パネルはECの主張を支持し，技術的効果により悪影響が生じたことを認定した．結論に至る検討の枠組みとして，①研究開発にかかる補助金がボーイング787の技術開発に貢献したこと，これにともなって，②エアバスの競合機種が第三国市場で販売を代替されたことを段階的に検討している．①についてパネルは，「研究開発補助金の構成とデザイン」「補助金の運用」「競争の状況」の各事項について定性的（qualitative）な観点から検討している．たとえば，NASAによる各種技術的支援の態様からボーイング社の競争力が向上した点，研究開発の商業的リスクを減じる運用，エアバス社との競争において研究開発の強化が競争上の優位性をもたらすこと等である[30]．

27)　Panel Report, US-LCA, ¶2.1, footnote 20.
28)　Panel Report, US-LCA, ¶7.1596-98.
29)　Panel Report, US-LCA, ¶7.1702.
30)　Panel Report, US-LCA, ¶7.1710-7.1773.

表 14-2　200-300 座席型航空機の受注シェア推移（2000-2006 年）

年	エアバス A330・A350	エアバスの市場シェア	ボーイング 767・787	ボーイングの市場シェア
2000	95	91%	9	9%
2001	52	57%	40	43%
2002	24	75%	8	25%
2003	49	82%	11	18%
2004	51	46%	59	54%
2005	129	34%	251	66%
2006	117	40%	173	60%

出所：Panel Report, US-LCA, ¶7.1783.

そのうえで，パネルは②競合するエアバス機の販売と価格への補助金の効果について，200-300 座席型航空機市場で大きなシェアを有していた A330 が，2004 年の 787 の登場により受注シェアを奪われた点（表 14-2 参照）およびこれにともなって販売価格が抑制されたこと[31]，実際の販売において 787 の技術的特徴や納期から A330 が見送られたことを理由として，第三国市場での輸出代替，販売の著しい減少，価格の抑制を認定した[32]．

(b) 価格効果

EC はアメリカの補助金によって，①ボーイング社の限界単位費用（marginal unit cost）が減じたこと，②非営業キャッシュフローの増加により航空機（737NG，777，787）のプライシングに影響を与えたと主張した[33]．

①前者について問題となった補助金は，主に租税の免除措置である FSC/ETI（Foreign Sales Company/Extraterritorial Income Exclusion）である．FSC/ETI は航空機の輸出と紐付けられる輸出補助金であり，国外への航空機販売によってボーイング社の税引き後利益が増加することとなる[34]．パネルは，FSC/ETI の性質について，輸出補助金であることに言及したうえで，その特徴として貿易制限効果を有していること，輸出向け航空機の価格におい

31） Panel Report, US-LCA, ¶7.1774-7.1775.
32） Panel Report, US-LCA, ¶7.1786-94, ¶7.1797.
33） Panel Report, US-LCA, ¶7.1798-7.1800.
34） Panel Report, US-LCA, ¶7.1802-7.1803.

て対エアバス社で競争力を発揮すること，加えてボーイング社がエアバス社から受注を勝ち取ることでその立場を固定化できるとし，補助金と価格効果との間に因果関係を認めている[35]．

他方で，②後者の非営業キャッシュフロー増加による価格効果についてパネルは，EC が主張する補助金が上記研究開発に関連する補助金であり，すでに技術的効果で因果関係を認定していること，加えてその他の補助金についても交付額が少なく影響が薄いことから EC の主張を退けた[36]．

なお，価格効果に関する証拠について EC は定量的なモデルも提示していたがパネルはこれを採用しなかった．パネル報告書の巻末（Appendix VII.F.2）には，その内容およびパネルによる評価が以下のとおり記載されている．EC が提示したのは，Cabral Model とよばれるもので，「研究開発補助金」を受領した際のボーイング社の行動に関するモデルである[37]．これによると，ボーイング社の経営陣は補助金を株主への還元と株主価値の向上の経路に用いられるとされ，それぞれについてモデルを用いて補助金が価格にどの程度影響を及ぼしたのか提示したものとされる．パネルはこのモデルを証拠として採用しなかった主な理由について，モデルが提示しているボーイング社の行動と実際の 2000-2006 年の航空機の価格についての齟齬を強調している[38]．

上級委員会は，技術的効果による補助金と悪影響の因果関係について一部の判断を除いてパネルの判断を支持したものの[39]，因果関係を認めた価格効果についてのパネルの認定を破棄した[40]．そのうえで，上級委員会はパネルが採用した事実と両当事国間で争いのない事実を用いて，価格効果に関する独自の判断を示しており，以下それを紹介する．

まず上級委員会はその判断枠組みとして，①補助金の性質（nature），②規模（magnitude），③競争の状況，④個別の販売状況と補助金以外の要因を検討対象としている．①補助金の性質については，税控除であることから航空機

35） Panel Report, US-LCA, ¶7.1801-7.1823.
36） Panel Report, US-LCA, ¶7.1825-7.1828.
37） Panel Report, US-LCA, AppendixVII.F.2¶2, at 759.
38） Panel Report, US-LCA, AppendixVII.F.2¶67-72, at 778-780.
39） Appellate Body Report, US-LCA, ¶1012.
40） Appellate Body Report, US-LCA, ¶1245-49.

販売で得た収入にかかる税を減じる効果を有し，かつ輸出と結び付いていることから製品の輸出指向性を高め，輸出価格の下落をもたらすこと，補助金の供与期間が長いことを指摘する[41]．また，② 1989 年から 2006 年にわたって大規模な補助金（計 22 億ドル）が輸出と結び付く形で供与されてきたこと[42]，③大型航空機市場が複占市場であり，ボーイング社とエアバス社が航空機のプライシングで相互に影響し合っていること，販売において価格の要素が大きく補助金の供与を受けた場合，価格引き下げのインセンティブがあることを指摘し，補助金がボーイング社の価格引き下げに貢献していることを述べている[43]．

さらに，④個別の販売状況と他の要因について航空機のカテゴリーごとに検討しており，4 件の 300-400 座席型（777）販売についてはエンジンの燃焼効率等の技術的優位性，11 件のうち 9 件の 100-200 座席型販売についてはスイッチングコストと技術的優位性という他の要因の影響の可能性およびパネル段階での認定がなされていないことを理由に判断ができないとした[44]．他方で，残りの 2 件（日本航空およびシンガポールエアクラフト）については，パネルの記録を根拠に価格の影響を受けやすい販売であったこと，アメリカが他の要因の影響を申し立てていないことを理由として，補助金によるボーイング社の航空機価格の低下が原因でエアバス社の販売が失われたことを認定した[45]．

14.4 検討

14.4.1 判断枠組みの整理

エアバス事件，ボーイング事件を通して，パネルや上級委員会が提示してきた因果関係分析の判断枠組みは以下のとおり整理できる．判断枠組みに組み込まれている要素として，①補助金の性質（nature），②規模（magnitude），③運用，④当該市場での競争の状況，およびエアバス事件では，⑤定量的分析に

41） Appellate Body Report, US-LCA, ¶1252-53.
42） Appellate Body Report, US-LCA, ¶1254-55.
43） Appellate Body Report, US-LCA, ¶1257-60.
44） Appellate Body Report, US-LCA, ¶1265-69.
45） Appellate Body Report, US-LCA, ¶1270-74.

よる（シミュレーション）モデルが証拠として採用された．これらの要素は，問題となっている補助金ごとに検討される要素が異なっており，申立国の主張立証に関する考え方や方針とも相まって，必ずしもすべてが網羅的に検討されるわけではない．

また上記判断枠組みの要素において反実仮想の分析が行われており，例えばボーイング事件では，④「競争の状況」について，補助金の有無による航空機価格への影響を分析している（ただし，すべての論点や要素でこの分析手法を用いているわけではない）．このほか，他の要因（non-attribution）に関する分析について，被申立国による補助金以外の影響の主張という形で検討はなされているが，補助金の影響と他の要因が悪影響にどの程度寄与しているのか必ずしも精緻な分析がなされているわけではない．

14.4.2　上級委員会による因果関係の認定手法と反実仮想

上級委員会は反実仮想の分析手法について，事案によって異なることを前置きしたうえで，以下のように一般論を述べている．すなわち，「高度に定量的（highly quantitative）」な手法を用いる場合もあれば，「主に定性的な性質（predominantly qualitative in nature）」を有する手法を用いる場合もありえるし，またその両者が含まれる手法を用いることもあるとし[46)]，定性的分析や定量的分析がそれ自体で排除されているわけではない，と言及する．

定性的分析を用いて，補助金と価格の押し下げ効果の関係を検討したボーイング事件の上級委員会は，「競争の状況」を主な手がかりにある種の経験則に基づいた反実仮想の認定を行っている．具体的に上級委員会の論理展開を以下トレースすると，「一般的に，利潤を最大化する企業の商品価格の値付けには，平均生産費用と利潤がカバーされており，利潤の程度は市場の条件に左右される」，「すべての他の条件が同じであるならば，生産や販売に紐付けされた補助金をある企業に供与した場合，補助金が供与されていない場合と同水準の利潤を確保しながら，価格を引き下げることができる（“... a firm provided

46）Appellate Body Report, US-LCA, ¶1019–20.

with subsidy...enjoys the ability to lower its price...)」と一般化された企業行動について（暗に補助金が供与されなかった場合と対比して）述べたうえで，ボーイング社は補助金が供与されたことによって価格を引き下げたと認定している[47]．

この認定で上級委員会は，分析対象を「利潤を最大化する」企業とすることや「すべての他の条件が同じであるならば」との前提を置き，企業間の相違を平準化している．これによって，企業規模や業種等に内在する背景因子をキャンセルしたうえで因果関係を認定していると思われる[48]．このように補助金が供与された対象企業（群）と，供与されなかった企業（群）の性質を均して比較分析することで，補助金による影響に焦点を当てることができる．

他方で，上級委員会の判示の後段にある価格引き下げについても，補助金の供与を受けた企業が商品価格を引き下げる指向性を有していることを暗黙の前提としている可能性があるという問題がある．本件についていえば，補助金を得ても商品価格の引き下げに使われず，企業によっては内部留保，株主還元，役員報酬の引き上げ，研究開発，従業員の福利厚生等の使途を指向することを想定する必要がある[49]．この点について，上級委員会は自覚的に価格引き下げの企業行動に関するさまざまな傍証を本件の市場構造からあとづけている．複占市場がもつ価格指向性，値引きが価格以外の弱みを打ち消しうる航空機市場の状況，100-200 座席型の航空機販売はとりわけ価格に左右されること，2004 年から 2006 年にかけてのボーイング社の価格攻勢，スイッチングコス

47) Appellate Body Report, US-LCA, ¶1260.

48) この問題への理想的な対処法として挙げられるのが，「ゴールデンルール」として知られるランダム化比較実験（RCT）とよばれるものである．処置を受けた介入群と対照群をランダムに割り当てたうえで比較し，その差を測ることで因果効果を推定する方法で，共変量が相殺・キャンセルされるため，因果効果の推定に関する信頼性が高いとされる．森田果『実証分析入門』，pp. 183-187 参照．

49) 同じボーイング事件の技術的効果に関する議論の文脈であるが，供与された補助金によって技術開発に回されるのか，他の用途に使われるのか分析が必要との批判として，以下を参照．Damien Neven and Alan Sykes, “United States-Measures Affecting Trade in Large Civil Aircraft (Second Complaint): some comments”, *World Trade Review*, 13-2 (2014), pp. 293-294. このような場合，補助金の供与を受けた企業のキャッシュフロー分析が必要であるとする．

ト，等である[50]．このように航空機市場の状況を列挙することで，補助金が供与された企業行動の同質性を説得的に論証しているように思われる．

一方，定量的な証拠として採用された Dorman Report は，企業において投資の意思決定に利用される純現在価値（NPV）を用いて，航空機価格，生産，コストのシナリオを複数可視化したキャッシュフローを用意している（上記表 14-1 参照）．合理的な一般企業での投資尺度である NPV を用いることによって，ここでも介入群（補助金が供与された企業群）と対照群（補助金が供与されたなかった企業群）を均質化していると捉えられる．

これら上級委員会の判断手法は，ある種の経験則をベースとした推論を重ねながら私企業（あるいは一定の競争環境にある私企業）に普遍的に共通する性質に基づいて因果関係を判断している点で共通している．もっとも，一定の集団のなかでの因果効果の異質性や多様性については捨象しており，この点については，社会科学における因果推論の課題の一つとする指摘がある[51]．

14.4.3　定量的分析の採否

Dorman Report は，エアバス事件の Launch Aid による悪影響を立証するための主要な証拠として採用された一方で，ボーイング事件の Cabral Model は，その証拠能力を否定された．一般に，WTO のパネルは定量的証拠の採用に慎重であるとされ，しばしばその姿勢が批判の対象とされてきた[52]．両事件のパネル文言を読む限り，証拠としての採否を分けたのは，提示されたモデルの現実との近さにあったように思える．パネルは Dorman Report が提示しているリアリティについて以下のように述べ，モデルが提示したシミュレーションの差に劇的な変化がなかった点がむしろ信頼性を高めたとしている．

---

50)　Appellate Body Report, US-LCA, ¶1257-1260.

51)　一定のグループ・集団での普遍的な因果効果を想定するのか，そのグループ集団のなかでも多様性，異質性を容認するのかで，同じ結果を解釈するにあたっても立場が異なりうるとされる．本件で上級委員会は，一定の条件内の私企業を前提として，補助金による効果の普遍性を論証していることになる．この点について，詳しくは，石田浩「社会科学における因果推論の可能性」『理論と方法』27 巻 1 号，2012 年，p. 11 参照．

52)　たとえば，Bentes, *supra* note 7 at 259-260.

"The Dorman simulation generates a positive NPV in the base case scenario (*i.e.*, without LA/MSF and with costs, revenue and production levels as forecasts). However, relatively small changes in forecast cost, revenue and production levels results in significantly poorer results, generating either lower or negative NPV in all cases. The Dorman Report imply, we agree, that such variations in the forecast parameters constitute ***realistic*** scenarios which would need to be considered by a manufacturer when making a launch decision."[53)]

他方で，パネルは証拠能力を否定したCabral Modelについて，モデルが提示した開発補助金の航空機価格への影響の時期が補助金の受給時から間を置かずに出てくるとしていたのに対して，実際のボーイング社の価格行動が異なっていた（かなり遅れた時期に影響が出た）点を挙げている[54)]．このように，定量的なモデルが現実から乖離したり，抵触すると証拠としての有用性が低下すると考えられる[55)]．もっとも，モデルは現実を抽象化したものにほかならず，現実と抵触しないまでも，どの程度の抽象化が証拠として許容されるか検討が必要である．

14.5 あとがき

一般に，実験によらない観察研究による因果関係の立証は厳密な意味では不可能とされる[56)]．本章で取り上げた紛争処理手続についても，因果推論の理想とされる実験的な比較分析を現実にとることは困難である．したがって，国際貿易の規律に実効性をもたせるためには，因果関係の認定において一定の限界を認め，ある種の折り合いを見いださざるをえない．そのようななかでも，理想的な因果推論の方法を参照し，そこへ近づけるアプローチを探求すること

53） Panel Report, EC-LCA, ¶7.1887. 斜体強調は筆者による．

54） Panel Report, US-LCA, Appendix VII.F.2¶67-72 at 778-780.

55） 別件ではあるが，同様のモデルが「人工的（artificial)」であると退けられたケースもある．Panel Report, US-Upland Cotton, ¶7.1205, 7.1207.

56） 岩崎学『統計的因果推論』朝倉書店，2015年，p. 8.

が求められる[57)]．WTOの紛争処理手続において因果関係の立証は，不確実性がともなうと評されているが[58)]，アメリカ・ボーイング事件において上級委員会が示した手法は，比較する対象の性質を均質化するアプローチを採用した点で今後の因果関係の認定において参考になりうる．今後は，上級委員会が示した判断手法の限界や課題を認識しながら，予測可能で安定した因果関係の立証手法が求められよう．

最後に，本章で取り上げた両事件のその後の経緯を手短に紹介してむすびとしたい．EC・エアバス事件について，上級委員会の報告書によって違反が確定した措置に対するEUの対応が，2011年12月に発表された．しかし，それを不服とするアメリカは，違反が是正されたか確認する実施審査パネルを提起したほか，対抗措置の実施を求める仲裁手続を開始した．その後，実施審査に関するパネル，上級委員会の審理の結果，EUの補助金による悪影響が依然として残存しているとする裁定に至った[59)]．EUは違反措置を是正するためのさらなる措置をとったが，アメリカは十分ではないとの見解を表明し，再度の実施審査手続が係属している[60)]．

他方，アメリカ・ボーイング事件について，アメリカは違反が確定した補助金への対応を発表したものの，それを不服とするEUによってこちらも実施審査手続が開始された．実施審査パネルは，1件の補助金を除いてEUの主張を退ける判断を下したが，その後上級委員会はパネルによる補助金の存在自体の認定にかかわる判断について覆し，また悪影響についての判断についてパネルの判断がくだされていないことを理由として判断不能の事態に陥った．そ

57）同上書，p. 8，佐藤俊樹『社会科学と因果分析』岩波書店，2019年，5章参照．

58）James Flett, "The Client's Perspective", *in* Marion Jansen et al., eds., *The Use of Economics in International Trade and Investment Dispute* (Cambridge University Press, 2017), pp. 105-108.

59）補助金の悪影響が残存している場合，被申立国がそれにどのように対応するのかについては，難しい議論がある．というのも，WTOの紛争処理は，将来に向けた解決を行う機関であり（たとえば，違反とされたダンピング防止措置を停止する等），すでに供与済みの（かつ将来交付されることのない）補助金の影響をどのように除去するのか，遡及的な解決ができないなかで対応を考える必要がある．WorldTradeLaw.net DSC Commentary, EC-Aircraft Article 21.5 (AB) at 41-42 (2018).

60）European Communities and Certain Mamber States -Measures Affecting Trade in Large Civil Aircraft, WT/DS316/39 (2018).

のため，ボーイング事件についても，再度実施審査パネルがEUによって提起されるのではないかとの見通しがある[61]．このように，本章脱稿時点では，両事件とも収束には至っていない状況にある．

61) WorldTradeLaw.net DSC Commentary, US-Aircraft Article 21.5 (AB) at 39 (2019).

第15章　国際的な私法統一の意味と意義の再検討*

加賀見一彰

15.1　はじめに

本章は，国際化が進展する現代社会において求められる国際的な司法体制について，とくに統一法に着目して，その概念の明確化，意義の再検討，そして，世界厚生への影響の分析を行う．そして，意義を評価する際に確実性（certainty）だけでなく適合性（fitness）も十分に考慮するべきだと主張する．さらに，適合性も考慮に入れると，かなり一般的な条件のもとで，世界法型統一法よりも万民法型統一法のほうが望ましく，また，万民法型統一法よりも国際私法のほうが，世界厚生の観点から見て望ましい傾向があることを明らかにする．

以下，考察課題の背景を簡単に述べる．

さまざまな主体間の私的な関係のうち，関連するすべての要素が単一の国家内で完結するものを内国的関係，複数の国家に関わるものを渉外的関係（cross-border relationship）と呼ぶ．国際化の進展は，渉外的関係の拡大，複雑化，迅速化そして増大をもたらす．この状況にともなうさまざまな問題に対応するためには，国境を越えて法的規整を提供するような枠組み——国際的な

* 本章は，2019 年度の法と経済学会全国大会，および，応用経済学会において発表した原稿を加筆，修正したものである．発表にあたって示唆に富む有益なコメントをいただいた討論者，および，参加者の方々には，記して感謝申し上げる．

司法体制[1]——が適切に確立され，運用されることが求められる．

現在までに確立，運用されてきた国際的な司法体制は大きく3つに分けられる．すなわち，国家が関与せずに当事者達が実効的な秩序を構築する「自生的秩序型の司法体制」[2]，各国家がそれぞれに内国的に対応する「属地主義的な司法体制」，そして，個別の国家を超えて世界的な観点からの対応を試みる「国家間ないし超国家的な司法体制」である．しかし，自生的秩序は限定的な条件のもとでしか適切に機能しないし，属地主義的な対応は深刻な歪みをもたらす[3]．このため，国家間あるいは超国家的な司法体制が求められるようになった．

すなわち，国際私法（Private international law）というアイデアが創案され，実効性を備えた国際的な司法体制として発展してきた[4]．ここで，国際私法とは，国家がそれぞれに異なる国内実質法[5]をもち，世界に多様な実質法が併存することを前提としながら，規整すべき渉外的関係に対して，（原則として）いずれかの国家の実質法を選択的に適用するルールを意味する[6]．そして，少なくとも近代以降においては，実際に機能し，利用される国際的な司法体制としては，国際私法が基本であり，中心とされてきた．

しかし，国際私法の位置付けは，あくまで暫定的なものだとみなされてきた．多様な実質法の併存によって確実性が毀損されること，および，適用される国内実質法は結局のところ渉外的関係のために設計されたわけではないこと

1）「司法体制」という表現は，「司法」が国家作用の一つだとすると，国家の定義も存在も曖昧な文脈では不適切かもしれない．また，「国際的な司法体制」というと，国際公法と混同されるおそれがあるかもしれない．そこで，あるいは「法体制」という表現も検討したが，非国家法や慣習までが「法」に含まれうる状況では，法の定義や存在，機能も曖昧になってしまうため，棄却した．また，「法秩序」という表現も魅力的であるが，秩序は事後的な結果としての現象であって，事前的に構築される意図的な取り組みというニュアンスが弱いと判断した．そこで，ここでいう「司法体制」は，予断を排した中立的な表現として，「多様な法的ルールに基づいて秩序の確立と維持を企図する多様な主体が意図的に取り組む状況」という意味で用いている．

2）澤木・道垣内（2012）は「取引社会の自助努力」（p. 4）と呼んでいる．確かに，自生的秩序型の司法体制の多くは国際商取引に関連して確立されてきたが，本章ではもう少し幅広く捉えるために，より一般的な呼称にしている．

3）たとえば，櫻田（2007）pp. 10-11.

4）山田（2004）第一篇第五章，溜池（2005）第1編第2章，櫻田（2007）第5章，澤木・道垣内（2012）第3章などを参照のこと．

5）実質法（substantive laws）とは，私人間の関係を直接的に規律する規定・ルールを意味する．

6）このため，抵触法（conflict of laws）あるいは選択法（choice of laws）とも呼ばれる．

に起因する不適合性のために，国際私法は属地主義的な司法体制よりはベターであっても，司法体制全体のなかではベストではないと考えられてきたのである．そして，渉外的関係を適切に統制するように特定化され，超国家的に内容が画一化された統一法こそが究極の理想だとみなされてきた．

ところが，究極の理想であるはずの統一法は，現実にはほとんど成功していない．そこで，統一法が実効的に実現されうるプロセスや状況について，活発に議論されるようになった．ただし，この議論において，統一法の定義，機能あるいは意義について掘り下げられることはほとんどなく，「究極の理想である」ことを前提としたまま議論が進んでいった．

しかし，改めて考えてみると，そもそも当初の統一法の定義から厳密なものではない．また，統一法がどのように機能するのかも「想定」はされているが，「分析」はされていない．要するに，やや誇張していってしまうと，これまでの議論は，統一法について，それが「なに」か，「なぜ」望ましいのか，「なぜ」実現されないのかを検討しないまま，実現のための道筋を手探りしているようなものになっている．

これに対して本章では，まず，考察対象となる統一法を厳密に定義し，その機能と成果を解明する．また，統一法の意義については，他の司法体制と比較することで検討する．なぜなら，制度の意義は，「他の代替的な制度との優劣」によって評価されるからである．

以下，本章の構成を概観する．つぎの 15.2 節では，関連する基礎的概念の定義や説明を行うとともに，国際私法と統一法の優越を検討する意義や背景を述べる．続く 15.3 節では，分析のためのモデルを設定する．ここでは，渉外的関係に適用される実質法の適合性を明示的に取り入れたモデルを構築する．このモデルを用いて，15.4 節では，世界法型統一法，万民法型統一法，単純な国際私法，および，拡張された国際私法のそれぞれのもとでの厚生比較を行う．その結果として，一般的に，拡張された国際私法が，最も望ましくなる傾向があることを明らかにする．最後に，15.5 節は，全体の要約と追加的な議論を提示する．

15.2 国際的な司法体制に関する通説的見解

まず，国際的な私法統一が要請される背景や，私法統一に関わる概念について，これまでの通説的な考え方を整理しておく．そして，通説的な考え方の問題点を指摘したうえで，本章の考察課題に合わせて特定化する．

15.2.1 国際化の進展と法的規整

国際化の進展は，国境を越えた人・物・金・情報・権利などの私的な結び付き——渉外的関係——の増大・拡大・高度化・迅速化を意味する．したがって，国際化が進展する現代社会では，渉外的関係を適切に規整するような国際的な司法体制が求められることになる．この要請に応える形で，「自生的秩序型の司法体制」，「属地主義的な司法体制」，そして，「国家間ないし超国家的な司法体制」という，大きく3つの方向で議論が展開され，また実際に司法体制が構築され，運用されてきた．

第1の方向として，「自生的秩序型の司法体制」は，国家への依拠を限定して，当事者たちによって確立，維持されるような司法体制である．近代以降では，インコタームズのように意図的に確立されたもの，金融や海運におけるイギリス法のように慣習的に定着したものなどがある．また，レックス・メルカトリア（商慣習法）として包括的な議論も展開されている[7)8)]．そして，自生的秩序や慣習についての経済分析も数多く存在しており[9)]，現実の，あるいは，かつて存在した制度を題材とした分析も少なくない[10)]．

たしかに，「自生的秩序型の司法体制」は，適切に確立され，適切に機能するならば，望ましい成果を期待できる．しかし，適切に確立・機能させることそのものが難しい，という根本的な問題がある．実際に，この種の司法体制

7) 山手（1989），高桑（2006）pp. 55-56，シュミット（2006）などを見よ．

8) 絹巻・斎藤（2006）は，契約に限定しているが，国際的な商慣習法についての興味深い論考をまとめている．

9) たとえば，Ellickson（1991），Bernstein（1996），Posner（2000），Dixit（2004），などのほか，1990年代半ばから2000年代半ばにかけて，関連研究がおおいに蓄積された．

10) まとまったものとしては，岡崎（2001）および Greif（2006）を見よ．

が，司法体制として有効である状況はかなり限定的である．したがって，自生的秩序型の司法体制が有効ではない状況において機能するような，他の司法体制を検討することは絶対的に必要である．

第 2 の方向として，「属地主義的な司法体制」は，各国が自国の利益だけを追求して，個別的かつ非協調的に自国の国内実質法を形成・運用するような司法体制である．その帰結は，容易に予想できるように，囚人のジレンマや協調の失敗といった望ましくない状況が発生する．つまり，各国が，自国にとって都合の良い立法や解釈をする結果として，渉外的関係の適切な規律や紛争解決がかえって困難になる．また，各国による個別の立法や解釈がバラバラであるので，渉外的関係の当事者たちは，それぞれに，自分にとって都合の良い立法・解釈を提供する国家を戦略的に選択する「法廷地漁り」が発生する．

属地主義的な司法体制の弊害は，渉外的関係の発生がきわめて稀であるならば，それほど深刻でなかった．しかし，国際化の進展とともに，その弊害は重大なものだとの認識が広まり，統一的かつ協調的な司法体制が模索されることになった．

第 3 の方向として，「国家間ないし超国家的な司法体制」は，このような模索のなかで議論され，形成され，そして，運用されてきた．つまり，これは，「自生的秩序型の司法体制」あるいは「属地主義的な司法体制」のいずれも根本的な限界があることを前提として，渉外的関係を適切に規整するような制度確立を試みる．

現在では，渉外的関係を適切に規整するために，これら 3 つの司法体制が，ときに棲み分け，ときに衝突しながらも併存している．ただし，「国家間ないし超国家的な司法体制」は，他の 2 つの司法体制の限界や問題を克服するものとして，また，工夫や努力によっておおいに改善しうるものとして，より集中的に議論されてきたといってよいであろう．

15.2.2　国際私法と統一法

前項では，「国家間ないし超国家的な司法体制」が存在する意義，および，議論する意義を明らかにした．ここでは，この司法体制についてもう少し詳しく検討しよう．

まず，「国家間ないし超国家的な司法体制」は，伝統的には，さらに2つの方向に分けて議論されてきた．すなわち，国際私法と統一法（統一私法）である．

国際私法とは，各国の国内実質法を存続させたままでその選択的適用を企図する司法体制である．すなわち，ある渉外的関係について，各国の既存の国内実質法のなかから，もっとも適切なものを選択して，適用することを決定する．たとえば，ある日本人とあるアメリカ人が，フランスで結婚し，シンガポールに居住し，現地で一方が死去したという事案について，その遺産相続にともなう状況の発生や紛争解決のために，各国の国内実質法のなかからもっとも適切なものを選択し，適用することを決定する．

一方，統一法とは，各国の国内実質法を超えた統合的あるいは共通的な対応を企図する司法体制である．上記の日本人とアメリカ人の夫婦の事例では，遺産相続に関する実質法を超国家的に統一することで，渉外的関係を適切に規整することを目指す．

現状において，主流的に利用されているのは国際私法である．ところが，国際的な司法体制に関するこれまでの議論では，究極的な理想としては，統一法が望ましいものとみなされる[11]．そもそも国家・地域ごとの法の差異は，克服・超克されるべきもの[12]とみなされ，活用すべきものとは想定されない[13]．文化や歴史といった非合理的な要因から生じる法の差異は，確かに尊重されるべき——存続・共存してもよいもの——である[14]が，それすらも長い目で見れば収斂することが期待される．

11）石黒（2007）では，「統一法優位の法的イデオロギー」（p. 129）と呼んでいる．

12）たとえば，谷川（1966）．

13）いわゆる法多元主義は，多様な法的なものを包括的に活用することを積極的に意味付ける．しかし，国家によって形成・強制される法（ハード・ロー）以外にも，多様な形成・強制の方法や法源をもつ法的なものを対象とするのであって，国家・地域ごとの法の相違をポジティブに捉えるものではないというべきだろう（Berman 2007，浅野 2018）．また，多文化主義は，異なる地域や社会の多様な文化・価値観に優劣は付けられないことを強調するが，それらを機能的に活用するという意識は弱いのではないか．

14）田中（1954）『世界法の理論』とくに第一巻．

15.2.3　統一法の定義に関するこれまでの議論

前項では，統一法は国際私法よりも望ましい司法体制として期待されてきたことを説明した．では，そもそも，統一法とはなんだろうか．

統一法の定義は，もちろん，すでに，多くの文献において与えられている．たしかに与えられているのだが，その多くは，「世界各国で統一された法／同一の内容をもつ法／共通する法」という以上の説明をしていない．たとえば，国際的な司法体制について詳細かつ包括的に解説している谷川（1966）でも，統一法については「適用される法的条件を同一化すること」（p. 305）という説明にとどまる[15]．しかし，この説明では，「法」の概念が曖昧かつ限定的であるために，統一法の概念を特定化しきれていない．

では，実践的あるいは実務的な観点からは，統一法はどのように捉えられているのだろうか．ここでは，世界的な私法統一を推進する国際機関による統一法の定義に着目しよう．世界的な私法統一のための代表的な国際機関としては，UNCITRAL（United Nations Commission On International Trade Law）がある．この機関は，あくまで国際商取引に焦点を当てているが，統一法形成に向けて多くの実績をあげており，統一法形成の実践者・担い手として有力な存在であることに異論はないだろう．そのウェブサイトには，"What does UNCITRAL mean by the "harmonization" and "unification" of the law of international trade?" という事項がある．そのなかで，法の統一（unification）と平準化（harmonization）について，以下のように述べている（原文は英文）：

> 「国際商取引法の「平準化」と「統一」とは，国際商取引を促進する法が創出され，採用されるプロセスを意味する．国際商取引は，予測可能な管轄法の欠乏や商慣習に合致しない時代遅れの法といった要素によって阻

15）ほぼ同様の説明として，澤木（1988）p. 136以下，溜池（2005）p. 5，廣江（2008）p. 8，澤木・道垣内（2012）p. 2，などがある．高桑（2006）は，「統一法とは一定の法律関係に関する各国の規定を統一するための法規範である．」（p. 14）というように，「統一された法」ではなく「統一をもたらす法」と説明するところに特徴があるが，「統一する」ことの意味は「各国の法令の同一性を確保する」（p. 14）と述べており，やはり機能までは考慮していない．その他に，統一法について興味深い説明を提供するものとして，江川編（1955）pp. 9-12，ノイハウス（櫻田訳）（1979），櫻田（2005），五十嵐（2010）第6章などがある．

害されるかもしれない．UNCITRAL は，そのような問題を認識したうえで，異なる法システムをもち，異なる経済的あるいは社会的発展段階にある国家が利用しうる解決策を注意深く造りあげる．

「平準化」は，国内法が，渉外的商業取引における予見可能性を強化するように修正されるであろうプロセスとして概念的に捉えられる．「統一」は，国家による国際的なビジネス取引の特定の局面を管轄する共通の法的基準の採用だとみなされる．モデルローあるいは立法ガイドは国内法を平準化するように起草される文言の事例であり，一方で，条約は，国際的なレベルでの法統一のために国家によって採用される国際的な法律文書である．——中略——．実際のところ，2 つの概念は緊密に結び付いている．」（https://uncitral.un.org/en/about/faq/mandate_composition/history）（2019 年 6 月 8 日閲覧）

この定義において重要なことは，統一あるいは平準化の対象としてハードローに限定せず慣習なども受容していること，統一あるいは平準化の過程・手続に着目していること[16]，そして，多様な実質法の併存を認めていること，という 3 点にまとめられよう．このなかでは，とくに，過程・手続に注目していることが決定的に重要である．というのも，この記述は，私法統一が実現されていることではなく，実現しようとすることをもって，統一法を定義することを意味するからである．そして，この定義は興味深いものであるが，「世界各国で同一の内容をもつ法」という意味からはかけ離れている．したがって，少なくとも，統一法の定義，機能，意義についての従来の議論と不用意に結び付けることはできない．

ここまでの記述から明らかなように，統一法の定義はかなり曖昧である．この点について，Andersen（2007）は，法に関する国際的な “uniform” について，「これがなにを意味するかを定義しようという試みを目にすることは滅多にない」と述べている[17]．

さらに，統一法の定義が曖昧なまま，その意義や効果，実現方法などが検討されていることも問題である．統一法の定義が異なれば，その意義や効果，実

16） *Black's Law Dictionary* もこれに近い定義を掲げている（Garner 2000, p. 1242）．
17） Andersen（2007）p. 1.

現方法の議論も違ったものとなる．そこで，検討の出発点として，統一法の定義を明確にしなければならない[18]．

15.2.4　統一法の概念の検討

ここでは，本章における統一法の定義を確立する．ただし，統一法に関するすべての議論をカバーするような定義を与えるつもりはない．あくまで，本章における分析の前提となる統一法を特定化する．具体的には，統一法を定義する際に考慮すべき要素あるいは基準として，「統一される法の範囲・深度」「統一法に参加する地域・集団の範囲」および「統一法からの逸脱可能性」という 3 つに焦点を当てて，現実的というよりは理想的な統一法を定義する．

a）統一される法の範囲・深度

そもそも，「法」の範囲は曖昧である．すなわち，個別の法律・条文，実体法，手続法，ハードロー，ソフトロー，司法制度，法文化，法慣習，法の文言・表現，法に関わる概念，法の機能・効果，社会規範，宗教上の戒律……というように，多面的に構成されている．そして，この多種・多様な構成要素のそれぞれについて，どこまで統一するべきかを検討する必要がある[19]．

究極の理想としての統一法は，「法」を構成するあらゆる種類の要素について，最大限の深度までを統一されたものになる．しかし，現実には，このよう

18）当然のこととして，この点を指摘する文献もある．澤木（1988）はとくに強調しており，「要するに今日成立している統一法は不完全な統一法なのである．したがってそこでは，完全な統一法という理念型を基礎として捉えられてきた従来の理解がそのまま妥当しないのは当然である．」（p. 130）と述べている．また，これを引き継ぐ形で，斎藤（1992）も，「何よりも，教科書的な統一法の説明を現実的でなくしてしまっている最大の理由は，世界のすべての国が批准あるいは加入しているような統一法が一つとして現存していないことであろう．それどころか，世界中の主要な部分を統一した統一法さえきわめて少ないのが現状である．」（p. 920），さらに「理念型としての伝統的通説は正しいが，これだけ多くの「不完全な統一法」ばかりが存在している現在にあっては，理論的正当性のみを理由として伝統的通説の説明を記すだけで多くの教科書が著述を完了させてしまっていることは，実践的な立場から問題があろう．」（p. 924 注 14）とまで述べている．

19）この基準は，各国実質法の代替物として統一法を捉えている．しかし，統一法の確立を推進するヨーロッパには，底流する法文化として，統一法は，各国実質法の代替物ではなく，補完物として捉える見方があるのかもしれない．この見方に従うと，統一法とは，実体法の統一というよりも，（各国の実体法を補完するような）基礎概念や思考様式，法律家共同体についての統一というべきかもしれない．この点は，バーゼドー（2008）から示唆を受けた．

な究極的な統一法を実現する費用は膨大なものになるだろう．一方で，ごく部分的な統一では，統一法に期待される機能は果たされないことになるだろう．

そこで，実現可能な理想としての統一法を定義するためには，統一される「法」の適切な範囲・深度を検討する必要がある[20)]．しかし，これまでの議論では，統一の範囲や深度に関する実態解明や理想提示はあまり進んでいない[21)]．

本章では，議論の出発点あるいはベンチマークとして有益な究極の理想としての統一法に着目する．すなわち，本章における統一法は，「法」を構成するすべての範囲について，最大限の深度まで統一されていると想定する．

b）統一法に参加する地域・集団の範囲

統一法を定義する際にしばしば考慮される基準は，統一法に参加する地域・集団の範囲である．究極の理想としての統一法は，世界中のあらゆる地域・集団が統一法に参加するものとして定義される．しかし，世界中のあらゆる地域・集団が参加する統一法は実現困難である．このため，現実には，参加する地域・集団の多寡に着目して，統一法が認定されている．逆にいうと，成功した統一法と認定されるものでも，じつは，世界全体で見ると多様な法のなかの一つにすぎない[22)]．

本章では，やはり，究極の理想としての統一法に着目する．すなわち，本章における統一法は，想定している世界において，すべての地域・集団が参加しているものと想定する．

20） 法の平準化の文脈であるが，関連して，Crettez, Deffains, and Deloche（2009）を見よ．

21） 統一法に焦点を当てたものとしては，曽野ほか（2013）が数少ない，しかし優れた先行研究である．一方，国際私法において「選択・適用の対象となる法の範囲・深度」についての議論はある程度まで進んでいる．これはとくに，ソフトローなどの非国家法を対象とするか，公序を介して自国や他国の文化や価値観をどこまで考慮するかというような，法の範囲・深度に焦点を当てた事案が現実に発生しているからであろう．詳しくは，たとえば，横溝（2009）を参照．

22） これは，「当たり前のこと」を述べていると思われるかもしれない．しかし，これまでの統一法の議論は，まさに「統一法ではない」状況を念頭に置いていた．前掲の澤木（1988）および斎藤（1992）を参照のこと．

c）統一法からの逸脱可能性[23)]

「法」を構成するすべての範囲について最大限の深度まで組み込まれた統一法について，世界中のすべての地域・集団が参加するとしても，利用・適用の段階で逸脱できるならば，「統一法は存在するが，結果的にはだれも従わない」ことがありうる．

たとえば，国家についての逸脱可能性を見てみると，条約に基づく統一法は参加国を強力に拘束するといわれる．しかし，例外条項や留保条項が最初から組み込まれていたり，立法や解釈の段階で都合よく修正されることもある．また，私的主体についての統一法は逸脱可能性は高いことが多い．とくに商取引法の場合，私的自治（当事者による利用段階での逸脱）が世界中で広く認められる．実際に，統一法の成功事例とされる「ウィーン売買条約」でも，当事者による逸脱を認めている（第6条）．

しかし，本章では，やはり究極の理想としての統一法に焦点を当てる．すなわち，逸脱可能性がないものを統一法と定義する．ただし，逸脱不可能だと予断的に仮定するのではなく，費用をかけて逸脱を抑止していると考える．言い換えると，逸脱可能性を抑止できないならば，それは統一法ではないとみなす．

15.2.5　統一法の構造的分類

つぎに，統一法の構造について区分して整理する．統一法については，世界法（world law）型統一法と万民法（law of nations/people）型統一法に大きく二分される．ここでは，国際私法も合わせて整理することで，それぞれの構造を対比的に捉える．なお，各司法体制の意義については項を改めて検討する．

通常の説明では，世界法型統一法とは，世界中の各国の国内実質法まで同一化した法である．そして，万民法型統一法とは，世界中の各国の国内実質法を維持したまま，それとは別個に存在して，渉外的関係に限って利用・適用され

23）人によっては，（主体による自発的な）逸脱可能性よりも（制度による外在的な）排他可能性のほうが理解しやすいかもしれない．排他可能性とは，統一法が確立されたときに代替的な他の実質法を適用・利用できないようにすることを意味する．もし排他可能性があるならば，逸脱可能性は問題とならない．実例として，ULIS Annex の第2条は排他可能性を規定している．

る法を同一化した法である.

以上の説明を，記号を用いて補足的に説明しておく.

まず，世界にA国とB国の2カ国だけが存在し，それぞれ国内実質法L_AとL_Bを備えているとしよう．また，世界法型統一法をL^{GU}，万民法型統一法をL^{NU}とする.

すると，世界法型統一法の場合は，$L_A = L_B = L^{GU}$となる．つまり，各国の既存の国内実質法は消滅あるいは改正されて世界全体で同一の実質法となる．ただし，既存の国内実質法の消滅や改正において生じる摩擦を考えると，世界法型統一法を確立する費用は膨大になる[24)].

一方，万民法型統一法の場合は，各国の内国的関係には当該国の国内実質法L_AとL_Bがそれぞれ適用され，渉外的関係には万民法型統一法L^{NU}が適用される．つまり，各国の国内実質法と万民法型統一法は補完的に，いわば適材適所に使い分けられることになる．また，国内実質法には手を付けないので，確立費用は世界法型統一法よりは小さくなる[25)].

最後に，国際私法[26)]の場合は，各国の内国的関係には当該国の国内実質法L_AとL_Bがそれぞれ適用され，渉外的関係には自国ないし他国の国内実質法L_k（k = A or B）が選択的に適用される．なお，選択的適用にあたっては，自国の厚生ではなく，世界の厚生の最大化を企図する．ここでは，AとBという2カ国だけの世界を想定しているので選択肢が少なく見えるが，実際には世界中のさまざまな国内実質法が選択肢となりうる．また，国際私法が有効に機能するためには，各国の国内実質法を同一化する費用はかからないが，各国のさまざまな国内実質法を選択的に適用するルールを統一あるいは調和させる費用が必要になる[27)]．この費用は，世界法型統一法よりははるかに小さいと考えられるが，万民型統一法の確立費用との大小関係は確定的ではない.

24） 谷川（1966）pp. 309-310.

25） たとえば，「たしかに自国法をそのまま温存しながら，渉外的生活関係についてだけ統一法を作るという考え方は，諸国の法統一における利害の対立を抑える点で優れている.」（櫻田 2006, pp. 8-9）といわれる.

26） なお，すでに述べたことの再確認であるが，ここでいう国際私法は，属地主義を超克して，世界厚生を最大化することを目的とする.

27） 折茂（1955）pp. 14-15.

表 15-1

	内国的関係に関与する当事者	渉外的関係に関与する当事者
世界法型統一法	統一法	統一法
万民法型統一法	自国の国内実質法	統一法
単純な国際私法	自国の国内実質法	自国ないし他国の国内実質法
拡張された国際私法	自国の国内実質法	自国ないし他国の国内実質法ないし統一法ないし国際慣習法

一般的には，国際私法は上記のように説明される．しかし，現実には，ここでいう「他国の国内実質法 L_k（k ＝ A or B)」を拡張する場合がある．すなわち，A 国ないし B 国の国内実質法だけではなく，ある種の統一法や国際慣習法なども含めて選択可能とするのである．ここでは，両者を区分して，前者を単純な国際私法，後者を拡張された国際私法と呼ぶことにする．

以上の議論をふまえて，世界法型統一法，万民法型統一法および国際私法の構造は，表 15-1 のようにまとめられる．

すなわち，「内国的関係に関与する当事者」「渉外的関係に関与する当事者」に対して，世界法型統一法では，同一内容の実質法としての統一法をいずれにも適用する．万民法型統一法では，前者には自国の国内実質法，後者には統一法を適用する．単純な国際私法では，前者には自国の国内実質法，後者には自国あるいは他国の国内法のなかから選択して適用する．そして，拡張された国際私法では，前者に自国の国内実質法，後者には自国あるいは他国の国内実質法，統一法および国際慣習法のなかから選択して適用する．

15.2.6　国際的な司法体制の評価

国際的な司法体制の目的は，渉外的関係を適切に規整することである．そしてとくに統一法の意義については，「法の内容が国家単位で異なることは国際取引の円滑な展開にとっては障害であって，その障害を取り除くこと」が「伝統的な認識」であるとされる（曽野ほか 2013，p. i)．その障害とは，「当事者にとって適用されるべき法があらかじめ明らかでないこと」(高桑 2005，p. 3) を意味する．つまり，統一法は，「どこで訴訟が提起されようとも同一の結果に到達するという意味での判決の国際的調和の観点からみて望ましい」(松岡

2008, p. 7) とされる.

ここでいう国際的調和は, 私的関係の安全性, 法的安定性, 予測可能性などのいくつかの用語に置き換えることができるが, 以下では確実性 (certainty) という用語で統一することにしよう. 確実性が高いことは, 情報獲得費用やリスク対応の費用などを含む取引費用の低減につながる. 確実性に着目して, 統一法あるいは他の司法体制の意義を検討することには十分に意味がある.

問題となるのは, 従来の議論では, 司法体制を評価する基準として, 確実性だけに依拠する傾向があることである. もし確実性だけで司法体制を評価できるのであれば, いかなる渉外的関係であっても, たとえば日本法を常に適用することが最善になってしまう. したがって, 確実性だけでは, 国際的な司法体制を評価することはできないのである. そして, 法的規整の対象となる私的関係が個別の具体的な状況においてより大きな便益を生み出すような適合性 (fitness) もまた, 評価の基準として考慮にいれる必要がある.

実は, あまり多くはないが, 適合性に着目して, 統一法の優位性が論じられることもある. つまり, 生起しうる事案を内国的関係と渉外的関係に二分割して, 国内的関係には国内実質法, 渉外的関係には万民型統一法の適合性が高い——したがって, 国際私法の適合性は低い——という主張になっている[28]. たしかに, この主張は, 特定の渉外的関係に焦点を当てて特定的な統一法を検討する場合には妥当する (たとえば, ケープタウン条約) かもしれない. しかし, 一般的には, 渉外的関係の多様性はきわめて甚だしいため, その多様性に対応するような特定の万民型統一法を設計することはほぼ不可能である[29].

そして, 上記以外には, 国際的な司法体制を評価するにあたって, 適合性に着目した議論はほぼ存在しない[30][31].

---

28) たとえば, 松岡 (2008) p. 7, 高桑 (2005) p. 1 を見よ.

29) 国際商取引にまで限定しているウィーン売買条約ですら, 当事者がより適合性の高い法を求めて逸脱することを認めている.

30) 海外の文献でも, 同様に, 確実性や取引費用だけに着目するものが多いようである (たとえば, Gomez, Fernando, and Ganuza (2012)). 一方で, 一部には, 適合性に着目するものもある (Linarelli (2003) は "efficiency", Andersen (2007) は "effectiveness" と呼んでいる). また, Carbonara and Parisi (2007) はスウィッチングコストに焦点を当てている. これは適合性が低下する損失と解釈できなくもないが, 彼らの意図としてはシステム適応の摩擦費用というべきであろう.

なお，国際的な司法体制を評価する基準は，確実性と適合性のほかにもありうる．とくに統一法については，各国の国内法の改善の指針となることも挙げられる．たとえば，途上国や社会主義国の市場化に向けた法整備や，先進国でも法改正にあたって，統一法が「より良い」「より近代的な」法のモデルとして参照されることが期待される．しかし，これは当該国の国内問題に焦点を当てた議論であって，本章が考察する国際的な司法体制との関わりは薄いので考慮しないこととする[32]．

15.2.7 統一法の停滞と対応

国際化の進展に対応する国際的な司法体制として，統一法を理想とし，その実現を企図する試みは古くから存在した．とくに，19世紀のヨーロッパでは，このような法統一運動が大きな盛り上がりを見せた．さらに，2度の大戦による頓挫を挟みながらも，世界的な統一法を確立しようという努力は絶えず継続されてきたといってよい．

しかし，それにもかかわらず，事実として，統一法の形成と受容は限定的である[33]．そこで，統一法が停滞しているという事実に対応するために，いくつかの議論が展開されてきた．これらの議論は以下の3つに大きく分けられよう．

a）統一法の要件の緩和

b）統一法の実現プロセスの見直し

c）統一法の意義の再検討

まず，a）は，統一法の概念を緩和あるいは拡張することで，統一法の普及拡大を図る．すなわち，統一法を定義する際に考慮する要素・基準を緩めることで，「非統一法」も「統一法」の区分に入れるようにする．この結果として，統一法と呼ばれる事例は増加した．しかしこれは，統一法の事例を水増しする

31）なお，加賀見（2010）および Kono and Kagami（2013）は，統一法の分析において適合性に着目した考察を展開しているが，統一法の定義や意義についてはほとんど掘り下げていない．

32）さらにこの他に，Stephan（1999）はいくつか特徴的な意義を挙げている．その一つは，ある国が国内法を改革するときに，特定の外国法を移植することには national identity の観点から抵抗されるが，統一法であれば受容できる，というものである．現実的には，このような意義もあるのかもしれない．

33）近年のまとまった文献として，曽野ほか（2013）がある．

ためにアド・ホックに拡張したというべきであろう[34]．したがって，本章では，この種の議論には与しないこととする．

つぎに，b）は，統一法の確立費用を抑制するように，a）と結び付いて展開される議論である．実務的な関心が高いこともあり，関連する文献は多い[35]．しかし，この種の議論は，「統一法がなんであるか明確ではないし，その機能も意義も不確定であるが，その促進のための手続・方法を整備する」という方向に向かいがちである．したがって，統一法の定義や意義を考察するためには，この種の議論からは距離を置くべきである．

最後に，c）は統一法の概念をあらためて特定化したうえで，その機能や意義を解明しようとする議論である．ただし，この議論はさらに2つに区分される．一つは，「望ましいはずの統一法の実現を阻害する要因・費用を解明しよう」という議論である[36]．もう一つは，「統一法の望ましさを自明としないで，その便益を検証・解明しよう」という議論である．この方向での考察は，海外では比較的早くから提示されてきた[37]が，わが国では曽野ほか（2013）および曽野・藤田（2014）までは，重要な検討課題として認識されていなかった[38]．本章の考察は，この系譜を引き継ぎ，深化することを試みるものだといってよい．

34）アメリカ国内の統一法に主眼を置いているが，Kobayashi and Ribstein（2009）は，「統一法の非統一性（The Non-Uniformity of Uniform Laws）」というシニカルなタイトルの論文で，このような現状を描写している．

35）包括的に概観する議論として，谷川（1966）pp. 307-316がある．

36）この種の議論は，私法統一運動の黎明期にまで遡りうる．ただし，ラーデル，チーテルマン，田中耕太郎らによる初期の議論は「統一法の実現を阻害するコストは十分に小さい．したがって，統一法は実現可能である」という結論に強引に誘導しようとする傾向がある．関連して，斎藤（1988）を見よ．

37）嚆矢となったのはHobhouse（1990）で，以後，この文献を引用しながらいくつかの検討がなされている．

38）曽野ほか（2013）は「はしがき」のなかで，「連載を進めるにつれて，われわれが研究の出発点とした《法の内容が国家単位で異なることは国際取引の円滑な展開にとっては障害であって，その障害を取り除くことに私法統一の意義がある》という，伝統的な認識の射程を問い直す必要があるという問題意識が，執筆者一同の間に醸成されてきている」（p. i）と述べている．さらに，これをうけて，曽野・藤田（2014）は，「特に，私法統一活動が活発なわりにはその成功例は少ないという現状を直視すれば，私法統一のもたらす付加価値を分節化したうえで，そのヨリ効果的な獲得方法を分析的に検討する必要があるといえる．本ワークショップで行おうとしたのは，この付加価値の分節化である．これは，私法統一の成功・失敗の評価基準を設定する作業であるともいえる．」（p. 120）と述べている．

15.2.8　検討課題

本章では，国際的な司法体制について，その機能や成果を解明することを試みる．機能や成果の比較対象となる国際的な司法体制として，世界法型統一法，万民法型統一法，および国際私法を想定する．その基本的な構造は，表 15-1 でまとめている．

ここで検討される統一法は，統一される「法」の範囲・深度は最大である，世界におけるすべての地域・集団が参加する，逸脱可能性はない，という条件を満たすものと想定される[39)]．これらは，統一法としては究極的な理想形態だといってよいだろう．

また，国際的な司法体制の確立費用は，詳細には分析しない．当面はそもそも考慮に入れないが，考慮に入れる場合も一括で発生するものと単純化する．実際のところ，司法体制は，確立費用と運用費用の間にトレードオフがある．つまり，確立費用を抑制して運用段階で摩擦・調整費用を甘受するか，確立費用を十分に投入して運用段階を円滑化するかという選択が可能である[40)]．本章では中途半端な議論を避けて，単純化してしまうこととする．

最後に，規整対象となる私的関係は，特定的・限定的ではなく，多様なタイプが発生しうると想定する．これらの私的関係は，適用される法によって便益が決定的に左右される．そして，世界統一政府は存在せず，自律的に意思決定する各国が，自国の国内厚生を最大化するように国内実質法とその実効化メカニズムを供給する．

これらの想定のもとで，それぞれの国際的な司法体制は，どのように機能し，いかなる成果をもたらすのだろうか．そして，どのような優劣関係にあるのだろうか．これを検討していきたい．

15.3　モデル

ここでは，分析のために簡単なモデルを構築する[41)]．

39）逆にいうと，これらの条件を満たさなければ，統一法ではないと想定する．

40）これは，「ルールかスタンダードか」という議論に類する．

41）本章の初期バージョンではもっと本格的なモデルを構築していたが，紙幅の都合で大幅に削減

15.3.1 適合性，不確実性費用と国内厚生，世界厚生

世界には多数の国家が存在するが，ここではA国とB国という2カ国だけが存在すると単純化する．このうちの j 国（$j \in \{\mathrm{A}, \mathrm{B}\}$）には，法的規整に関わる固有の事情があり，これはパラメータ θ_j によって特徴付けられる．

この j 国の国内厚生を DW_j と表記する．DW_j は，内国的関係に適用される実質法 L_j^d と渉外的関係に適用される実質法 L_j^{cb} によって決定される（d は domestic，cb は cross-border を示している）[42]．なお，内国的関係への実質法適用と渉外的関係への実質法適用は相互に独立していると想定する[43]．そして，実質法の適用によって，規整対象である私的関係との適合性に応じて便益が発生し，適用の確実性に応じて不確実性費用が発生する．ここでは，実質法適用による内国関係から発生する便益を $DB_j^d(L_j^d;\theta_j)$，渉外的関係から発生する便益を $DB_j^{cb}(L_j^{cb};\theta_j)$，不確実性費用を DC_j，そして，j 国の国内厚生を $DW_j(L_j^d, L_j^{cb};\theta_j)$ と表記する：

$$DW_j(L_j^d, L_j^{cb};\theta_j) = DB_j^d(L_j^d;\theta_j) + DB_j^{cb}(L_j^{cb};\theta_j) - DC_j \tag{1}$$

ここで，不確実性費用 DC_j は，「いかなる実質法を選択するか」によってではなく，「どのように実質法を選択するか」によって左右される[44]．すなわち，適用される実質法の選択方法を規定する司法体制によって，大きく異なるものとなる．

最後に，世界厚生 GW は，検討対象となる世界[45]におけるすべての国家の国内厚生の総和と定義する．ここでは，世界にはA国とB国のみが存在する

した．初期モデルでは，国際化の進展度や，適合性への反応度などのパラメータも考慮していた．

42） 厳密にいうと，ここでは，「個別の私的関係にいずれかの特定的な実質法を適用する」状況を検討しているわけではない．「内国的関係と渉外的関係とカテゴライズされた私的関係群に対して，適用される実質法のカテゴリーを対応させる」状況を検討している．ただし，各国の内国的関係と渉外的関係がたかだか一つしか発生しないならば，これら2つの検討状況は一致する．

43） この想定は，統一法を推進する論者がしばしば前提としていると考えられる．

44） たとえば，結果的にアメリカ法を適用するとしても，最初からアメリカ法という選択肢しかない場合は，複数の候補からなんらかの手続きを経てアメリカ法を選択する場合よりも不確実性費用が小さくなる．

45） 関連する議論において，「世界」は「世の中すべて」という意味ではないことが多い．たとえば，ヨーロッパにおける統一法運動において想定されていたのは，「ヨーロッパという地域内のそれなりに有力な国家の集まり」という世界であった．

ので

$$GW = DW_A(L_j^d, L_k^{cb}; \theta_j) + DW_B(L_l^d, L_m^{cb}; \theta_B) + EX, \quad j, k, l, m \in \{\mathrm{A}, \mathrm{B}\} \tag{2}$$

ここで，EX とは，ある私的関係に特定の実質法を適用することが引き起こす国家間の外部性である．そして現実には，正あるいは負の EX がしばしば発生する．たとえば，重婚を認める国家からすると，自国民（場合によっては自国民でなくても）が他国において重婚を認めない実質法を適用されることによって，便益が影響されるかもしれない．しかし，EX は，個別的な状況に大きく依存する，測定がきわめて困難なものが含まれる，ある程度までは正負の効果が相殺されると予想される，そして，相対的に見れば十分に小さいと考えられる，といった理由から，ここでは $EX = 0$ と仮定する．また，実際に，少なくとも国際私法における議論では，私的関係への規整を管轄する国家による判断を他国は尊重することが原則となっている[46)]．そして，$EX = 0$ ということは，各国の国内厚生をそれぞれに最大化すれば，世界厚生も最大化されることを意味する．

15.3.2　確実性から見た最適な実質法

まず，適合性を無視した場合の，言い換えると，不確実性費用を抑制することだけが課題となる場合の，j 国にとって最適な実質法を検討してみよう．

式 (1) において，$DB_j^d(L_j^d; \theta_j)$ と $DB_j^{cb}(L_j^{cb}; \theta_j)$ を無視できるのであれば，j 国の国内厚生は下記となる：

$$DW_j(L_j^d, L_j^{cb}; \theta_j) = -DC_j \tag{3}$$

この式 (3) は 2 つのことを意味している．一つは，たしかに，不確実性費用を抑制することは望ましいということである．DC_j を抑制すれば，j 国の国内厚生は増大する．もう一つは，確実性のみに着目するならば，いかなる実質法が望ましいか判断できないということである．いかなる実質法を適用するの

46)　もちろん，EX が無視できないほど大きかったり，安定的に正あるいは負となる場合は，この EX に焦点を当てた考察が必要となる．

であれ，国内厚生と世界厚生のいずれも影響を受けないのであるから，どんな実質法を適用してもかまわないということになる．

このことは，当然のことのように見えるが，実際の議論においてはかなり曖昧に取り扱われてきた．繰り返しになるが，確実性のみに着目する限り，「(不確実性費用を抑制するような）統一法を形成・適用するべきだ」という主張は正当化されるかもしれないが，「どのような統一法を形成・適用するべきか」は判断できないのである．たしかに，現実には，特定の実質法を採用することが確実性を向上させるように見える場合はある．しかし，その多くは，当該実質法の特性によって確実性が向上しているのではなく，すでに多くの国家や当事者が参加しているから確実性が向上する．要するに，多くの国家や当事者が参加しているのであれば，いかなる実質法でも望ましいことになる．したがって，確実性だけに依拠する限り，望ましい司法体制についての議論を深化させることはできないといってよい．

15.3.3 適合性から見た最適な実質法

そこで今度は，確実性を無視して，適合性だけを考慮する場合の最適な実質法について検討する．式 (1) において，不確実性費用を無視すると，j 国の国内厚生は下記となる：

$$DW_j(L_j^d, L_j^{cb}; \theta_j) = DB_j^d(L_j^d; \theta_j) + DB_j^{cb}(L_j^{cb}; \theta_j) \tag{4}$$

したがって，j 国は，内国的関係からの便益 $DB_j^d(L_j^d; \theta_j)$ を最大化するような実質法 L_j^d，また，渉外的関係からの便益 $DB_j^{cb}(L_j^{cb}; \theta_j)$ を最大化するような実質法 L_j^{cb} を形成あるいは選択して適用することが望ましい．

この結果として，一般的に，各国にとって最適な実質法は，相互に乖離することになる．なぜなら，各国が直面する固有の事情が異なるならば，各国が最適だと考える国内実質法も相互に異なったものとなるからである[47)]．そして，世界的に見れば，各国がそれぞれに固有の個別的かつ具体的な事情を考慮し

47） 道垣内（2015）は「法は，国家の法として 1 つの整合性を持ち，適用領域が一国に限定されたものであり，そして，整合的な法の生成は，各国で独自に行われる．従って，法は，国ごとにまったく独自なものとなりうる．」（p. 115）と述べている．

て，多様な実質法が併存する状況が望ましい．

一方で，統一法は，一般的に，望ましくないことになる．なぜなら，統一法は，各国の固有の事情を無視するので，各国の便益を損なうからである．もちろん，最適な実質法と統一法がたまたま合致する国家については望ましいことになるが，それは偶然的な例外にすぎない．

15.3.4　確実性志向と適合性志向の融合

確実性に着目して，不確実性費用を抑制することは望ましい．このため，できるだけ簡便で，特定的な実質法を適用するような司法体制が求められる．一方で，適合性を重視して，個別的かつ具体的な固有の事情を考慮することも望ましい．このため，多様な実質法を状況依存的に適用するような司法体制が求められる．

このように，確実性志向と適合性志向は，対極的な方向性を提示する．したがって，両者をただ結合しただけでは，議論を整合的に発展させることはできない．そこで，国際的な司法体制を検討するにあたっては，両者を融合させ，確実性と適合性の関係，とくにトレードオフを明示的に考慮することが求められる．

ここで，国際的な司法体制の検討に進む前に，重要な仮定について付言しておく．すなわち，以下の議論では，司法体制を確立する費用は考慮しないこととする．もちろん，この仮定は現実的ではない．司法体制における確実性と適合性の融合レベルと，確立費用の間にもトレードオフが存在すると考えられる[48]．そして，このトレードオフについての考察は大変に興味深い．

しかし，現時点では，この興味深いテーマに取り組むのは尚早だと判断する．そして，「どのような司法体制を構築するべきか」と「どのように司法体制を構築するべきか」という2つの検討課題を明確に分離するべきだと考える．なぜなら，これまでの議論では，これら2つの検討課題を明確に認識しないまま，後者の検討が進められる傾向があったように思われるからである．とくに統一法については，確立費用が膨大であることが議論を停滞させてい

48)　すなわち，より多くの確立費用を投入すれば，より高いレベルで確実性と適合性を両立させる司法体制を構築できる可能性が高くなるであろう．

るのではないかと推測している．というのも，現代では，まともに統一法を形成しようとすると，禁止的なほどに巨額の確立費用が必要になる[49)]．つまり，「確立できるか？ ⇒ できない」という時点で統一法の議論は終了してしまう．そこで，とにかく確立費用を低減することを企図して，「どのような」よりも「どのように」に焦点が集まってしまったのではないだろうか[50)]．

だが，「どのような司法体制を構築するべきか」という検討課題に見通しがつかなければ，「どのように司法体制を構築するか」という議論は迷走する，というのが本章の立場である．このため，「確実性志向と適合性志向を融合させる司法体制としてどのようなものが望ましいか／構築するべきか」という検討課題に焦点を当てて，「どのように司法体制を構築するか」という検討課題には踏み込まないこととする[51)]．そのため，あえて確立費用を無視して考察を進める．

15.3.5 国際的な司法体制の検討へ

国際的な司法体制は，世界法型統一法，万民法型統一法，単純な国際私法，拡張された国際私法という 4 つに大きく分けられる．これらを，GU，NU，CLS，CLE という添え字でそれぞれ表す．また，以下では簡単化のために，世界はそれぞれの A と B という 2 カ国から構成されると想定する．以上をふまえて，世界厚生を以下のように表記する：

世界法型統一法のもとでの世界厚生 $GW^{GU} = GW(L^{GU}, L^{GU})$

万民法型統一法のもとでの世界厚生 $GW^{NU} = GW(L_j^d, L^{NU})$, $L_j \in \{L_A, L_B\}$

---

49) かつてはハーグ統一売買法条約のように一部の先進国だけで統一法の内容・是非を検討することから，確立費用は抑制されていた．たとえば，曾野（1976）が，「充分発言の機会さえ与えられれば結局は大勢に順応することに抵抗を感じなくなる」（p. 50）と述べているように，ある程度の時間をかければ意味のある合意を確立できた．しかし近年では，多くの国・地域が参加する国際会議・国際機関が統一法について議論することが多い．このため，バーゼドー（2008）が強調するように，世界中の国々が集まって，そのすべてが納得するような統一法を設計・確立するコストは禁止的に大きくなっている．

50) たとえば，志摩（2016）p. 52 を見よ．

51) もちろん，なんらかの国際的な司法体制を確立するプロセスに焦点を当てた分析も可能であるし，すでに先行研究もある．たとえば，非協調ゲームの帰結として統一法が形成される状況については，Carbonara and Parisi（2007）や Herings and Kanning（2008）などがある．

単純な国際私法のもとでの世界厚生　$GW^{CLS} = GW(L_j^d, L_k^{cb})$, L_j^d, $L_k^{cb} \in \{L_A, L_B\}$

拡張された国際私法のもとでの世界厚生　$GW^{CLE} = GW(L_j^d, L_k^{cb})$, $L_j^d \in \{L_A, L_B\}$, $L_k^{cb} \in \{L_A, L_B, L^{NU}\}$

以上の設定のもとで，国際的な司法体制の機能や帰結について分析していこう．

15.4　分析

15.4.1　世界法型統一法

まず，最初に，ある意味でもっともシンプルな世界法型統一法の分析を行う．世界法型統一法の場合，世界のすべての国・地域で，内国的関係と渉外的関係のいかんにかかわらず，同一の内容をもつ L^{GU} が適用される．すなわち，$L_j^d = L_j^{cb} = L^{GU}$ となる．

したがって，j 国の国内厚生は以下のようになる．

$$DW_j(L^{GU}, L^{GU}) = DB_j^d(L^{GU}; \theta_j) + DB_j^{cb}(L^{GU}; \theta_j) - DC_j, \quad j \in \{\mathrm{A, B}\} \tag{5}$$

また，世界厚生は以下のようになる：

$$\begin{aligned} GW^{GU}(L^{GU}, L^{GU}) = {} & DB_A^d(L^{GU}; \theta_A) + DB_B^d(L^{GU}; \theta_B) + DB_A^{cb}(L^{GU}; \theta_A) \\ & + DB_B^{cb}(L^{GU}; \theta_B) - (DC_A + DC_B) \end{aligned} \tag{6}$$

この式に基づいて，世界法型統一法の意味について検討しよう．世界法型統一法は，ときに究極の理想的な司法体制として期待されてきたが，果たしてこの期待に応えてくれるのだろうか．

確実性

まず，確実性に着目しよう．いずれの国家のもとであっても，また，内国的関係あるいは渉外的関係のいずれであっても，同一の実質法 L^{GU} を適用することから，不確実性費用 $DC_A + DC_B$ は大きく抑制されることが期待される．

では，実際のところ，不確実性費用はどれほど抑制されると期待できるのだろうか．

森下（2015，pp. 80-81）は，EU 圏内での私法統一に関する調査結果として「事業者にとって，外国の契約法や消費者保護法について調査したりアドバイスを得たりすることや，外国の消費者保護法を遵守したりすることが，他の EU 加盟国の顧客と売買するかどうかを決定する際に Large Impact を与えるとした事業者は，B2B 取引についても B2C 取引についても 10% 以下であり，No Impact との回答が 50% を超えた」といった事実および関連する議論を紹介している．この議論を見る限り，実態としては，不確実性費用の低減効果は，それほど劇的なものではない．

適合性

続いて，適合性に目を向けてみよう．まず，j 国の内国的関係については，適合性志向の実質法を適用する場合と比較すると，$\Delta DB_j^d = DB_j^d(L^{GU};\theta_j) - DB_j^d(L_j^d;\theta_j)$ だけ便益が変化する．これは確実に非正で，多くの場合は負となる．また，渉外的関係については，$\Delta DB_j^{cb} = DB_j^{cb}(L^{GU};\theta_j) - DB_j^{cb}(L_j^{cb};\theta_j)$ だけ便益が変化する．これも確実に非正で，多くの場合は負となる．そして，固有の事情を考慮せず，適合性が低下することの効果が大きいほど，各国の国内厚生ひいては世界厚生の減少は甚だしくなる．

一方で，初期の統一法運動においては，この損失がかなり小さくなる状況を想定していたのかもしれない．すなわち，各国の固有の事情に大きな差はなく，内国的関係と渉外的関係の相違も無視できると想定するならば，$L_A^d = L_B^d = L_A^{cb} = L_B^{cb}$ となる．つまり，各国ごとの相違も，内国的関係と渉外的関係の相違もなく，実質法は本質的にそもそも同一になる．そこで，これを世界法型統一法 L^{GU} と設定すれば，適合性の損失が発生しないで，不確実性費用の抑制だけを享受できるはずである．そして，世界中で実質法が本質的に一致している（すなわち，$L_A^d = L_B^d = L_A^{cb} = L_B^{cb}$ となる）という認識のもとで，比較法によって，法に関する表面的・形式的な要素を擦り合わせれば，まさに理想的な統一法を確立できるという信念があったのではないか[52]．

ところが，この信念は現実に照らすと妥当性が疑わしい．むしろ，各国の固有の事情はかなり相違している可能性が高い．たとえば，「文学的及び美術的著作物の保護に関するベルヌ条約」にアメリカが長らく加盟しなかったこと――いまなお限定的であること――は，アメリカにとっての固有の事情が存在するために，自国にとって望ましい実質法と統一法とが大きく相違していたからではないか．さらに，現在あるいは将来において，知的財産と電子化・情報化が結び付いて，各国の固有の事情が多様化・分散化すると，ベルヌ条約は瓦解するかもしれない（TRIPS 条約や WIPO 著作権条約に結び付くか？）．

ベルヌ条約は文化に関わるので各国の固有の事情が衝突しやすいのかもしれない．では，より一般的なビジネスに関わる領域ではどうだろうか．たとえば，為替手形，約束手形および小切手などの商業取引分野では，1930 年代初頭には大規模な世界法型統一法が確立された．これは，世界法型統一法の代表的な成功例だとされる．ところが，この統一法に，イギリスとアメリカは参加しなかった[53]．

この事例に対して，「財産法分野では合理的・技術的考慮が支配するので，統一法が比較的成立しやす」い（櫻田 2006，p. 9），「合理性に基礎を置き，技術的色彩の濃い取引法の分野では，理論的には完全な統一が可能であると考えられ」る（澤木・道垣内 2012，p. 2）といった考え方では，イギリスやアメリカが上記の統一法に参加しない事実を説明できない．

これに対して，合理的・技術的性質が強いかどうかにかかわらず，各国の固有の事情が大きく異なるならば，統一法への参加は適合性を大きく損なうことがある（そして，そのような国家は統一法に参加しない），と考えるならば，事実をうまく説明できる．

評価

現時点では，他の司法体制について検討していないため，相対的評価としての良否についてはまだ判断できない．しかし，ここまでの考察で明らかなように，絶対的評価として，究極の理想であるということは難しい．

52）志馬（2016）pp. 48-49 を見よ．

53）なお，手形や小切手の歴史，統一法形成の過程については，福島（1983）が詳しく，非常に面白い．

そこで，次項からは，相対的評価によって，世界法型統一法および他の司法体制の優劣を検討していこう．

15.4.2 万民法型統一法

万民法型統一法の場合，世界のすべての国・地域で，内国的関係には自国の国内法，渉外的関係には同一の内容をもつ L^{NU} が適用される．

したがって，j 国の国内厚生は以下のようになる．

$$DW_j(L_j^d, L^{NU}) = DB_j^d(L_j^d;\theta_j) + DB_j^{cb}(L^{NU};\theta_j) - DC_j, \quad j \in \{\mathrm{A,B}\} \quad (7)$$

また，世界厚生は以下のようになる：

$$GW^{NU}(L_j^d, L^{NU}) = DB_A^d(L_A^d;\theta_A) + DB_B^d(L_B^d;\theta_B) + DB_A^{cb}(L^{NU};\theta_A) + DB_B^{cb}(L^{NU};\theta_B) - (DC_A + DC_B) \quad (8)$$

では，式 (5) と式 (7)，あるいは，式 (6) と式 (8) に基づいて，万民法型統一法と世界法型統一法を比較してみよう．

確実性

世界法型統一法と万民法型統一法を比較すると，内国的関係と渉外的関係の相違すら無視する世界法型統一法のほうが，不確実性費用 $DC_A + DC_B$ が小さいといえそうである．この点について，もう少し詳しく検討しよう．そのために，不確実性費用を，内国的関係に実質法を適用する際の不確実性費用 $DC_A^d + DC_B^d$ と，渉外的関係に実質法を適用する際の不確実性費用 $DC_A^{cb} + DC_B^{cb}$ という 2 つに分解する．

まず，渉外的関係についての不確実性費用 $DC_A^{cb} + DC_B^{cb}$ を検討すると，実は，世界法型統一法であれ，万民法型統一法であれ，「渉外的関係に統一法を適用する」という機能は同一である．そして，機能が同一であれば，不確実性費用も同一である．つまり，渉外的関係については，世界法型統一法と万民法型統一法の確実性は同等ということになる．

つぎに，内国的関係についての不確実性費用 $DC_A^d + DC_B^d$ を検討する．これは，「自国内で完結する私的関係」に「統一法を適用する際の不確実性費用」

と「自国法を適用する際の不確実性費用」を比較することを意味する．この比較における良否は予断的に確定することはできない．いずれにせよ「適用される実質法は確定している」のであるから，同等だともいえそうである．しかし，現実的には，裁判官や弁護士，当事者自身がより習熟していて，「落としどころ」(focal point) を共有している「自国法を適用する」ほうが不確実性費用は小さいともいえそうである．しかし，発展途上国などのように自国の法体系・司法制度に不備がある場合は，「(洗練された) 統一法を適用する」ほうが不確実性費用は小さくなるかもしれない．

ともあれ，ここまでの検討からは，世界法型統一法と万民法型統一法のいずれが，確実性の観点から望ましいのかは一概にいえない．実は，確実性について，世界法型統一法が万民法型統一法に対して優位性をもつのは，内国的関係と渉外的関係に関わりなく統一法を適用するところに求められる．なぜなら，ある私的関係が内国的関係と渉外的関係のいずれであるのかが不明確であるならば，万民法型統一法のもとでは自国法と統一法のいずれが適用されるのか確定しないのに対して，世界法型統一法のもとでは常に統一法を適用することが確定している．このため，世界法型統一法のほうが，確実性が高くなる．

ところが，万民法型統一法は，しばしば，渉外的関係のためだけに用意されることで適合性を向上させると解説される．つまり，私的関係は内国的関係と渉外的関係のいずれかに明確に分離されること，すなわち，世界法型統一法が優位性をもつ条件が成立しないことを前提としているのである．

以上の考察をまとめると，確実性については，私的関係が内国的関係と渉外的関係に明確に分離できる場合は万民法型統一法が有利になり，さもなければ世界法型統一法が有利になる．したがって，世界法型統一法と万民法型統一法の優劣は条件に依存し，いずれかが確定的に優位性を発揮するとはいえない，と結論付けられる[54]．

適合性

適合性については，かなり単純に強い主張を提示できる．すなわち，世界法

54）ただし，前記の森下（2015）pp. 80-81 の研究をふまえると，万民法型のほうが優位かもしれない．

型統一法よりも万民法型統一法のほうが，一般的に，優位性をもつ．

なぜなら，まず，渉外的関係については，渉外的関係だけに限定して統一法を策定する万民法型統一法のほうが，適合性が高い（$DB_j^{cb}(L^{NU};\theta_j)>DB_j^{cb}(L_j^{GU};\theta_j)$）．また，内国的関係については，自国内で完結する私的関係に自国の固有の事情を考慮して形成された実質法を適用することは，一般的に，統一法よりも適合性が高くなる（$DB_j^{d}(L^{NU};\theta_j)>DB_j^{d}(L_j^{GU};\theta_j)$）．

評価

世界法型統一法と万民法型統一法を比較すると，確実性についてはいずれかの優位性を一般的には判断できない——現実的には万民法型統一法がやや優位か——であり，適合性については一般的に万民法型統一法のほうが優位性をもつ．したがって，総合的に判断すると，世界法型統一法よりも，万民法型統一法のほうが望ましい傾向がある．

15.4.3 単純な国際私法

続いて，国際私法に焦点を当てて検討する．国際私法とは，私的関係に既存の実質法を選択的に適用するメタ・ルールである．実は，国際私法の学説には，内国的関係にすら他国の国内実質法を適用してよいとする考え方や，ある私的関係が内国的関係か渉外的関係かを判断するフェイズが重要であるとする主張など，興味深いものが多い．しかし，これらの要素まで分析に組み込むと，議論があまりにも複雑になる．そこで，以下の分析では，単純化して，内国的関係と渉外的関係は費用なしで明示的に分離され，かつ，内国的関係には自国の国内実質法を適用すると想定する．

以上の想定をふまえると，単純な国際私法の場合，j 国では，内国的関係には自国の国内実質法 L_j^d，渉外的関係には各国の国内実質法のなかから最適な実質法が適用される．

したがって，j 国の国内厚生は以下のようになる．

$$DW_j(L_j^d, L_k^d) = DB_j^d(L_j^d;\theta_j) + DB_j^{cb}(L_k^d;\theta_j) - DC_j, \quad j,k \in \{\mathrm{A},\mathrm{B}\} \tag{9}$$

また，世界厚生は以下のようになる：

$$GW^{CLS}(L_j^d, L_k^d) = DB_A^d(L_A^d;\theta_A) + DB_B^d(L_B^d;\theta_B) + DB_A^{cb}(L_k^d;\theta_A) + DB_B^{cb}(L_l^d;\theta_B) - (DC_A + DC_B), \quad j,k,l \in \{\mathrm{A,B}\} \tag{10}$$

国際私法は，国際的な司法体制として統一法とは性質が異なるところがある．そこで，まず，属地主義との相対比較から考察を始める．国際私法は，属地主義の問題性を前提とし，その克服を意図して（単純な）国際私法が発展してきた．このことはどのように評価できるのだろうか．

＜属地主義と単純な国際私法との比較＞　属地主義とは，内国的関係と渉外的関係のいずれにも自国法を適用する司法体制である．

したがって，j 国の国内厚生は以下のようになる．

$$DW_j(L_j^d, L_j^d) = DB_j^d(L_j^d;\theta_j) + DB_j^{cb}(L_j^d;\theta_j) - DC_j, \quad j \in \{\mathrm{A,B}\} \tag{11}$$

また，世界厚生は以下のようになる：

$$GW(L_j^d, L_j^d) = DB_A^d(L_A^d;\theta_A) + DB_B^d(L_B^d;\theta_B) + DB_A^{cb}(L_A^d;\theta_A) + DB_B^{cb}(L_B^d;\theta_B) - (DC_A + DC_B) \tag{12}$$

これら式(11)ないし式(12)と式(9)および式(10)に基づいて検討することになるが，考察は比較的単純である．

内国的関係については，いずれも自国法を適用するので，確実性も適合性も同一になる．属地主義と単純な国際私法との相違は，渉外的関係に対する実質法適用において発生する．

そして，まず，確実性については，常に自国法を適用する属地主義が優位性をもつ．つぎに，適合性については，常に自国法を適用する属地主義よりも，より適合性が高い実質法を選択して適用する国際私法のほうが優位性をもつ（$DB_j^{cb}(L_j^d;\theta_j) \leq DB_j^{cb}(L_k^d;\theta_j)$）．したがって，両者の機能に着目する限り，優劣を判断することはできない．

そこで，追加的な他の要素も考慮に入れることで，評価することを試みる．ここでは，私的関係全体に占める渉外的関係の比率という要素を考慮に入れることにしよう．

そして，渉外的関係の比率が小さいとき，渉外的関係の適合性を向上させたときの世界厚生への影響は限定される．一方で，自国法以外が適用される可能性が「ない」状況（属地主義）から「ある」状況（国際私法）へ転換すると，確実性は大きく損なわれる．したがって，渉外的関係の比率が小さい世界，すなわち国際化の進展が進んでいない世界では，単純な国際私法よりも属地主義のほうが優位性をもつ傾向がある（櫻田（2006）第5章や澤木・道垣内（2012）第3章を見よ）．

逆にいうと，国際化が進展する（渉外的関係の比率が高くなる）につれて，属地主義よりも単純な国際私法のほうが優位性を発揮しやすくなる．なぜなら，渉外的関係が日常的に発生するような状況では，渉外的関係に適用される実質法の適合性を改善することは大きな効果を発生するからである．一方で，確実性については，自国法以外の実質法が適用される可能性が閾値を超えてしまえば，不確実性費用は大きく増大しないと考えられる．

したがって，単純な国際私法と属地主義は，一般的には優劣を判断できないが，国際化が進展している世界では，単純な国際私法のほうが優位性をもつ可能性が高くなる．

<万民法型統一法と単純な国際私法との比較>　つぎに，式 (7) と式 (9)，あるいは，式 (8) と式 (10) に基づいて，万民法型統一法と単純な国際私法を比較してみよう．実は，基本的な考え方は，属地主義と単純な国際私法との比較と近似する．

確実性

万民法型統一法と単純な国際私法のいずれも，内国的関係には自国法を適用する．したがって，両者の相違は，渉外的関係に実質法を適用するところで生じる．そして，万民法型統一法は，規整対象となる渉外的関係について最適化された統一法 L^{GU} を確立し，それを常に適用する[55)]．一方で，単純な国際私

55） そのような統一法を「確立できるのか」「どれほどの確立費用がかかるのか」という問題もあるが，先述のように，この論文ではこの点は考慮しない．

法は，各国の実質法のなかから選択して L_j^{cb} を適用する．したがって，確実性については，万民法型統一法のほうが優位性をもつといってよい．

適合性

適合性について，従来は，渉外的関係のために形成された万民法型統一法は，内国的関係のために形成された実質法を転用する単純な国際私法よりも優れていると述べられることが多かった．つまり，$DB_j^{cb}(L^{NU};\theta_j) > DB_j^{cb}(L_k^d;\theta_j)$ が想定されていた．しかし，各国に固有の事情が存在する場合は，すでに述べたように，統一法である限り，必ず適合性の損失が発生する．つまり，むしろ $DB_j^{cb}(L^{NU};\theta_j) < DB_j^{cb}(L_k^d;\theta_j)$ となるかもしれない．

この優劣は，単純な国際私法が，どれほど適合性の高い実質法を選択できるかどうかに依存する．すなわち，つぎの2つの条件が成立するならば，単純な国際私法は万民法型統一法よりも優位性をもつ傾向が高くなる．さもなければ，万民法型統一法のほうが望ましくなる傾向が高くなる．

条件①：適用候補とされる実質法のなかに適合性が高いものが含まれる．

条件②：適用候補とされる実質法のなかから適合性が高いものを選択する．

条件①は，適合性が高い実質法が適用候補になければ，適合性を改善することができないことを意味する．一般的には，より多様な適用候補が，より多数存在するならば，条件①は成立しやすい．しかし，このとき，不確実性費用も著増することになる[56]．

つぎに，条件②は，まさに国際私法のメカニズムに依存する．このメカニズムを精緻化すれば適合性は上昇するが，同時に不確実性費用も増大する．トレードオフを考慮したメカニズム設計が求められる．

ただし，国際私法は，さまざまな事情が判明した事後的な情報に基づいて適用する実質法を決定できる，という決定的に有利な側面もある．一方で，統一法は，形成時点で利用可能な事前的な情報のみに依拠せざるをえないので，結果的な適合性は劣ることになる．このため，事前的な情報のみを利用すること

56）とはいえ，現実的には，少数の候補のなかに，それなりの適合性を発揮する実質法が含まれている状況が多いであろう．そうでなければ，適合性の高い統一法を形成することも困難になる．

が望ましい場合[57]は万民法型統一法が有利になり，事後的な情報を利用することが適合性を向上させる場合は単純な国際私法が有利になる．

具体的には，事後的に重要な情報の多くが初めて明らかになるVUCA（volatility, uncertainty, complexity, ambiguity）と呼ばれる状況では，適合性を向上させるためには事後的な情報を利用可能であることが望ましい．そして，現代は，まさにVUCAの時代と呼ばれる．とすると，適合性については，万民法型統一法よりも，単純な国際私法のほうが優位性を発揮しやすい状況が増えていくのではないだろうか．

評価

単純な国際私法と万民法型統一法を比較すると，一般にいずれかが望ましいと明確に判断することは難しい．確実性については万民法型統一法が一般的に優位性をもつが，適合性については状況依存的である．単純な国際私法が優位性をもつ状況は拡大していると考えられるが，一般的に判断できるものでもない．とすると，少なくとも限定的な領域では万民法型統一法のほうが優位性をもつ可能性が高いといえるかもしれない．

もしここで示唆したことが妥当するならば，限定的な領域ですら万民法型統一法が普及しない原因は，やはり確立費用に帰着するといいたくなる．しかし，確立費用を考慮しなくても，万民型統一法は「一般に」国際私法に劣る可能性はないのだろうか．このことを確認するために，単純な国際私法を僅かに修正して，検討してみよう．

15.4.4 拡張された国際私法

拡張された国際私法は，適用候補とする実質法として，各国実質法に加えて，自生的秩序や万民型統一法も含む．ただしここでは，万民型統一法のみを含むように想定している．

すると，j 国の国内厚生は以下のようになる．

57）事後的な情報を使わないことを信頼可能とできるかどうかが鍵となる，コミットメント問題が発生する状況が想定される．

$$DW_j(L_j^d, L_k^d) = DB_j^d(L_j^d; \theta_j) + DB_j^{cb}(L_k^d; \theta_j) - DC_j,$$
$$j \in \{\mathrm{A}, \mathrm{B}\}, \quad L_k^d \in \{L_A, L_B, L^{NU}\} \tag{13}$$

また，世界厚生は以下のようになる：

$$GW^{CLE}(L_j^d, L_k^d) = DB_A^d(L_A^d; \theta_A) + DB_B^d(L_B^d; \theta_B) + DB_A^{cb}(L_k^d; \theta_A)$$
$$+ DB_B^{cb}(L_k^d; \theta_B) - (DC_A + DC_B),$$
$$j \in \{\mathrm{A}, \mathrm{B}\}, \quad L_k^d \in \{L_A, L_B, L^{NU}\} \tag{14}$$

これら式 (13) ないし式 (14) と式 (9) および式 (10) に基づいて，拡張された国際私法のもとでの世界厚生 GW^{CLE} と万民法型統一法のもとでの世界厚生 GW^{NU} のいずれが望ましいのか検討しよう．

適合性

本項の考察だけは，確実性よりさきに適合性について検討する．そして検討結果として，拡張された国際私法は，万民法型統一法よりも，一般的に，優位性をもつと主張する．理由は 2 つある．

第 1 に，万民法型統一法がどれほど適合性の高い実質法であるとしても，それ自身を選択候補に含めるのが拡張された国際私法である．したがって，適合性の高い実質法を十分な確度で選択できれば，拡張された国際私法は万民法型統一法よりも適合性が高い．

第 2 に，万民法型統一法が拡張された国際私法の適用候補になるということは，逆にいうと，万民法型統一法が事後的に適用されない状況を生み出す．この結果として，万民法型統一法の優位性の根拠の一つが覆される．つまり，事後的な情報を利用しないことへのコミットメントができなくなる．

もちろん，万民法型統一法が，拡張された国際私法の存在・機能を消滅させることが可能であるならば，これらの問題は発生しない．しかし，国際私法が存在すること，そして，国際私法が適用候補に万民法型統一法を組み込むことを禁止することは，ほぼ不可能である．

とすると，適合性については，拡張された国際私法は，万民法型統一法よりも，一般的に優位性を発揮する，といってよいであろう．

確実性

確実性についての考察は，単純な国際私法と万民法型統一法の比較と実質的には同じであって，万民法型統一法が有利……とは一概にはいえない．

万民法型統一法が拡張された国際私法における適用候補の一つになると，万民法型統一法の確実性が損なわれる．つまり，万民法型統一法そのものは逸脱可能性がなくても，拡張された国際私法という司法体制を介した逸脱が可能となる．そして実際に，万民法型統一法の適用の是非が裁判で争われた事例もある．

あるいは逆に，拡張された国際私法の確実性を向上させる可能性もある．すなわち，拡張された国際私法のもとで適用する実質法を選択するルールに，「万民法型統一法が適用候補として存在するときは，原則として[58)]万民法型統一法を適用する」というサブルールを組み込む．このサブルールが広く受け容れられるならば，拡張された国際私法は，万民法型統一法よりも，確実性について優位性を発揮する．なぜなら，拡張された国際私法は，確実性について，万民法型統一法が存在するときは同等，存在しないときはより優位性をもつからである．

評価

拡張された国際私法は，適合性と確実性のいずれについても，万民法型統一法よりも優位性を発揮する．

15.5　おわりに

本章は，統一法に着目して，国際的な司法体制の機能や評価を行った．とくに，確実性だけでなく，適合性も考慮したところに大きな特徴がある．

主要な結論は，以下のとおりである．

①世界法型統一法は，内国的関係への適合性の低下にともなう厚生損失が確実

58)　ここでは，現実的に考えて「原則として」と書いているが，「常に」と置き換えると，拡張された国際私法は，万民法型統一法と同等以上の確実性を担保することになる．

性向上にともなう不確実性費用低減を上回ることから，望ましくない傾向がある．

②世界法型統一法と万民法型統一法を比較すると，万民法型統一法のほうが，内国的関係への悪影響を回避しつつ，不確実性費用をある程度まで抑制できることから，望ましい傾向がある．

③単純な国際私法と万民法型統一法を比較すると，確実性については後者が優位性を発揮しやすく，適合性については状況依存的であるので，いずれが望ましいかは一概には判断できない．

④拡張された国際私法と万民法型統一法を比較すると，確実性と適合性のいずれについても，前者が優位性をもつ．

⑤総括すると，世界法型統一法よりも万民型統一法のほうが望ましく，万民型統一法よりも拡張された国際私法のほうが望ましくなる傾向がある．

総括的な結論⑤は，現実の議論の動向にも結び付いている．いわゆる統一法の議論は，理念的な統一法を離れて，渉外的関係に関与する国家や当事者による選択を許容する――すなわち，拡張された国際私法に近づく――方向に動いているように見える．一方で，国際私法の議論は，適用可能な実質法として各国の国内実質法だけでなく，統一法や国際慣習法を包含する――すなわち，拡張された国際私法に近づく――方向に動いているように見える．つまり，両者は，収斂しつつあるといってよいのではないか．そして，その理由は，拡張された国際私法が，一般的な条件のもとで，世界厚生を最大化する傾向をもつ司法体制であるということに帰せられるのではないか．詳しい検討は別の機会に譲ることになるが，本章の考察は，この分野における議論を俯瞰する視点を提供するだろう．

なお，今後の議論の方向性としては，大きく2つが考えられる．一つには，統一法の立場から，国際私法と代替・競合的な統一法の開発ではなく，国際私法に組み込まれる統一法の意義や内容を検討することが求められるだろう．もう一つは，国際私法の立場から，統一法を組み込むことを前提とした適用実質法を選択するルールを改善することが求められるだろう．

この分野は，重要でありながら，経済学的な考察があまり進んでいない．本章の議論に関しても，明示的なゲーム的状況への拡張など，手つかずの部分も少なくない．また，法学の観点からも，数多くの議論が蓄積されながらも，実態に関わる情報量が膨大であるためか，全体像を把握することに苦労している印象がある．今後，さらに多くの研究が進み，現実社会の改善に貢献していくことを期待する．

◆参考文献

Andersen, C. B.（2007），“Defining Uniformity in Law”, *Uniform Law Review*, 1.

Berman, P. S.（2007），“Global Legal Pluralism”, *Southern California Law Review*, 80.

Bernstein, L.（1996），“Merchant Law in a Merchant Court: Rethinking the Code's Search for Immanent Business Norms”, *University of Pennsylvania Law Review*, 144.

Carbonara, E. and F. Parisi（2007），“The Paradox of Legal Harmonization”, *Public Choice*, 132.

Crettez, B., B. Deffains and R. Deloche（2009），“On the optimal complexity of law and legal rules Harmonization”, *European Journal of Law and Economics*, 27.

Dixit, A. K.（2004），*Lawlessness and Economics*, Princeton University Press.

Ellickson, R. C.（1991），*Order without Law*, Harvard University Press.

Garner, B. A., edited in chief, *Black's Law Dictionary*, abridged 7th edition.

Gomez, F. and J. J. Ganuza（2012），“How to build European private law: an economic analysis of the lawmaking and harmonization dimensions in European private law”, *European Journal Law and Economics*, 33.

Greif, A.（2004），*Institutions and the Path to the Modern Economy*, Cambridge University Press.

Herings, J. J. and A. J.Kanning（2008），“Harmonization of Private Law on a Global Level”, *International Review of Law and Economics*, 28（4）.

Hobhouse, J. S.（1990），“International Conventions and Commercial Law: the Pursuit of Uniformity”, *The Law Quarterly Review*, 106.

Kono, T. and K. Kagami（2013），“Is a Uniform Law Always Preferable to Private International Law - A Critical Review of the Conventional Debate on Uniform Law and Private International Law from the Viewpoint of Economic Analysis”, *Japanese Year Book of International Law*, 26.

Linarelli, J.（2003），“The Economics of Uniform Laws and Uniform Lawmaking”, *Wayne Law Review*, 48.

Michaels, R.（2007），“The True Lex Mercatoria: Law Beyond the State”, *Indiana Journal of Global Legal Studies*, 14（2）.

North, D. C. and R. P. Thomas（1973），*The Rise of the Western World: A New*

Economic History, Cambridge University Press.
Posner, E. A. (2000), *Law and Social Norms*, Harvard University Press.
Ribstein, L. E. and B. H. Kobayashi (1996), "An Economic Analysis of Uniform State Law", *Journal of Legal Studies*, 25.
Stephan, P. B. (1999), "The Futility of Unification and Harmonization in International Commercial Law", *Virginia Journal of International Law*, 39.
浅野有紀（2018),『法多元主義—交錯する国家法と非国家法』弘文堂.
五十嵐清（2010),『比較法ハンドブック』勁草書房.
石黒一憲（2007),『国際私法』第2版，新世社.
江川英文編（1955),『国際私法』青林書院.
岡崎哲二（2001),『取引制度の経済史』東京大学出版会.
折茂豊（1955),『国際私法の統一性』有斐閣.
加賀見一彰（2010),『国際社会における私的関係の規律と紛争解決』三菱経済研究所.
神作裕之（2006),「ソフトローとしての lex mercatoria」ハンス・ペーター・マルチュケ，村上淳一編『グローバル化と法』信山社.
絹巻康史・斎藤彰（2006),『国際契約ルールの誕生』同文館.
齋藤彰（1992),「国連国際動産売買統一法条約の意義と限界〔上〕」『国際商事法務』20 (8).
斎藤恵彦（1988),「世界法の概念」『世界法年報』第8号.
櫻田嘉章（2005),「国際私法から見た統一法」『日本国際経済法学会年報』第14巻.
櫻田嘉章（2006),『国際私法』第5版，有斐閣.
澤木敬郎（1988),「国際私法と統一法」松井芳郎・木棚照一・加藤雅信編『国際取引と法』名古屋大学出版会.
澤木敬郎・道垣内正人（2012),『国際私法入門』第7版，有斐閣.
志馬康紀（2016),「ウィーン売買条約の起草史に見る比較法の貢献」『国際公共政策研究』第20巻第2号.
シュミット，カルステン（2006),「Lex mercatoria—万能薬か，謎か，キメラか—」ハンス・ペーター・マルチュケ，村上淳一編『グローバル化と法』信山社.
曾野和明（1976),「私法統一における国際的立法過程分析の必要性——UNCITRAL——事項条約の場合を中心として」『国際法外交雑誌』第75巻第3号.
曽野祐夫・沖野眞巳・藤田友敬・小塚荘一郎・森下哲朗・高杉直（2013),『私法統一の現状と課題』商事法務.
曽野祐夫・藤田友敬（2014),「ワークショップ 私法統一のもたらす価値」『私法』2014巻76号，有斐閣.
高桑昭（2005),『国際取引における私法の統一と国際私法』有斐閣.
高桑昭（2006),『国際商取引法』第2版，有斐閣.
田中耕太郎（1954),『世界法の理論』第一巻，有斐閣（初版は1934年刊).
谷川久（1966),「企業の国際的活動と法」矢沢惇編『現代法と企業（岩波講座現代法9)』岩波書店.
溜池良夫（2005),『国際私法講義』第3版，有斐閣.
道垣内弘人（2015),「継受・変容・形成」『現代法の動態4 国際社会の変動と法』岩波書店.

中村嘉孝（2016），「UNIDROIT 国際商事契約原則の評価と本質」『神戸外大論叢』第 66 巻第 3 号.
ノイハウス，パウル・ハインリッヒ（櫻田嘉章訳）（1979），「国際私法の基礎理論（2）」『北大法学論集』第 30 巻第 2 号.
バーゼドー，ユルゲン（2008），「ヨーロッパ私法の漸進的生成」川角由和・中田邦博・潮見佳男・松岡久和編『ヨーロッパ私法の展開と課題』日本評論社.
廣江健司（2008），『国際民事関係法』成文堂.
福島昌則（1983），「外国為替手形・小切手の実務論的展開—法制・規格・様式の統一化への展望」『経営と経済』第 63 巻第 2 号，pp. 1–26.
松岡博（2008），『現代国際私法講義』法律文化社.
森下哲朗（2015），「統一売買法と国際私法」『国際私法年報』第 17 号.
山手正史（1989），「lex mercatoria について：国際取引契約規制規範の独自性とその法的性質」『私法』1989 巻 51 号.
横溝大（2009），「抵触法の対象となる「法」に関する若干の考察」『筑波ロー・ジャーナル』第 6 号.

索　引

サ 行

執筆者紹介（*編著者，執筆順）

細江　守紀（ほそえ　もりき）九州大学名誉教授
Regional Economic Analysis of Power, Elections, and Secession, Springer, 2017（編著）
『企業統治と会社法の経済学』勁草書房，2019 年（編著）

池田　康弘（いけだ　やすひろ）熊本大学法学部准教授
“Can Decoupling Punitive Damages Deter an Injurer’s Harmful Activity?” *Review of Law and Economics*, 11 (3), 2015, pp.513-528 (with Mori Daisuke)
“The Effect of Decoupling Punitive Damages on Filing Lawsuits: Court Error Model of Meritless Lawsuits,” *Supreme Court Economic Review*, 26, 2018, pp.47-80 (with Mori Daisuke)

山本　顕治（やまもと　けんじ）神戸大学大学院法学研究科教授
「市場メカニズムと損害賠償：市場連動型不法行為における損害概念への一試論」『神戸法学雑誌』58 巻 1 号，pp.77-169
「市場法としての契約法と瑕疵担保責任」『神戸法学雑誌』63 巻 1 号，pp.1-69

座主　祥伸（ざす　よしのぶ）関西大学経済学部準教授
「将来財産の担保化と研究開発」『法学研究所研究叢書第 57 冊 担保法制と資金調達』2018 年，第 3 章（佐藤育己と共著）
“Providing credibility around the world: effective devices of the Cape Town Convention”, *European Journal of Law and Economics*, 33 (3), 2012, pp.577-601 (with Ikumi Sato)

後藤　剛史（ごとう　たけし）南山大学経営学部准教授
“Fixed Payments in Production Contracts for Private Labels: An Economic Analysis of the Japanese Subcontract Act” (with Tatsuhiko Nariu), in T. Naito, W. Lee, and Y. Ouchida, eds., *Applied Approach to the Issues of Societal Institution and Economy*, Springer, 2017
「垂直的取引関係における下流企業の社会的責任について」『南山経営研究』第 33 巻 3 号，2019 年

境　和彦（さかい　かずひこ）久留米大学経済学部准教授
「ハドリールールと訴訟費用単著」『九州経済学会論稿集』2016 年度年報 54 集，2016 年，pp.71-77
“Optimal Default Rule for Breach of Contract, Applied Approaches to Societal Institutions and Economics”, *New Frontiers in Regional Science: Asian Perspectives*, 18, 2017, pp.101-112

佐藤　茂春（さとう　しげはる）中京大学総合政策学部准教授
『契約と法の経済分析』勁草書房，2020 年
“Voting and Secession”, in *Regional Economic Analysis of Power, Elections, and Secession*, edited by M. Hosoe, Springer, 2017

森　大輔（もり　だいすけ）熊本大学法学部准教授
「日本の死刑の抑止効果―3 つの先行研究の計量分析の再検討」『熊本法学』第 148 号，2020 年，pp.1-73
“The Effect of Decoupling Punitive Damages on Filing Lawsuits: Court Error Model of Meritless Lawsuits”, *Supreme Court Economic Review*, 26, 2018, pp.47-80 (with Yasuhiro

Ikeda)

髙橋　脩一（たかはし　しゅういち）専修大学法学部准教授
「当事者適格」大林啓吾編『アメリカの憲法訴訟手続』成文堂，2020 年，第 4 章，pp.151-202
“An Act Without Power: A Critical Analysis of a Japanese Act on Preventing Elder Abuse”, 『専修法学論集』第 136 号，2019 年，pp.93-108

後藤　大策（ごとう　だいさく）広島大学大学院人間社会科学研究科准教授
“Impacts of sustainability certification on farm income: Evidence from small-scale specialty green tea farmers in Vietnam”, *Food Policy*, Vol. 83, 2019, pp. 70-82 (with Duc Tran)
“Potential demand for voluntary community-based health insurance improvement in rural Lao People's Democratic Republic: A randomized conjoint experiment”, *PLOS ONE*, 14 (1), 2019 (with Thiptaiya Sydavong, Keisuke Kawata, Shinji Kaneko, Masaru Ichihashi)

熊谷　啓希（くまがえ　けいき）熊本学園大学経済学部准教授
「組織編制，経営インセンティブ，および株主代表訴訟の経済学」細江守紀編『企業統治と会社法の経済学』勁草書房，2019 年，第 8 章，pp.169-192
「株主代表訴訟と多重代表訴訟，内部統制システム構築および不完備契約理論」秋本耕二・秋山優・永星浩一『理論経済学の新潮流』勁草書房，2018 年，第 8 章，pp.142-159

荒井　弘毅（あらい　こうき）共立女子大学ビジネス学部教授
Law and Economics in Japanese Competition Policy, Springer Nature, 2019
“How Competition Law Should React in the Age of Big Data and Artificial Intelligence”, *The Antitrust Bulletin*, 64 (3), 2019, pp.447-456 (with Shuya Hayashi)

福井　秀夫（ふくい　ひでお）政策研究大学院大学政策研究科教授
「憲法 29 条 3 項に基づく『正当な補償』の概念―損失補償と損害賠償における『対価保証』・『通常生じる損失に係る補償』の異同」『行政法研究』19 号，2017 年，pp.1-30
「短期賃貸借保護・最低売却価額廃止の法と経済学的分析と競売法制の課題」『日本不動産学会誌』126 号，2019 年，pp.55-72

浪本　浩志（なみもと　ひろし）熊本学園大学経済学部准教授
「WTO 紛争解決手続における判断過程の審査とその展開―通商救済措置の事実認定・評価を中心に」『産業経営研究（熊本学園大学付属産業経営研究所）』第 33 号，2014 年
「補助金と WTO-WTO 協定に抵触する補助金の範囲（1-7・完）」『貿易と関税』56 巻 6 号・7 号・10 号・11 号・12 号，57 巻 2 号・4 号，2008-2009 年

加賀見　一彰（かがみ　かずあき）東洋大学経済学部教授
“Is a Uniform Law Always Preferable to Private International Law?” *Japanese Yearbook of Private International Law*, 56, 2013, pp.314-337 (with Toshiyuki Kono)
「「優越的地位の濫用規制」の濫用の規制」『経済論集』第 40 巻第 1 号，2014 年，pp.209-236

法と経済学の基礎と展開
民事法を中心に

2020年4月20日　第1版第1刷発行

編著者　細（ほそ）江（え）守（もり）紀（き）
発行者　井　村　寿　人

発行所　株式会社　勁（けい）草（そう）書　房
112-0005 東京都文京区水道 2-1-1　振替　00150-2-175253
（編集）電話 03-3815-5277／FAX 03-3814-6968
（営業）電話 03-3814-6861／FAX 03-3814-6854
大日本法令印刷・松岳社

ISBN978-4-326-50470-1　Printed in Japan